제2판

핵심 보험수리학

김 호 균

보험계리사 시험
기출문제 수록

法 文 社

제2판 머리말

이 책의 출간 이후 많은 독자들이 의견을 보내 주었다. 또한 연수나 강연 그리고 보험계리사들과 미팅을 할 때 제 책을 가지고 공부하였는데 군더더기 없는 핵심 내용을 중심으로 쉽게 보험수리학을 이해할 수 있었다고 인사하는 분들도 계셔서 보람과 기쁨이 컸다. 그러나 이런 과분한 칭찬에도 불구하고 여전히 불완전한 부분들이 많았기에 마냥 기뻐할 수만은 없어서 용기를 내어 새롭게 개정하게 되었다.

이번 제2판에서 기울인 노력은 다음과 같다.

첫째, 새로운 회계기준인 IFRS17(보험계약)이 2023년 시행됨에 따라 이 개념에 부합하게 본문 내용을 기술하였다.

둘째, 독자들이 손쉽게 풀이 과정을 볼 수 있도록 동영상 풀이를 추가하였다.

셋째, 최신 기출문제의 풀이는 도해 등을 추가하여 쉽게 이해할 수 있도록 하였고, 본문의 많은 곳의 문장을 다듬고 고쳐서 독자들이 편하게 내용을 학습할 수 있도록 하였다.

제2판이 나오기까지 도움을 준 학생들, 교수들, 보험계리사들, 출판사 관계자들, 그리고 독자 여러분께 깊은 감사를 드린다. 특히 제2판 표지디자인을 만들어준 사랑하는 딸 가연에게 고마움을 전한다.

이 책을 통해 독자들이 보험수리학을 좀 더 쉽게 이해하고 활용하게 된다면 저자로서 더 큰 기쁨은 없을 것이다.

2024년 2월
저자 씀

머리말

보험수리학(Actuarial Mathematics)은 이자론과 생명함수, 보험료와 준비금 등의 순서에 따라 체계적으로 구성된 학문으로 계리분야의 가장 기초가 되는 과목이다. 이 첫 관문을 통과하지 못하고 계리모형을 탐구하거나 리스크관리를 연구한다는 것은 사상누각을 쌓는 것이고, 보험회사나 연기금 등에서 보험료를 산출하고 책임준비금을 평가하고 리스크를 관리하는 등의 계리업무에 종사한다는 것은 거의 불가능한 일이 된다.

따라서, 전문가인 보험계리사를 뽑기 위한 자격시험에 보험수리학이 가장 중요한 과목으로 포함되어 있는 것은 너무나 당연하다.

우리나라 보험계리사 시험은 1차시험과 2차시험으로 나뉘는데, 보험수리학은 1차시험에서 객관식 40문제로 구성된 『보험수학』이라는 과목으로, 2차시험에서 주관식 6문항에서 10문제로 구성된 『보험수리학』이라는 과목으로 평가된다. 여기에는 순수학문으로서 순수 수학의 엄밀함을 기반으로 한 이론의 증명문제와 기초 통계학의 원리를 탐구하는 문제들만 있는 것이 아니라, 실용학문의 성격 때문에 종신보험이나 암보험의 보험료를 직접 제시하게 하고 금리인하시 보험회사가 떠안아야 할 리스크를 분석하는 문제도 출제된다. 또한 매년 가장 이슈가 되고 있는 우리나라만의 보험제도를 여러가지 방법으로 최대한 투영한 문제들도 제시되고 있다. 그렇기에 이런 기출문제들을 체계적으로 학습한다면 기존 교과서의 기초이론이 국제계리기호(International Actuarial Notations)의 단순한 나열이 아니라 현행 보험산업의 난제들을 풀 수 있도록 방향을 제시하는 등대임을 실감할 수 있을 것이다.

하지만, 미국과 캐나다, 영국 등의 경우 자기 나라의 이런 기출문제들을 차곡차곡 문제은행으로 쌓아놓은 덕분에 기초학문을 체계적으로 보완하는 교재가 풍부한 것과 비교할 때, 우리나라의 경우 1978년 1월 26일 제1회 자격시험 실시 이후 현재까지 40년이 훨씬 넘었음에도 그간 축적되어 온 이 기출문제를 중심으로 분석한 교재가 흔하지 않다는 것은 매우 안타깝다.

따라서 이 서적은 시험출제를 주관하는 보험개발원 홈페이지에 수록된 모든 기출문제들을 보험수리학 교과과정에 배치시켜 핵심 이론들에 근거하여 기출문제를 바라볼 수 있도록 만들었다. 또한 주의해서 풀어보아야 할 문제에는 ✓표시를, 난해한 문제에 대해서는 ✓✓표시를 하고 특별히 강조되어야 할 문제들은 3분 내외의 짧은 동영상으로 직접 풀이하였고 QR코드를 표기하여 독자가 스마트폰으로 해당 풀이를 손쉽게 볼 수 있게 하였다.

목차는 전통적인 보험수리학 교과서의 순서에 따라서 1장 이자론, 2장 생존함수, 3장 생명보험, 4장 생명연금, 5장 보험료, 6장 준비금, 7장 준비금과 손익, 8장 연생보험, 9장 다중탈퇴, 10장 다중상태로 구성하였고, 각 장마다 우리나라 기출문제 이외에 기초 개념파악을 용이하게 하는 예제나 2014년 이후 미국 계리사시험의 기출문제(SOA exams)를 일부 포함하여 계리분야의 최근 국제 동향도 생생하게 살펴볼 수 있도록 하였다.

이 책은 저자 혼자만의 시간과 노력의 산물은 아니다. 성균관대학교 대학원 수학과(보험계리학전공) 학생들이 보여준 학구열과 이를 통해 얻은 풍부한 영감이 큰 힘이 되었다. 진심으로 깊은 감사 말씀을 드린다. 아울러 까다로운 교정과정을 묵묵히 수행해 주신 법문사 임직원 모든 분께도 감사드린다.

그리고 항상 내 삶의 희망과 용기를 갖게 해주는, 존경하는 부모님과 세상에서 가장 사랑하는 아내 미정, 아들 도와, 그리고 딸 가연에게 감사함을 전한다.

2022년 2월

저자 씀

수록 문제의 분류와 설명

2005년 제28회 시험문제부터 2023년 제46회 시험문제까지 총 19개년의 『보험수학』과 『보험수리학』의 기출문제를 수록하였다.

1차 "보험수학"에서 미적분학과 통계학 등을 제외한 순수 보험수학은 매년 최소 16문항에서 최대 20문항 사이에서 출제되어 왔는데, 19년 동안 보험수학은 총 356문항이 출제되었다. 그리고 주관식으로 출제되는 2차 "보험수리학"은 매년 최소 6문항에서 최대 10문항으로 출제되었는데 각 문항에 소문항으로 분할되어 있다. 19년 동안 단원별 소문항을 총계하면 총 172문항이 출제되었다. 즉, 19년 동안 총 기출문제는 528문항이다.

교재의 목차에 따른 『보험수학』과 『보험수리학』 기출문제의 분포는 다음과 같다.

목차		1차 문제 (%)		2차 문제 (%)	
1장	이자론	78	(21.9)	4	(2.3)
2장	생존함수	74	(20.8)	11	(6.4)
3장	생명보험	49	(13.8)	19	(11.0)
4장	생명연금	42	(11.8)	20	(11.6)
5장	보험료	45	(12.6)	11	(6.4)
6장	준비금	60	(16.9)	24	(14.0)
7장	준비금과 손익	4	(1.1)	51	(29.7)
8장	연생보험	4	(1.1)	18	(10.5)
9장	다중탈퇴	-	-	5	(2.9)
10장	다중상태	-	-	9	(5.2)
합계		356	(100)	172	(100)

객관식으로 출제되는 1차 보험수학의 1개 문항은 특정 장에 한정하여 출제되지만 여러 장에 걸쳐서 지문이 구성되기도 하는데, 이런 경우 가장 뒤쪽 장에 배치하였다.

2차 시험의 문제들은 단독 문제로 그 풀이과정 등을 평가요소로 하여 10점에서 30점 정도의 배점을 할당한 경우도 있지만 대부분 하나의 문제 안에 2개에서 4개 정도의 소문항들로 구성되어 각 소문항에 5점부터 10점 정도를 배점하는 형태로 출제되었으므로, 여러 장에 겹치는 경우가 있는데, 이 표를 작성할 때에는 편의상 모든 소문항이 한 단원에 들어가면 1문제로 취급하였고, 그렇지 않으면 소문항 1문제를 별도의 1문항으로 분류했다.

각 문제에는 출처를 표기하였는데, (20#34)의 경우 2020년 1차『보험수학』의 34번 문제를 뜻하고, (19(2)#2)는 2019년 2차『보험수리학』의 2번 문제, (S18#3)과 (F17#4)는 각각 SOA의 2018년 봄 LTAM 3번 문제와 2017년 가을 4번 문제를 뜻한다.

이 표에서 볼 수 있듯이, 1차 시험의 경우 97.8%가 1장부터 6장에 집중되고 있는 반면, 2차 시험은 54.1%가 6장, 7장과 8장에서 출제되고 있다.

한편, 이런 구성비가 매년 같게 유지되고 있지는 않은데, 가령 2020년 1차 시험의 경우 총 20문항 중에서 9문항이 제1장 이자론에서 출제되고 제4장 생명연금과 제6장 준비금에서는 전혀 출제되지 않았다. 하지만, 시험을 준비하는 입장에서는 지나치게 이러한 경향에 집착하여 특정 부분만 공부하는 것은 바람직하지 않다는 것은 너무나 자명하다.

그리고, 1장부터 5장까지 학습이 되어 있지 않으면 6장 이후에 접근이 어려우므로 1장부터 충실하게 기초를 다져야만 한다는 것도 아무리 강조해도 지나치지 않다.

차례

01 이자론

02 생존함수

03 생명보험

04 생명연금

05 보험료

06 준비금

07 준비금과 손익

08 연생보험

09 다중탈퇴

10 다중상태

부록

01

이자론

제1장 이자론

(1) 이자와 이자율

가. 누적함수

투자한 원금은 시간이 지나면 이자가 발생하여 가치가 커진다. 이는 수식으로 다음처럼 간단하게 표현된다.

$A(0)$: 원금(principle, initial capital)

$A(t)$: t시점의 종가(amount function, 원리합계)

I_n: 투자일로부터 n번째 해에 부리된 이자(interest)

$I_n = A(n) - A(n-1),\ n \geq 1$

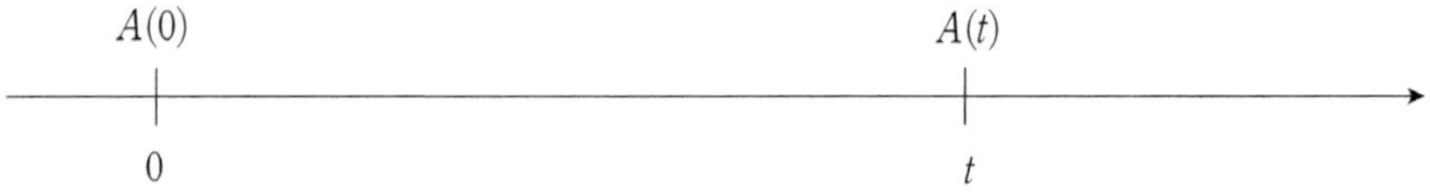

$a(t) = \dfrac{A(t)}{A(0)}$: 단위종가함수(accumulation function, 누적함수)

※ 누적함수의 2가지 성질

i) $a(0) = 1$

ii) $a(t+s) \geq a(t),\ t \geq 0, s > 0$: i.e. 증가함수

$a^{-1}(t) = \dfrac{1}{a(t)}$: 단위현가함수(discount function)

예제 1-1

현재시점에서 1원을 투자하는 경우 t년 경과 후의 누적가치가 다음과 같은 누적함수로 주어져 있다.

$$a(t) = 0.01t^2 + 0.05t + 1$$

앞으로 10년 후 시점에서 100만원을 투자할 때, 적립금액의 15년 후 시점에서의 가치는 얼마인가?

☞ $100 \times \frac{a(15)}{a(10)} = 100 \times \frac{4}{2.5}$
$= 160$

나. 이자율

$i_{t,s}$: 시점 t에서 t+s까지의 실효이자율(effective rate of interest)

$$i_{t,s} \equiv \frac{a(t+s)-a(t)}{a(t)}$$

그런데, 실효이자율은 이자발생기간(s)가 표준화되어 있지 않아서, 연간 몇 번 이자가 발생했는지 비교하기 어렵다. 따라서 다음과 같이 연단위로 표준화한 연간실이율을 사용한다.

$$i = a(1) - 1 \quad \text{: 연간실이율(annual effective interest rate)}$$

$$= \frac{a(1)-a(0)}{a(0)}$$

$$= \frac{A(1)-A(0)}{A(0)}$$

다. 단리와 복리

단리(simple interest) 체계의 누적함수: $a(t) = 1 + i \cdot t$

복리(compound interest) 체계의 누적함수: $a(t) = (1+i)^t$

연간실이율이 10%인 경우를 예를 들어보면, 단리의 경우 매년 이자가 10

으로 일정한 반면 실질이자율은 감소하고 있으나, 복리의 경우에는 실질이자율이 0.1로 일정한 반면 매년 이자가 증가하고 있다.

단리 · 복리 비교표

n(경과년수)	단리			복리		
	I_n	i_n	$A(n)$	I_n	i_n	$A(n)$
0			100			100
1	10	0.100	110	10	0.1	110
2	10	0.091	120	11	0.1	121
3	10	0.083	130	12	0.1	133

주) $A(0)=100,\ i=0.1$

단리와 복리의 경과기간별 차이를 살펴보면, 경과기간이 1년 미만일 경우에는 단리로 계산한 단위종가함수가 복리로 계산한 단위종가함수 보다 크지만, 경과기간이 1년 이상일 경우에는 반대로 된다.

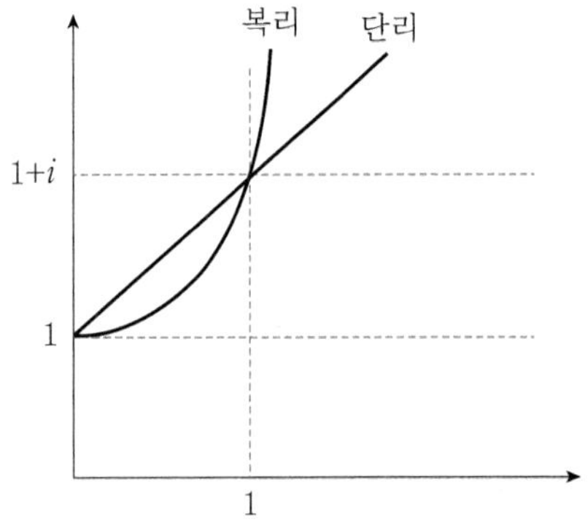

> **연습 1.1**
>
> 연간 단리이자율이 2%로 원금 100만원을 2022년 1월 1일에 투자하였고 이자는 연말에 받는다고 하면, 1년이 지난 2022년 12월 31일에 받는 이자는 얼마이고 2023년 12월 31일에 받는 이자는 얼마인가?

복리를 가정할 때, 현가율(discount factor, 할인요소) v와 할인율(rate of discount) d는 다음과 같이 정의된다.

$$v = \frac{1}{1+i}$$

$$= a^{-t}(t)$$

$$d = 1 - v$$

$$= \frac{i}{1+i}$$

$$= i \cdot v$$

한편, 현가율과 할인율 사이에는 다음 식이 성립됨을 알 수 있다.

현가율과 할인율의 관계

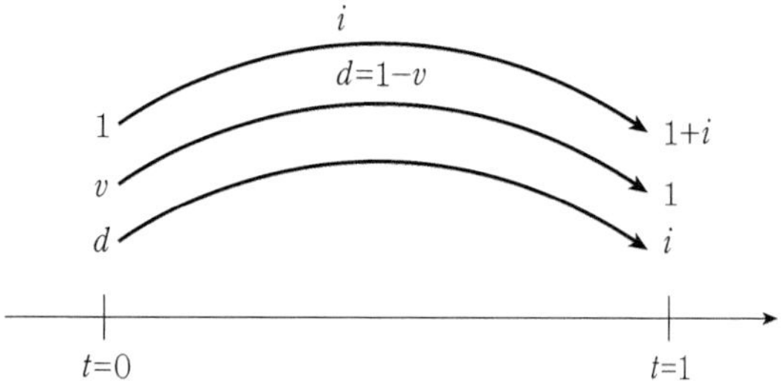

① $v \cdot i = d$; 원금을 v라 할 때 이자

② $i - d = i \cdot d$; 원금 1의 이자(i)와 v의 이자(d) 차이는 원금간 차이($1-v$)의 이자

연습 1.2 20#21

1년 전에 투자한 27의 현재시점 종가와 1년 후에 지급받을 20의 현가를 더하면 48이다. 연할인율(annual effective rate of discount) d를 구하시오. (단, $d > 0$)

(2) 이 력

가. 명목이율과 실이율

명목이율(nominal interest rate) $i^{(m)}$은 연간 m회 이자가 지급될 경우 $\frac{1}{m}$년 동안의 이자율을 연간이율 형태로 표현한 것으로, $\frac{1}{m}$년 동안의 실효 이자율은 $\frac{i^{(m)}}{m}$이므로 다음의 관계식이 성립한다.

$$1+i = (1+\frac{i^{(m)}}{m})^m$$

또한 단리의 경우 명목이율과 연간 실이율은 같은 값이다.

한편, 같은 맥락에서 명목할인율(nominal discount rate) $d^{(m)}$도 다음과 같이 표현됨을 알 수 있다.

$$\begin{aligned}(1-\frac{d^{(m)}}{m})^m &= 1-d \\ &= v\end{aligned}$$

연간실이율과 명목이율의 관계

$d^{(m)} > d$ $\qquad$ $i^{(m)} < i$

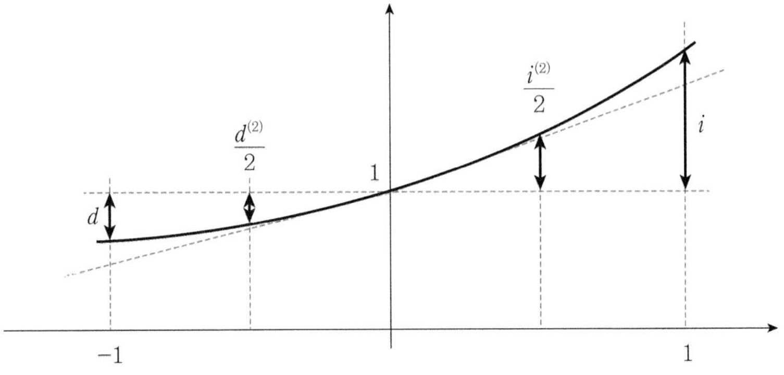

예제 1-2 03#25

연복리이율 $i = 0.1$일 때, 다음의 값을 구하라.

$$(1+\frac{i^{(2)}}{2})\cdot(1+\frac{i^{(3)}}{3})\cdot(1+\frac{i^{(6)}}{6})$$

☞ 준식 $= (1+i)^{\frac{1}{2}}\cdot(1+i)^{\frac{1}{3}}\cdot(1+i)^{\frac{1}{4}}$

$= (1+i)$

$= 1.1$

예제 1-3

연간 명목이율이 8%이고 매분기마다 복리로 이자를 계산한다고 할 때, 이와 동일한 연 실효이율을 갖는 반기이율을 구하라.

☞ $\left(1+\frac{i^{(2)}}{2}\right)^2 = \left(1+\frac{i^{(4)}}{4}\right)^4$

$= \left(1+\frac{0.08}{4}\right)^4$

$\Rightarrow \left(1+\frac{i^{(2)}}{2}\right) = \left(1+\frac{0.08}{4}\right)^2 = 1.0404$

$\Rightarrow i^{(2)} = 8.08\%$

연습 1.3 18#22

현재 시점에 1을 3년간 투자할 때 첫 1년은 명목이율 $i^{(4)} = k$로 적용되고 나머지 2년은 명목할인율 $d^{(2)} = k$로 적용된다. 3년 후의 종가가 16이 되기 위한 k를 구하시오.

연습 1.4 14#25

연초자산은 10,000원이고, 3번째 달 말에 3,000원이 유입되고 9번째 달 말에 4,000원이 유입되었다. 실효연이율 $i = 12\%$ 일 때 이 투자의 연말자산을 구하시오. (단, $a(t) = 1 + ti$)

연습 1.5 12#23

$i^{(m)} = 0.058424$ 이고 $d^{(m)} = 0.058115$ 일 때, m의 값은?

연습 1.6 09#21

명목할인율 $d^{(12)}$가 5%일 때, 명목이율 $i^{(12)}$의 값은?

연습 1.7 00#31

보험회사는 매 분기마다 복리로 이자를 계산한다고 하자. 이와 같은 경우, 분기별 실제이자율(effective rate of interest) i_1과 연 실제이자율 i_2의 값은? (단, 연 명목이자율(nominal rate of interest)은 10%이다)

나. 이력(force of interest)의 개념

h라는 기간 동안의 이율이 단위기간(1) 동안의 이율 형태로 바꾸어 표기하려면 다음 비례식의 i값을 찾으면 된다.

$$\frac{a(t+h) - a(t)}{a(t)} : h = i : 1$$

따라서, 특정시점에서 측정되는 순간이율이며 연간이율 형태, 즉 [t, t+1)

구간의 명목이율을 이력 δ_t로 정의한다면 다음 식들은 자연스럽게 설명된다.

$$\delta_t \equiv \lim_{h\to 0} \frac{\frac{a(t+h)-a(t)}{a(t)}}{h}$$

$$= \frac{1}{a(t)} \times \lim_{h\to 0} \frac{a(t+h)-a(t)}{h}$$

$$= \frac{a'(t)}{a(t)}$$

$$= \lim_{m\to\infty} \frac{\frac{i^{(m)}}{m}}{\frac{1}{m}}, \left(\because \frac{i^{(m)}}{m} = \frac{a(t+\frac{1}{m})-a(t)}{a(t)}\right)$$

$$= \lim_{m\to\infty} i^{(m)}$$

한편, $\frac{a'(t)}{a(t)} = \frac{d}{dt}\ln a(t)$을 이용하여 양변을 적분하면, 이력 δ_t을 통해 단위종가함수 $a(t)$를 다음과 같이 표현할 수 있게 된다.

$$a(t) = \exp\int_0^t \delta_s\, ds$$

예제 1-4 02#25

종가함수가 $A(t) = t^2 + t + 10$으로 주어질 때 δ_3의 값을 구하라.

☞ $a(t) = \frac{A(t)}{A(0)} = \frac{t^2+t+10}{10}$

$\Rightarrow a'(t) = \frac{2t+1}{10}$

$\Rightarrow \delta_3 = \frac{a'(3)}{a(3)} = \frac{7}{22}$

예제 1-5

누적함수가 다음과 같을 때, 이력이 최대가 되는 시점 t를 구하시오.

$$a(t) = \exp\left\{\frac{1}{2}(\ln t)^2\right\}$$

☞ $\delta_t = \dfrac{a'(t)}{a(t)} = \dfrac{d}{dt} ln\, a(t)$

$$= \frac{\ln t}{t}$$

$\Rightarrow$ t에 대하여 미분가능한 δ_t는 $\dfrac{d}{dt}\delta_t = 0$이고, $\dfrac{d^2}{dt^2}\delta_t < 0$을 만족하는 t에서 최대값을 가지므로,

$$\frac{d}{dt}\delta_t = \frac{1 - \ln t}{t^2} = 0$$

$$\therefore\ t = e \ \left(\because\ \frac{d^2}{dt^2}\delta_t\Big|_{t=e} = -\frac{2(1-\ln e)+1}{e^3} = -\frac{1}{e^3} < 0\ \right)$$

연습 1.8 21#21

$t = 0$ 시점에 계좌를 개설한 직후 적립된 1이 이력 $\delta_t = \dfrac{1}{5}\left(\dfrac{2t}{1+t^2}\right)$로 부리될 때, 이력이 최대가 되는 시점의 잔액을 구하시오.

연습 1.9 17#21

어떤 투자자가 $\dfrac{1}{4}$년 시점에서 100을 이력 $\delta_t = \dfrac{2+4t}{15}$로 투자했다. $\dfrac{3}{4}$년 동안 투자했을 때의 종가를 구하시오. (단, t는 0시점부터 경과한 연단위 시간이다.)

연습 1.10 13#25

단위종가함수 $a(t) = 1 + 0.01\,t^2$ 일 때, 이력 δ_5를 구하시오.

연습 1.11 12#20

t시점에서의 이력 $\delta_t = \frac{1}{1+t}$(단, $t \geq 0$)이다. $t = 0$시점에서 1원을 투자하면 n시점에서의 종가는?

연습 1.12 09#22

$a(t) = \sqrt[4]{1+2t^2}$ $(t \geq 0)$일 때, δ_4의 값은?

연습 1.13 08#22

이력의 함수가 $\delta_t = \frac{0.05}{1+0.05t}(t \geqq 0)$일 때, 단위종가함수 $a(2)$의 값은?

연습 1.14 07#27

어떤 펀드는 이력 $\delta_t = kt$로 부리된다. $t = 0$에 이 펀드에 투자된 100만원이 5년 후($t = 5$)에 250만원이 되었다면 k값은?

① $\frac{10}{25}ln2.5$ ② $\ln 2.5$ ③ $\frac{2}{25}ln2.5$ ④ $\frac{10}{25}$

연습 1.15 07#28

$\delta_t = \dfrac{t}{1+t^2}$, $t>0$ 일 때 원금 1원의 t=5일 때 종가는?

✓
연습 1.16 05#25

이력 $\delta_t = \dfrac{1}{2+t}$ 이고, $t=0$ 에서 투자된 100원에 대하여 n년 동안 발생한 이자가 200원일 때 n을 구하시오.

✓
연습 1.17

이력 $\delta_t = \dfrac{0.1}{1-0.1 \cdot t}$ 일 때, $t=0$ 에서 $t=1$ 까지의 기간동안 실이율 i를 구하시오.

다. 복리의 이력

복리의 경우 이력은 다음과 같이 상수가 된다.

$$\begin{aligned} \delta_t &= \ln(1+i) \\ &= \delta \end{aligned}$$

따라서 다음의 관계식이 성립한다.

$$1+i = e^{\delta}$$

$$v = e^{-\delta}$$

한편, x_0 근방에서 미분가능한 $f(x)$를 x의 다항함수로 표현하는 다음의 테일러 시리즈(Tayler series)를 고려하자.

$$f(x) = \frac{f(x_0)}{0!} + \frac{f'(x_0)}{1!}(x - x_0) + \frac{f''(x_0)}{2!}(x - x_0)^2 + \cdots$$

이를 통해 다음과 같이 현가율 v의 근사식을 구할 수 있다.

$$e^{\delta} = 1 + \delta + \frac{\delta^2}{2!} + \frac{\delta^3}{3!} + \cdots$$

$$e^{-\delta} = 1 - \delta + \frac{\delta^2}{2!} - \frac{\delta^3}{3!} + \cdots$$

예제 1-6 19#21

A는 매년 말에 연이율 i의 복리로 이자가 적립되는 계좌이며, B는 이력 δ로 연속적으로 이자가 적립되는 계좌이다. A와 B에 각각 1을 입금한 뒤 10년이 지나 두 계좌의 금액이 모두 e가 되었다. $\frac{i}{\delta}$를 구하시오. (단, $e^{0.1} = 1.105$)

☞ A: $(1+i)^{10} = e$

$\Rightarrow i = e^{-10} - 1 = 0.105$

B: $e^{10\delta} = e$

$\Rightarrow \delta = 0.1$

$\therefore \frac{i}{\delta} = \frac{0.105}{0.1} = 1.05$

연습 1.18 20#27

다음 복리($a(t) = (1+i)^t = e^{\delta t}$) 하에서 옳지 않은 것을 고르시오. (단, $i > 0$)

① $d_n = \frac{i}{1+i}$ (단, d_n은 n차연도 할인율)

② $\frac{d(id)}{d\delta} = \frac{1}{v} - v$

③ $\frac{d}{(1-v)^2 \cdot v} = \frac{i^3}{(i-d)^2}$

④ $i^{(m)} = m \sum_{k=1}^{\infty} \frac{1}{k} \left(\frac{\delta}{m}\right)^k$

연습 1.19 20#23

다음 중 단리($a(t) = 1 + i \cdot t$) 하에서 옳지 않은 것을 고르시오. (단, $i > 0$)

① $\delta_t = \dfrac{i}{1 - dt}$

② $\dfrac{1}{d} - \dfrac{1}{i} = t$

③ $d_n = \dfrac{i}{1 + i \cdot n}$ (단, d_n은 n차연도 할인율)

④ $\dfrac{d}{dt} a(t)|_{t=10} = i$

✓
연습 1.20 10#21

다음 중 복리체계의 이율(i)과 할인율(d)하에서 이력(δ)과 일치하는 것은?

① $\ln(1 + \dfrac{i^{(3)}}{3})$ ② $4\ln(1 - \dfrac{d^{(4)}}{4})$

③ $\ln(1 - i)$ ④ $-\ln(1 - d)$

연습 1.21 04#31

이력에 관한 다음 설명 중 올바른 것은? (단, 적용되는 실이율은 0보다 큼)

① 복리 하의 이력은 시간에 대하여 증가함수이다.

② 복리 하의 이력은 시간에 대하여 감소함수이다.

③ 단리 하의 이력은 시간에 대하여 증가함수이다.

④ 단리 하의 이력은 시간에 대하여 감소함수이다.

(3) 확정기간연금

가. 확정기간연금(확정연금)의 개념

확정기간연금의 가치는 다음의 4가지 요소에 따라 달라진다.

(가) 지급주기

(나) 지급횟수

(다) 지급금액

(라) 지급시점: due or immediate

① 기말급연금(annuity-immediate): 연금지급 즉시 계약기간 종료

$$
\begin{aligned}
a_{\overline{n|}} &= v + v^2 + \cdots + v^{n-1} + v^n \\
&= v\,\frac{1-v^n}{1-v} \\
&= \frac{1-v^n}{i}
\end{aligned}
$$

기말급 확정기간연금 계산 도해

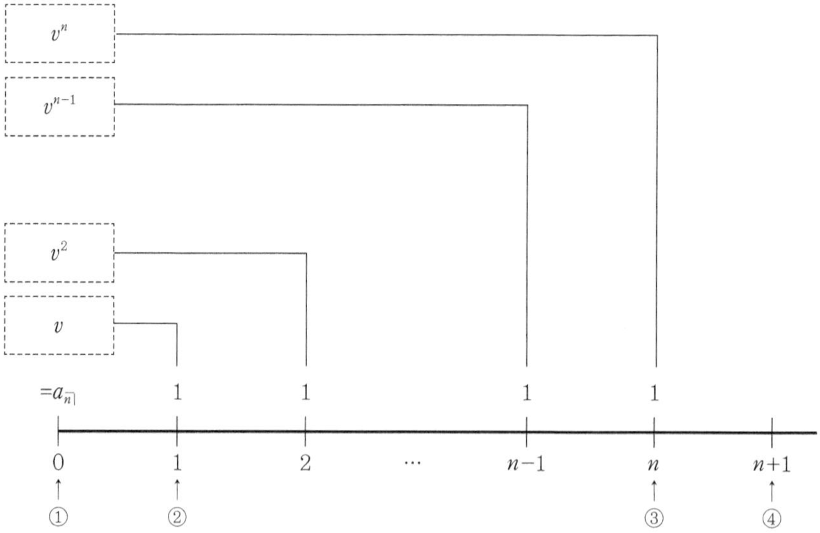

② 기시급연금(annuity-due): 계약기간 진입과 동시에 지급기일 도래

$$\ddot{a}_{\overline{n}|} = 1 + v + \cdots + v^{n-2} + v^{n-1}$$
$$= \frac{1-v^n}{d}$$

③ 기말급연금의 미래가치: $s_{\overline{n}|} = a_{\overline{n}|}(1+i)^n = \frac{(1+i)^n - 1}{i}$

④ 기시급연금의 미래가치: $\ddot{s}_{\overline{n}|} = \ddot{a}_{\overline{n}|}(1+i)^n = \frac{(1+i)^n - 1}{d}$

예제 1-7 21#22

어떤 사람이 가입 후 짝수 번째 해의 말에 1을 지급하는 $3n$년 만기 확정연금에 가입하였다. 가입 후 n년 동안 수령하는 지급액의 현가 합을 x, 가입 후 $2n$년 동안 수령하는 지급액의 현가 합을 y라고 할 때, $y = 1.5x$이다. 이 연금의 마지막 지급액의 현가를 구하시오. (단, n은 짝수)

☞ $y = a_{\overline{2n}|} = \frac{1-v^{2n}}{i}$

$x = a_{\overline{n}|} = \frac{1-v^n}{i}$

$\Rightarrow \frac{1-v^{2n}}{i} = 1.5\frac{1-v^n}{i}$

$\Rightarrow v^n = \frac{1}{2}$

∴ 마지막 지급액의 현가: $v^{3n} = \frac{1}{8}$

예제 1-8 17#27

다음 중 $\ddot{a}_{\overline{4}|} + \ddot{a}_{\overline{8}|} + \ddot{a}_{\overline{12}|} + \cdots + \ddot{a}_{\overline{200}|}$과 같은 것은?

① $\frac{1}{i\ddot{s}_{\overline{4}|}\left[50 - \ddot{a}_{\overline{200}|}\right]}$

② $\frac{1}{v}\left[50 - \frac{a_{\overline{200}|}}{s_{\overline{4}|}}\right]$

③ $\frac{1}{d}\left[50 - \frac{a_{\overline{200}|}}{a_{\overline{4}|}}\right]$

④ $\frac{1}{d}\left[50 - \frac{\ddot{a}_{\overline{200}|}}{\ddot{s}_{\overline{4}|}}\right]$

☞ 준식 $= \dfrac{1-v^4}{d} + \dfrac{1-v^8}{d} + \cdots + \dfrac{1-v^{200}}{d}$

$= \dfrac{1}{d}\{50-(v^4+v^8+\cdots+v^{200})\}$

$= \dfrac{1}{d}\left\{50 - \dfrac{1-v^{200}}{(1+i)^4-1}\right\}$

$= \dfrac{1}{d}\left\{50 - \dfrac{\ddot{a}_{\overline{200}|}}{\ddot{s}_{\overline{4}|}}\right\}$

연습 1.22 23#23

확정연금의 비율 $\dfrac{a_{\overline{5}|}}{a_{\overline{6}|}}$과 동일한 것을 고르시오.

① $\dfrac{a_{\overline{2}|}+a_{\overline{3}|}}{2a_{\overline{3}|}}$ ② $\dfrac{a_{\overline{2}|}+a_{\overline{3}|}}{1+a_{\overline{3}|}+s_{\overline{2}|}}$

③ $\dfrac{a_{\overline{2}|}+s_{\overline{3}|}}{a_{\overline{3}|}+s_{\overline{3}|}}$ ④ $\dfrac{1+a_{\overline{2}|}+s_{\overline{2}|}}{1+a_{\overline{3}|}+s_{\overline{2}|}}$

연습 1.23 22#21

처음 5년 동안 연이율이 5%, 그 이후에 연이율이 4%일 때, 매년 초에 100씩 10년 동안 지급되는 기시급연금의 현재가치를 구하시오.

연습 1.24 22#23

$s_{\overline{2}|}s_{\overline{n}|} - \ddot{s}_{\overline{n-1}|}$을 간단히 하면?

① $s_{\overline{n-1}|}$ ② $\ddot{s}_{\overline{n}|}$ ③ $s_{\overline{n+1}|}$ ④ $\ddot{s}_{\overline{n+2}|}$

연습 1.25 20#29

어떤 사람이 n년 전 다음과 같은 확정연금에 가입하였다. n을 구하시오.

(가) 매년 1씩 $2n$년간 기말에 지급

(나) x는 현재까지 n회 수령한 연금지급액의 현재시점 종가의 합

(다) y는 향후 n회 수령할 연금지급액의 현가의 합

(라) $x = 1.4641y$

(마) $i = 21\%$

연습 1.26 11#24

다음 중 $\dfrac{\dfrac{1}{a_{\overline{n}|}} - \dfrac{1}{s_{\overline{n}|}}}{\dfrac{1}{\ddot{a}_{\overline{n}|}} - \dfrac{1}{\ddot{s}_{\overline{n}|}}}$ 와 같은 것은?

① i ② d ③ $1-d$ ④ $1+i$

연습 1.27 10#23

다음 관계식 중에서 잘못된 식은?

① $\ddot{a}_{\overline{n-1}|} = \ddot{a}_{\overline{n}|} - v^{n-1}$ ② $a_{\overline{n-1}|} = \ddot{a}_{\overline{n}|} - 1$

③ $\ddot{a}_{\overline{m-n}|} = \ddot{a}_{\overline{m}|} - v^m \cdot \ddot{s}_{\overline{n}|}$ ④ $a_{\overline{m-n}|} = \ddot{a}_{\overline{m}|} - v^m \cdot s_{\overline{n}|} - 1$

✓
연습 1.28 10#24

$\ddot{a}_{\overline{\infty}|} = \ddot{a}_{\overline{n}|} + v^n \cdot (\quad)$ 일 때, ( )에 적합한 것은? (단, 이자율 $i > 0$)

① $\ddot{a}_{\overline{\infty}|} - \ddot{a}_{\overline{n}|}$ ② $\ddot{a}_{\overline{\infty}|}$ ③ $\ddot{s}_{\overline{\infty}|} - \ddot{s}_{\overline{n}|}$ ④ $\ddot{s}_{\overline{\infty}|}$

연습 1.29 07#26

다음 중 잘못된 식은?

① $\ddot{a}_{\overline{n}|} = 1 + a_{\overline{n-1}|}$ ② $\ddot{s}_{\overline{n}|} = (1+i)s_{\overline{n}|}$

③ $\dfrac{1}{a_{\overline{n}|}} = \dfrac{1}{s_{\overline{n}|}} - i$ ④ $\dfrac{1}{\ddot{a}_{\overline{n}|}} = \dfrac{1}{\ddot{s}_{\overline{n}|}} + d$

연습 1.30 06#28

$\dfrac{a_{\overline{n-t}|}}{a_{\overline{n}|}} + \dfrac{s_{\overline{t}|}}{s_{\overline{n}|}}$을 간단히 표현하라.

나. 이력과 확정기간연금

복리가 아닌 경우 이력을 이용하여 단위종가함수를 계산하며, 따라서 확정기간연금도 이력을 통해서 구해진다.

예제 1-9 18#21

이력이 $\delta_t = \dfrac{2t}{10+t^2}$ $(t \geq 0)$으로 주어질 때, $\ddot{s}_{\overline{2}|}$ 값을 구하시오.

☞ $a(t) = \exp\displaystyle\int_0^t \delta_s\, ds$

$$= \exp\left(\ln\frac{10+t^2}{10}\right) = \frac{10+t^2}{10}$$

$$\therefore\ \ddot{s}_{\overline{2}|} = a(2) + \frac{a(2)}{a(1)}$$

$$= 1.4 + \frac{1.4}{1.1} \fallingdotseq 2.67$$

연습 1.31 23#24, 16#23

이력이 $\delta_t = \dfrac{1}{10-t}$ $(0 \le t < 10)$으로 주어질 때, $s_{\overline{4|}}$을 구하시오.

연습 1.32 14#22

이력이 $\delta_t = \dfrac{1}{6-t}$, $t < 6$으로 주어졌을 때 $a_{\overline{5|}}$의 값을 구하시오.

연습 1.33 06#26

$\delta_t = \dfrac{2}{1+t}$일 때 $a_{\overline{3|}}$을 구하시오.

다. 연 m회 분할지급 확정기간연금

1년 단위로 이자율이 적용되는데, 확정연금을 1년에 m회 고루 나누어 지급되는 경우를 생각해보다. 이 때 1년 동안 지급된 연금의 합계를 "연금연액"이라고 하는데, 연금연액이 1이라면 매회 지급되는 연금은 $\dfrac{1}{m}$이 된다. 따라서 단위기간이 1이라면, 연금 지급주기는 $\dfrac{1}{m}$이 되므로, 지급주기와 매회 지급되는 연금은 모두 $\dfrac{1}{m}$로 표기됨을 알 수 있다.

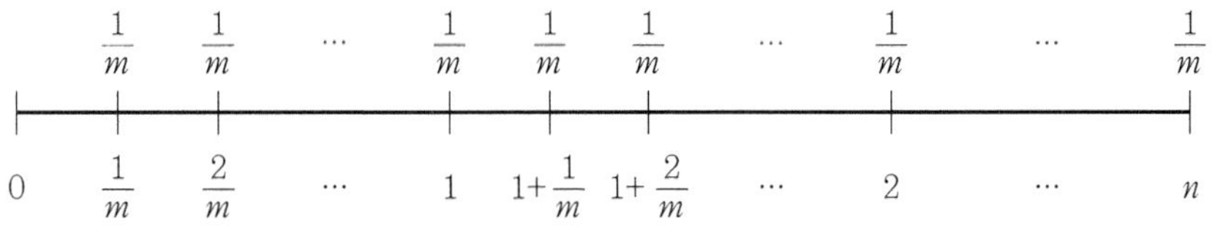

연이자율은 i이고 지급주기에 적용되는 실효이자율을 j라고 하면, 다음

식이 성립된다.

$$(1+j)^m = (1+i)$$

$$j = (1+i)^{\frac{1}{m}} - 1$$

$$a_{\overline{n}|i}^{(m)} = \frac{1}{m} \cdot a_{\overline{mn}|j}$$

$$= \frac{1}{m} \cdot \frac{1-(1+j)^{-mn}}{j}$$

$$= \frac{1-(1+i)^{-n}}{m \cdot (1+i)^{\frac{1}{m}} - 1}$$

$$= \frac{1-v^n}{i^{(m)}}$$

예제 1-10 16#21

다음 중 성립하지 않는 것은?

① $\frac{1}{d^{(m)}} - \frac{1}{i^{(m)}} = \frac{1}{m}$
② $d^{(m)} = i^{(m)} v^{\frac{1}{m}}$
③ $\ddot{a}_{\overline{n}|}^{(m)} = (1+i)^{\frac{1}{m}} \cdot a_{\overline{n}|}^{(m)}$
④ $\frac{1}{a_{\overline{n}|}^{(m)}} - \frac{1}{s_{\overline{n}|}^{(m)}} = \frac{i^{(m)}}{m}$

☞ ④ $$\frac{1}{a_{\overline{n}|}^{(m)}} - \frac{1}{s_{\overline{n}|}^{(m)}} = \frac{i^{(m)}}{1-v^n} - \frac{i^{(m)}}{(1+i)^n - 1}$$

$$= \frac{i^{(m)}}{1-v^n} - \frac{i^{(m)}}{1-v^n} v^n$$

$$= i^{(m)}$$

✓
연습 1.34 19#24

이력이 $\delta = 0.1$일 때, $\ddot{a}^{(2)}_{\overline{1|}}$ 값을 구하시오.(단, $e^{-0.05} = 0.9512$)

연습 1.35 03#27

하나의 전화기간을 m회로 분할하여 매 $\frac{1}{m}$ 전화기간 말에 $\frac{1}{m}$씩 n 전화기간을 지급하는 연금의 현가 $a^{(m)}_{\overline{n|}}$과 같지 않은 것은?

① $\dfrac{1-v^n}{i^{(m)}}$

② $s^{(m)}_{\overline{1|}} \cdot \ddot{a}_{\overline{n|}}$

③ $a^{(m)}_{\overline{1|}} \cdot \ddot{a}_{\overline{n|}}$

④ $\dfrac{1}{m}\left(v^{\frac{1}{m}} + v^{\frac{2}{m}} + v^{\frac{3}{m}} + \cdots + v^n\right)$

라. 연속연금(continuous annuity)

단위시간당 총 지급액이 1이 되도록 연속적으로 지급되는 연금을 연속연금이라고 하는데, 다음의 식으로 표현된다.

$$\begin{aligned}\bar{a}_{\overline{n|}} &= \int_0^n v^t\,dt \\ &= \left[\frac{v^t}{\ln v}\right]_0^n \\ &= \frac{1-v^n}{\delta}\end{aligned}$$

예제 1-11 19#22

다음 조건을 만족하는 10년 만기 연속변동연금의 $t=0$시점의 가치를 구하시오.

(가) t시점의 지급률(rate of payment):

$$b_t = (1-0.1t)e^{0.1t},\ (0 \le t \le 10)$$

(나) $\delta = 0.1$

☞ $\int_0^{10} b_t v^t \, dt$

$= \int_0^{10} (1-0.1t)e^{0.1t} e^{-\delta t} \, dt$

$= \int_0^{10} (1-0.1t) \, dt = 5$

연습 1.36 15#26

이력이 $\delta_t = \dfrac{1}{1+t}(t>0)$일 때 $\bar{a}_{\overline{5|}}$를 구하시오.

연습 1.37 14#24

연이율 i에 대한 함수 $f(i) = \bar{a}_{\overline{n|}} - a_{\overline{n|}}$ 에 대하여 $\left.\dfrac{d}{di}f(i)\right|_{i=0}$ 의 값을 구하시오.

연습 1.38 12#21

다음 관계식 중 옳은 것을 고르시오(단, $i > 0$).

① $a_{\overline{n|}} < \bar{a}_{\overline{n|}} < \ddot{a}_{\overline{n|}}$　　② $\bar{a}_{\overline{n|}} < \ddot{a}_{\overline{n|}} < a_{\overline{n|}}$

③ $\ddot{a}_{\overline{n|}} < \bar{a}_{\overline{n|}} < a_{\overline{n|}}$　　④ $\ddot{a}_{\overline{n|}} < a_{\overline{n|}} < \bar{a}_{\overline{n|}}$

연습 1.39

연간 100만원의 금액을 지급하는 연속연금의 현재가치가 1,500만원이라고 한다. 연이율이 5%일 때, 해당 연금의 지급기간으로 가장 적합한 것은?

① 27년　　② 31년

③ 45년　　④ 75년

마. 연금 지급액이 규칙적으로 변동하는 경우

구분	기말(immediate)	기시(due)
증액확정연금	$(Ia)_{\overline{n}\vert} = \dfrac{\ddot{a}_{\overline{n}\vert} - nv^n}{i}$	$(I\ddot{a})_{\overline{n}\vert} = \dfrac{\ddot{a}_{\overline{n}\vert} - nv^n}{d}$
체감확정연금	$(Da)_{\overline{n}\vert} = \dfrac{n - a_{\overline{n}\vert}}{i}$	$(D\ddot{a})_{\overline{n}\vert} = \dfrac{n - a_{\overline{n}\vert}}{d}$
증액확정연금(종가)	$(Is)_{\overline{n}\vert} = \dfrac{\ddot{s}_{\overline{n}\vert} - n}{i}$	$(I\ddot{s})_{\overline{n}\vert} = \dfrac{\ddot{s}_{\overline{n}\vert} - n}{d}$
체감확정연금(종가)	$(Ds)_{\overline{n}\vert} = \dfrac{n(1+i)^n - s_{\overline{n}\vert}}{i}$	$(D\ddot{s})_{\overline{n}\vert} = \dfrac{n(1+i)^n - s_{\overline{n}\vert}}{d}$

예제 1-12　　20#25

첫 지급액이 2이고 그 이후 매년 2씩 지급액이 증가하는 5년 만기 기말급 증액(누가)확정연금이 있다. $v=0.9$일 때, 이 연금의 만기 시점 종가를 구하시오.

☞ $2(Is)_{\overline{5}|} = 2\dfrac{\ddot{s}_{\overline{5}|} - 5}{i}$

$$= 2\,\frac{\dfrac{v^{-5}-1}{1-v} - 5}{v^{-1}-1} \fallingdotseq 34.832$$

연습 1.40 22#24

다음과 같은 현금흐름에서 0시점의 현재가치와 같지 않은 것을 고르시오.

시점	0	1	2	3	4	5	6	7	8	9	10
현금흐름		1	2	3	4	5	5	5	5	5	

① $(Ia)_{\overline{5|}} + 5v^5 a_{\overline{4|}}$ ② $\sum_{t=0}^{5} v^t a_{\overline{9-t|}}$

③ $5a_{\overline{9|}} - (Da)_{\overline{4|}}$ ④ $(Ia)_{\overline{9|}} - v^5 (Ia)_{\overline{4|}}$

연습 1.41 21#25

현재 잔액이 10인 계좌 A에서 10년 동안 매년 말 1이 인출된다. 이 계좌의 매년 초 잔액에 대해 매년 말 연이율 7%로 이자가 지급되며, 이 이자액은 지급되자마자 인출되어 연이율 5%로 이자가 부리되는 계좌 B에 재투자(reinvest)된다. 10년 후 B의 종가를 구하시오.

① $0.05 s_{\overline{10|}0.07}$ ② $\dfrac{0.07\left(\ddot{s}_{\overline{10|}0.05} - 10\right)}{0.05}$

③ $\dfrac{0.07\left\{11(1.05)^{11} - \ddot{s}_{\overline{11|}0.05}\right\}}{0.05}$ ④ $\dfrac{0.07\left\{10(1.05)^{10} - s_{\overline{10|}0.05}\right\}}{0.05}$

연습 1.42 16#22

다음 중 $\lim_{m \to \infty} (I\ddot{a})^{(m)}_{\overline{n|}}$과 같은 것은?

① $\dfrac{\ddot{a}_{\overline{n|}} - nv^n}{\delta}$ ② $\dfrac{\bar{a}_{\overline{n|}} - nv^n}{i}$

③ $\dfrac{\bar{a}_{\overline{n|}} - nv^n}{d}$ ④ $\dfrac{a_{\overline{n|}} - nv^n}{\delta}$

✓
연습 1.43 12#22

다음 중 $(Da)_{\overline{n|}}+(Ia)_{\overline{n|}}$과 같은 것을 고르시오.

① $a_{\overline{n|}}$ ② $(n-1)a_{\overline{n|}}$ ③ $n\,a_{\overline{n|}}$ ④ $(n+1)a_{\overline{n|}}$

바. 영구연금(perpetuity, 영속연금)

확정연금이 영속적으로 지급되는 경우를 영구연금(영속연금)이라고 하는데, 이는 확정연금의 지급기간 $n=\infty$인 경우에 해당된다. 따라서 기시급 영속연금의 현재가치는 다음과 같다.

$$\ddot{a}_{\overline{\infty|}}=\lim_{n\to\infty}\ddot{a}_{\overline{n|}}=\lim_{n\to\infty}\frac{1-v^n}{d}=\frac{1}{d}$$

마찬가지로 매년 1씩 증가하는 증액영구연금도 다음과 같이 표현됨을 알 수 있다.

$$(I\ddot{a})_{\overline{\infty|}}=\ddot{a}_{\overline{\infty|}}+v\cdot\ddot{a}_{\overline{\infty|}}+v^2\cdot\ddot{a}_{\overline{\infty|}}+\cdots$$

$$=\frac{\ddot{a}_{\overline{\infty|}}}{d}=\frac{1}{d^2}$$

예제 1-13

연이율 5%일 때, 첫 번째 지급이 3년 후 발생하고 매년 2씩 지급하는 영속연금의 현재가치가 X이다. 첫 번째 지급이 5년 후 발생하고, 첫 번째 지급액은 1, 이후 지급액은 매년 1씩 증가하는 영속연금의 현재가치를 X로 나타내시오.

☞ $X=2v^3\cdot\ddot{a}_{\overline{\infty|}}=\dfrac{2v^3}{d}$

$\Rightarrow\ddot{a}_{\overline{\infty|}}=\dfrac{X}{2v^3}$

$\therefore\ v^5\cdot(I\ddot{a})_{\overline{\infty|}}=v^5\cdot\dfrac{\ddot{a}_{\overline{\infty|}}}{d}$

$$= \frac{v^5}{d} \cdot \frac{X}{2v^3} = \frac{1}{4v} \cdot \frac{2v^3}{d} \cdot X = \frac{1.05}{4} X^2$$

연습 1.44 23#22

매년 말 X를 지급하는 영구연금에 대해, A는 처음 n년간의 연금을 받고, B는 다음 n년간의 연금을 받으며, C는 남은 기간의 연금을 모두 받기로 하였다. A가 받는 금액의 현재가치가 전체 영구연금 현재가치의 45%를 차지할 때, C가 받는 금액의 현재가치가 전체 영구연금의 현재가치에서 차지하는 비중을 구하시오.

연습 1.45 19#26

A는 매년 초에 30을 지급하는 영구연금(perpetuity)이다. B는 매년 말에 지급하는 영구연금이며, 첫 지급액은 23이고 그 후로 매년 1씩 지급액이 증가한다. A와 B의 현재가치가 같을 때, 연이율 i를 구하시오.

연습 1.46 14#23

매년도 말에 지급하는 영구연금이 있다. 첫 번째 지급액은 2이며 그 후로 매년 지급액이 1씩 증가하여 무한히 지급되는 이 연금의 현재가치를 구하시오. (단, 연이율 $i = 10\%$)

연습 1.47 04#38

다음 식 중에서 기말급 연금지급이 1, 2, 3, 4, ...로 무한대까지 지속되는 영구연금의 현가 $(Ia)_{\overline{\infty|}}$를 나타내는 식은?

① $\frac{1}{i} + \frac{1}{i^2}$ ② $\frac{1}{i} - \frac{1}{i^2}$ ③ $\frac{1}{i} + \frac{1}{i^3}$ ④ $\frac{1}{i} - \frac{1}{i^3}$

사. 거치연금(deferred annuity)

거치연금이란 처음 일정기간 동안 연금 지급이 없고 그 이후부터 연금이 지급되는 형태의 연금을 말한다. 여기서 연금 지급이 없는 초기 일정기간을 거치기간이라고 한다. 거치기간이 m이고 n기간동안 연금이 지급되는 기말급 거치연금(m-period deferred annuity-immediate)의 현재가치는 ${}_{m|}a_{\overline{n|}}$로 표시하고, 기시급인 경우 ${}_{m|}\ddot{a}_{\overline{n|}}$로 표시한다. 마찬가지로, 미래가치(종가금액)은 ${}_{m|}s_{\overline{n|}}$와 ${}_{m|}\ddot{s}_{\overline{n|}}$로 표시한다.

이러한 거치연금의 현재가치는 다음과 같이 거치기간이 없는 기말급 또는 기시급 연금의 현재가치 계산식을 이용하여 산출할 수도 있다.

$$
\begin{aligned}
{}_{m|}a_{\overline{n|}} &= v^m \cdot a_{\overline{n|}} \\
&= a_{\overline{m+n|}} - a_{\overline{n|}}
\end{aligned}
$$

아. 연금 지급액이 불규칙적으로 변동하는 경우

예제 1-14 19#23

다음 표와 같이 지급하는 연금이 있다.

t년	0.5	1	1.5	2	2.5	3
지급액	B	B	kB	kB	k^2B	k^2B

$t=0$ 시점에서 이 연금의 가치가 100이고, 연이율(annual effective rate of interest) $i = 1.03^2 - 1$이며, $k = (1+i)^2$이다. B를 구하라.

☞ $v = (1+i)^{-1}$

$= 1.03^{-2}$

$k = (1+i)^2$

$= v^{-2}$

$$
\begin{aligned}
\therefore\ 100 &= B \times \left(v^{\frac{1}{2}} + v + kv^{\frac{3}{2}} + kv^2 + k^2v^{\frac{5}{2}} + k^2v^3\right) \\
&= B \times \left(v^{\frac{1}{2}} + v + v^{-\frac{1}{2}} + 1 + v^{-\frac{3}{2}} + v^{-1}\right)
\end{aligned}
$$

$$= B \times \frac{1-(v^{\frac{1}{2}})^6}{1-v^{\frac{1}{2}}} \times v^{-\frac{3}{2}}$$

$$\Rightarrow B = 100 \cdot v^{-\frac{3}{2}} \cdot \frac{1-v^{\frac{1}{2}}}{1-v^3}$$

$$≒ 16.4$$

연습 1.48 20#22

다음 조건을 만족하는 10년 만기 연속변동연금의 종가를 구하시오.
(가) t시점의 지급률(rate of payment):

$$b_t = \begin{cases} 0, & 0 \le t < 5, \\ t^2 - 25, & 5 \le t \le 10 \end{cases}$$

(나) t시점의 이력 $\delta_t = \dfrac{1}{t+5}$

연습 1.49 19#25

$2y$년 후에 104.305를 마련하기 위해, 복리로 이자가 적립되는 계정에 납입을 한다. 현재부터 y년까지는 1을 매년 말에 납입하고, y년부터는 $2y$년까지는 2를 매년 말에 납입한다.
$(1+i)^y = 3$일 때, 연이율 i를 구하시오.

연습 1.50 07#25

다음 두 종류의 기말급 확정연금에서 A 연금의 현가와 B 연금의 현가 같을 경우 k 값은?

지급횟수	A연금 지급액	B연금 지급액
1회 ~ 10회	1	k
11회 ~ 20회	2	0
21회 ~40회	1	k

① $\dfrac{a_{\overline{40|}} - a_{\overline{10|}}}{a_{\overline{40|}} + a_{\overline{10|}}}$　② $\dfrac{a_{\overline{40|}} + a_{\overline{10|}}}{a_{\overline{40|}} - a_{\overline{10|}}}$

③ $\dfrac{a_{\overline{40|}} - v^{10}a_{\overline{10|}}}{a_{\overline{40|}} + v^{10}a_{\overline{10|}}}$　④ $\dfrac{a_{\overline{40|}} + v^{10}a_{\overline{10|}}}{a_{\overline{40|}} - v^{10}a_{\overline{10|}}}$

(4) 수익률

가. 하디수익률

하디수익률(Hardy's Formula)은 단위기간 동안 기금의 유입과 유출이 빈번한 경우 단위기간의 기금 수익률(yield on a fund)을 측정하는 추정 실효수익률로서 대안적 접근법에 해당하는데, 다음과 같이 계산된다.

$$i_H = \frac{2I}{F(0) + F(1) - I}$$

여기서 투자수익(I)에는 자본이득과 배당수입도 포함된다.

예제 1-15

연시자산을 A, 연말자산을 B, 당해연도 이력을 δ_t, 그리고 당해연도 총투자이익을 I라고 한다. 단 연도중 자산은 투자기간에 비례하는 일차함수로 표현된다. A, B, I>0 라고 할 때, δ_t와 i_H의 대소를 비교하라.

☞ $F(t) = A + (B - A)t$

$$I = \int_0^1 F(t)\,\delta_t\,dt$$

$$= \int_0^1 F'(t)\,dt$$

$$= B - A > 0$$

$$\delta_t = \frac{F'}{F}$$

$$= \frac{B-A}{A+(B-A)t} < \frac{B-A}{A} = i_H$$

$$(\because\ i_H = \frac{2I}{A+B-I} = \frac{B-A}{A})$$

연습 1.51 05#28

한국기업의 퇴직연기금을 운용하는 자산운용사가 연초에 기금액 2,000만원을 투자했다. 연중 이 연기금의 수입과 지출내역은 다음과 같다. 연금기여액이 300만원씩 총 3번 유입되어 즉시 투자되고, 연중에 연금급여로서 500만원이 지출되었다. 연말 결산 결과 연기금은 3,000만원이었다. 근사적으로 연 이회율을 구하기 위하여 Hardy 공식을 적용할 경우 이회율 값으로 가장 적합한 값은?

① 약21% ② 약23% ③ 약25% ④ 약27%

연습 1.52 03#26

보험회사의 연초자산의 평가액이 $F(0)$, 연말자산의 평가액이 $F(1)$이며 연도중 현금유입 및 유출은 없었다. 그리고 자산을 경과기간에 비례하여 일차식으로 표현되며, 이력 δ은 연도중 상수이다. 이때, 이력 δ와 하디의 이회율 i_H을 각각 $F(0)$과 $F(1)$의 식으로 표현하면?

① $\delta = \dfrac{2\{F(1)-F(0)\}}{F(0)+F(1)},\ i_H = \dfrac{2\{F(1)-F(0)\}}{F(0)+F(1)}$

② $\delta = \dfrac{F(1)-F(0)}{F(0)+F(1)},\ i_H = \dfrac{2\{F(1)-F(0)\}}{F(0)+F(1)}$

③ $\delta = \dfrac{2\{F(1)-F(0)\}}{F(0)+F(1)},\ i_H = \dfrac{F(1)-F(0)}{F(0)}$

④ $\delta = \dfrac{F(1)-F(0)}{F(0)+F(1)},\ i_H = \dfrac{F(1)-F(0)}{F(0)}$

나. 현물이자율과 선물이자율

현재 시점을 기준으로 현금을 t년간 투자하는 경우 적용되는 연이자율을 현물이자율(spot rate of interest)이라고 하고 s_t로 표기한다.

반면 현재 시점으로부터 t년이 경과한 시점을 기준으로 현금을 k년간 투자하는 경우 적용되는 연이자율은 선물이자율(forward rate of interest)이라고 하고 $f_{t,k}$로 표기한다.

현물이자율과 선물이자율 사이에는 다음의 관계식이 성립한다.

$$(1+s_t)^t(1+f_{t,k})^k = (1+s_{t+k})^{t+k}$$

예제 1-16

현물이자율이 다음 식과 같다.

$$s_t = 0.025 + 0.003t$$

(1) 첫 지급액이 100이고 이후 지급액이 50씩 증가하며 지급횟수가 3회인 기시급 확정연금의 현재가치를 구하시오.

(2) A은행은 현재부터 3년 경과시점에 (1)에서 주어진 확정연금을 판매하고자 한다. 선물이자율을 이용하여 3년 경과시점에서 이 확정연금의 가치를 구하시오.

(3) 7년 후부터 3년간 적용되는 선물이자율 $f_{7,3}$을 구하시오.

☞ (1) $100 + \dfrac{150}{1+s_1} + \dfrac{200}{(1+s_2)^2} \fallingdotseq 434.068$

(2) $100 + \dfrac{150}{1+f_{3,1}} + \dfrac{200}{(1+f_{3,2})^2}$

$= 100 + \dfrac{150}{\dfrac{(1+s_4)^4}{(1+s_3)^3}} + \dfrac{200}{\dfrac{(1+s_5)^5}{(1+s_3)^3}} \fallingdotseq 425.126$

(3) $1+f_{7,3} = \left\{\dfrac{(1+s_{10})^{10}}{(1+s_7)^7}\right\}^{\frac{1}{3}} \fallingdotseq 1.0763$

$\therefore\ f_{7,3} \fallingdotseq 0.0763$

연습 1.53

투자기간에 따른 현물이자율이 다음 표와 같은 경우, 1년후 투자기간 2년의 선물이자율은 얼마인가?

투자기간	1년	2년	3년
현물이자율	2%	3%	4%

연습 1.54 11#23

이력이 $\delta_t = \dfrac{2}{t+1}(t \geq 0)$로 주어질 경우 다섯 번째 해의 실이율(effective rate of interest)을 구하시오.

다. 수익률과 자산의 가치

금액가중수익률(money-weighted rate of return) 혹은 달러가중수익률(dollar-weighted rate of return)은 평균투입금액에 대한 수익률로서 연중 가치변동액을 평균잔액으로 나누어 산출한다. 반면에 시간가중수익률(time-weighted rate of return)은 단위기간별로 수익률을 산출한 후 이를 기하평균하여 산정하는 수익률이다.

예제 1-17 20#24

2021년 1월 1일부터 1년 간 어떤 펀드계정과 관련한 정보가 다음 표와 같다.

날짜	인출 또는 납입 전 가치	중도인출	추가납입
2021년 1월 1일	100		
2021년 4월 1일	110	20	
2021년 7월 1일	100		10
2021년 10월 1일	120	W	
2022년 1월 1일	110		

2021년 1월 1일부터 1년 간에 시간가중 이자율(time- weighted rates of interest) 방식으로 평가한 연투자수익률(annual yield rate)이 25%일 때 중도인출금 W를 구하시오.

☞ $$\frac{110}{100}\times\frac{100}{110-20}\times\frac{120}{100+10}\times\frac{110}{120-W}=1+0.25$$

$\therefore\ W \fallingdotseq 2.667$

연습 1.55 22#26

2021년 1월 1일부터 1년 동안 어떤 계정과 관련한 정보는 다음 표와 같다.

날짜	인출 또는 납입전 가치	추가납입
2021년 1월 1일	70	
2021년 9월 1일	70	X
2022년 1월 1일	$140-X$	

시간가중(time-weighted) 방식으로 평가한 연수익률(annual yield rate)이 10%일 때, 달러가중(dollar-weighted)방식으로 평가한 연수익률을 구하시오.

연습 1.56 21#24

액면가 100, 5년 만기, 이표율(coupon rate) 10%로 매년 말에 이표(coupon)를 지급하는 할증부 매입 채권(bond purchased at premium)의 연투자수익률(annual yield rate)이 7%이다. 네 번째 이표 지급액에서 이자에 해당하는 부분을 구하시오.

연습 1.57 20#26

어떤 보험회사의 1년 만기 부채가 15, 2년 만기 부채가 20이다. 시장에서 거래가능한 투자자산은 다음과 같은 무이표 채권뿐이다.

채권	만기(년)	연투자수익률 (annual yield rate, %)	액면가
A	1	5	5
B	1.5	7	5
C	2	8	5
D	3	9	5

ALM 전략상, 만기별 부채과 자산을 정확히 일치시키기 위하여 이 보험회사가 보유해야 하는 자산 포트폴리오의 현재가치를 구하시오.

연습 1.58 23#21

다음과 같은 현금흐름을 가지는 영구연금의 듀레이션(Macaulay duration)을 구하시오. 단, 연이율은 10%이다.

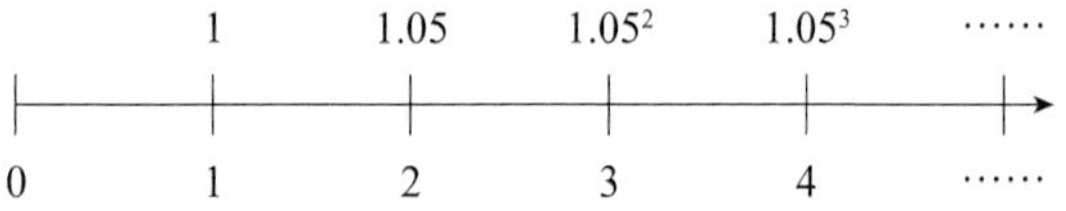

연습 1.59 19#27

액면가가 100이고 이표율 10%로 매년 말에 이표를 지급하는 만기 2년 채권의 듀레이션(Macaulay duration)을 구하시오. (단, $v=0.8$)

(5) 할부상환과 감채기금

가. 할부상환(amortization method, 원리금 균등상환)

대출금의 상환기간을 나누어 각 기간마다 원금과 이자를 포함하여 균등한 금액으로 상환하는 방법을 할부상환이라고 한다.

할부 상환표

t	상환액(R_t)	이자(I_t)	원금(P_t)	해당시점 잔액(OP_t)
0	-	-	-	$a_{\overline{n}\vert}$
1	1	$a_{\overline{n}\vert}\times i=1-v^n$	v^n	$a_{\overline{n-1}\vert}$
2	1	$1-v^{n-1}$	v^{n-1}	$a_{\overline{n-2}\vert}$
…	…	…	…	…
t	1	$1-v^{n-t+1}$	v^{n-t+1}	$a_{\overline{n-t}\vert}$
…	…	…	…	…
$n-1$	1	$1-v^2$	v^2	$a_{\overline{1}\vert}$
n	1	$1-v$	v	0
합계	n	$n-a_{\overline{n}\vert}$	$a_{\overline{n}\vert}$	

예제 1-18 10#22

갑은 20X0년 1월 1일에 금융기관으로부터 20년 만기, 연 이자율 6%로 1,000,000원을 대출하고, 이에 대해 20년에 걸쳐 균등한 금액(R원)으로 매년 말에 원리금을 균등상환하기로 하였다. 상환 시 각각 할부금은 원금상환액과 이자부분으로 나눌 수 있는데, 2번째 상환일인 20X1년 12월 31일에 상환할 할부액 중 원금상환액은? (단, $1.06^{-20}=0.3118$)

☞ $R\times a_{\overline{20}\vert}=1{,}000{,}000$

⇒ 2번째 원금상환액:

$$R\cdot v^{19}=\frac{1{,}000{,}000}{a_{\overline{20}\vert}}\cdot v^{19}$$
$$=\frac{1{,}000{,}000}{1-v^{20}}\cdot v^{20}\cdot(1+i)\cdot i\ \fallingdotseq\ 28{,}815$$

연습 1.60 23#25

대출금이 10년간 매 6개월마다 한 번씩 균등상환된다. 이때 t번째에 상환되는 금액 중 원금상환액을 Q_t로 나타내기로 한다. $Q_1=30$, $Q_{20}=120$일 때, 연이율을 구하시오. 단, $4^{1/19}=1.0758$이다.

연습 1.61 22#25

대출금 100에 대하여 10년 동안 매년 말 일정금액으로 원리금을 분할상환한다. 처음 5년간 상환된 원금의 총합을 구하시오. (단, $v^5 = \dfrac{2}{3}$ 이다.)

연습 1.62 18#23

1000을 대출하여 앞으로 3년 동안 매년 말에 균등상환하기로 하였다. 연이율(annual effective rate of interest) $i = 0.05$ 일 때, 3년 동안 지급되는 이자의 총합을 구하시오. (단, $a_{\overline{3}|} = 2.723$)

연습 1.63 17#29

A는 어느 은행에서 $a_{\overline{20}|}$을 대출받았다. 이 대출금은 20년 동안 매년 말에 원리금을 균등상환한다. 홀수년에 상환할 이자액의 합을 구하시오. (단, 이자율 $i = 0.05$이며 $v^{20} = 0.376889$이다.)

연습 1.64 16#24

만기가 30년인 대출금에 대해 원리금을 매년 말 균등하게 상환한다. 11번째 원리금상환액 중 이자상환액(I_{11})은 125이고, 21번째 원리금상환액 중 이자상환액(I_{21})은 100이다. 이때 26번째 원리금상환액 중 이자상환액(I_{26})을 구하시오. 단, 이자는 연복리로 부리된다.

연습 1.65 14#21

갑은 2014년 1월 1일 1,500만 원짜리 자동차를 구입하면서 2016년 1월 1일부터 5년 동안 매년 초에 p원씩 할부대금을 지불하기로 하였다. p의 값을 구하라. (단, 연이율 $i = 7.5\%$)

연습 1.66 05#27

대출금 500원이 기말급 30년 누가확정연금(general increasing annuity)의 형태로 매년 상환된다. 즉, 처음 납입액은 k, 그 이후 납입액은 직전 납입액보다 k만큼 더 많아 진다. 연 실이율(annual effective interest rate) $i = 5\%$일 때 k값은? (단, $v = 0.9524$, $v^{30} = 0.2314$)

나. 감채기금(sinking fund)

대출금을 만기까지 부채 상태로 상환없이 그대로 놔두고, 할부금으로는 이자만 지급하고 나머지는 기금으로 적립하여 만기에 그 적립액이 대출원금이 되도록 할 수 있다. 이 기금을 감채기금이라고 하는데 만기에 이 기금으로 일시에 대출금을 상환하게 된다. 일반적으로 대출금에 적용되는 이자율 i'과 감채기금 적립시 적용되는 이자율 i는 상이하다.

감채기금표

t	대출금 이자 (IP_t)	감채기금 납입액(D)	감채기금 누적액(SFB_t)	실질대출잔액 (NAL_t)
0	-	-	-	1
1	i'	$\frac{1}{s_{\overline{n}\rvert}}$	$\frac{s_{\overline{1}\rvert}}{s_{\overline{n}\rvert}}$	$1-\frac{s_{\overline{1}\rvert}}{s_{\overline{n}\rvert}}$
2	i'	$\frac{1}{s_{\overline{n}\rvert}}$	$\frac{s_{\overline{2}\rvert}}{s_{\overline{n}\rvert}}$	$1-\frac{s_{\overline{2}\rvert}}{s_{\overline{n}\rvert}}$
…	…	…	…	…
t	i'	$\frac{1}{s_{\overline{n}\rvert}}$	$\frac{s_{\overline{t}\rvert}}{s_{\overline{n}\rvert}}$	$1-\frac{s_{\overline{t}\rvert}}{s_{\overline{n}\rvert}}$
…	…	…	…	…
$n-1$	i'	$\frac{1}{s_{\overline{n}\rvert}}$	$\frac{s_{\overline{n-1}\rvert}}{s_{\overline{n}\rvert}}$	$1-\frac{s_{\overline{n-1}\rvert}}{s_{\overline{n}\rvert}}$
n	i'	$\frac{1}{s_{\overline{n}\rvert}}$	$\frac{s_{\overline{n}\rvert}}{s_{\overline{n}\rvert}}=1$	$1-\frac{s_{\overline{n}\rvert}}{s_{\overline{n}\rvert}}=0$
합계	$n \cdot i'$	$\frac{n}{s_{\overline{n}\rvert}}$	-	-

예제 1-19 20#28

어떤 사람이 대출금 100을 매년 말 일정금액 C씩 3년 동안 감채기금 방식(sinking fund method)으로 상환한다. 대출금에 적용되는 연이율(annual effective rate of interest)은 10%이고, 감채기금 적립시 적용되는 연이율은 5%이다. C를 구하시오.

☞ $C =$ 대출금 이자$(IP_t)+$감채기금 납입액(D)

$$= 100\left(10\% + \frac{1}{s_{\overline{3}\rvert 5\%}}\right)$$

$$= 100\left(0.1 + \frac{0.05}{1.05^3 - 1}\right) \fallingdotseq 41.721$$

연습 1.67 05#26

어떤 사람이 금융기관으로부터 10년만기로 1,000,000원을 차입하고, 이에 대해 연 8%의 이자를 매 1년 경과시마다 납입함과 동시에, 차입원금 상환을 위하여 별도로 연 6%의 이율에 의한 감채기금(sinking fund) 적립액을 매 1년 경과시마다 동일 금융기관에 납입하기로 하였다. 이 사람이 매 1년 경과시마다 이 금융기관에 납입해야할 금액은? (단, $1.08^{10} = 2.159$, $1.06^{10} = 1.791$)

Final

핵심정리

기말(immediate)	기시(due)	관련 formula
$a_{\overline{n}\|} = \dfrac{1-v^n}{i}$	$\ddot{a}_{\overline{n}\|} = \dfrac{1-v^n}{d}$	$a_{\overline{n}\|} = \ddot{a}_{\overline{n}\|} \times v$, $\ddot{a}_{\overline{n}\|} = (1+i)\, a_{\overline{n}\|}$
$a^{(m)}_{\overline{n}\|} = \dfrac{1-v^n}{i^{(m)}}$	$\ddot{a}^{(m)}_{\overline{n}\|} = \dfrac{1-v^n}{d^{(m)}}$	$\ddot{a}^{(m)}_{\overline{n}\|} = (1+i)^{\frac{1}{m}}\, a^{(m)}_{\overline{n}\|} = (1+\dfrac{i^{(m)}}{m})\, \dfrac{i}{i^{(m)}}\, a_{\overline{n}\|}$
$(Ia)_{\overline{n}\|} = \dfrac{\ddot{a}_{\overline{n}\|} - nv^n}{i}$	$(I\ddot{a})_{\overline{n}\|} = \dfrac{\ddot{a}_{\overline{n}\|} - nv^n}{d}$	
$(Da)_{\overline{n}\|} = \dfrac{n - a_{\overline{n}\|}}{i}$	$(D\ddot{a})_{\overline{n}\|} = \dfrac{n - a_{\overline{n}\|}}{d}$	
$s_{\overline{n}\|} = \dfrac{(1+i)^n - 1}{i}$	$\ddot{s}_{\overline{n}\|} = \dfrac{(1+i)^n - 1}{d}$	$\ddot{s}_{\overline{n}\|} = (1+i)\, s_{\overline{n}\|} = (1+i)^n \ddot{a}_{\overline{n}\|}$
$s^{(m)}_{\overline{n}\|} = \dfrac{(1+i)^n - 1}{i^{(m)}}$	$\ddot{s}^{(m)}_{\overline{n}\|} = \dfrac{(1+i)^n - 1}{d^{(m)}}$	$\ddot{s}^{(m)}_{\overline{n}\|} = (1+i)^{\frac{1}{m}}\, s^{(m)}_{\overline{n}\|} = (1+\dfrac{i^{(m)}}{m})\, \dfrac{i}{i^{(m)}}\, (1+i)^n\, a_{\overline{n}\|}$
$(Is)_{\overline{n}\|} = \dfrac{\ddot{s}_{\overline{n}\|} - n}{i}$	$(I\ddot{s})_{\overline{n}\|} = \dfrac{\ddot{s}_{\overline{n}\|} - n}{d}$	
$(Ds)_{\overline{n}\|} = \dfrac{n(1+i)^n - s_{\overline{n}\|}}{i}$	$(D\ddot{s})_{\overline{n}\|} = \dfrac{n(1+i)^n - s_{\overline{n}\|}}{d}$	

Final

연습문제

01 이자율 i, 현가율 v, 할인율 d 사이의 다음 관계식 중 틀린 것은?

① $v = \dfrac{1}{1+i}$ ② $d = 1-v$

③ $v \cdot i = d$ ④ $d \cdot i = i + d$

02 표면이자율 8%, 3년만기, 액면가 1,000원, 이자는 매년말 지급하는 채권에 대하여 만기시점까지 적용되는 시장균형이자율이 연 8%에서 6%로 판매직후에 하락했다. 이자율변경 전후 채권가격의 변화는? (06#27)

① 가격변화 없다 ② 약 50원 증가

③ 약 53원 증가 ④ 약 48원 감소

✓
03 다음 중 d와 동일한 식을 모두 고르시오. (15#23)

(가) $1-\left(1+\dfrac{i^{(m)}}{m}\right)^{-m}$

(나) $i - i^2 + i^3 - i^4 + \cdots$

(다) $\delta - \dfrac{\delta^2}{2!} + \dfrac{\delta^3}{3!} - \dfrac{\delta^4}{4!} + \cdots$

① (가), (나) ② (가), (다)

③ (나), (다) ④ (가), (나), (다)

✓
04 다음 중 관계식이 옳은 것은? (단, 항상 $\delta \geq 0$이라고 가정) (00#35)

① $\delta = \dfrac{i+d}{2}$

② $\delta > \dfrac{i+d}{2}$

③ $\delta < \dfrac{i+d}{2}$

④ 경우에 따라 $\delta > \dfrac{i+d}{2}$ 또는 $\delta < \dfrac{i+d}{2}$

05 $a_{\overline{n|}} = 5.971$이고 $s_{\overline{n|}} = 10.260$일 때 $a_{\overline{2n|}}$을 계산하시오. (15#25)

① 9.41　② 9.45
③ 9.49　④ 9.53

06 매년 말에 1원씩을 영구히 지급하고, 또 매 2년말 마다 1원씩을 추가적으로 영구히 지급하는 연금의 현가는? (단, i는 연복리 이자율이다.) (06#25)

① $\dfrac{i+3}{i^2+2i}$　② $\dfrac{i+1}{i^2}$
③ $\dfrac{i+3}{(i+1)(i+2)}$　④ $\dfrac{i}{i(i+2)}$

07 어떤 사람이 대출금 100을 3년 동안 매년 말 일정금액 C씩 할부상환 방식(amortization method)으로 상환한다. 대출금에 적용되는 연이율(annual effective rate of interest)은 10%이다. C를 구하시오. (21#23)

① 33.33　② 36.54
③ 40.21　④ 42.98

08 이력의 함수가 $\delta_t = \dfrac{4t}{1+t^2}$ $(t>0)$일 때, $\ddot{a}_{\overline{2|}}$ 값은? (08#31)

① 1.2　② 1.25
③ 1.5　④ 1.55

✓
09 t시점에서의 이력이 다음과 같이 표현될 때, 0시점에 저축한 500이 2,000이 되는데 걸리는 시간은 얼마인가? (SOA FM sample)

$$\delta_t = \frac{\frac{t^2}{100}}{3+\frac{t^3}{150}}$$

① 6.7 ② 8.8

③ 14.2 ④ 18.9

✓✓

10 갑은 전화기간 6개월(convertible semiannually)의 연간 명목이자율이 6%의 정기예금에 1,000을 입금하였고, 을은 갑과 같은 시기에 전화기간 1개월(convertible monthly)의 연간 명목이자율 3%의 정기예금에 1,000을 입금하였다. 두 경우 모두 전화기간말에 이자가 지급된다고 할 때, 갑의 정기예금의 적립액이 을의 적립액보다 2배 이상이 되려면 최소 몇 개월이 경과해야하는가? (SOA FM sample)

① 276 ② 282

③ 285 ④ 288

쉬어가는 코너 보험수리학을 만든 사람들

Godfrey Harold Hardy(1877~1947), 영국의 수학자[1)]

하디는 케임브리지 대학교 트리니티 컬리지 수학과를 졸업하고, 해석학과 정수론 분야의 탁월한 업적을 쌓으면서 1910년에 영국 왕립학회의 회원이 되었다.

1890년 12월 수익률 추정방법인 하디수익률을 발표(Transaction of the Actuarial Society of Edinburgh)하였는데, 이 수익률은 연기금(pension fund)과 같이 자금의 유입과 유출이 빈번한 경우 단위기간(통상적으로 1년) 수익률의 근사값으로 대용하여 가장 널리 사용된다.

영화 “무한대를 본 남자”는 영국 캐임브릿지 대학교(트리니티 칼리지)의 하디 교수와 인도 빈민가의 수학 천재 라마누잔(Srinivasa Ramanujan, 1887-1920)의 브로맨스를 다룬 영화이다. 하디 교수는 라마누잔의 천재성을 알아보고 성격도 가치관도 신앙심도 다르지만 수학에 대한 뜨거운 열정으로 모두가 불가능하다고 생각한 위대한 대수학의 공식들을 증명하였다.

1) 출처: 김호균 · 성주호(2020). 알기쉬운 보험 · 연금수리학. 법문사. 27쪽 발췌.

02

생존함수

제 2 장 생존함수

(1) 생존·사망률과 생명표

가. 생존자 수와 생존·사망률

연령이 x세인 사람이 1년 동안 살아있을 확률이 x세의 생존율인데 이를 p_x로 표기한다. 반대로 1년 이내에 사망할 확률은 x세의 사망률인데 q_x로 표기한다. 한편 모든 사람은 1년 동안 살아있지 않았다면 반드시 1년 이내에 사망한 것이므로 다음 식이 성립한다.

$$p_x + q_x = 1$$

x세인 사람의 생존자 수를 l_x로 표시하는데, x세인 사람이 1년이 지나면 $x+1$세가 되므로 l_x명 중에서 만 1년이 지나 $x+1$세가 되는 순간까지 생존한 사람들의 수는 l_{x+1}로 표기한다. 한편, l_x는 신생아가 x세가 될 때까지 생존한 사람의 수라고 할 수도 있으므로 l_0에서 시작하며 감소함수이다. x세의 사람들 중에서 1년 후까지 살아남은 사람의 비율이 생존율 p_x이므로 생존자 수의 비율로 다음과 같이 나타낼 수 있다.

$$p_x = \frac{l_{x+1}}{l_x}$$

또한, x세 생존자 중에서 $x+1$세가 되기 전에 죽은 사망자의 수를 d_x로 표시하는데, 이는 $l_x - l_{x+1}$이며 이를 시간선 위에 그림으로 나타내면 다음과 같다.

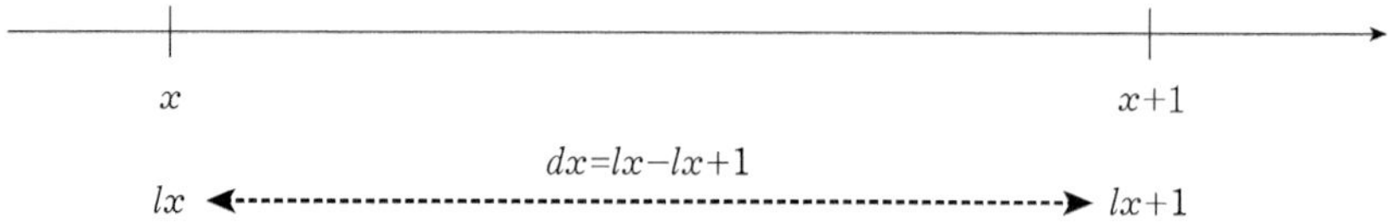

따라서 사망률 q_x도 다음과 같이 표현 가능하다.

$$q_x = \frac{l_x - l_{x+1}}{l_x} = \frac{d_x}{l_x}$$

연령이 x세인 사람이 1년이 아니라 n년 동안 살아 있을 생존율은 ${}_np_x$로 표기하고, $x+n$세까지 살지 못하고 사망할 확률은 ${}_nq_x$로 표기한다. $x+n$세의 생존자 수를 l_{x+n}으로 표기할 수 있으므로 연령이 x세인 사람의 n년 동안 생존율 ${}_np_x$와 사망률 ${}_nq_x$ 도 다음과 같이 표기한다.

$${}_np_x = \frac{l_{x+n}}{l_x}$$

$${}_nq_x = \frac{l_x - l_{x+n}}{l_x}$$

한편, 연령이 x세인 사람이 n년 동안 살아 있다가 그 다음 해에 사망하는 경우의 확률은 ${}_{n|}q_x$로 표기하는데, 사망자 수가 $l_{x+n} - l_{x+n+1}$이므로 다음과 같이 표기하는데, 이는 다음 식과 같이 ${}_np_x$와 q_{x+n}의 곱으로 표현함을 알 수 있다.

$$\begin{aligned} {}_{n|}q_x &= \frac{l_{x+n} - l_{x+n+1}}{l_x} \\ &= \frac{l_{x+n}}{l_x} \times \frac{l_{x+n} - l_{x+n+1}}{l_{x+n}} \\ &= {}_np_x \times q_{x+n} \end{aligned}$$

생존과 사망을 측정하는 기간이 굳이 햇수일 필요는 없다. 따라서 양의 실수인 s와 u에 대하여, x세의 사람이 향후 s시점까지 생존해 있다가 이후

u기간 안에 사망하는 확률을 ${}_{s|u}q_x$로 표기하는 것도 부자연스럽지 않다. 이 경우를 시간선 위에 그림으로 나타내면 다음과 같다.

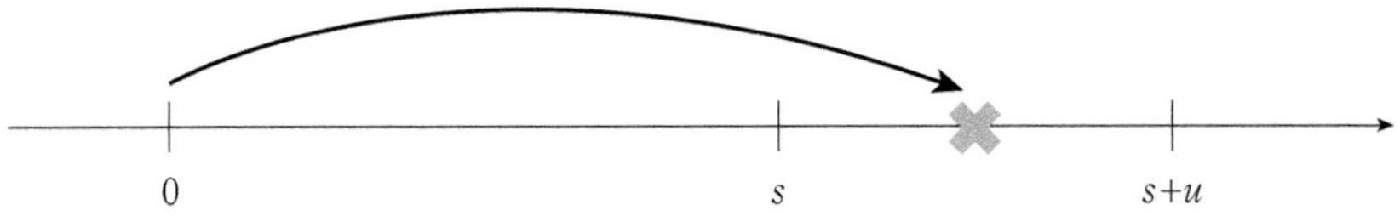

이때, s나 u가 단위기간 1인 경우에는 표기를 생략하는 것으로 약속한다면, 앞서 보았던 ${}_{n|}q_x$나 q_x도 자연스럽게 받아들여진다.

예제 2-1

생존율이 다음과 같을 때, ${}_{2|2}q_{40} - {}_{3|1}q_{40}$ 의 값을 구하라.

$$p_{40} = \frac{9}{10},\quad p_{41} = \frac{8}{10},\quad p_{42} = \frac{7}{10},\quad p_{43} = \frac{6}{10},\quad p_{44} = \frac{5}{10}$$

☞ 준식 $= {}_2p_{40} \cdot {}_2q_{42} - {}_3p_{40} \cdot q_{43}$

$= p_{40} \cdot p_{41} \cdot (1 - p_{42} \cdot p_{43}) - p_{40} \cdot p_{41} \cdot p_{42} \cdot (1 - p_{43})$

$= 0.216$

예제 2-2 15#27

${}_{k|}q_x = 0.1(k = 0, 1, \ldots, 9)$일 때 ${}_{1|2}q_{x+5}$를 구하시오.

☞ ${}_{k|}q_x = \dfrac{s(x+k) - s(x+k+1)}{s(x)} = 0.1$

$\Rightarrow s(x+k)$는 공차가 $-0.1\,s(x)$인 등차수열

$\Rightarrow s(x+k) = (1 - 0.1\,k)s(x)$

$\therefore\ {}_{1|2}q_{x+5} = \dfrac{s(x+6) - s(x+8)}{s(x+5)} = 0.4$

연습 2.1 15#33

${}_{1|}q_{x+1} = 0.085,\ {}_{2|}q_{x+1} = 0.143,\ q_{x+3} = 0.200$ 일 때, $q_{x+1} + q_{x+2} + q_{x+3}$를 구하시오.

✓
연습 2.2 09#24

0세의 사람과 30세의 사람이 향후 30년간 동시에 생존할 확률이 0.8이고, 0세의 사람이 향후 20년간 생존할 확률이 0.9라면 20세의 사람이 60세 이전에 사망할 확률은?

연습 2.3 08#24

다음 중 그 값이 다른 것은?

① ${}_{m|n}q_x$

② $\dfrac{l_{x+m} - l_{x+m+n}}{l_x}$

③ ${}_{m}p_x - {}_{m+n}p_x$

④ ${}_{m+n}q_x - {}_{n}q_{x+m}$

연습 2.4 06#29

${}_{t|}q_x = 0.1\ (t = 0, 1, \cdots, 9)$일 때, ${}_{3}p_{x+5}$을 구하시오.

연습 2.5

다음 식 중 틀린 것은?

① $d_x = l_x - l_{x+1}$

② $q_x = \dfrac{d_x}{l_x}$

③ $p_x = \dfrac{l_{x+1}}{l_x}$ ④ $p_x = 1 + q_x$

나. 생명표(life table)

표준집단과 다른 사망확률을 계산하여 표로 나타낸 것을 선택종국표(select-and-ultimate table)라고 한다. 표준집단과 구분하기 위해서 x 대신에 대괄호(square bracket)를 써서 $[x]$로 표기한다. 선택효과가 영구적으로 지속되지 않고 일정기간 동안만 유지되는데 이 기간을 선택기간(select period)라고 한다. 이 기간이 끝나면 사망확률은 표준집단의 사망률과 동일해진다.

예제 2-3 16#26

선택기간이 1년인 선택종국표에서 다음을 가정할 때 $l_{[80]}$을 구하시오.

(가)

x	q_x
80	0.10
81	0.12

(나) $q_{[x]} = 0.5\,q_x$ (다) $l_{[81]} = 1000$

☞

$[x]$	$q_{[x]}$	$l_{[x]}$	$l_{[x]+1}$	$x+1$
80	0.05	h	$0.95\,h$	81
81	0.06	1000	940	82

$$\Rightarrow p_{81} = \frac{940}{0.95h}$$

$$= 1 - q_{81} = 0.88$$

$$\therefore\ l_{[80]} = h \fallingdotseq 1124.4$$

연습 2.6 23#35

다음의 생명표에서 ${}_2p_{10}$을 구하시오.

x	l_x	d_x	p_x
10		70	
11			0.98
12	810		

연습 2.7 22#29

선택기간이 2년인 선택종국표는 아래와 같다.

x	$l_{[x]}$	$l_{[x]+1}$	l_{x+2}
80	1000	950	900
81	–	920	–
82	–	–	860

$q_{[80]+1} = q_{[81]+1}$일 때, $_{1|}q_{[80]+1}$을 구하시오.

연습 2.8 20#31

다음과 같은 생명표가 주어져 있을 때, q_{60}의 값을 구하시오.

x	l_x	d_x	$_{(x-60)\|}q_{60}$
60	1,000		
61		100	
62			0.07
63	780		

연습 2.9 20#37

아래와 같이 연령별 사망률이 주어져 있다.

x	q_x
40	0.01
41	0.03
42	0.05
43	0.07
44	0.09

피보험자 (40)이 2년에서 5년 사이에 사망할 확률을 구하시오.

예제 2-4

A와 B로 이루어진 두 집단이 있다. A는 1,600명의 신생아로부터의 생존자로 이루어진 집단이고, B는 10세인 540명으로부터의 생존자로 이루어진 집단이다. 모든 구성원의 장래생존기간은 독립임을 가정한다. 그리고 두 집단의 구성원들의 사망률은 다음의 생명표를 따른다고 한다.

x	l_x
0	40
10	39
70	26

A 집단의 구성원 중 70세까지의 생존자 수를 Y_A로, B 집단의 구성원 중 70세까지의 생존자 수를 Y_B로 정의할 때, $\Pr(Y_A + Y_B > c) = 0.05$를 만족하는 c를 구하시오. (단, 정규근사(normal approximation)를 이용하되 연속성 수정은 하지 않는다.)

☞ $Y_A \sim B(1600,\ {}_{70}p_0)$

$Y_B \sim B(540,\ {}_{60}p_{10})$

$$\Rightarrow E(Y_A) = 1{,}600 \cdot \frac{26}{40} = 1{,}040,\ E(Y_B) = 540 \cdot \frac{26}{39} - 360$$

$$Var(Y_A) = 1{,}600 \cdot \frac{26}{40} \cdot \frac{14}{40} = 364,$$

$$Var(Y_B) = 540 \cdot \frac{26}{39} \cdot \frac{13}{39} = 120$$

$$\Rightarrow Var(Y_A + Y_B) = Var(Y_A) + Var(Y_B) + Cov(Y_A, Y_B)$$

$$= 484, \quad (\because Cov(Y_A, Y_B) = 0)$$

$$\therefore \frac{c - E(Y_A + Y_B)}{\sqrt{Var(Y_A + Y_B)}} = 1.645 \Rightarrow c = 1436.19$$

Q&A 70세까지 생존자수가 왜 이항분포를 따르나요?

→ 70세까지 생존하지 않았다면 사망한 것이고, 독립적인 A 집단 1,600명의 사람들이 각자 생존율을 따르기 때문입니다.

(2) 생존함수(survival function)와 사력(force of mortality)

가. 확률변수로서 장래생존기간

x세의 사람의 장래생존기간은 현재 x세인 사람이 사망할 때까지 걸린 시간을 말하는데, 이 사람이 언제 사망할지 알 수 없기 때문에 확률의 문제가 되므로 장래생존기간은 확률변수가 된다. 이를 국제계리기호로 표기하면 다음과 같다.

(x): 연령이 x세인 사람

$T(x)$: (x)의 장래생존기간, 확률변수

특히, 신생아 (0)의 장래생존기간, 즉 사망할 때까지 걸리는 시간 $T(0)$은 다음과 같이 특별히 X라고 하고, 이를 시간선 위에 그림으로 나타내면 다음과 같다.

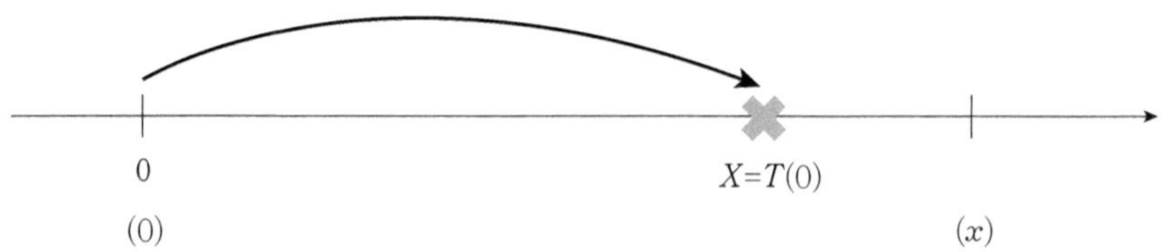

여기서 확률변수인 X의 누적분포함수(cdf: cumulative distribution function)는 다음과 같은데, 신생아 (0)가 (x)가 되기 전에 사망한다는 것으로 해석할

수 있으므로 사망확률 $_x q_0$로 표기된다.

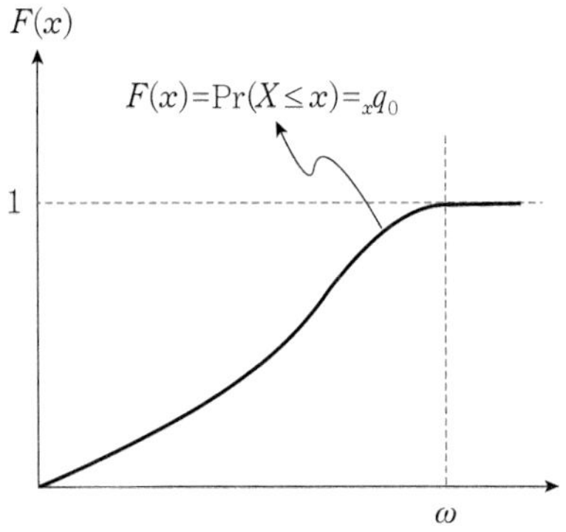

그리고 X의 확률밀도함수(pdf: probability density function) $f(x)$는 다음 그래프와 같이 누적분포함수의 미분값으로 표현됨을 알 수 있다.

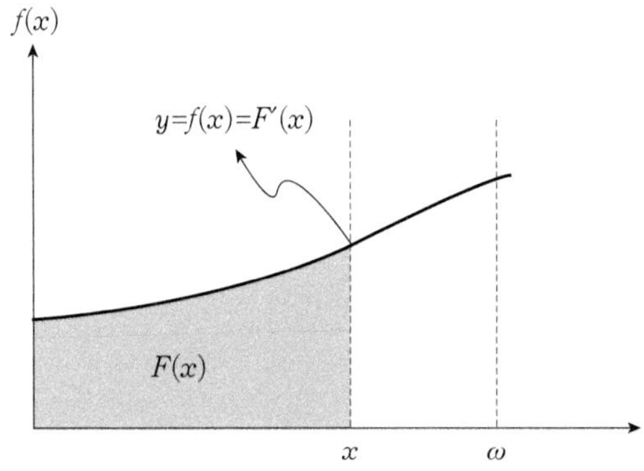

한편, X의 확률밀도함수 $f(x)$가 상수함수, 1차함수 또는 지수함수처럼 정형화된 형태라고 가정하면, 누적분포함수 $F(x)$의 형태를 좀 쉽게 파악할 수 있다.

먼저, 상수함수의 경우를 그래프로 살펴보면 다음과 같다.

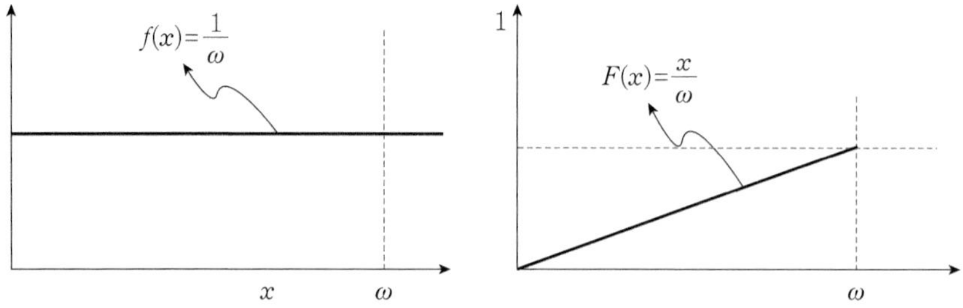

그리고 1차함수의 경우는 다음과 같다.

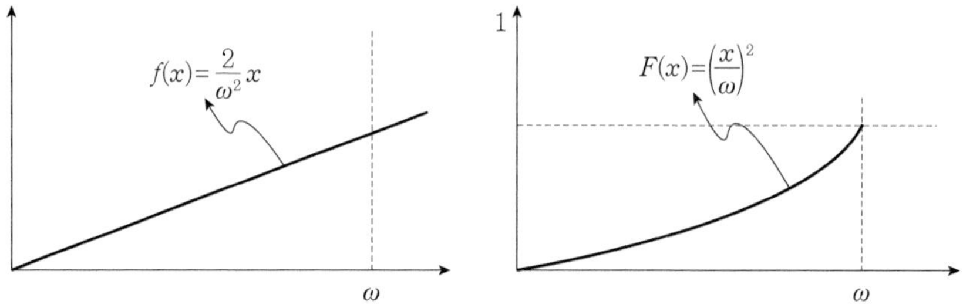

마지막으로 지수함수의 경우는 다음과 같다.

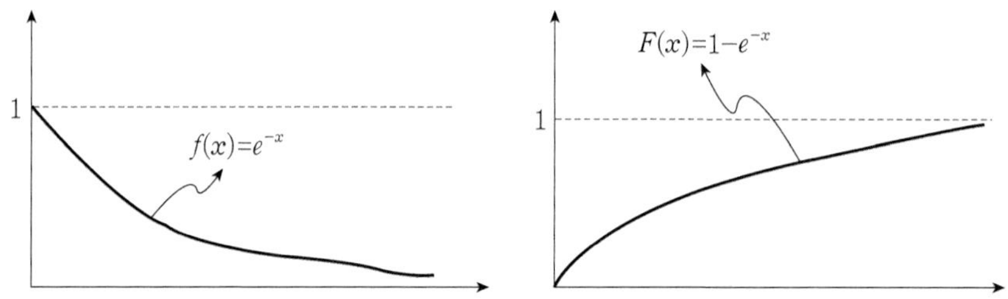

한편, X의 생존함수 $s(x)$는 정의상 누적분포함수와 서로 여집합인 사건의 확률이 되므로 다음과 같이 표기할 수 있다.

$$
\begin{aligned}
s(x) &= \Pr(X > x) \\
&= 1 - F(x) \\
&= 1 - {}_{x}q_{0} = {}_{x}p_{0}
\end{aligned}
$$

따라서, 앞서 본 것처럼 X의 확률밀도함수 $f(x)$가 상수함수, 1차함수 또는 지수함수일 때 생존함수는 다음과 같은 모습의 감소함수로 나타남을 알 수 있다.

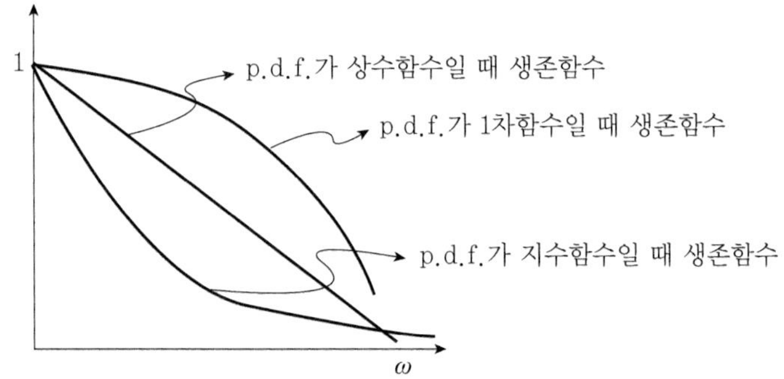

예제 2-5 04#33

신생아가 사망하는 시점의 연령을 X라고 하고, X의 누적분포함수 $F(x)$가 아래와 같을 때 40세 생존자가 50세에도 생존할 확률을 구하라.

$$F(x) = 1 - e^{-\lambda x}$$

☞ $s(x) = e^{-\lambda x}$

$$\Rightarrow {}_{10}p_{40} = \frac{s(50)}{s(40)}$$

$$= e^{-10\lambda}$$

연습 2.10 21#29

확률변수 X가 신생아의 수명을 나타낼 때, X의 생존함수가

$$s_X(x) = \left(1 - \frac{x}{100}\right)^2, \; 0 \le x \le 100$$

이다. X의 분포에서 제3사분위수(quartile)를 구하시오.

나. 생존함수(survival function)

편, 신생아 (0)이 아닌 (x)의 장래생존기간 $T(x)$은 신생아의 장래생존기

간 X를 통해 다음과 같이 나타낼 수 있다.

$$T(x) = X - x$$

따라서 (x)가 사망하는 시점의 연령은 $x + T(x)$이고, (x)가 특정 시점 t 이전에 사망한다는 것은 $T(x)$가 t와 같거나 이보다 적다는 뜻으로 해석할 수 있다. 이를 시간선 위에 그림으로 나타내면 다음과 같다.

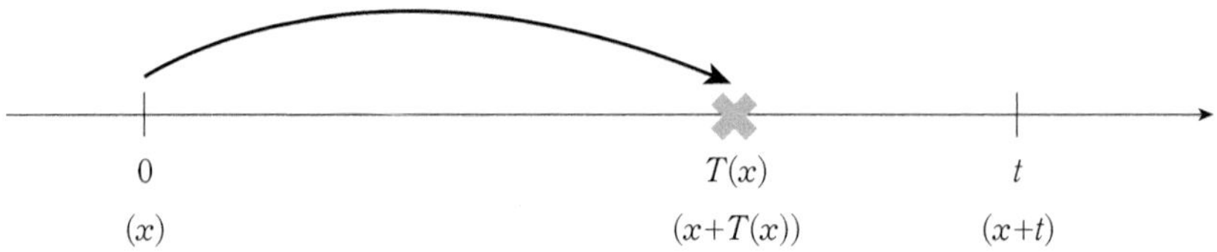

따라서, 사망률 ${}_tq_x$는 (x)의 장래생존기간 $T(x)$이 t와 같거나 이보다 적을 확률이므로, $T(x)$의 누적분포함수 $G(t)$를 다음과 같이 확률함수 ${}_tq_x$로 나타낼 수 있다.

$$\begin{aligned} G(t) &= \Pr[T(x) < t] \\ &= \Pr[X < x + t \mid X > x] \\ &= \frac{\Pr[x < X < x + t]}{\Pr[X > x]} \\ &= \frac{s(x) - s(x+t)}{s(x)} \\ &= {}_tq_x \end{aligned}$$

그리고, $T(x)$의 확률밀도함수는 다음과 같다.

$$\begin{aligned} g(t) &= G'(t) \\ &= {}_tq_x{}' \\ &= (1 - {}_tp_x)' \\ &= -\,{}_tp_x{}' \end{aligned}$$

그리고 (x)가 n기간 이상 생존할 확률은 다음과 같은 조건부확률로 나타낼 수 있다.

$$
\begin{aligned}
{}_np_x &= \Pr(X > x+n|X > x) \\
&= s(x+n|X > x) \\
&= \frac{s(x+n)}{s(x)}
\end{aligned}
$$

예제 2-6 13#27

(x)인 피보험자의 장래생존기간을 나타내는 확률변수가 평균이 3인 지수분포를 따를 때, "$q_x + p_x q_{x+1} + {}_2p_x q_{x+2} + {}_3p_x q_{x+3} + \dots$"의 값을 구하시오.

☞ 준식$= q_x + {}_{1|}q_x + {}_{2|}q_x + \cdots = 1$

연습 2.11 11#25

(x)의 장래생존기간을 나타내는 연속확률변수를 $T(x)$라 할 때, $\Pr(4 \le T(40) < 8)$와 같지 않은 것은?

① ${}_{4|4}q_{40}$ ② ${}_4p_{40}\,{}_4q_{44}$ ③ ${}_4p_{44}$ ④ ${}_4p_{40} - {}_8p_{40}$

연습 2.12 02#29

(x)의 장래생존기간을 나타내는 연속확률변수를 T_x라 할 때, $\Pr(5 \le T_{50} \le 10)$과 같은 것은?

① ${}_5q_{55}$ ② ${}_{5|5}q_{50}$ ③ ${}_{5|}q_{55}$ ④ ${}_{5|5}q_{55}$

✓
연습 2.13 06#30

X를 사망시점의 연령이라고 하고 X의 확률밀도함수가 $f(x)=\mu e^{-\mu x},\ x>0$ 라고 할 때, X가 50보다 클 확률은?

① $1-e^{-50\mu}$ ② $e^{-50\mu}$ ③ $50e^{-50\mu}$ ④ $50-e^{-50\mu}$

연습 2.14 F16#2

다음과 같이 신생아 장래생존기간의 함수가 주어졌을 때, 30세 피보험자가 20년 내에 사망할 확률을 구하시오.

$$S_0(x)=\begin{cases}1-\dfrac{x}{250} &,\ 0\le x<40\\ 1-\left(\dfrac{x}{100}\right)^2 &,\ 40\le x\le 100\end{cases}$$

다. 사력(force of mortality)의 기본 개념

연령 x인 사람이 1년간 사망할 확률을 q_x로 표기했는데, 1년이라는 기간 동안 사망률이 항상 같지는 않다. 가령 고령자의 경우 환절기나 혹한기에 사망률이 그렇지 않은 계절의 사망률보다 높은 것이 일반적이다. 따라서 아주 짧은 특정 순간의 사망률이 필요한데 이 사망 확률을 연간 사망률로 표기한 것을 사력이라 하고 μ_x혹은 $\mu(x)$로 표기한다. 이는 앞서 이자율에서 짧은 순간이율을 연간이율로 표현한 이력과 같은 방식으로 다음 식으로 표현된다. (단, l_x가 감소함수이므로 -1을 곱하여 양수로 정의한다.)

$$\mu_x \equiv -1\times\lim_{\Delta x\to 0}\frac{\dfrac{l_{x+\Delta x}-l_x}{l_x}}{\Delta x}$$

$$= -\frac{1}{l_x}\times\lim_{\Delta x\to 0}\frac{l_{x+\Delta x}-l_x}{\Delta x}$$

$$= -\frac{l'_x}{l_x}$$

$$= -\frac{s'(x)}{s(x)}$$

한편, $-\dfrac{s'(x)}{s(x)} = -\dfrac{d}{dx}\ln s(x)$을 이용하여 양변을 적분하면, 사력 μ_x을 통해 생존율 ${}_tp_x$을 다음과 같이 표현할 수 있게 된다.

$$-\int_x^{x+t}\mu_y dy = \ln[s(x+t)] - \ln[s(x)]$$

$$= \ln({}_tp_x)$$

$$\Rightarrow \ {}_tp_x = \exp(-\int_0^t \mu_{x+s}\,ds)$$

그리고, 생존율을 t로 미분하면 생존율의 도함수는 다음과 같이 t시점의 생존율과 사력의 곱으로 표현됨을 알 수 있다.

$$\frac{d}{dt}\,{}_tp_x = -\,{}_tp_x \cdot \mu_{x+t}$$

예제 2-7 19#31

피보험자 (x)에 대하여 사력이 다음과 같다.

$$\mu_x = A + Bx,\ x \geq 0$$

이로부터 얻은 생존함수 ${}_tp_0$가 다음을 만족할 때, A를 구하시오.

(가) ${}_2p_0 = e^{-0.6}$

(나) $\left(-\dfrac{1}{{}_tp_0}\dfrac{d}{dt}\,{}_tp_0\right)\Big|_{t=2} = 0.5$

☞ ${}_tp_0 = \exp\left\{-\int_0^t \mu_{0+s}\,ds\right\}$

$$= \exp\left\{-(At + \frac{B}{2}t^2)\right\}$$

$\therefore$ (가) $e^{-(2A+2B)} = e^{-0.6} \Rightarrow A + B = 0.3$

(나) $\frac{d}{dt}\,{}_tp_0 = \frac{d}{dt}\exp\left\{-(At + \frac{B}{2}t^2)\right\}$

$= {}_tp_0(-A - Bt)$

$\Rightarrow (-\frac{1}{{}_tp_0}\frac{d}{dt}\,{}_tp_0)|_{t=2} = A + 2B = 0.5$

따라서, $A = 0.1$

예제 2-8 18#26

다음 중 $\frac{d}{dx}\,{}_tp_x$와 같은 것을 고르시오.

① ${}_tp_x(\mu_x - \mu_{x+t})$ ② $-{}_tp_x(\mu_x - \mu_{x+t})$

③ ${}_tp_x\mu_x$ ④ $-{}_tp_x\,\mu_{x+t}$

☞ $\frac{d}{dx}\,{}_tp_x = \frac{d}{dx}\exp\left\{-\int_0^t \mu_{x+s}\,ds\right\}$

$= \frac{d}{dx}\exp\left\{-\int_x^{x+t}\mu_y\,dy\right\}$

$= \exp\left\{-\int_x^{x+t}\mu_y\,dy\right\}\frac{d}{dx}\left(-\int_x^{x+t}\mu_y\,dy\right)$

$= {}_tp_x\,(\mu_x - \mu_{x+t})$

연습 2.15 22#27

$\lim_{h\to 0+}\frac{{}_{k|h}q_x}{h}$를 구하시오.

① ${}_kp_x$ ② μ_{x+k} ③ p_{x+k} ④ ${}_kp_x\,\mu_{x+k}$

연습 2.16 13#29

다음 중 잘못된 관계식을 고르시오.

① $\int_0^{\infty} {}_sp_x\,\mu_{x+s}ds = 1$

② ${}_nq_x = \int_0^{n} {}_sp_x\,\mu_{x+s}ds$

③ ${}_np_x = \exp[-\int_0^{n} \mu_{x+s}ds]$

④ $\dfrac{d\,{}_tp_x}{dx} = {}_tp_x\,(\mu_{x+t} - \mu_x)$

연습 2.17 11#27

${}_{1|}q_x = 0.3,\ p_{x+1} = 0.5$일 때 $\int_0^{2} {}_tp_x\,\mu_{x+t}\,dt$의 값을 구하시오.

연습 2.18 10#26

${}_tp_x \cdot \mu_{x+t} = \theta$, $0 < t < 3$일 때, $\int_0^{2} {}_tp_{x+1} \cdot {}_tp_x \cdot \mu_{x+t}\,dt$를 θ로 나타낸 식은?

① $\dfrac{1-2\theta}{1-\theta}$

② $\dfrac{\theta(1-3\theta)}{1-\theta}$

③ $\dfrac{2\theta(1-2\theta)}{1-\theta}$

④ $\dfrac{2\theta(1-3\theta)}{1-\theta}$

연습 2.19 23#30

사력 $\mu_x = \dfrac{1}{3+x}$, $x \geq 0$일 때 ${}_4p_0$를 구하시오.

✓
연습 2.20 09#23

사력이 $\mu_x = A_1 \times (A_2)^x$ 일 때, 생존함수는 $s(x) = e^{-A_3[(A_2)^x - 1]}$이다. 다음 중 상수 A_1, A_2, A_3 사이의 관계를 나타낸 것은? (단, $A_1 > 0,\ A_2 \geq 1,\ x \geq 0$)

① $A_3 = \dfrac{A_1}{\log A_2}$ ② $A_2 = \dfrac{A_1}{\log A_3}$

③ $A_1 = \dfrac{A_3}{\log A_2}$ ④ $A_1 = \dfrac{A_2}{\log A_3}$

라. 사력과 사망률

사력을 통해서 생존율과 생존율의 도함수를 구하면 다음과 같이 사망률을 유도할 수 있다.

사력과 생존사망률 개념도해[1)]

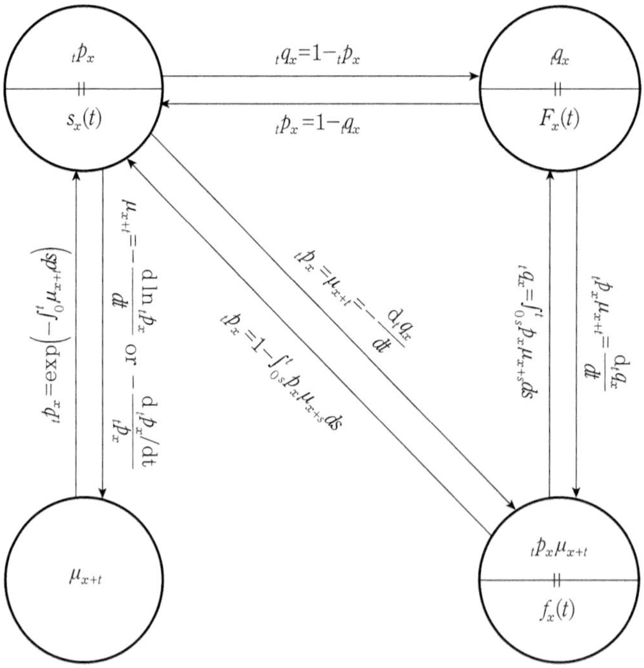

1) Abraham Weishaus(2018). Long-Term Actuarial Mathematics. Actuarial Study Materials. 45쪽.

$$\frac{d}{dt}\,{}_tp_x = -\,{}_tp_x \cdot \mu_{x+t}$$

$$\Rightarrow \frac{d}{dt}\,{}_tq_x = {}_tp_x \cdot \mu_{x+t}$$

$$\Rightarrow {}_tq_x = \int_0^t {}_sp_x\,\mu_{x+s}\,ds$$

예제 2-9 21#30

2021년 COVID-19가 유행 중인 상황에서 피보험자 (x)의 사력은 $\mu_x = kx$이고, 나이가 20세인 피보험자 A가 10년 내에 사망할 확률은 0.1이다. 2022년에 유행이 종료한 후 사력이 $\mu_x^* = \frac{5}{6}kx$로 감소한다고 할 때, 2022년에 나이가 20세인 피보험자 B가 20년 내에 사망할 확률을 구하시오. (단, k는 상수)

☞ $${}_{10}p_{20} = \exp\left\{-\int_0^{10} \mu_{20+s}\,ds\right\}$$
$$= \exp(-250k) = 1 - 0.1 = 0.9$$
$$\therefore\ {}_{20}q_{20}^* = 1 - {}_{20}p_{20}^*$$
$$= 1 - \exp(-500k) = 1 - \{\exp(-250k)\}^2 = 0.19$$

예제 2-10 14#30

피보험자 (x)에 대해 경험생명표 사력은 μ_{x+t}이고, 사망률은 q_x이다. 같은 피보험자에 대해 국민생명표 사력은 μ_{x+t}^*이고, 사망률은 q_x^*이다.
$\mu_{x+t}^* = 0.5\mu_{x+t}$ $(0 \leq t < 1)$, $\mu_{x+t}^* = 2\mu_{x+t}$ $(1 \leq t \leq 2)$이고,
$q_x = \frac{7}{16}$, $q_{x+1} = \frac{1}{2}$ 일 때 ${}_2q_x^*$의 값을 구하시오.

☞ $${}_2q_x^* = 1 - {}_2p_x^*$$
$$= 1 - \exp\left\{-\int_0^2 \mu_{x+t}^*\,dt\right\}$$
$$= 1 - \exp\left\{-\int_0^1 0.5\mu_{x+t}\,dt - \int_1^2 2\mu_{x+t}\,dt\right\}$$

$$= 1-(p_x)^{\frac{1}{2}}(p_{x+1})^2$$

$$= 1-(1-\frac{7}{16})^{\frac{1}{2}}\left(1-\frac{1}{2}\right)^2 = \frac{13}{16}$$

연습 2.21 13#28

(x)인 피보험자에 대해 경험생명표 사력은 μ_{x+t}이고 사망률은 $q_x = 1-p_x$이다. 같은 피보험자에 대해 국민생명표 사력은 μ^*_{x+t} 이고 사망률은 $q^*_x = 1-p^*_x$ 이다.

$\mu^*_{x+t} = 0.5\mu_{x+t}$이고 $p_x = \frac{4}{9}$ 일 때, q^*_x 의 값을 구하시오.

연습 2.22 12#25

연령구간 $(x,\ x+1)$에서 남자의 사력은 여자의 사력의 2배이다. 여자의 사망률을 q^F_x, 남자의 사망률을 q^M_x 으로 나타낼 때, 다음 중 q^M_x과 동일한 것을 고르시오.

① $2q^F_x$ ② $2q^F_x + (q^F_x)^2$ ③ $2q^F_x - (q^F_x)^2$ ④ $q^F_x + (q^F_x)^2$

✓
연습 2.23 12#27

현재 40세인 사람들로 구성된 어떤 집단의 남녀비율은 4:6이다. 모든 연령 x에 대하여 남자의 사력은 $\mu^M(x) = 0.2$ 이고, 여자의 사력은 $\mu^F(x) = 0.1$ 이다. 이 집단에서 무작위로 선택된 어떤 사람이 60세 이후에도 생존해 있을 확률의 값이 속하는 범위로 가장 적합한 것은? (단, $e^{-1} = 0.368$)

① 10% 이하 ② 10%에서 15%사이
③ 15%에서 20%사이 ④ 20% 이상

✓
연습 2.24 07#29

아래 조건을 만족하는 상수 c의 값을 구하라.

(가) 사력이 μ_{x+t}, $0 < t < 1$ 일 때 $q_x = 0.04$

(나) 사력이 $\mu_{x+t} - c$, $0 < t < 1$ 일 때 $q_x = 0.06$

연습 2.25 07#32

$\mu_x = \dfrac{x}{100}$ 일 때, ${}_{20|10}q_5$ 의 값은?

① $\dfrac{e^6 - 1}{e^4}$ ② $\dfrac{e^3 - 1}{e^6}$ ③ $e^3 - e^6$ ④ $\dfrac{e^6}{e^3}$

연습 2.26 05#31

만일 사력 μ_{x+t} $(0 < t < 1)$가 $\mu_{x+t} - c$로 변한다면 피보험자(x)가 1년 이내에 사망할 확률이 사력이 변하기 전 사망확률의 $\dfrac{1}{3}$로 줄어든다. 이러한 c의 값을 q_x의 함수식으로 표현하면? (단, c는 양수)

① $c = \ln\dfrac{1 - q_x}{3(2 - q_x)}$ ② $c = \ln\dfrac{3 - q_x}{3 - 2q_x}$

③ $c = \ln\dfrac{2 - 3q_x}{3(1 - q_x)}$ ④ $c = \ln\dfrac{3 - q_x}{3(1 - q_x)}$

연습 2.27 03#31

생명표A에 적용되는 사력과 사망률은 각각 μ_x, q_x이고 생명표B에 적용되는 사력과 사망률은 각각 μ_x^*, q_x^*이다. $\mu_{x+t}^* = \dfrac{1}{4}\mu_{x+t}$, $(0 < t < 1)$의 관계식을

만족할 때, q_x^*의 값과 일치하는 것은?

① $\frac{1}{4}$ ② $1-(q_x)^4$

③ $(q_x)^4 \times \sqrt[4]{1-q_x}$ ④ $1-\sqrt[4]{1-q_x}$

(3) 특정 사망법칙 적용시 생존함수

가. 드 무아브르(de Moivre) 사망법칙(균등분포)

신생아의 장래생존기간이 균등분포를 따르는 경우만을 따로 생각해보자. 앞서 보았듯이 이 경우 생존함수는 $s(x)$는 직선으로 표시되는데, 이 때 특별히 장래생존기간이 균등분포 대신에 드 무아브르 사망법칙을 따른다고 한다.

$l_0=\omega$라고 할 때, 드 무아브르 사망법칙은 다음과 같다.

$$s(x)=1-\frac{x}{w}, \quad (0\le x\le \omega)$$

$$\Rightarrow l_x=\omega-x$$

$$\Rightarrow f(x)=-s'(x)\text{: 균등분포(uniform distribution)}$$

$$=\frac{1}{\omega}$$

한편, 드 무아브르 사망법칙은 전연령에 대해서 동일한 균등분포이므로, 신생아의 장래생존기간 X과 마찬가지로 다른 연령 (x)의 장래생존기간 $T(x)$도 드 무아브르 사망법칙을 따른다.

드 무아브르 사망법칙을 따를 때 장래생존기간(T)의 누적분포함수(c.d.f.) $G(t)$와 확률밀도함수(p.d.f.) $g(t)$는 다음과 같다.

$$G(t)={}_tq_x$$

$$=\frac{s(x)-s(x+t)}{s(x)}=\frac{t}{\omega-x}$$

$$g(t)=\frac{1}{\omega-x}$$

드 무아브르 사망법칙을 따를 때 사력은 다음과 같이 간단하게 계산할 수 있다.

$$\mu_x = \frac{1}{\omega - x}$$

$$\Rightarrow \quad \mu_{x+t} = \frac{1}{\omega - x - t}$$

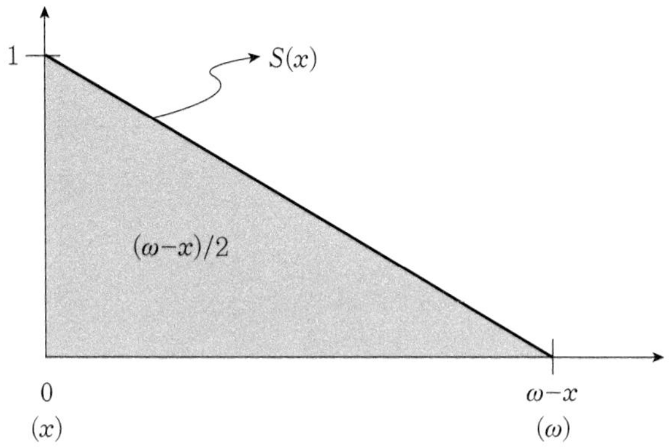

예제 2-11 13#26

다음과 같이 선택기간이 2년인 선택표가 주어졌다. 종국표(Ultimate Table)는 de Moivre의 사망법칙을 따르고, $q_{[x]} = \frac{2}{3} \cdot q_x$ 일 때, ${}_{1|2}q_{[82]}$ 의 값을 구하시오.

x	$l_{[x]}$	$l_{[x]+1}$	$l_{[x]+2}$	$x+2$
80	–	–	8,000	82
81	–	–	7,520	83
82	8,200	–	–	84

☞

x	$l_{[x]}$	$l_{[x]+1}$	$l_{[x]+2}$	$x+2$
80	–	–	8,000	82
81	–	–	7,520	83
82	8,200	①		84
83			②	85

① $q_{[82]} = 1 - \frac{l_{[82]+1}}{8200}$

$= \frac{2}{3} \times q_{82} = \frac{2}{3} \times \frac{8000-7520}{8000}$

$\Rightarrow l_{[82]+1} = 7872$

② $l_{85} = l_{82} - 3 \times d_{82}$, $(\because de\ Mooivre)$

$= 6560$

$\therefore\ {}_{1|2}q_{[82]} = p_{[82]} \times {}_2q_{[82]+1}$

$= (1 - \frac{2}{3} \times q_{82})(1 - \frac{l_{85}}{l_{[82]+1}}) = 0.16$

연습 2.28 23#36

사력 $\mu_x = \frac{1}{120-x}$, $0 < x \le 120$일 때, ${}_{4|5}q_{40}$을 구하시오.

연습 2.29 19#30

피보험자 (x)에 대하여 사력이 다음과 같다.

$$\mu_x = \frac{1}{100-x},\ 0 \le x < 100$$

피보험자 (60)의 완전미래생존기간(complete future lifetime) 확률변수가 T_{60}일 때, $\Pr(T_{60} > t) = \frac{3}{4}$인 t값을 구하시오.

연습 2.30 04#32

생존함수가 $s(x) = 1 - \frac{x}{100}$으로 주어져 있을 때, 신생아의 수가 100,000명이라면 이들 중 31세에 도달하는 생존자 수는 몇 명인가?

연습 2.31 02#30

생존자 수를 나타내는 l_x가 다음과 같이 정의될 경우 q_x를 구하시오.

$$l_x = a(\omega - x), \text{ (단, } a\text{는 상수, } \omega > x)$$

나. 일반화된 균등분포(Generalized Uniform Distribution)

$\alpha > 0$와 한계연령 ω가 주어졌을 때 생존함수가 다음과 같은 경우 생존확률을 구해보자.

$$S(x) = \left(1 - \frac{x}{\omega}\right)^{\alpha}$$

$$\Rightarrow {}_tp_x = \left(1 - \frac{t}{\omega - x}\right)^{\alpha}$$

또한 사력도 다음과 같이 구해진다.

$$\mu_x = -\frac{S'(x)}{S(x)}$$

$$= \frac{\alpha}{\omega} \cdot \frac{1}{1 - \frac{x}{\omega}}$$

$$= \frac{\alpha}{\omega - x}$$

여기서, $\alpha = 1$인 경우가 균등분포인 De Moivre의 법칙을 따르는 분포임을 쉽게 알 수 있다. 또한 이 분포의 생존확률은 균등분포 생존확률의 α제곱이 된다.

따라서, $\alpha > 0$와 한계연령 ω을 2개의 변수로 하는 사력이 위와 같을 때 일반화된 균등분포라고 하는데, 장래생존기간 $T(x)$가 베타분포(ω, α)를 따르는 경우에 해당한다.

다. 곰페르츠의 사망법칙(Gompertz law of mortality)

드 무아브르는 사망자의 발생이 등차수열을 따르는 것으로 가정하였으나, Benjamin Gompertz는 등비수열을 따른다고 가정하였다. 즉, 사망의 원인은 연령과 무관하게 동일할 수 있지만, 연령이 증가할수록 그 사망원인에 대한 저항력이 약화되므로 생존자 수는 등비수열 이상의 비율로 감소한다고 생각하였다.

즉, 사력이 $\mu_x = B \cdot c^x$ 라고 하면 사력이 연령 증가에 따라 기하급수적으로 증가하는 다음 식(제1 곰페르츠 산식[2]))이 성립한다.

$$s(x) = \exp\left[-\int_0^x \mu_y \, dy\right]$$

$$= \exp\left[-\frac{B}{\ln c}(c^x - 1)\right]$$

예제 2-12 12#26

사망이 곰페르츠의 사망법칙(Gompertz law of mortality)을 따른다고 할 때, 다음 중 옳은 것을 고르시오. (단, 곰페르츠의 사망법칙은 적당한 상수 B, c 에 대하여 사력 $\mu_x = B \cdot c^x$ 으로 주어짐)

① $(p_{x+1})^2 = p_x \, p_{x+2}$

② $(q_{x+1})^2 = q_x \, q_{x+2}$

③ $(\log_e p_{x+1})^2 = (\log_e p_x) \cdot (\log_e p_{x+2})$

④ $(\log_e q_{x+1})^2 = (\log_e q_x) \cdot (\log_e q_{x+2})$

☞ $p_x = \exp\left\{-\int_0^1 \mu_{x+t} dt\right\}$

$$= \exp\left\{-\int_0^1 B \cdot c^{x+t} dt\right\}$$

$$= \exp\left\{B \cdot c^x \cdot \frac{1-c}{\ln c}\right\}$$

---

2) 제2 곰페르츠 산식은 다음과 같으나 여기서는 다루지 않는다.

$$\ln l_x = -bc^x + gh^x - xdf^x - jk^{m^x(x-n)}$$

$$\Rightarrow \ln p_x = B \cdot \frac{1-c}{\ln c} \cdot c^x$$

$$\therefore \ (\log_e p_x) \cdot (\log_e p_{x+2})$$

$$= \left\{ \frac{B(1-c)}{\ln c} \cdot c^x \right\} \cdot \left\{ \frac{B(1-c)}{\ln c} \cdot c^{x+2} \right\}$$

$$= \left\{ \frac{B(1-c)}{\ln c} \cdot c^{x+1} \right\}^2$$

$$= (\log_e p_{x+1})^2$$

(4) 기대여명(expectation of life)

가. 정수 생존기간(curtate future lifetime)의 개념

만 30세의 사람이 5년 3개월 후에 사망하였을 때, $T(30) = 5.25$로 표기하게 되지만 일반적으로는 5.25년이라는 표현보다 대략 정수값인 6년으로 표기하는 것이 유용한 경우가 많다. 이렇게 정수로 표현하는 장래생존기간을 정수생존기간 혹은 개산(槪算)생존기간, 이산생존기간이라고 말하는데, 다음과 같이 정의된다.

$$K(x) \equiv \lfloor T(x) \rfloor$$
$$= \lfloor X - x \rfloor$$

여기서 $\lfloor \ \rfloor$은 "floor"라고 하는데, '$\lfloor \ \rfloor$ 내의 값과 같거나 작은 수 중 최대의 정수'를 의미한다. 예를 들자면 $\lfloor 3.75 \rfloor = 3$이다. 따라서 정수 k에 대하여 $\Pr[K(x) = k]$는 (x)의 사망시점이 k와 $k+1$ 사이에 있는 것을 의미하고, 다음과 같은 사망률로 표현됨을 알 수 있다.

$$\Pr[K(x) = k] = \Pr[k \le T(x) < k+1]$$
$$= {}_{k|}q_x$$

예제 2-13 04#36

$K(x)$는 x세 피보험자의 장래개산생존기간을 나타내는 확률변수이다. 다음 조건하에서 $\Pr[K(97)=1]$를 구하시오.

(x)	97	98	99	100
l_x	150	100	50	0

☞ $_{1|}q_{97} = \dfrac{l_{98} - l_{99}}{l_{97}} = \dfrac{1}{3}$

나. 정수 기대여명

연령이 x세인 사람의 기대여명은 전체 l_x명 생존자의 장래생존기간의 평균값이다. 즉, x세에 도달한 사람이 그 후 생존하는 햇수의 평균을 의미한다. 만약 1년 단위로만 생존을 고려한다고 가정하면, 이는 각 연령대의 생존자수를 더한 후 l_x명으로 나누어 구해질 수 있다. 즉, 아래 그림의 색칠된 부분의 면적(단위면적=1)을 l_x로 나눈 값이다.

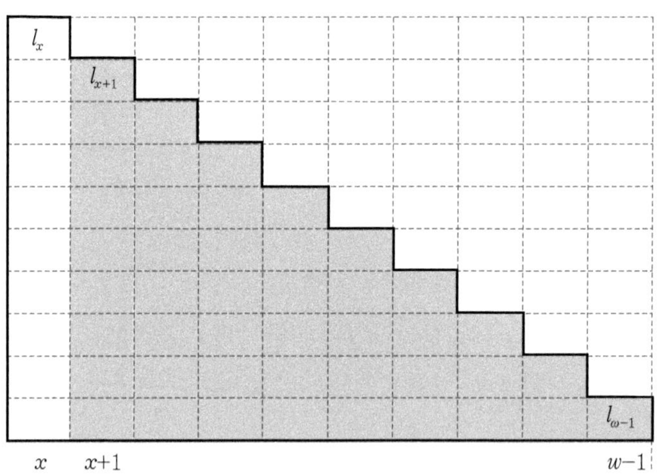

이를 정수기대여명(혹은 개산평균여명, curate expectation of life)이라 하고 국제계리기호 e_x로 표기한다. 그 식은 다음과 같다.

$$e_x \equiv \frac{l_{x+1} + l_{x+2} + \cdots + l_{\omega-1} + l_\omega}{l_x}$$
$$= p_x + {}_2p_x + \cdots + {}_{\omega-x}p_x$$
$$= \sum_{k=1}^{\omega-x} {}_kp_x$$

여기에서 ω는 사망시 연령이며, 1년 미만으로 생존하는 경우에 여명을 0으로 정수 처리하여 계산한 값이다.

한편, 장래정수 생존기간은 이산확률변수인데, 정수기대여명은 이 이산확률변수의 기댓값이므로 다음과 같은 방법으로도 구해질 수 있다.

$$e_x = E[K(x)]$$
$$= \sum_{k=0}^{\omega-x} k \times \Pr(K(x) = k)$$
$$= \sum_{k=0}^{\omega-x} k \times {}_kq_x$$
$$= \frac{l_{x+1} - l_{x+2}}{l_x} + 2\frac{l_{x+2} - l_{x+3}}{l_x} + \cdots = \sum_{k=1}^{\omega-x} {}_kp_x$$

한편, n년 이후 사망할 경우 여명을 무조건 n년으로 정하고 계산하는 여명을 n년 정기기대여명이라고 한다. 특히, n년 정기정수기대여명 $e_{x:\overline{n|}}$은 다음과 같은 식으로 나타낼 수 있다.

$$e_{x:\overline{n|}} \equiv \frac{l_{x+1} + l_{x+2} + \cdots + l_{x+n}}{l_x}$$
$$= p_x + {}_2p_x + \cdots + {}_np_x$$
$$= \sum_{k=1}^{n} {}_kp_x$$

예제 2-14 14#27

무한급수 $q_x + p_x(1 + q_{x+1}) + {}_2p_x(1 + q_{x+2}) + \cdots$의 값을 구하시오.

☞ 준식 $= q_x + (p_x + {}_{1|}q_x) + ({}_2p_x + {}_{2|}q_x) + \cdots$

$$= (q_x + {}_{1|}q_x + {}_{2|}q_x + \cdots) + (p_x + {}_2p_x + \cdots) = 1 + e_x$$

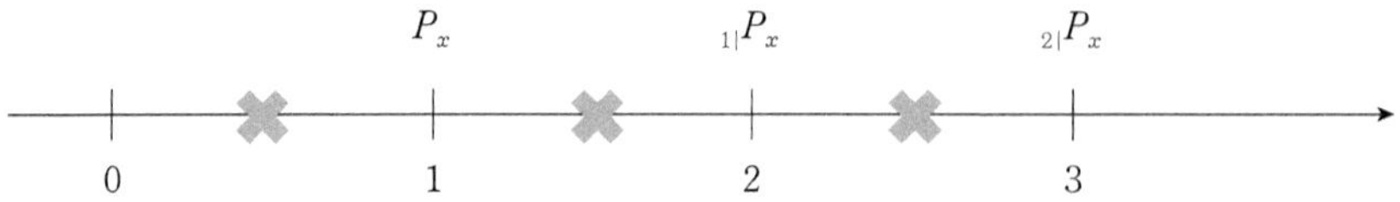

연습 2.32 20(2)#2

다음의 조건이 주어져 있을 때, $[x]$의 개산평균여명 $e_{[x]}$를 구하시오.

(가) $\mu_{[x]+t} = \begin{cases} -0.02(2-t) + \mu_{x+t}, & 0 \le t \le 2 \\ \mu_{x+t} & , t > 2 \end{cases}$

(나) $e_x = 27,\ p_x = 0.9$

(다) $e^{0.03} = 1.0305,\ e^{0.04} = 1.0408$

연습 2.33 19#28

모든 나이 x에 대하여 사망률 $q_x = 0.3$이다. 나이가 80세인 사람의 3년 정기개산평균여명(3-year temporary curtate expected future lifetime) $e_{80:\overline{3|}}$을 구하시오.

연습 2.34 18#25

선택기간이 2년인 생명표에 대해 다음이 성립할 때, $e_{[80]}$을 구하시오.

(가) $e_{80} = 6$

(나) $q_{80} = 0.1$, $q_{81} = 0.12$

(다) $q_{[x]} = 0.8 \times q_x$, $q_{[x]+1} = 0.9 \times q_{x+1}$

✓

연습 2.35 11#28

생존함수가 다음과 같을 때, 96세의 개산평균여명(e_{96})을 구하시오.

$$s(x) = \begin{cases} \dfrac{100-x}{100}, & 0 \le x \le 100 \\ 0, & \text{기타} \end{cases}$$

연습 2.36 07(2)#3

다음 식(드 무아브르의 점화식)이 성립함을 증명하시오.

$$e_x = p_x(1 + e_{x+1})$$

다. 정수 생존기간의 분산

예제 2-15 19#29

모든 나이 x에 대하여 사망률 $q_x = 0.3$이다. 나이가 80세인 사람의 3년 정기개산 미래생존기간(3-year temporary curtate future lifetime) $\min(K_{80}, 3)$의 분산을 구하시오.

☞ $X = \min(K_{80}, 3)$

$\Rightarrow E(X) = e_{80:\overline{3}|} = 1.533$, (연습 2.28(19#28) 참조)

$$E(X^2) = {}_{1|}q_{80} + 2^2 \, {}_{2|}q_{80} + 3^2 \, {}_{3|\infty}q_{80}$$

$$= p_{80} + 3 \, {}_2p_{80} + 5 \, {}_3p_{80}$$

$$= 0.7 + 3 \times 0.7^2 + 5 \times 0.7^3 = 3.885$$

$$\therefore\ Var(X) = E(X^2) - \{E(X)\}^2 \fallingdotseq 1.53$$

✓
연습 2.37 08#32

K를 (97)의 장래개산생존기간이라고 할 때, 다음 표를 이용하여 $Var[K(97)]$를 계산하면?

(x)	97	98	99	100
l_x	120	85	35	0

라. 완전기대여명

1년 미만으로 생존하는 경우에 여명을 0으로 정수 처리하지 않고 그 값을 그대로 여명으로 계산한다면, 사망시점이 연속적으로 분포되어 있다고 생각하여 계산하는 것이다.

이렇게 계산된 기대여명을 완전기대여명(complete expectation of life)이라 하고 국제계리기호 $\mathring{e}_x$이라고 표기한다. 그 값은 매 순간의 사망률인 사력 μ_x을 이용하여 적분을 통해서 다음과 같이 구해진다.

$$\begin{aligned} \mathring{e}_x &\equiv E[T(x)] \\ &= \int_0^{\omega - x} t \cdot {}_tp_x \cdot \mu_{x+t}\,dt \\ &= \int_0^{\omega - x} {}_tp_x\,dt \end{aligned}$$

한편, n년 정기완전기대여명은 확률변수인 (x)의 장래생존기간이 n년을 넘을 경우 무조건 n년으로 하여 다음과 같이 계산된다.

$$T(x) = \begin{cases} t\ , & t \le n \\ n\ , & t > n \end{cases}$$

$$\overset{o}{e}_{x:\overline{n|}} = E[\,T(x)\,]$$

$$= \int_0^n t \cdot {}_tp_x \cdot \mu_{x+t}\, dt + n \cdot {}_np_x$$

$$= \int_0^n p_x dt$$

생존분포가 균등분포를 따르는 경우, 특히 종국연령이 ω인 드 무아브르를 따른다면 다음과 같이 표시한다.

$$T(x) \sim Uniform(0, \omega - x)$$

이때 평균과 분산은 균등분포의 성질에 따라 다음과 같음을 알 수 있다.

$$E(T(x)) = \frac{\omega - x}{2}$$

$$Var(T(x)) = \frac{(\omega - x)^2}{12}$$

그리고, 드 무아브르 사망법칙을 따를 때 기대여명은 다음과 같이 간단하게 계산할 수 있다.

$$\overset{o}{e}_x = \int_0^{\omega - x} {}_tp_x\, dt$$

$$= \int_0^{\omega - x} (1 - \frac{t}{\omega - x})\, dt$$

$$= \frac{\omega - x}{2}$$

예제 2-16

생존함수가 $s(x) = \frac{100 - x}{100}$ 일 때, $\overset{o}{e}_{30}$의 값을 구하라.

☞ $\overset{o}{e}_{30} = \frac{100 - 30}{2} = 35$

연습 2.38 21#26

사망이 드 무아브르 법칙(de Moivre's law)을 따를 때, $\overset{o}{e}_{40} = 30$ 이라면, $Var(T(60))$을 구하시오. (단, $T(x)$는 (x)의 장래생존기간)

연습 2.39 18#24

다음 중 옳은 것을 모두 고르시오.

(가) $\overset{o}{e}_{x:\overline{n}|} \le \overset{o}{e}_x$

(나) $\overset{o}{e}_{x:\overline{n}|} = \int_0^n t \cdot {}_tp_x \cdot \mu_{x+t}\, dt$

(다) $\overset{o}{e}_x = \overset{o}{e}_{x:\overline{n}|} + {}_np_x \cdot \overset{o}{e}_{x+n}$

연습 2.40 17#28

생존함수가 $s(x) = 1 - \dfrac{x}{\omega}\ (0 \le x \le \omega)$이고 $\overset{o}{e}_{30} = 40$일 때, ${}_{20|}\overset{o}{e}_{60}$을 구하시오.

연습 2.41 14#26

생존함수가 de Moivre의 법칙을 따른다고 가정하자. 의료 기술의 발달로 한계연령 ω의 값이 100에서 110으로 증가할 때, 40세 남성의 평균여명 $\overset{o}{e}_{40}$은 얼마나 증가하는가?

✓
연습 2.42 14#28

사력 $\mu_x = \begin{cases} 0.05, & 0 < x \leqq 50 \\ 0.06, & x > 50 \end{cases}$ 일 때, $\overset{o}{e}_{30:\overline{30|}}$ 의 값을 구하시오.

(단, $e^{-1} = 0.37$, $e^{-0.6} = 0.55$)

마. 일반화된 균등분포의 기대여명

예제 2-17 12#29

사망시 연령을 나타내는 확률변수 X는 다음과 같은 생존함수를 갖는다.

$$s(x) = \left(1 - \frac{x}{\omega}\right)^{\alpha},\ 0 \le x \le \omega,\ \alpha > 0$$

$\overset{o}{e}_0 = 40$, $\overset{o}{e}_{30} = 30$일 때 $\overset{o}{e}_{50}$의 값을 구하라.

☞ $$\overset{o}{e}_0 = \int_0^{\omega} {}_xp_0\, dx$$
$$= \int_0^{\omega} (1 - \frac{x}{\omega})^{\alpha}\, dx$$
$$= \frac{\omega}{\alpha + 1} = 40$$
$$\overset{o}{e}_{30} = \frac{\omega}{\alpha + 1}(1 - \frac{30}{\omega}) = 30$$
$$\Rightarrow \omega = 120,\ \alpha = 2$$
$$\therefore\ \overset{o}{e}_{50} = \frac{\omega}{\alpha + 1}(1 - \frac{50}{\omega}) = \frac{70}{3}$$

예제 2-18 03#29

사력이 $\mu_x = \dfrac{\alpha}{\omega - x}$, $(0 \leqq x < \omega$, α는 상수)일 때, X의 완전평균여명은?

☞ $$\overset{o}{e}_x = \int_0^{\omega - x} {}_tp_x\, dt$$

$$= \int_0^{\omega - x} \left(1 - \frac{t}{\omega - x}\right)^\alpha dt$$

$$= \frac{\omega - x}{\alpha + 1}$$

연습 2.43 10#25

사력의 함수가 $\mu_x = \dfrac{4}{100-x}$, $0 \leqq x < 100$ 일 때, 50세의 완전평균여명($\overset{o}{e}_{50}$)의 값은?

연습 2.44 00#37

사력이 $\mu_x = \dfrac{k}{100-x}$, $0 \leqq x < 100$ 로 주어져 있다. $\overset{o}{e}_{50} = 10$ 이라면 k 의 값은?

바. 상수사력(Constant Force of Mortality)의 기대여명

사력이 상수 μ 인 경우, 장래생존기간 $T(x)$ 의 평균인 완전기대여명 $\overset{o}{e}_x$ 의 값을 구하면 다음과 같다.

$$E[T(x)] = \int_0^\infty {}_tp_x dt$$

$$= \int_0^\infty e^{-\mu t} dt = \frac{1}{\mu}$$

한편, 일반적으로 X 가 지수분포를 따르면 기댓값은 다음과 같다.

$$X \sim f(x) = \mu \cdot e^{-\mu x},\ x > 0$$

$$\Rightarrow E[X] = \frac{1}{\mu}$$

따라서, 사력이 상수인 경우에는 장래생존기간 T가 지수분포를 따르고 pdf가 $f(t) = {}_tp_x \cdot \mu_{x+t}$ 이므로 T는 지수분포의 성질에 따라 다음과 같다.

$$E(T) = \frac{1}{\mu}$$

즉, 지수분포의 무기억성 성질에 따라 연령과 무관하게 평균여명은 동일하다.

(x)가 0세(신생아)이거나, 90세의 임종을 임박한 노인이더라도 장래생존기간이 같게 되므로 비현실적일 수 있으나, 0세부터 종국연령까지가 아니라 40대 또는 50대 등 특정 연령대를 국지적으로 분석할 때는 매우 편리하게 사용할 수 있다.

한편, 분산을 구하기 위하여 2차 적률(moments)를 구하면 다음과 같다.

$$\begin{aligned} E[T(x)^2] &= \int_0^{\omega - x} t^2 \cdot {}_tp_x \cdot \mu_{x+t}\, dt \\ &= 2\int_0^{\omega - x} t \cdot {}_tp_x\, dt \\ &= \frac{2}{\mu^2} \end{aligned}$$

$$\begin{aligned} Var[T(x)] &= E[\,T(x)^2] - \{E(T(x))\}^2 \\ &= \frac{2}{\mu^2} - \left(\frac{1}{\mu}\right)^2 \\ &= \frac{1}{\mu^2} \end{aligned}$$

예제 2-19

다음의 주어진 사력을 이용하여 ${}_{5|10}q_{50}$을 구하시오.

$$\mu_x = \begin{cases} 0.05\,, & 50 \le x \le 60 \\ 0.04\,, & 60 \le x \le 70 \end{cases}$$

☞ $_{5|10}q_{50} = {}_5p_{50} \cdot {}_{10}q_{55}$

$= {}_5p_{50} - {}_{10}p_{50} \cdot {}_5p_{60}$

$= e^{-0.05 \cdot 5} - e^{-0.05 \cdot 10} \cdot e^{-0.04 \cdot 5} \fallingdotseq 0.2822$

연습 2.45 14#36

다음과 같은 식이 주어졌을 때 $\overset{o}{e}_{x:\overline{12|}}$의 값을 구하시오. (단, $e = 2.718$)

(가) $\mu_t = \mu$

(나) $Var[T(x)] = 144$

(다) $T(x)$: (x)의 사망까지의 기간 확률변수

연습 2.46

사력 $\mu_x = 1$ 일 때, 완전평균여명 $\overset{o}{e}_0$의 값은?

사. 완전기대여명과 정수기대여명의 비교

정수기대여명 및 완전기대여명과 관련하여 간단히 도식으로 정리하면 아래와 같다. 즉, 처음 l_x 명에 대하여 시간이 경과함에 따라 생사가 판별되면 생존기간을 단계별로 산출한다.

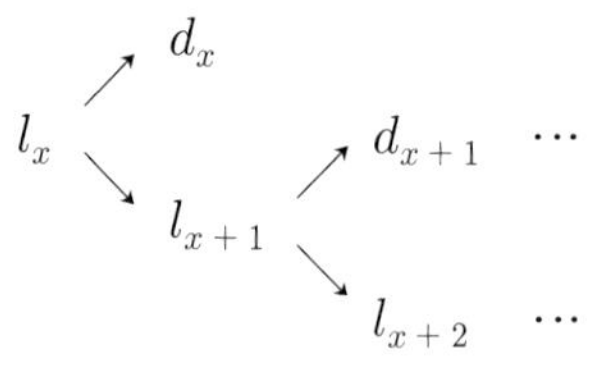

여기서 사망이 항상 연중앙에서 발생한다고 가정(UDD, Uniform distribution of Deaths throughout the year)한다면 다음 식이 성립함을 알 수 있다.

$$l_x \times \mathring{e}_x = (\text{1차년도 생존기간: } \frac{1}{2} \times d_x + l_{x+1})$$
$$+(\text{2차년도 생존기간: } \frac{1}{2} \times d_{x+1} + l_{x+2}) + \cdots$$

$$\mathring{e}_x = \frac{l_{x+1} + l_{x+2} + \cdots + l_{\omega-1} + \frac{1}{2} \times (d_x + d_{x+1} + \cdots + d_{\omega-1})}{l_x}$$

$$= \sum_{k=1}^{\omega-1} {}_kp_x + \frac{1}{2}$$

$$= e_x + \frac{1}{2}$$

따라서 위 식에서처럼 UDD가정 하에서 완전기대여명 $\mathring{e}_x$은 정수기대여명 e_x보다 $\frac{1}{2}$만큼 큰 값이다. 이는 완전기대여명을 나타내는 아래 그림에서도 직관적으로 알 수 있다.

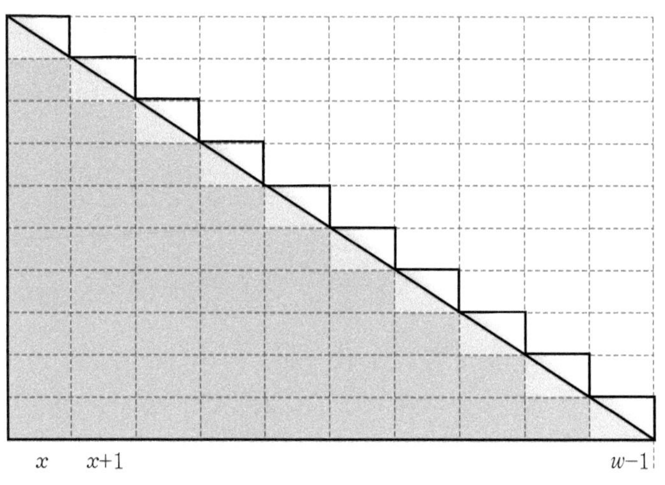

예제 2-20 21#27

연령 $[x, x+1)$에서 단수부분에 대해 사망자 수가 균등하게 분포한다(UDD)고 가정할 때, 다음의 생명표를 이용하여 $\mathring{e}_{90}$을 구하시오.

☞ $$\overset{o}{e}_{90} = e_{90} + \frac{1}{2}$$

$$= \frac{l_{91} + l_{92} + l_{93} + l_{94}}{l_{90}} + \frac{1}{2}$$

$$= \frac{900 + 650 + 350 + 0}{1100} + \frac{1}{2} \fallingdotseq 2.227$$

연습 2.47 02#31

다음중 틀린 것은?

① 한계연령(limiting age) ω 에 대하여, $l_\omega = 0$

② 피보험자 (x), 임의의 $u(\geq 0)$와 $t(\geq 0)$에 대하여, ${}_{u\mid t}q_x + {}_{u\mid t}p_x = 1$

③ x세 피보험자에 대하여 각 연령구간별로 사망자 수가 균등하게 분포(UDD)한다면 $\overset{o}{e}_x = e_x + \frac{1}{2}$

④ x세 피보험자의 장래생존기간을 나타내는 연속확률변수의 확률밀도함수(pdf) $g(t)$는 다음과 같이 정의된다. 즉, 임의의 $t(\geq 0)$에 대하여, $g(t) = {}_tp_x \cdot \mu_{x+t}$

연습 2.48 00#32

관계식 $\overset{o}{e}_x = e_x + \frac{1}{2}$에 대한 설명 중 맞는 것은?

① 피보험자의 각 연령구간 내에 사망이 균등하게 발생한다는 가정(UDD)에서 성립한다.

② 피보험자의 각 연령구간 내에 사력이 일정하다는 가정(CFM)에서 성립한다.

③ 피보험자의 각 연령구간 내에 사망이 Balducci의 가정(BA)을 따를 때 성립한다.

④ 항시 성립하는 관계식이다.

아. 중앙값

평균은 분포의 대칭성 여부를 모르는 상황에서는 극단값(extreme value)

의 영향을 받으므로 대푯값으로의 역할을 하지 못한다. 반면, 중앙값은 전체 자료를 크기순으로 나열했을 때 중앙에 위치하는 값이므로 강건한(robust) 통계량이 된다.

장래생존기간 $T(x)$의 중앙값(median) $m(x)$는 다음과 같이 정의된다.

$$\Pr[T(x) > m(x)] = \frac{1}{2}$$

이는 생존함수 $s(x)$를 통해서 보면 $\dfrac{s[x+m(x)]}{s(x)} = \dfrac{1}{2}$를 만족하게 하는 값이고, $T(x)$의 누적분포함수를 $G(t)$라고 할 때, 그 값이 0.5가 되게 하는 t 값을 의미한다.

예제 2-21

장래생존기간 $T(x)$의 확률밀도함수가 아래와 같을 때, $T(x)$의 중앙값(median)을 구하시오.

$$f_T(t) = c \cdot e^{-ct} \quad (\text{단, } t \geq 0,\ c > 0)$$

☞ $G(t) = \displaystyle\int_0^t f_T(s)\,ds$

$= 1 - e^{-ct} = 0.5$

$\therefore\ t = -\dfrac{\ln 0.5}{c}$

연습 2.49 12#30

피보험자 (x)의 장래생존기간을 나타내는 확률변수 $T(x)$에 대하여 다음과 같은 사력을 가정한다.

$$\mu_{x+t} = \begin{cases} 0.02, & 0 \leq t \leq 20 \\ 0.05, & t > 20 \end{cases}$$

$T(x)$의 중앙값(median)을 구하시오(단, $\log_e 2 = 0.693$).

연습 2.50 12#24

각 연령구간별 사망자 수가 균등하게 분포(UDD)한다고 가정하고 $q_{65} = 0.05$ 일 때 중앙사망률 m_{65}의 값은?

연습 2.51 08#23

아래 조건을 이용하여 l_{46}을 계산하라.

(가) $l_{45} = 2,254$

(나) $m_{45} = 0.25$

(다) $\dfrac{L_{45} - l_{46}}{d_{45}} = 0.4$

L_x: x세의 생존자(l_x)의 x세와 $x+1$세 총생존자수

m_x: 중앙사망률(central death rate)

d_x: x세의 사람들 중 $x+1$세가 되기 전 사망자수

연습 2.52 06#31, 03#30

피보험자(x)의 장래생존기간을 나타내는 연속확률변수 $T(x)$의 중앙값(median)을 $m(x)$라고 하자. 피보험자가 de Moivre 사망법칙을 따른다고 할 때 $m(x)$의 값은? (단, $0 \leq x < \omega$)

① $\dfrac{\omega + x}{\omega}$ ② $\dfrac{\omega + x}{2}$ ③ $\dfrac{\omega - x}{\omega}$ ④ $\dfrac{\omega - x}{2}$

(5) 소수연령(단수부분)에 대한 가정

지금까지 정수단위 특정연령의 사망률을 계산하였다. 여기에서는 1년 미만의 특정시점까지 사망률, 즉 소수연령(factional age)의 사망률을 살펴본다.

가. 균등분포(UDD, Uniform Distribution of Death) 가정

예제 2-22 18#28

$q_x = 0.1$, $q_{x+1} = 0.2$이고, 단수부분에 대해 사망자수 균등분포(UDD)를 가정한다. 장래생존기간 $T(x)$의 확률밀도함수를 $f(t)$라 할 때, $f(1.5)$를 구하시오.

☞ $$F(t) = \begin{cases} t \times q_x & ,(t \le 1) \\ q_x + p_x \times (t-1) \times q_{x+1} & ,(1 < t \le 2) \end{cases}$$

$$f(t) = \begin{cases} q_x & ,(t \le 1) \\ p_x q_{x+1} & ,(1 < t \le 2) \end{cases}$$

$$\Rightarrow f(1.5) = 0.82$$

예제 2-23 15#28

$l_{80} = 100$, $l_{81} = 92$이고 각 연령구간별 사망자수가 균등하게 분포(UDD)한다고 가정할 때 사력 $\mu(80.5)$를 구하시오.

☞ $$\mu_{x+t} = \frac{q_x}{1 - t \times q_x}$$

$$= \frac{1 - p_x}{1 - t \times (1 - p_x)}$$

$$\therefore \mu(80.5) \fallingdotseq 0.083, \ (\because \ p_{80} = \frac{l_{81}}{l_{80}} = 0.92)$$

연습 2.53 22#28

$q_x = 0.1$이고 UDD($_tq_x = t \cdot q_x$, x는 정수, $0 \le t \le 1$)를 가정할 때, $_{0.2\,|\,0.3}q_x$를 구하시오.

연습 2.54 20#39

다음 두 조건을 만족하는 q_{50}의 값을 구하시오.

(가) ${}_{0.2}q_{50.6} = 0.1$
(나) 연령 $[x, x+1)$에서 단수부분에 대해 사망자수가 균등분포(UDD)를 따름

연습 2.55 16#25

다음 조건 하에서 ${}_{3|2.5}q_{80}$를 구하시오.

(가)

x	l_x	d_x	p_x	q_x
85	–	–	–	0.40
86	–	–	0.20	–
87	–	72	–	1.00

(나) $l_{80} = 1{,}000,\ l_{83} = 825$
(다) 각 연령 구간별 사망자 수가 균등하게 분포(UDD)한다고 가정

연습 2.56 15#29

$q_x = 0.08$, $q_{x+1} = 0.1$(단, x는 정수 연령)이고 각 연령구간에서 사망자수가 균등하게 분포(UDD)한다고 가정할 때 완전기대여명 $\mathring{e}_{x:\overline{1.5|}}$를 구하시오.

연습 2.57 11#26

사망률이 ${}_5q_{50} = 0.4$, $q_{55} = 0.1$로 주어지고 각 연령구간별 사망자수가 균등하게 분포(UDD)한다고 가정할 때, ${}_{5.5}q_{50}$의 값을 구하시오.

나. UDD와 CFM의 비교

	U.D.D. 균등분포 (uniform distribution of deaths)	C.F.M. 상수사력 (constant force of mortality)
기본 개념	단수부분에서 사망자수가 균등하게 분포	단수부분에서 사력이 일정
${}_tq_x$	$t \cdot q_x$	$1-e^{-\mu t}$
${}_tp_x$	$1-t \cdot q_x$	$(p_x)^t = e^{-\mu t}$
${}_yq_{x+t}$	$\dfrac{y \cdot q_x}{1-t \cdot q_x}$	$1-e^{-\mu y}$
μ_{x+t}	$\dfrac{q_x}{1-t \cdot q_x}$	μ
p.d.f. ${}_tp_x \cdot \mu_{x+t}$	q_x	$\mu \cdot e^{-\mu t}$

예제 2-24

다음을 이용하여 $e_{x+0.75}$를 구하시오.

$$p_x = 0.97,\ p_{x+1} = 0.95,\ e_{x+1.75} = 18.5$$

(단, x세와 $x+1$세 사이에서는 UDD를, $x+1$세와 $x+2$세 사이에서는 상수사력을 가정한다.)

☞ $p_{x+0.75} = {}_{0.25}p_{x+0.75} \cdot {}_{0.75}q_{x+1}$

$$= \left(1 - \frac{0.25 \cdot q_x}{1-0.75 \cdot q_x}\right) \cdot (p_{x+1})^{0.75} = 0.95488$$

$\therefore\ e_{x+0.75} = p_{x+0.75} \cdot (1 + e_{x+1.75}) \fallingdotseq 18.62$

예제 2-25 18#27

연령 $[x, x+1)$에서 단수부분에 대해 사력이 일정(CFM)하다고 가정하여 ${}_{0.5}q_{x+0.3} = 0.2$를 얻었다. 만약 단수부분에 대해 사망자수 균등분포(UDD)를 가정할 때 ${}_{0.5}p_x$를 구하시오.

☞ $_{0.5}q_{x+0.3} = \dfrac{_{0.8}q_x - {_{0.3}q_x}}{_{0.3}p_x}$

$= \dfrac{(p_x)^{0.3} - (p_x)^{0.8}}{(p_x)^{0.3}}$, $(\because C.F.M.)$

$= 0.2$

$\Rightarrow p_x = 0.64$

$\therefore\ _{0.5}p_x^{UDD} = 1 - 0.5 \times q_x$

$= 1 - 0.5 \times (1 - p_x) = 0.82$

연습 2.58 19#38

다음 조건 하에서 $_{0.5}q_x^{CFM} - {_{0.5}q_x^{UDD}}$ 를 구하시오. (단, $e = 2.72$)

(가) x는 정수 연령이고 $p_x = e^{-1}$

(나) $_tq_x^{CFM}$ 은 연령 $[x, x+1)$에서 단수 부분에 대해 사력이 일정하다(CFM)고 가정할 때, (x)가 t년 이내에 사망할 확률

(다) $_tq_x^{UDD}$ 은 연령 $[x, x+1)$에서 단수 부분에 대해 사망자 수의 균등분포 (UDD)를 가정할 때, (x)가 t년 이내에 사망할 확률

✓✓
연습 2.59 14#29

$l_{80} = 1000$, $l_{81} = 810$이라고 할 때, 한 해 동안의 사망자는 고르게 분포해 있다는(UDD) 가정 하에서의 $l_{80.5}$의 값과 상수사력(CFM) 가정 하에서 $l_{80.5}$의 값의 차이를 구하시오.

Final

핵심정리

□ 이자율과 사망률의 비교

이자율	사망률
$i_t = \dfrac{A(t+1) - A(t)}{A(t)}$ $= \dfrac{a(t+1) - a(t)}{a(t)}$	$q_x = \dfrac{s(x) - s(x+1)}{s(x)}$ $= \dfrac{l_x - l_{x+1}}{l_x}$ $= \int_0^1 {}_tp_x \cdot \mu_{x+t}\, dt$
$\delta_t = \dfrac{a'(t)}{a(t)}$ 연간이율 형태의 표현	$\mu_x = -\dfrac{s'(x)}{s(x)}$ 연간사망률 형태의 표현
$a(t) = \exp \int_0^t \delta_s\, ds$	$-\dfrac{p'}{p} \Rightarrow {}_tp_x = \exp\left\{-\int_0^t \mu_{x+s}\, ds\right\}$ $\dfrac{q'}{p} \Rightarrow {}_tq_x = \int_0^t {}_tp_x \cdot \mu_{x+s}\, ds$
	$e_x^o = \int_0^{\omega - x} {}_tp_x\, dt$

Final

연습문제

✓

01 다음은 신생아에 대한 생존함수이다.

$$S_0(x) = \begin{cases} 1 - \dfrac{x}{250}, & 0 \le x < 40, \\ 1 - \left(\dfrac{x}{100}\right)^2, & 40 \le x \le 100 \end{cases}$$

피보험자 (30)의 20년 정기완전평균여명(20-year temporary complete expected future lifetime) $\overset{o}{e}_{30:\overline{20|}}$을 구하시오. (20#36)

① 16.57　　② 17.64

③ 18.83　　④ 19.17

02 사력의 함수가 $\mu_x = \dfrac{3}{140-x}$ $(x > 0)$일 때, ${}_{40}p_{40}$의 값은? (08#26)

① 0.128　　② 0.155

③ 0.243　　④ 0.216

✓

03 $K(x)$는 x세 피보험자의 장래개산생존기간을 나타내는 확률변수이다. 다음 조건하에서 $E[K(107)]$를 구하시오. (02#32)

(x)	107	108	109	110
l_x	6	3	1	0

① $\dfrac{1}{6}$　　② $\dfrac{2}{6}$

③ $\dfrac{3}{6}$　　④ $\dfrac{4}{6}$

04 (x)의 장래개산생존기간을 나타내는 확률변수 K의 누적분포함수가 다음과 같이 주어졌을 때 $\mathring{e}_{x:\overline{3|}}$을 구하시오. (17#25)

(단, 사망은 소수연령구간 내에서 균등분포를 따른다.)

k	0	1	2	3	4	5
$F(k)$	0.20	0.35	0.60	0.75	0.80	1

① 1.95 ② 2.05

③ 2.15 ④ 2.25

✓

05 피보험자 (40)에 대하여 사력이 다음과 같다.

$$\mu_{40+t} = \begin{cases} 0.01, & 0 \le t < 5, \\ 0.02, & 5 \le t. \end{cases}$$

이 사람의 ${}_{20}p_{40}$의 값을 구하시오. (20#38)

(단, $e^{-0.1} = 0.9048$, $e^{-0.05} = 0.9512$)

① 0.70 ② 0.75

③ 0.80 ④ 0.85

✓✓

06 다음 선택종국표의 선택기간은 1년이고 각 연령구간별 사망자수는 균등하게 분포(UDD)한다고 가정한다. $\mathring{e}_{[85]} = 5.56$일 때 $\mathring{e}_{[86]}$을 구하시오. (15#30)

(단, 소수점 이하 셋째자리에서 반올림)

x	$l_{[x]}$	$d_{[x]}$
85	1,000	100
86	850	100

① 5.13 ② 5.22

③ 5.30 ④ 5.39

✓

07 ${}_tq_x$가 t에 관해 미분가능할 때, $\lim_{h\to 0+} \dfrac{{}_hq_x}{h}$를 구하시오. (21#28)

① μ_x ② p_x

③ q_x ④ $p_x\mu_x$

✓

08 아래와 같은 조건이 만족될 때 80.5세인 사람이 2년 이내 사망하게 될 확률을 계산하시오. (07#30)

(가) $\mu(80.5) = 0.0202$
(나) $\mu(81.5) = 0.0408$
(다) $\mu(82.5) = 0.0619$
(라) (x)와 $(x+1)$ 사이의 사망자수가 균등하게 분포(UDD가정)

① 0.0782 ② 0.0832

③ 0.0882 ④ 0.0932

09 다음 조건 하에서 90세 피보험자가 93세와 95.5세 사이에 사망할 확률을 구하시오. (S14#1)

(가)

x	l_x	d_x	p_x	q_x
95	–	–	–	0.40
96	–	–	0.20	–
97	–	72	–	1.00

(나) $l_{90} = 1000$, $l_{93} = 825$
(다) 각 연령의 소수구간에서 사망자는 균등분포(U.D.D.)

① 0.195 ② 0.220

③ 0.345 ④ 0.465

✓

10 피보험자 갑과 을은 현재 61세인데, 갑은 방금 종신보험에 가입하였고, 을은 1년 전에 가입하였다. 갑과 을 모두 다음의 선택기간 3년의 선택종국표

(3-year select and ultimate table)를 따른다고 하고, 사력이 각 연령구간에서 상수일 때, 64.5세에서 갑과 을이 생존할 확률의 차이를 구하시오. (S17#2)

x	$l_{[x]}$	$l_{[x]+1}$	$l_{[x]+2}$	l_{x+3}	$x+3$
60	10,000	9,600	8,640	7,771	63
61	8,654	8,135	6,996	5,737	64
62	7,119	6,549	5,501	4,016	65
63	5,760	4,954	3,765	2,410	66

① 0.035 ② 0.045

③ 0.055 ④ 0.065

쉬어가는 코너 보험수리학을 만든 사람들

Edmond Halley(1656-1742), 영국의 천문학자[3)]

핼리는 옥스퍼드 퀸즈대학에 입할할 때도 24인치 망원경을 휴대하고 다닐 정도로 천문학에 빠져 살았다. 21살의 나이에 학업을 포기하고 아프리카대륙 서쪽 남대서양의 세인트헬레나로 향해하여 1년간 남반구의 별들을 목록으로 정리하고, 귀국해서 그 연구로 옥스퍼드대학에서 석사학위를 받고 왕립학회의 회원이 되었다.

1693년 핼리는 『브레스라우의 출생 및 사망의 면밀한 여러 표에 기초한 인간의 사망률 추정』을 왕립학회 학회지에 발표하면서 『핼리의 생명표(Halley's table)』를 소개하였다. 관찰대상이 된 폴란드 브레스라우(현재 블로츠와프)에서 5년간 평균 1,238명이 출생하였고 1,174명이 사망하였는데, 인구가 변하지 않는다는 가정하에서 연령별로 사망자의 내역을 표시하였다. 특히 출생자 가운데 692명만이 6세까지 살아남는다는 결과를 얻어냈다. 또한 신생아에서 사망직전의 노인까지 전체 연령 분포도를 작성하고 군대에 징집 가능한 연령에 해당하는 사람이 9,000명이라는 유용한 정보를 수집할 수 있다고 장담하였다.

이러한 연령별 분포표를 바탕으로 핼리는 특정연령의 사람들이 1년 내 사망할 확률을 다음과 같이 예시하였다.

"25세인 사람들은 567명인데 26세에 속한 사람들은 560명이다. 결국 7명이 사망하는 셈이니까, 25세의 사람이 1년 안에 사망할 확률은 7/567이 된다."

그리고 사망률의 개념과 적절한 계산법칙을 구체화하여 기대여명도 계산하였다. 마지막으로 분포도를 통해 연령별로 생명연금의 보험료를 최초로 산출하여 보험계리사의 한 획을 그었다.

잘 알려져 있는 것처럼 핼리는 1682년에 보았던 혜성이 75년 주기로 계속 나타난다고 주장하였지만, 사람들의 무관심을 견뎌야 했고 그의 사후에 정확히 섬광이 나타남으로써 그가 옳다는 것이 밝혀졌다. 마찬가지로 핼리가 보여준 보험계리적 고찰도 그가 살아있을 때에는 크게 주목받지 못했으나, 그가 죽고 나서 1762년이 되어서야 에퀴터블 생명보험회사가 핼리의 개념을 기초로 보험계리 업무를 시작하자, 비로서 사람들은 밤하늘의 섬광 보다 훨씬 빛나는 업적이었음을 알게 된다.

---

3) 출처: 김호균(2021). 보험계리史(제5화 밤하늘의 섬광). 한국보험계리사회 뉴스레터 104호. 14쪽 발췌.

03

생명보험

제 3 장 생명보험

(1) 국제계리기호(international actuarial notation)

현재 전세계에서 통용되는 국제계리기호는 다음과 같은 규칙으로 표기된다. 중앙에 보험료(A, a, P)나 준비금(V), 해약환급금(W) 등을 뜻하는 영문자를 놓고, 왼쪽 아래 첨자는 기간이나 시점과 관련하여 표시하고, 오른쪽 아래 첨자는 가입연령이나 사건 발생의 순서 등을 표시한다. 오른쪽 위 첨자는 사건의 발생주기를 표시하고, 왼쪽 위 첨자는 특정의미를 부여하지 않고 자유롭게 사용한다. 이를 그림으로 표현하면 다음과 같다.

ⓑ	A	ⓐ
ⓒ		ⓓ

ⓐ 사건의 발생주기(m) 등

ⓑ 자유항목

ⓒ 기간이나 시점(t, k) 등

ⓓ 가입연령이나 사건 발생순서($x, n, 1$) 등

가령 보험금 1원이 사망시 지급되는 종신보험의 일시납 순보험료(NSP: Net Single Premium)를 국제계리기호로 A_x라고 표기하는데, 여기서 대문자 A는 보험을 뜻하는 단어 Assurance의 머리 글자를 따온 것이고 아래 첨자 x는 피보험자의 보험가입당시 연령을 뜻한다.

정기보험은 $A^{1}_{x:\overline{n|}}$라고 표기하는데, 여기서 n은 보험기간을 뜻하고, 가입연령 x위에 1이 표시함으로써 피보험자가 사망할 경우에만 보험금이 지급된다고 표시하고 있다.

반면 만기가 되었을 때 생존상태이여야만 보험금이 지급되는 (순수)생존보험은 가입연령 x가 아닌 보험기간 n위에 1을 표시하여 $A_{x:\overset{1}{\overline{n|}}}$로 표기하는데, 계리적 증명 등에 빈번하게 사용되고 있어서 특별히 ${}_nE_x$로 쓰기도 한다.

흔히 양로보험이라고 불리는 생사혼합보험은, 보험기간중 사망하거나 만기시 생존일 때 모두 보험금을 받는 상품인데, 1을 표시하지 않고 $A_{x:\overline{n|}}$로 표기한다. 한편, 거치보험은 거치기간 n년 이전에 피보험자 사망시 아무것도 지급되지 않고 거치기간 이후 사망해야만 보험금이 지급되는 보험인데, 일반적인 종신보험인 A_x 앞쪽에 첨자로 "$n|$"를 붙여 ${}_{n|}A_x$로 표기한다.

생명보험 기본 유형의 국제계리기호

보험종류		표 기
종신보험	whole life insurance	A_x
n년 정기보험	term insurance	$A^1_{x:\overline{n|}}$
생존보험	pure endowment	$A_{x:\overset{1}{\overline{n|}}} = {}_nE_x$
생사혼합보험	endowment	$A_{x:\overline{n|}}$
n년 거치 종신보험	deferred whole life insurance	${}_{n|}A_x$

x세가 종신보험에 가입했다면, 보험기간 n년 정기보험을 가입한 후 만기가 되어 $x+n$세가 되었을 때 다시 종신보험을 가입하는 것과 같게 된다. 즉, x세가 종신보험 하나에 가입한 것은 n년 만기 정기보험과 n년 거치 종신보험에 동시에 가입한 것과 같게 된다. 이를 국제계리기호로 살펴보면 다음과 같은 산식으로 표현됨을 알 수 있다.

$$\begin{aligned} A_x &= A^1_{x:\overline{n|}} + {}_{n|}A_x \\ &= A^1_{x:\overline{n|}} + {}_nE_x \cdot A_{x+n} \end{aligned}$$

한편, 생사혼합보험은 정기보험과 순수생존보험의 합이므로, ${}_nE_x$를 생사혼합보험에서 정기보험을 뺀 식으로 하여 다음 식을 구할 수 있다.

$$A_x = A^1_{x:\overline{n|}} + (A_{x:\overline{n|}} - A^1_{x:\overline{n|}}) \cdot A_{x+n}$$

예제 3-1 20#34

아래 조건이 주어질 때, A_x의 값을 구하시오.

(가) $A_{x:\overline{n|}} = u$

(나) $A^{\,1}_{x:\overline{n|}} = y$

(다) $A_{x+n} = z$

① $(1-z)y+uz$ ② $(1-z)u+yz$

③ $(1+z)y-uz$ ④ $(1+z)u-yz$

☞ $A_x = A^{\,1}_{x:\overline{n|}} + {}_nE_x \cdot A_{x+n}$

$= A^{\,1}_{x:\overline{n|}} + (A_{x:\overline{n|}} - A^{\,1}_{x:\overline{n|}}) \cdot A_{x+n}$

$= y + (u-y) \cdot z = (1-z)y+uz$

연습 3.1 20#32

아래 조건이 주어질 때, A_{65}의 값을 구하시오.

(가) $A_{85} - A_{65} = 0.15$

(나) $A_{65:\overline{20|}} = 0.7$

(다) $A_{65:\overset{\;1}{\overline{20|}}} = 0.5$

연습 3.2 13#33

점화식 $u(k-1) = 2vq_{k-1} + vp_{k-1} \cdot u(k)$ (단, $k = 1, 2, \cdots, 80$)이고 $u(80) = A_{80}$일 때, $u(30)$을 구하시오.

① $2A_{30:\overline{50|}}$ ② $2A^{\,1}_{30:\overline{50|}}$

③ $A_{50} + A_{30}$ ④ $A^{\,1}_{30:\overline{50|}} + A_{30}$

(2) 생명보험의 계산기수(commutation symbols)

가. 사망과 생존현가의 계산기수

계산기수는 일반적으로 보험료와 책임준비금 등의 계산을 간편하게 하기 위해서 보험계리적 계산에 자주 사용하는 항목들을 단순한 기호로 정의한 것이다. 실제로 전산기술이 발달하지 않던 20세기 이전에 보험계리사들은 성별, 연령별, 이자율과 사망률 별로 계산기수의 값들을 표로 정리해 놓고 그 값을 사전에서 단어를 찾듯이 찾아서 보험료와 책임준비금을 계산하였다.

사망자 1인에게 사망보험금 1원이 지급된다면 x세에서 $x+1$세 사이에 사망한 피보험자들에게 $x+1$세 시점에 지급되는 총 사망보험금은 d_x가 된다. 이를 이자율을 고려해서 표준이 되는 0세(신생아) 시점의 현재가치로 단순히 바꾸어 놓은 것을 사망현가라고 하고 계산기수 C_x로 표기한다. 이를 식으로 표현하면 다음과 같다.

$$C_x \equiv v^{x+1} \cdot d_x$$

마찬가지로 생존자 1인에게 지급되는 생존보험금이 1원이라고 하면 x세 시점의 보험금은 l_x원이 되고, 이를 이자율을 고려해서 0세 시점의 현재가치로 바꾸어 놓은 것을 생존현가라고 하며, 계산기수 D_x로 표기한다. 이를 식으로 표현하면 다음과 같다.

$$D_x \equiv v^x \cdot l_x$$

생명표의 사망자 수 함수와 이자율을 결합하여 다음과 같은 함수를 만든다. D_x와 C_x를 1단계의 계산기수라고 하고, 1단계 계산기수의 종신연령까지의 합계로서 2단계 계산기수 N_x와 M_x는 다음과 같이 정의한다.

$$N_x \equiv \sum_{y=x}^{\omega} D_y$$

$$M_x \equiv \sum_{y=x}^{\omega} C_y$$

그리고 3단계 계산기수 S_x와 R_x도 같은 방법으로 2단계 계산기수의 합계로 정의된다.

생존현가와 사망현가의 계산기수

생존현가 계산기수	사망현가 계산기수
l_x: (x)세 생존자수	d_x: (x)세와 $(x+1)$세 사이의 사망자수
$D_x = v^x \cdot l_x$	$C_x = v^{x+1} \cdot d_x$
$N_x = D_x + D_{x+1} + D_{x+2} + \cdots$	$M_x = C_x + C_{x+1} + C_{x+2} + \cdots$
$S_x = N_x + N_{x+1} + N_{x+2} + \cdots$	$R_x = M_x + M_{x+1} + M_{x+2} + \cdots$

예제 3-2

$D_x = 100$, $D_{x+1} = 85$, $v = 0.9$일 때, C_x의 값은?

☞ $C_x = v^{x+1} \cdot d_x$

$= v \cdot v^x \cdot l_x - v^{x+1} \cdot l_{x+1}$

$= v \cdot D_x - D_{x+1} = 5$

예제 3-3 08(2)#2(2)

다음 관계식이 성립함을 증명하시오.

$$\frac{a_{\overline{1|}} \cdots {}_x - \ddot{a}_{\overline{2|}} \cdots {}_{x+1} + \ddot{a}_{\overline{1|}} \cdots {}_{x+2}}{D_x} = A_x$$

☞ $$\frac{a_{\overline{1|}} \cdots {}_{x} - \ddot{a}_{\overline{2|}} \cdots {}_{x+1} + \ddot{a}_{\overline{1|}} \cdots {}_{x+2}}{D_x}$$

$$= \frac{v \sum_{j=0} N_{x+j} - (1+v) \sum_{j=1} N_{x+j} + \sum_{j=2} N_{x+j}}{D_x}$$

$$= \frac{v \cdot N_x - N_{x+1}}{D_x}$$

$$= \frac{\sum_{k=0} (v \cdot D_{x+k} - D_{x+k+1})}{D_x} = \frac{M_x}{D_x} = A_x$$

연습 3.3 09#25

$N_x = 8{,}000$, $N_{x+1} = 7{,}200$, $N_{x+2} = 6{,}480$이고 $q_x = 0.001$일 때, i의 값을 구하라.

연습 3.4 07#33

이자율 4%에서의 계산기수표가 다음과 같이 주어질 때 M_{70}의 값을 구하라.

연령(x)	69	70	71	72
S_x	77,938	67,117	57,520	49,043

연습 3.5 07#39

$l_x = 100 - x$, $0 \le x \le 100$일 때, A_{98}의 값은?

① $\frac{1}{2} a_{\overline{3|}}$　　② $\frac{1}{3} a_{\overline{2|}}$

③ $\frac{1}{3} a_{\overline{3|}}$　　④ $\frac{1}{2} a_{\overline{2|}}$

연습 3.6 05#30

$N_x = 2,000$, $N_{x+1} = 1,900$, $N_{x+2} = 1,820$, $i = 0.11$ 일 때, q_x 의 값을 구하라.

나. 계산기수를 통한 생명보험의 계산

(x)세 피보험자 l_x명이 n년 이내에 사망할 경우 매년말 1원씩 지급하는 n년 만기 정기보험에 가입했다고 하고 그 일시납 순보험료를 $A^{1}_{x:\overline{n}|}$ 이라고 가정하자. 보험가입시점에서 바라볼 때 보험회사가 장래에 수입(收入)하게 될 일시납 순보험료의 총합계는 $l_x \cdot A^{1}_{x:\overline{n}|}$ 이다.

반면에 사망자에게 지급(支給)할 예상 사망보험금은 가입시점 현가로 표현하면 $v \cdot d_x + v^2 \cdot d_{x+1} + \cdots + v^n \cdot d_{x+n-1}$인데, 이는 아래 그림에서 볼 수 있듯이 매년 예상되는 사망자에게 지급할 금액들을 현가로 할인하여 더한 값이다.

정기보험의 수입과 지출

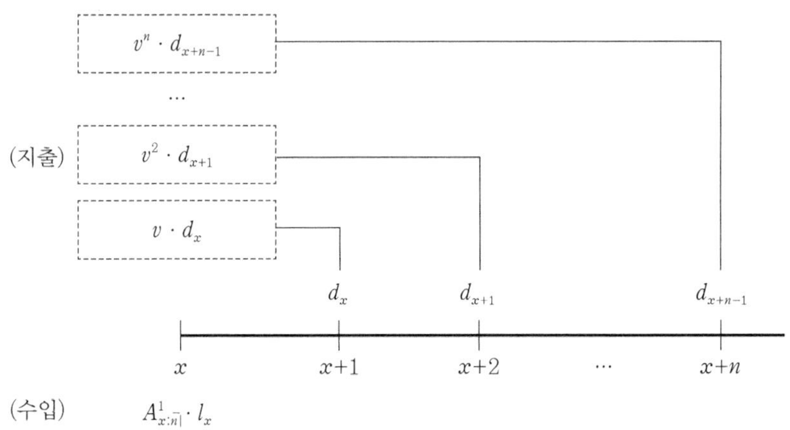

보험회사가 정상적으로 운영되기 위해서는 이 수입과 지출은 같아지도록 보험료를 산출해야 하는데, 이를 수지상등의 원칙(equivalence principle)이라고 부른다. 유입과 유출 현금흐름의 기댓값을 동일하게 두고 산출하는 원리

이므로 넓은 의미에서 기댓값원리(Expected Value Principle)라고 한다. 다양한 보험료 산출원칙(premium principles)이 존재하지만, 보험계리에 의해 과학적 합리성을 얻게 된 일반원칙은 이 수지상등의 원칙이다.

한편, 이 원칙에 따라 수입과 지출을 같게 하여 다음 식을 얻는다.

$$l_x \cdot A^{1}_{x:\overline{n|}} = v \cdot d_x + v^2 \cdot d_{x+1} + \cdots + v^n \cdot l_{x+n-1}$$

양변을 l_x로 나누어서 왼쪽 변을 $A^{1}_{x:\overline{n|}}$으로 만들어 정리하면 다음과 같이 일시납순보험료를 계산기수로 표현할 수 있다.

$$\begin{aligned} A^{1}_{x:\overline{n|}} &= \frac{v \cdot d_x + v^2 \cdot d_{x+1} + \cdots + v^n \cdot d_{x+n-1}}{l_x} \\ &= \frac{v^{x+1} \cdot d_x + v^{x+2} \cdot d_{x+1} + \cdots + v^{x+n} \cdot d_{x+n-1}}{v^x \cdot l_x} \\ &= \frac{C_x + C_{x+1} + \cdots + C_{x+n-1}}{D_x} \\ &= \frac{M_x - M_{x+n}}{D_x} \end{aligned}$$

보험종류별 계산기수 표기

보험종류	일시납순보험료의 계산기수 표기
종신보험	$A_x = \dfrac{M_x}{D_x}$
n년 정기보험	$A^{1}_{x:\overline{n|}} = \dfrac{M_x - M_{x+n}}{D_x}$
생존보험	$A_{x:\overset{1}{\overline{n|}}} = \dfrac{D_{x+n}}{D_x}$
생사혼합보험	$A_{x:\overline{n|}} = \dfrac{M_x - M_{x+n} + D_{x+n}}{D_x}$
n년 거치 종신보험	${}_{n|}A_x = \dfrac{M_{x+n}}{D_x}$

예제 3-4 08#27

$A_{45}=0.550,\ i=0.04,\ D_{45}=500,\ D_{46}=450$일 때, A_{46}의 값을 구하라.

☞ $A_{45}=A^{\ 1}_{45:\overline{1|}}+A_{45:\overline{1|}}^{\quad\ 1}\cdot A_{46}$

$$=\frac{C_{45}}{D_{45}}+\frac{D_{46}}{D_{45}}\cdot A_{46}$$

$$\Rightarrow A_{46}\fallingdotseq 0.543\ \left(\because C_{45}=\frac{1}{1+i}\cdot D_{45}-D_{46}\right)$$

연습 3.7 10#28

피보험자(x)가 아래 급부형태의 5년만기 기말급 정기보험에 가입하였다. 이 보험의 일시납순보험료를 계산기수로 표현한 것은?

보험년도	1	2	3	4	5
사망보험금	10	10	8	8	6

① $\dfrac{10\cdot M_{x+1}+8\cdot M_{x+3}+6\cdot M_{x+5}}{D_x}$

② $\dfrac{10\cdot M_{x}+8\cdot M_{x+2}+6\cdot M_{x+4}}{D_x}$

③ $\dfrac{10\cdot M_{x}-2\cdot M_{x+2}-2\cdot M_{x+4}-2\cdot M_{x+5}}{D_x}$

④ $\dfrac{10\cdot M_{x}-2\cdot M_{x+2}-2\cdot M_{x+4}-6\cdot M_{x+5}}{D_x}$

연습 3.8 09#26

피보험자 (x)가 보험금 연말급의 종신보험에서 제1보험연도에 사망하면 보험금 5,000원이 지급된다. 그리고 그 이후에는 매년 500원씩 보험금이 감소하여 10년 후에 보험금이 500원에 도달하고, 그 이후에는 보험금이 계속 500원으로 유지된다. 이 보험의 일시납순보험료는? (단, $i=0.04$, $N_x=1,144$, $S_{x+1}=13,520$, $S_{x+2}=12,500$, $N_{x+10}=736$, $S_{x+11}=8,000$)

연습 3.9 09#30

35세 피보험자가 보험금이 1억원인 종신보험에 가입했을 때 일시납순보험료는? (단, $i=0.05$, $N_{35}=10,000$, $D_{35}=1,000$)

연습 3.10 06#33

피보험자(40)가 보험금 10,000원인 종신보험에 가입하였다. $D_{40}=500$, $N_{41}=4500$, $i=0.08$인 경우 일시납순보험료는?

연습 3.11 05#34

$\dfrac{a_{\overline{1}|}S_x - \ddot{a}_{\overline{2}|}S_{x+1} + \ddot{a}_{\overline{1}|}S_{x+2}}{D_x}$ 의 값을 구하시오.

① $v(I_{\overline{2}|}\ddot{a})_x$ ② $(IA)^1_{x:\overline{1}|}$ ③ A_x ④ $A_{x:\overline{1}|}$

연습 3.12 03#34

x세 피보험자에게 판매된 보험금 연말급 종신보험에서 사망을 할 경우 보험금 1원과 일시납순보험료를 이자없이 반환해 준다면 이 보험의 일시납순보험료는?

① $\dfrac{1-M_x}{D_x}$ ② $\dfrac{D_x-M_x}{D_x}$ ③ $\dfrac{M_x}{1-M_x}$ ④ $\dfrac{M_x}{D_x-M_x}$

연습 3.13 02#33

$q_{40} = 0.018$, $A_{40} = 0.6$, $A_{40:\overline{1|}}^{\ 1} = 0.9$일 때, A_{41}을 구하라.

연습 3.14

$D_x = A$, $D_{x+m} = B$, $D_{x+m+n} = C$일 때, ${}_mE_x \cdot {}_nE_{x+m}$의 값은 다음 중 어느 것인가?

① $\dfrac{C}{A}$ ② $\dfrac{B+C}{A}$ ③ $\dfrac{A}{B}$ ④ $\dfrac{A+B}{C}$

(3) 이산형 생명보험

가. 이산형 생명보험의 계리현가

앞에서 살펴본 $A_{x:\overline{n|}}^{1}$은 엄밀하게는 n년 만기 정기보험 중에서 사망즉시 보험금이 지급되지 않고 연도말에 보험금이 지급되는 이산형 정기보험의 일시납순보험료를 뜻한다.

만약 $0 < t \leq 1$ 기간중 사망사고가 발생했다면 $t = 1$ 시점에 사망보험금이 지급되는 데, 이 사망보험금 1을 $t = 0$ 시점에서 평가해보면 그 값은 보험금 1의 현재가치 v에 사망확률 q_x을 곱한 $v \cdot q_x$가 된다. 여기서 $v \cdot q_x$는 이자율에 의한 현재가치 v의 기댓값인 셈인데, 이를 계리현가(APV: actuarial present value) 혹은 보험수리적 현가라고 부른다.

마찬가지로 $1 < t \leq 2$ 기간중 사망했을 때 $t = 2$ 시점에 지급되는 사망보험금 1을 $t = 0$ 시점의 계리현가로 나타내면 그 값은 $v^2 \cdot {}_{1|}q_x$가 되고, 같은 방법으로 시점별 계리현가를 계속 나타낼 수 있고 마지막으로 $t = n$년의 보험금 1은 $t = 0$ 시점의 계리현가가 $v^n \cdot {}_{n-1|}q_x$가 된다.

정기보험의 계리현가

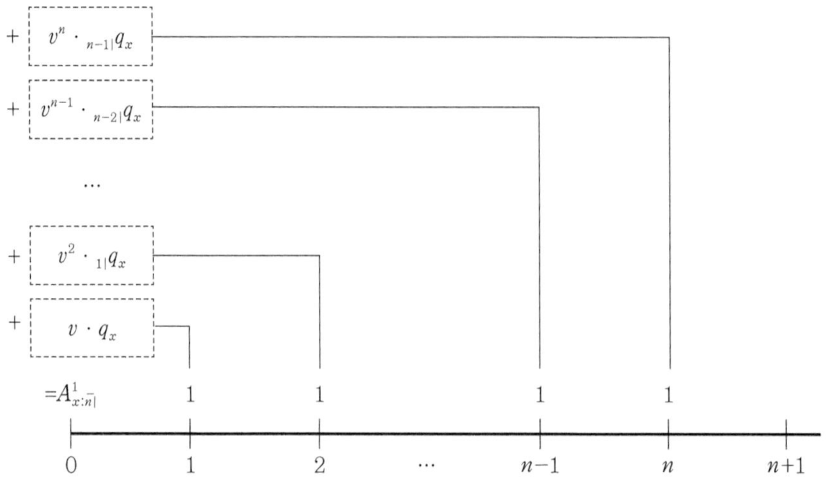

이 사망보험금의 계리현가들을 모두 더한 것이 정기보험의 계리현가이다.

$$A^{\,1}_{x:\overline{n|}} = v \cdot q_x + v^2 \cdot {}_{1|}q_x + \cdots + v^{n-1} \cdot {}_{n-2|}q_x + v^n \cdot {}_{n-1|}q_x$$

$$= \sum_{k=0}^{n-1} v^{k+1} \cdot {}_{k|}q_x$$

$$= \sum_{k=0}^{n-1} v^{k+1} \cdot q_{x+k} \cdot {}_{k}p_x$$

보험종류별 계리현가 표기

보험종류	이산형 생명보험의 계리현가 표기
종신보험	$A_x = \sum_{k=0}^{\infty} v^{k+1} \cdot {}_{k\|}q_x$
정기보험	$A^{1}_{x:\overline{n\|}} = \sum_{k=0}^{n} v^{k+1} \cdot {}_{k\|}q_x$
생존보험	$A_{x:\overline{n\|}}^{\ \ 1} = v^n \cdot {}_{n}p_x = {}_{n}E_x$
양로보험	$A_{x:\overline{n\|}} = A^{1}_{x:\overline{n\|}} + A_{x:\overline{n\|}}^{\ \ 1}$
거치보험	${}_{n\|}A_x = \sum_{k=n}^{\infty} v^{k+1} \cdot {}_{k\|}q_x$

예제 3-5 19#35

나이가 50세인 피보험자가 2019년 1월 1일 종신보험에 가입하였다. 이 보험은 피보험자가 사망한 경우, 다가오는 짝수 해의 말에 보험금 1을 지급한다. 예를 들어, 2019년 또는 2020년 사망시 모두 2020년 말에 보험금을 지급한다. 생존모형은 종국연령(ultimate age)이 60세인 de Moivre의 법칙을 따른다. $v = \sqrt{0.9}$ 일 때, 이 보험의 일시납 순보험료를 구하라.

☞ $NSP = v^2 \cdot {}_2q_{50} + v^4 \cdot {}_{2|2}q_{50} + \cdots + v^{10} \cdot {}_{8|2}q_{50}$

$$= (v^2 + v^4 + \cdots + v^{10}) \cdot \frac{2}{60-50} \fallingdotseq 0.74$$

✓
연습 3.15 22#30

$A_{x+2:\overline{8|}} = 0.7$, $p_x = 0.96$, $p_{x+1} = 0.94$, $v = 0.95$ 일 때, $A_{x:\overline{10|}}$을 구하시오.

✓
연습 3.16 12#34

예정이율이 i 이고 예정사망률이 모든 연령에서 $q_x = q$ 로 일정하다고 가정할 때, A_x의 값을 i와 q의 함수로 나타내라. (단, 한계연령 $\omega = \infty$, $i > 0$, $0 < q < 1$)

✓
연습 3.17 10#32 수정

사력이 $\mu_x = \dfrac{5}{100-x} - \dfrac{10}{240-x}$, $40 \le x < 100$ 일 때, $A_{40:\overline{30|}}^{\;1}$ 의 값을 구하라. (단, $i = 0.04$, $(\dfrac{200}{170})^{10} = 5.079$, $v^{30} = 0.3083$)

✓
연습 3.18 09#27

피보험자 (30)가 30년 이내에 사망하면 사망한 연도 말에 보험금 1원을 지급받는 정기보험에 가입하였다. 이 경우 모든 x에 대해 $p_x = a\ (0 < a < 1)$일 때, 일시납순보험료를 a로 표현할 경우 올바르게 나타낸 식은? (단, $i = 0$)

① $\dfrac{1-a^{30}}{1-a}$ ② $\dfrac{1+a^{30}}{1-a}$ ③ $1-a^{30}$ ④ $1+a^{30}$

연습 3.19 08#35

다음 관계식 중에서 잘못된 식은?

① $A_x = v + vp_x(A_{x+1} - 1)$

② $A_x = vq_x(1 - A_{x+1}) + v \cdot A_{x+1}$

③ $A_{x:\overline{n|}} = v + vp_x(A_{x+1:\overline{n-1|}} - 1)$

④ $A_{x:\overline{n|}} = vq_x(1 - A_{x+1:\overline{n|}}) + v \cdot A_{x+1:\overline{n-1|}}$

나. 보험금 현재가치의 평균과 분산

한편, 이런 이산형 생명보험의 일시납 순보험료는 이산적으로 지급되는 보험금 현재가치의 기댓값이라는 개념으로 접근하여 해석할 수 있다. 예를 들어 이산형 종신보험을 살펴보면 피보험자 (x)가 $T(x)$시점에 사망했지만 보험금은 $\lceil T(x) \rceil = K(x)+1$ 시점에 지급된다. 따라서, 사망시 연도말에 받게되는 보험금 1의 현재가치는 다음과 같이 Z로 표현할 수 있는데, 여기서 $\lceil T(x) \rceil = \lceil T \rceil = K+1$가 확률변수이므로 Z도 확률변수가 된다.

$$Z = v^{\lceil T \rceil} = v^{K+1}$$

따라서 이산형 종신보험의 일시납 순보험료는 다음과 같이 계산되어 앞서 봤던 식과 같은 형태가 됨을 알 수 있다.

$$A_x = E(v^{\lceil T \rceil}) = E(v^{K+1})$$

$$= \sum_{k=0}^{\infty} v^{k+1} \cdot \Pr(K=k)$$

$$= \sum_{k=0}^{\infty} v^{k+1} \cdot {}_{k|}q_x$$

확률변수 Z의 측면에서 살펴볼 때 기댓값 혹은 평균(mean) 뿐만 아니라 분산(variance)도 생각해야 한다. 분산을 구하기 위해서 Z의 j번째 적률(moment)을 이용하는 데 이를 ${}^{j}A_x$로 표기한다.

$${}^{j}A_x \equiv E[Z^j]$$

$$= \sum_{k=0}^{\infty} Z^j \Pr(K=k)$$

따라서 종신보험 보험금 현재가치 Z의 분산은 다음과 같이 표현됨을 알 수 있다.

$$Var(Z) = E(Z^2) - \{E(Z)\}^2$$

$$= {}^{2}A_x - (A_x)^2$$

예제 3-6 20#35

피보험자 (x)에 대한 3종류의 완전이산 보험상품 조건이 다음과 같을 때, $Var(Z_3)$의 값을 구하시오.

(가) Z_1은 보험금이 50인 20년 만기 정기보험(term insurance)의 현가를 나타내는 확률변수

(나) Z_2는 보험금이 100인 20년 거치 종신보험(deferred whole life insurance)의 현가를 나타내는 확률변수

(다) Z_3은 보험금이 100인 종신보험(whole life insurance)의 현가를 나타내는 확률변수

(라) $E[Z_1] = 1.65$, $E[Z_2] = 10.75$

(마) $Var(Z_1) = 46.75$, $Var(Z_2) = 50.78$

☞ $Z_1 = \begin{cases} 50v^{K+1}, & K = 0, 1, \cdots, 19 \\ 0, & K = 20, \cdots \end{cases}$

$Z_2 = \begin{cases} 0, & K = 0, 1, \cdots, 19 \\ 100v^{K+1}, & K = 20, \cdots \end{cases}$

$\Rightarrow Z_3 = 2Z_1 + Z_2$

$\therefore \; Var(Z_3) = Var(2Z_1) + Var(Z_2) + 2Cov(2Z_1, Z_2)$

$= 4Var(Z_1) + Var(Z_2) + 2\{-2E(Z_1) \cdot E(Z_2)\}$

$\fallingdotseq 166.83 \quad (\because Z_1 \cdot Z_2 = 0)$

연습 3.20 21#33

피보험자 (40)이 사망연도 말에 보험금 1을 지급하는 20년 만기 정기보험에 가입하였다. 사망보험금의 현재가치를 Z 라 할 때, $Var(Z)$를 구하시오. (단, $v^{10} = 0.6$)

x	A_x	${}^2A_x$	${}_{20}p_x$
40	0.16	0.05	0.9
60	0.37	0.18	0.5

✓
연습 3.21 16#28

피보험자 (x)에 대한 종신보험의 현가확률변수를 Z_1, n년 만기 양로보험의 현가확률변수를 Z_2라 할 때, $E[Z_1 \cdot Z_2]$를 고르시오. 단, 보험가입금액은 1이며, 사망보험금은 사망 연도 말에 지급된다.

① ${}^2A^{\;1}_{x:\overline{n|}}$

② ${}^2A^{\;1}_{x:\overline{n|}} + v^n \cdot {}_{n|}A_x$

③ ${}^2_{n|}A_x$

④ ${}^2A^{\;1}_{x:\overline{n|}} + {}^2_{n|}A_x$

✓
연습 3.22 15#34

n년 만기 정기보험의 현재가치를 확률변수 Z_1, n년 만기 양로보험의 현재가치를 확률변수 Z_2로 나타낼 때, 다음 주어진 조건 하에서 $Var(Z_2)$를 구하시오. 단, 두 보험의 보험금은 1로 동일하며 n은 양의 정수이다.

$$v^n = 0.2,\ \ {}_np_x = 0.5,\ \ E[Z_1] = 0.2,\ \ Var(Z_1) = 0.1$$

연습 3.23 12#36

피보험자 (x), 보험기간 n에 대하여, 사망연도말 보험금 1, 만기생존시 생존보험금 1을 지급하는 양로보험의 현가확률변수를 Z, 사망연도말 보험금 1을 지급하는 정기보험의 현가확률변수를 Z_1 그리고 만기생존시 생존보험금 1을 지급하는 생존보험의 현가확률변수를 Z_2로 나타낸다.

$v^n = 0.6$, ${}_np_x = 0.7$, $E(Z) = 0.75$일 때 $Cov(Z_1, Z_2)$의 값을 구하라.

다. 현가확률변수 Z의 확률분포

보험금의 현가 확률변수 Z는 장래생존기간의 확률변수 T로 표현되므로, Z의 확률분포함수도 T의 확률분포를 이용하여 구할 수 있다.

먼저 종신보험의 현가확률변수 Z과 확률변수 T의 관계를 그래프로 나타내면 다음과 같다.

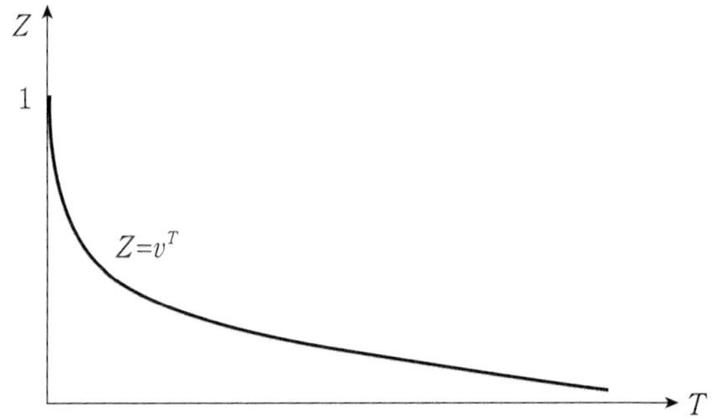

여기서 $T=0$에서 $Z=1$이고, T가 커질수록 Z가 0에 가까운 값을 갖게 됨을 볼 수 있다. 이 그래프를 통해 종신보험의 현가확률변수 Z의 누적분포함수를 구해보면 다음과 같다. (단, 이력은 δ로 일정하다고 가정한다.)

$z \le 0$일 때,

$$F_Z(z) = 0$$

$0 < z \le 1$일 때,

$$\begin{aligned} F_Z(z) &= \Pr[Z \le z] \\ &= \Pr[v^T \le z] \\ &= \Pr[T \ln v \le \ln z] \\ &= \Pr\left[T \ge -\frac{\ln z}{\delta}\right] = {}_{-(\ln z)/\delta}p_x \end{aligned}$$

이 식의 유도가 복잡해 보이지만, 여기서 확률변수는 오직 T이고 나머지 부분은 고정된 상수이므로 T만 남기고 우변으로 이항하여 정리해 놓은 것에 불과하다.

한편, $z \ge 1$일 때,

$$F_Z(z) = 1$$

이 누적분포함수를 그림으로 나타내면 다음과 같다.

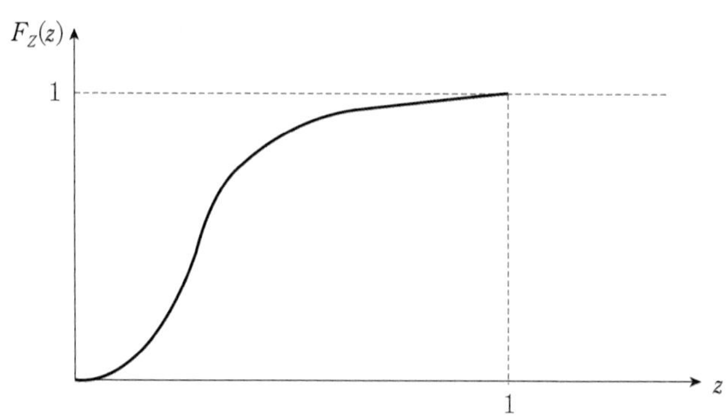

또한 이 현가확률변수 Z의 확률밀도함수는 다음과 같다.

$$f_Z(z) = \frac{d}{dz}F_Z(z)$$

$$= \frac{d}{dz}\left[1 - F_T\left(-\frac{\ln z}{\delta}\right)\right]$$

$$= f_T\left(-\frac{\ln z}{\delta}\right) \cdot \frac{1}{\delta z}$$

$$= {}_{-(\ln z)/\delta}p_x \cdot \mu_x(-(\ln z)/\sigma) \cdot \frac{1}{\delta z}$$

예제 3-7

x세인 사람이 20년만기 양로보험에 가입하였다. Z가 이 보험의 보험금 현가를 나타내는 확률변수일 때, 다음을 구하시오. (단, 이력 δ는 0.05로 일정함)
(1) 확률변수 Z를 $T(x)$의 그래프를 그리시오.
(2) 확률변수 Z의 누적분포함수를 그래프로 나타내시오.

☞ (1) 보험금 현가 확률변수 Z는 다음과 같다.

$$Z = \begin{cases} v^T, & T(x) \le 20 \\ v^{20}, & T(x) > 20 \end{cases}$$

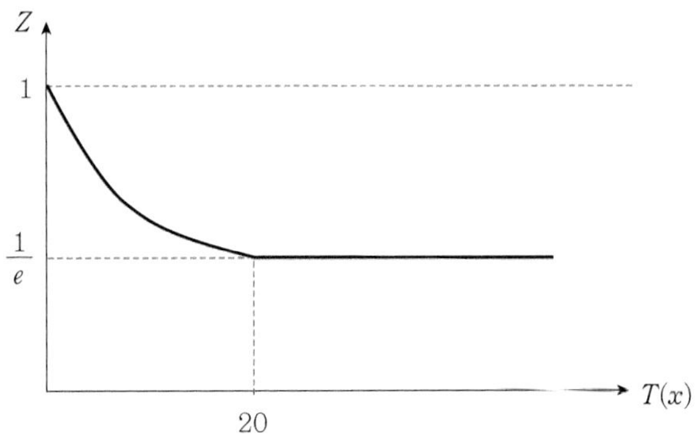

(2) $z < v^{20} = \frac{1}{e}$일 경우, $Z < z$일 확률은 0이고,

$z \ge v^{20}$일 경우 누적분포함수는 종신보험과 동일하다.

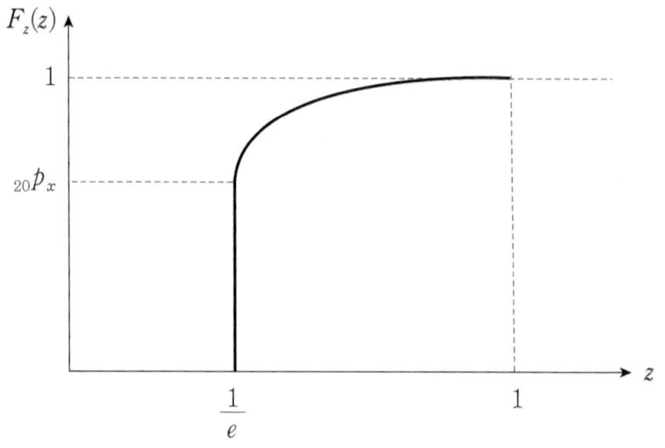

연습 3.24

x세인 사람이 20년만기 정기보험에 가입하였다. Z가 이 보험의 보험금 현가를 나타내는 확률변수일 때, 다음을 구하시오. (단, 이력 δ는 0.05이고 사력 μ는 0.01로 일정함)

(가) 확률변수 Z를 $T(x)$의 그래프를 그리시오.

(나) 확률변수 Z의 누적분포함수를 그래프로 나타내시오.

연습 3.25

x세인 사람이 n거치 종신보험에 가입하였다. Z가 이 보험의 보험금 현가를 나타내는 확률변수일 때, 다음을 구하시오. (단, 이력과 사력은 각각 δ와 μ로 일정함)

(가) 확률변수 Z를 $T(x)$의 그래프를 그리시오.

(나) 확률변수 Z의 누적분포함수를 그래프로 나타내시오.

라. 손실이 발생하지 않은 최소금액

예제 3-8

x세인 사람이 사망연도 말에 1원의 보험금이 지급되는 2년 정기보험에 가입하였다. 다음 조건이 주어졌을 때 $Var(Z)$를 구하시오.

(가) 제1보험연도에 손실이 발생하지 않도록 하는 최소한의 보험료는 0.95이다.

(나) $p_x = 0.75$

(다) $p_{x+1} = 0.80$

(라) Z는 보험금 현가를 나타내는 확률변수이다.

☞ 보험금 현가 확률변수 Z는 다음과 같다.

$$Z = \begin{cases} v^{k+1}, & k = 0, 1 \\ 0, & k \geq 2 \end{cases}$$

한편, (가)에서 제1보험연도에 손실이 발생하지 않으려면 모두 사망한다고 가정하여 보험료를 산정해야 하므로 사망률을 1로 한 1년차 자연보험료 v가 최소한의 보험료가 된다. 따라서 $v = 0.95$임을 알 수 있다.

$$\Rightarrow E(Z) = v\,q_x + v^2 p_x q_{x+1} \fallingdotseq 0.372875$$

$$E(Z^2) = v^2 q_x + v^4 p_x q_{x+1} \fallingdotseq 0.347801$$

$$\therefore \ Var(Z) = E(Z^2) - E(Z)^2 \fallingdotseq 0.208765$$

연습 3.26 18#30

사망즉시 보험금 1이 지급되는 종신보험에 1200명이 동시에 가입하였다.

(가) 기금 F는 보험가입시 1200명으로부터 받은 일시납보험료의 총합이다.

(나) 사력 $\mu = 0.04$, 이력 $\delta = 0.04$

(다) 1200명의 장래생존기간은 서로 독립이다.

(라) $\Pr(Z \leq 1.645) = 0.95$, 단 Z는 표준정규분포를 따르는 확률변수이다.

이때 정규근사 95%의 신뢰도로 위의 기금이 사망보험금을 지급하기에 충분할 F의 최솟값을 구하시오.

✓
연습 3.27 17#37

80세로 구성된 동창회의 회원은 500명이다. 동창생들이 모두 동일한 금액을 출연하여 기금을 조성하기로 했다. 이 기금으로 동창회 회원이 사망할 경우, 사망 발생 년도말에 사망보험금 10을 지급한다. 다음 조건 하에서 95%의 신뢰도로 모든 사망보험금을 지급하기 위해 충분한 기금의 최솟값을 구하시오.

(가) $l_x = 90 - x$

(나) 이자율 $i = 0.1$

(다) 모든 회원의 장래생존기간은 서로 독립이고 동일한 분포를 따름

(라) Z는 표준정규분포를 따르며, $P(Z \le 1.645) = 0.95$

(마) $1.1^{10} = 2.59$, $\sqrt{1{,}410} = 37.55$

마. 선택기간과 생명보험

예제 3-9

60세인 사람이 보험금 1원인 2년 거치 2년만기 이산형 정기보험에 가입하였다. 아래의 주어진 정보를 이용하여 이 보험의 계리현가(APV)를 구하시오.

(가) 다음은 선택기간이 3년인 선택종국표이다.

x	$q_{[x]}$	$q_{[x]+1}$	$q_{[x]+2}$	q_{x+3}	$x+3$
60	0.09	0.11	0.13	0.15	63
61	0.10	0.12	0.14	0.16	64
62	0.11	0.13	0.15	0.17	65

(나) $i = 0.03$

☞ 확률변수 Z는 다음과 같다.

$Z = v^T \cdot I(2 < T(60) < 4)$

따라서 이 보험의 계리현가인 기댓값을 구하면 다음과 같다.

$$ {}_{2|}A^{\;1}_{[60]:\overline{2|}} = E[Z] $$

$$ = \sum_{k=2}^{3} v^{k+1} \cdot {}_{k|}q_{[60]} $$

$$= v^3 \cdot p_{[60]} \cdot p_{[60]+1} \cdot q_{[60]+2} + v^4 \cdot p_{[60]} \cdot p_{[60]+1} \cdot p_{[60]+2} \cdot q_{63}$$

$$\fallingdotseq 0.1903$$

Q&A 선택기간이 3년 일 때 63세 대신 [60]+3세로 표기할 수 있나요?

→ 선택기간 3년이 경과한 시점이므로 $q_{[60]+3} = q_{63}$이 성립합니다. 63세에 도달한 초기 선택집단 가입자를 [60]+3세로 의도적으로 표기할 수도 있으나, 이미 보통사람들 63세와 같은 사망률을 갖고 있으므로 굳이 [ ]로 표시할 필요는 없습니다.

연습 3.28 23#29

선택기간이 3년인 선택종국표를 이용하여 $A^{\;1}_{[30]:\overline{3|}}$ 을 구하시오. 단, $v = 0.9$이다.

x	$l_{[x]}$	$l_{[x]+1}$	$l_{[x]+2}$	l_{x+3}	$x+3$
30	1000	910	900	860	33
31	900	890	850	820	34
32	880	850	810	790	35
33	840	800	780	760	36

연습 3.29 19#37

선택기간이 $d = 2$인 다음의 생명표를 이용하여 $v = 0.9$일 때, $A^{\;1}_{[51]:\overline{3|}}$ 을 구하시오.

x	$l_{[x]}$	$l_{[x]+1}$	l_{x+2}	$x+2$
50	800	600	400	52
51	700	500	350	53
52	600	450	300	54
53	500	400	250	55

연습 3.30 17#31

68세인 피보험자가 사망년도말에 보험금 10을 지급하는 2년 만기 정기보험에 가입했다. 이 보험의 보험금 현가확률변수를 Z라 할 때, 다음을 이용하여 $Var(Z)$을 구하시오.(단, 이자율 $i=0$)

x	$l_{[x]}$	$l_{[x]+1}$	l_{x+2}	$x+2$
68	770	760	740	70
69	750	730	710	71
70	740	720	700	72

(4) 연속형(사망즉시 지급) 생명보험의 계리현가

사망즉시 보험금이 지급되는 연속형 종신보험의 경우 $\bar{A}_x$로 표기하는데, $T(x)=T$가 확률변수이므로 보험금의 현재가치도 확률변수이고, 이의 기댓값이 일시납 순보험료가 된다.

v^T: 보험금의 현재가치

$\bar{A}_x = E(v^T)$: 일시납 보험료

여기서 설명의 편의를 위하여 $\delta_t = \delta$(상수)를 가정할 때, 보험금 현재가치의 기댓값인 연속형 종신보험의 일시납 순보험료와 적률을 이용한 분산은 다음과 같다.

$$\bar{A}_x = E(v^T)$$
$$= E(e^{-\delta T})$$
$$Var(v^T) = E[(v^T)^2] - [E(v^T)]^2$$
$$= E(e^{-2\delta T}) - (\bar{A}_x)^2$$
$$= {}^2\bar{A}_x - (\bar{A}_x)^2$$

보험종류별 연속형 보험의 확률변수와 기댓값

보험종류	표기	확률변수	기댓값
종신보험	$\bar{A}_x$	v^T	$\int_0^{\infty} v^t \cdot {}_tp_x \cdot \mu(x+t)dt$
정기보험	$\bar{A}^1_{x:\overline{n}\vert}$	$v^T \cdot I(T \le n)$	$\int_0^{n} v^t \cdot {}_tp_x \cdot \mu(x+t)dt$
생존보험	$A_{x:\overset{1}{\overline{n}\vert}}$	$v^n \cdot I(T > n)$	$v^n \cdot {}_np_x = {}_nE_x$
양로보험	$\bar{A}_{x:\overline{n}\vert}$	$v^{T \wedge n}$	$\bar{A}^1_{x:\overline{n}\vert} + A_{x:\overset{1}{\overline{n}\vert}}$
거치보험	${}_{n\vert}\bar{A}_x$	$v^T \cdot I(T > n)$	$\int_n^{\infty} v^t \cdot {}_tp_x \cdot \mu(x+t)dt$

예제 3-10 13(2)#1 수정

(1) 젠센부등식(Jensen's Inequality)을 설명하라.

(2) $\delta > 0$일 때, 다음식이 성립함을 증명하시오.

$$v^{\overset{o}{e}_x} \le \bar{A}_x$$

☞ (1) f가 아래로 볼록한 함수(convex function)일 때, 다음 부등식이 성립한다.

$$f(E[x]) \le E[f(x)]$$

(2) $\delta > 0$이므로 $v^t = e^{-\delta t}$는 아래로 볼록한 함수(convex function)이다. 한편, 장래생존기간 $T(x)$를 통해 표현하면,

$$\overset{o}{e}_x = E[T]$$
$$\bar{A}_x = E[v^T]$$

따라서, 보험수리학과 통계학의 대소문제에서 자주 이용하는 젠센부등식(Jensen's Inequality)을 통해 아래로 볼록한 함수 v^t에 대하여 다음이 성립함을 알 수 있다.

$$v^{E[T]} \le E[v^T]$$

✓
연습 3.31 22#34

피보험자 (60)이 다음과 같은 20년 정기보험에 가입하였다.
(가) 사망 즉시 보험금 1을 지급함
(나) Z는 사망보험금의 현재가치를 나타내는 확률변수임
(다) (60)의 장래생존기간은 구간 (0, 40)에서 균등분포를 따름
(라) 이력 $\delta = 0.05$임
(마) $e^{-1} = 0.3679$, $\ln 2 = 0.6931$
$\Pr(Z \le 0.5)$을 구하시오.

✓
연습 3.32 17#33

피보험자 (50)은 사망 즉시 보험금 10이 지급되는 종신보험에 가입했다. 보험금의 현가확률변수를 Z라 할 때, $E(Z) = 5$이다. $Var(Z)$를 구하시오. (단, 이력과 사력은 상수이다.)

가. 연속형 생명보험과 이산형 생명보험의 관계

단수부분에 대해 사망자수가 균등분포(UDD)를 가정하는 경우 연속형 생명보험과 이산형 생명보험 사이에 다음의 식이 성립한다.

$$\overline{A}_x = \frac{i}{\delta} A_x$$

연습 3.33 23(2)#2

다음 생명표를 이용하여, $1000\overline{A}^{\,1}_{60:\overline{2|}}$를 구하시오. 단, 사망은 매 연령구간 내에서 균등분포(UDD)를 따르고, 이자율(i)는 0.05, 이력(δ)는 0.04879임.

x	l_x	d_x	p_x	q_x
60	1000	10		
61			0.98	
62				0.03

✓
연습 3.34 17#34

다음 조건 하에서 $\overline{A}_{x:\overline{3|}}$을 구하시오.

(가) 이자율 $i = 0.03$, $\ln(1.03) = 0.029559$

(나) $q_x = 0.1$, $q_{x+1} = 0.2$, $q_{x+2} = 0.3$

(다) 매 연령마다 단수부분에 대한 가정은 UDD

나. 지수분포 적용시 생명보험

$T(x)$가 지수분포를 따르는 경우라면, 즉 $\mu_x = \mu$(상수) 일 때에는 일시납 순보험료와 분산이 다음과 같이 간단히 계산됨을 알 수 있다.

$$\overline{A}_x = \int_0^{\infty} v^t \cdot {}_tp_x \cdot \mu_{x+t} dt$$

$$= \int_0^{\infty} e^{-\delta t} \cdot e^{-\mu t} \cdot \mu dt$$

$$= \frac{\mu}{\mu + \delta}$$

$$Var(v^T) = \frac{\mu}{\mu + 2\delta} - \left(\frac{\mu}{\mu + \delta}\right)^2$$

예제 3-11 18#34

다음과 같은 가정을 이용하여 $\overline{A}_{x+10}$을 구하시오.

(가) 모든 연령 $x \geq 0$에 대하여 $\mu_x = \mu$로 상수이다.

(나) (x)의 장래생존기간을 $T(x)$라 할 때, $Var(T(x)) = 2500$이다.
(다) 이력 $\delta = 0.03$

☞ $E(T) = \dfrac{1}{\mu},\ E(T^2) = \dfrac{2}{\mu^2}$

$\Rightarrow Var(T) = \dfrac{2}{\mu^2} - \left(\dfrac{1}{\mu}\right)^2 = 50^2$

$\Rightarrow \mu = 0.02$

$\therefore\ \overline{A}_{x+10} = \dfrac{\mu}{\mu + \delta} = 0.4$

연습 3.35 23#26

아래의 조건을 이용하여 $\overline{A}_{x:\overline{10|}}$을 구하시오.

(가) 모든 $x \geq 0$에 대하여 사력 $\mu_x = \mu$로 상수

(나) $\mathring{e}_x = 45$

(다) $\overline{A}_x = \dfrac{1}{4}$

(라) $e^{-\frac{8}{9}} = 0.4111$

연습 3.36 22#31

이력 $\delta = 0.02$이고 사력이 $\mu_x = \begin{cases} 0.02, & x < 50 \\ 0.03, & x \geq 50 \end{cases}$ 일 때, $\overline{A}_{40}$을 구하시오. 단, $e^{-0.4} = 0.67$이다.

연습 3.37 22#32

사망 즉시 보험금 b_t가 지급되는 종신보험에 피보험자 (x)가 가입하였다.

(가) Z는 보험금의 현재가치를 나타내는 확률변수임

(나) $b_t = e^{0.01t}$, $t > 0$

(다) 모든 연령에 대해 사력 $\mu = 0.02$임

(라) 이력 $\delta = 0.03$임

$Var(Z)$를 구하시오.

연습 3.38 04#40

사력 $\mu = 0.05$이고 이력 $\delta = 0.05$일 때, $\overline{A}_x$의 값을 구하라.

연습 3.39 F16#4

피보험자 (x)가 다음 조건을 만족하는 특수한 종신보험에 가입하였을 때, 가입당시 이 보험계약의 보험금 현재가치 Z에 대하여 $Var(Z)$를 구하시오.

(가) 사망보험금은 사망즉시 지급

(나) t시점의 사망보험금 $b_t = e^{0.02t}$, (단, $t \geq 0$)

(다) $\mu_{x+t} = 0.04$, (단, $t \geq 0$)

(라) $\delta = 0.06$

다. 사력이 균등분포일 때 생명보험

사력이 확률변수로서 균등분포를 따르는 경우에는 조건부확률을 이용해 기댓값을 구한다.

예제 3-12 21(2)#3

x세인 사람들로 구성된 어떤 집단의 구성원들이 사망보험금을 즉시 지급하는 종신보험에 가입하였다. 다음 조건 하에서 일시납순보험료와 확률변수 Z의 분산을 구하시오.

(가) 확률변수 Z는 사망보험금 100의 현재가치

(나) 이 집단 내 각 구성원들의 사력 μ는 구간 $[0.10, 0.15]$에서 균등분포를 따름
(다) 이력 $\delta = 0.05$
(라) $\ln 3 = 1.0986$, $\ln 4 = 1.3863$, $\ln 5 = 1.6094$

☞ (1) $E(Z \mid \mu) = 100\dfrac{\mu}{\delta + \mu}$

$$\Rightarrow E(Z) = E(E(Z \mid \mu))$$

$$= \frac{1}{0.15 - 0.1}\int_{0.1}^{0.15} 100\frac{\mu}{\delta + \mu}d\mu$$

$$= 2000\int_{0.1}^{0.15}\left(1 - \frac{0.05}{\mu + 0.05}\right)d\mu = 71.23$$

(2) $E(Z^2 \mid \mu) = 100\dfrac{\mu}{2\delta + \mu}$

$$\Rightarrow E(Z^2) = E(E(Z^2 \mid \mu))$$

$$= 100^2\frac{1}{0.15 - 0.1}\int_{0.1}^{0.15}\frac{\mu}{2\delta + \mu}d\mu$$

$$= 200000\int_{0.1}^{0.15}\left(1 - \frac{0.1}{0.1 + \mu}\right)d\mu = 5538$$

$$\therefore Var(Z) = E(Z^2) - \{E(Z)\}^2 = 5538 - 71.23^2 = 464.2871$$

라. 드 무아브르 법칙 적용시 생명보험

상수사력 대신에 종국연령이 ω인 De Moivre 사망법칙이 성립한다면, 일시납 순보험료는 다음과 같이 계산됨을 알 수 있다.

$$\overline{A}_x = \int_0^\infty v^t \cdot {}_tp_x \cdot \mu_{x+t}dt$$

$$= \frac{1}{\omega - x}\int_0^\infty e^{-\delta t}\,dt$$

$$= \frac{1}{\delta(\omega - x)}$$

한편, n년 만기 사망보험의 경우에는 다음과 같이 확정기간연금 $\bar{a}_{\overline{n|}}$로 표현되는 것을 알 수 있다.

$$\bar{A}^{\,1}_{x:\overline{n|}} = \int_0^n v^t \cdot {}_tp_x \cdot \mu_{x+t}\,dt$$

$$= \frac{1}{\omega - x}\int_0^n v^t\,dt$$

$$= \frac{\bar{a}_{\overline{n|}}}{\omega - x}$$

예제 3-13 18#31

나이가 50세인 사람이 보험금 1이 사망 즉시 지급되는 종신보험에 가입하였다. 사망보험금의 현가를 Z라 할 때 다음 조건 하에서 $\Pr(Z < \bar{A}_{40})$을 구하라.

(가) ${}_tp_{50} = 1 - \dfrac{t}{50},\ 0 \le t \le 50$

(나) 이력 $\delta = 0.02$

(다) $e^{-1} = 0.3679,\ \ln(0.6321) = -0.4587$

☞ $\bar{A}_{50} = \int_0^{50} v^t\, {}_tp_{50}\, \mu_{50+t}\,dt$

$$= \int_0^{50} e^{-\delta t}\left(\frac{d}{dt}\,{}_tq_{50}\right)dt$$

$$= \frac{1}{50}\int_0^{50} e^{-\delta t}\,dt$$

$$= \frac{1}{50}\,\frac{1}{\delta}\left\{1 - (e^{-\delta})^{50}\right\} = 0.6321$$

여기서 $Z = v^T$라고 하고, 보험금 현재가치가 일시납 순보험료보다 적을 확률 $\Pr(Z < \bar{A}_x)$을 구해본다.

$\therefore\ \Pr(Z < \bar{A}_{50}) = \Pr(v^T < 0.6321)$

$$= \Pr\left(T > \frac{0.4587}{0.02}\right)$$

$$= {}_{\frac{45.87}{2}}p_{50} = 0.5413$$

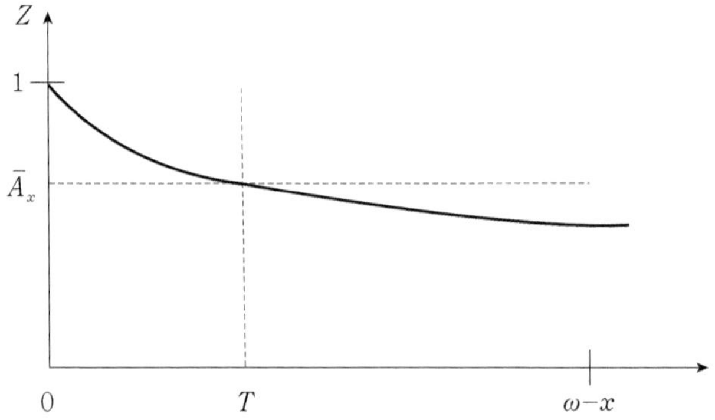

✓
연습 3.40 22(2)#6

피보험자 (40)이 종신보험에 가입하였다.

(가) $T(40)$은 (40)의 장래생존기간을 나타내는 확률변수임

(나) 사망은 한계연령 $\omega = 100$인 De Moivre 법칙을 따름

(다) 보험가입 후 40년 이내에 사망하면 사망보험금 100을 즉시 지급하고, 그 이후에 사망하면 150을 즉시 지급함

(라) $\delta = 0.05$

(마) Z는 사망보험금의 현가를 나타내는 확률변수임

(바) $e^{-0.3} = 0.741,\ e^{-2} = 0.135,\ e^{-3} = 0.050$

(1) 일시납순보험료를 구하시오.

(2) $\Pr(Z \le z_{0.9}) = 0.9$를 만족하는 $z_{0.9}$를 구하시오.

(5) 변동보험(varying benefit insurance)

가. 이산형 변동보험

보험금의 크기가 시간에 따라 달라지는 보험으로 계약당시에 보험금이 변동되도록 약속한 보험이다.

보험료를 투자하여 발생한 투자 수익에 따라 지급보험금이 달라지는 변

액보험(variable insurance)과는 다르다.

이산형 변동보험

변동 특징	표기	기대값
증가	$(IA)^{1}_{x:\overline{n}\rvert}$	$\sum_{k=0}^{n-1}(k+1)\cdot v^{k+1}\cdot {}_{k\rvert}q_x$
감소	$(DA)^{1}_{x:\overline{n}\rvert}$	$\sum_{k=0}^{n-1}(n-k)\cdot v^{k+1}\cdot {}_{k\rvert}q_x$

예제 3-14 16#29

다음 조건 하에서 $(IA)_{41}$을 구하시오.

(가) $A_{40:\overline{1}\rvert}=0.95$

(나) $A_{40}=0.15$

(다) $1000\,q_{40}=3$

(라) $(IA)_{40}=4.1$

☞ $(IA)_{40}=A_{40}+{}_1E_{40}\cdot(IA)_{41}$

$$\Rightarrow (IA)_{40}=\frac{(IA)_{40}-A_{40}}{v(1-q_{40})}\quad(\because A_{40:\overline{1}\rvert}=v=0.95)$$

$$=4.17$$

✓
연습 3.41 23(2)#1(2)

☐ 안을 하나의 국제계리기호로 채우시오.

$$\boxed{}=A^{\;1}_{x:\overline{1}\rvert}+A^{\;1}_{x:\overline{2}\rvert}+\cdots+A^{\;1}_{x:\overline{n}\rvert}$$

✓
연습 3.42 20(2)#1(1)

☐ 안에 들어갈 국제계리기호는 다음 중 어느 것인가?

$$\frac{d}{di} A^{\,1}_{x:\overline{n|}} = -v \cdot \boxed{}$$

① $A^{\,1}_{x:\overline{n|}}$ ② $(IA)^{1}_{x:\overline{n|}}$ ③ $(I\overline{A})^{1}_{x:\overline{n|}}$ ④ $(DA)^{1}_{x:\overline{n|}}$

연습 3.43 13#37

$(IA)^{1}_{x:\overline{9|}} = 2,\ \ A^{\,1}_{x:\overline{9|}} = 0.5$ 일 때, $(DA)^{1}_{x:\overline{9|}}$ 의 값을 구하시오.

✓
연습 3.44 03#32

다음 두가지 보험의 일시납순보험료가 같을 때, 보험2의 이자율 j의 값은?

(보험1) 제t연도($1 \le t \le n$)에 사망시에는 보험금 $(1+r)^t$를 사망하는 연도말에 지급하고, n년 동안 생존할 때는 보험금 $(1+r)^n$을 지급하는 n년 만기인 보험, 이때의 적용이자율은 i이다.

(보험2) 일시납 순보험료가 이자율 j로 계산된 보험금 연말급, 보험금 1원의 n년 만기 양로보험

① $\dfrac{i+r}{1+i}$ ② $\dfrac{i-r}{1+i}$ ③ $\dfrac{i+r}{1+r}$ ④ $\dfrac{i-r}{1+r}$

연습 3.45

5년 만기 일시납 사망보험의 급부가 제1차년도 사망시 1, 제2차년도 이후 사망시 매년 1씩 증가할 때 일시납 순보험료는 다음 중 어느 것인가?

① $\dfrac{1}{D_x}(R_x - R_{x+5} - 5 \cdot M_{x+5})$ ② $\dfrac{1}{D_x}(R_x - R_{x+5} + 5 \cdot M_{x+5})$

③ $\dfrac{1}{D_x}(M_x - M_{x+5} - 5 \cdot C_{x+5})$ ④ $\dfrac{1}{D_x}(M_x - M_{x+5} + 5 \cdot C_{x+5})$

나. 연속형 변동보험

연속형 변동보험

보험종류		표기	확률변수	기대값
증가	계단	$(I\bar{A})_x$	$\lceil T \rceil v^T$	$\int_0^\infty \lceil t \rceil \cdot v^t \cdot {}_tp_x \cdot \mu(x+t)dt$
	연속	$(\bar{I}\bar{A})_x$	Tv^T	$\int_0^\infty t \cdot v^t \cdot {}_tp_x \cdot \mu(x+t)dt$
감소	계단	$(D\bar{A})^1_{x:\overline{n}\vert}$	$v^T \cdot (n - \lfloor T \rfloor)_+$	$\int_0^n (n - \lfloor t \rfloor) \cdot v^t \cdot {}_tp_x \cdot \mu(x+t)dt$
	연속	$(\bar{D}\bar{A})^1_{x:\overline{n}\vert}$	$v^T \cdot (n-T)_+$	$\int_0^n (n-t) \cdot v^t \cdot {}_tp_x \cdot \mu(x+t)dt$

예를 들어, 사력과 이력이 각각 상수 μ와 δ인 경우 연속적으로 증가하는 연속형 변동보험 $(\bar{I}\bar{A})_x$의 값을 구해보면 다음과 같다.

$$
\begin{aligned}
(\bar{I}\bar{A})_x &= \int_0^\infty t \cdot v^t \cdot {}_tp_x \cdot \mu_{x+t}dt \\
&= \int_0^\infty t \cdot e^{-\delta t} \cdot e^{-\mu t} \cdot \mu\, dt \\
&= \frac{\mu}{(\mu+\delta)^2}
\end{aligned}
$$

위 식에서 세 번째 등호는 부분적분을 통해서 직접 구해질 수도 있으나, X가 지수분포를 따르면 기댓값은 다음과 같으므로 지수분포의 기댓값을 구하는 식으로 계산할 수도 있다.

$$
\begin{aligned}
& X \sim f(x) = \mu \cdot e^{-\mu x},\ x > 0 \\
& \Rightarrow E[X] = \frac{1}{\mu}
\end{aligned}
$$

예제 3-15

다음의 조건을 이용하여 $(\bar{I}\bar{A})_x$를 구하시오.

(가) 사력은 상수이다.

(나) $\delta = 0.06$

(다) ${}^2\bar{A}_x = 0.25$

☞ 확률변수 Z는 다음과 같다.

$$Z = T \cdot v^T$$

한편, 주어진 조건에 따라 2차 적률 ${}^2\bar{A}_x$을 통해 상수 사력을 다음과 같이 구할 수 있다.

$$\begin{aligned} {}^2\bar{A}_x &= \int_0^\infty v^{2t}\,{}_tp_x\,\mu_{x+t}\,dt \\ &= \frac{\mu}{2\mu+\delta} \\ &= \frac{\mu}{2\mu+0.06} = 0.25 \end{aligned}$$

$$\Rightarrow \mu = 0.04$$

$$\begin{aligned} \therefore\ (\bar{I}\bar{A})_x &= E[Z] \\ &= \int_0^\infty t \cdot v^t \cdot {}_tp_x \cdot \mu_{x+t}dt \\ &= \int_0^\infty 0.04\,te^{-0.1t}\,dt = 4 \end{aligned}$$

예제 3-16

55세인 사람이 사망 즉시 보험금 b_t를 지급하는 종신보험에 가입하였을 때, 다음의 정보를 이용하여 이 상품의 계리현가를 구하시오.

(가) $b_t = \dfrac{50}{50-t}$, $(0 < t < 50)$

(나) $\mu_x = \dfrac{2}{105-x}$, $(0 < t < 105)$

(다) $\delta = 0.04$

☞ 확률변수 Z는 다음과 같다.

$$Z = b_t \cdot v^T$$

또한, (나)를 통해 장래생존기간이 일반화된 균등분포(Generalized Uniform Distribution)를 따름을 알 수 있으므로 생존확률이 ${}_tp_x = \left(1 - \dfrac{t}{\omega - x}\right)^{\alpha}$ 임을 이용한다.

$$\therefore\ APV = \int_0^{50} b_t \cdot v^t \cdot {}_tp_x \cdot \mu_{x+t} dt$$

$$= \int_0^{50} \frac{50}{50-t} e^{-0.04t} \left(\frac{50}{50-t}\right)^2 \frac{2}{50-t} dt$$

$$= 1 - e^{-2} \fallingdotseq 0.86466$$

연습 3.46

x세인 사람이 종신보험에 가입하였을 때, 다음의 정보를 이용하여 $Var[Z]$를 구하시오.

(가) Z는 보험금 현가를 나타내는 확률변수이다.

(나) 보험금은 사망즉시 지급된다.

(다) $\mu_{x+t} = 0.02,\ t \geq 0$

(라) $\delta = 0.06$

(마) $b^t = c^{0.03t}$

연습 3.47 17#32

피보험자 (70)은 사망 즉시 보험금이 지급되는 종신보험에 가입했다. 다음 조건 하에서 보험금의 보험수리적 현가를 구하시오.

(가) t시점의 사망보험금 $b_t = 10{,}000 - 4t^2$

(나) 이자율은 단리 2%를 적용

(다) 사망은 $\omega = 120$인 De Moivre의 법칙을 따름

연습 3.48

$(I\bar{A})^{1}_{x:\overline{n}|}$와 같은 것은?

① $\dfrac{1}{D_x}(\bar{R}_x - \bar{R}_{x+n} - n \cdot \bar{M}_{x+n})$

② $\dfrac{1}{D_x}(\bar{S}_x - \bar{S}_{x+n} - n \cdot S_{x+n})$

③ $\dfrac{1}{D_x}(\bar{M}_x - \bar{M}_{x+n} - n \cdot N_{x+n})$

④ $\dfrac{1}{D_x}(n \cdot N_x - \bar{S}_x + \bar{S}_{x+n})$

Final

핵심정리

이산형 생명보험

보험종류		이산형	
		표기	기대값
종신보험		A_x	$\sum_{k=0}^{\infty} v^{k+1} \cdot {}_{k\vert}q_x$
정기보험		$A^{1}_{x:\overline{n}\vert}$	$\sum_{k=0}^{n-1} v^{k+1} \cdot {}_{k\vert}q_x$
생존보험		$A_{x:\overline{n}\vert}^{\;\;\;1}$	$v^n \cdot {}_np_x = {}_nE_x$
양로보험		$A_{x:\overline{n}\vert}$	$A^{1}_{x:\overline{n}\vert} + A_{x:\overline{n}\vert}^{\;\;\;1}$
거치보험		${}_{n\vert}A_x$	$\sum_{k=n}^{\infty} v^{k+1} \cdot {}_{k\vert}q_x$
변동보험	증가	$(IA)^{1}_{x:\overline{n}\vert}$	$\sum_{k=0}^{n-1} (k+1) \cdot v^{k+1} \cdot {}_{k\vert}q_x$
	감소	$(DA)^{1}_{x:\overline{n}\vert}$	$\sum_{k=0}^{n-1} (n-k) \cdot v^{k+1} \cdot {}_{k\vert}q_x$

연속형 생명보험

보험종류		표기	확률변수	기대값
종신보험		$\bar{A}_x$	v^T	$\int_0^\infty v^t \cdot {}_tp_x \cdot \mu(x+t)dt$
정기보험		$\bar{A}^1_{x:\overline{n}\rvert}$	$v^T \cdot I(T \le n)$	$\int_0^n v^t \cdot {}_tp_x \cdot \mu(x+t)dt$
생존보험		$A_{x:\overset{1}{\overline{n}\rvert}}$	$v^n \cdot I(T > n)$	$v^n \cdot {}_np_x = {}_nE_x$
양로보험		$\bar{A}_{x:\overline{n}\rvert}$	$v^{T\wedge n}$	$\bar{A}^1_{x:\overline{n}\rvert} + A_{x:\overset{1}{\overline{n}\rvert}}$
거치보험		$\bar{A}$	$v^T \cdot I(T > n)$	$\int_n^\infty v^t \cdot {}_tp_x \cdot \mu(x+t)dt$
증가종신	계단	$(I\bar{A})_x$	$\lceil T \rceil v^T$	$\int_0^\infty \lceil t \rceil \cdot v^t \cdot {}_tp_x \cdot \mu(x+t)dt$
	연속	$(\bar{I}\bar{A})_x$	Tv^T	$\int_0^\infty t \cdot v^t \cdot {}_tp_x \cdot \mu(x+t)dt$
감소정기	계단	$(D\bar{A})^1_{x:\overline{n}\rvert}$	$v^T \cdot (n - \lfloor T \rfloor)_+$	$\int_0^n (n - \lfloor t \rfloor) \cdot v^t \cdot {}_tp_x \cdot \mu(x+t)dt$
	연속	$(\bar{D}\bar{A})^1_{x:\overline{n}\rvert}$	$v^T \cdot (n-T)_+$	$\int_0^n (n-t) \cdot v^t \cdot {}_tp_x \cdot \mu(x+t)dt$

Final

연습문제

01 피보험자 (x)가 가입하려고 하는 2년 만기 생존보험이 아래 조건을 만족할 때, 연이율 i를 구하시오. (21#32)

> (가) 만기에 생존 시 보험금 1을 지급
> (나) Z는 보험금현가를 나타내는 확률변수
> (다) $E[Z] = 9\,Var(Z)$
> (라) ${}_2p_x = \dfrac{55}{64}$

① 5.0% ② 7.5%
③ 10.0% ④ 12.5%

02 정기보험의 현가확률변수를 Z_1, 생사혼합보험의 현가확률변수를 Z_2라 할 때, $E[Z_1 \cdot Z_2]$를 구하시오. (단, 만기는 n년이고, 사망 연도말 또는 만기에 지급되는 보험금은 1이다.) (18#29)

① ${}^2A^{\,1}_{x:\overline{n|}}$ ② ${}^2A_{x:\overline{n|}}$
③ $A^{\,1}_{x:\overline{n|}} \cdot A_{x:\overline{n|}}$ ④ ${}^2A^{\,1}_{x:\overline{n|}} - A^{\,1}_{x:\overline{n|}} \cdot A_{x:\overline{n|}}$

✓
03 다음 중 성립하지 않는 것을 고르시오. (19#32)

① $\dfrac{d}{dt}\,{}_tq_x = {}_tp_x\,\mu_{x+t}$ ② $A^{\,1}_{x:\overline{1|}} = v\,q_x$
③ $\overset{o}{e}_x = p_x(1+\overset{o}{e}_x)$ ④ ${}_2p_x = p_x\,p_{x+1}$

✓✓
04 다음 보기에서 항상 성립하는 것을 모두 고르시오. (단, $0 < v < 1$, $q_x < q_{x+1} < q_{x+2} < \cdots$) (13#32)

(가) ${}_{n|}A_x < A_{x+n}$
(나) ${}_{n|}A_x < A_{x:\overline{n|}}$
(다) $A^{1}_{x:\overline{n|}} < A_{x+n}$

① (가), (나)　　② (가), (다)
③ (나), (다)　　④ (가), (나), (다)

05 다음의 조건하에서 A_{50}을 구하시오. (16#27)

(가) $A_{30:\overline{20|}} = 0.44$
(나) $A^{1}_{30:\overline{20|}} = 0.30$
(다) $A_{30} = 0.37$

① 0.35　　② 0.40
③ 0.45　　④ 0.50

06 아래 조건이 주어질 때, $A_x + A_{x+1}$의 값을 구하시오. (20#33)

(가) $A_{x+1} - A_x = 0.015$
(나) $i = 0.06$
(다) $q_x = 0.05$

① 1.18　　② 2.18
③ 3.18　　④ 4.18

07 피보험자 (x)가 가입하려고 하는 다음과 같은 10년 만기 보험의 가치를 구하시오. (20#30)

(가) 사망연도 말에 사망보험금 1을 지급
(나) 가입 후 짝수차연도 말에 생존시 생존보험금 1을 지급
(다) 모든 x에 대하여 $q_x = 0.1$
(라) $v = 0.9$

① 1.50　　② 1.81

③ 2.09　　　　④ 3.54

08 독립적인 100명의 계약자들에게 본인이 사망하는 순간에 사망보험금 1을 지급하는 일시납 종신보험을 판매하려고 한다. 보험회사가 상기 100명의 계약자로부터 받을 총 수입보험료를 H라고 할 때, 적어도 95%의 확률로 H값이 상기 종신보험의 사망보험금 지급의무를 이행할 수 있도록 H값을 설정하려고 한다. 아래의 주어진 정보와 정규근사(normal approximation)를 이용할 때 H의 최소값을 구하라. (11#40)

(가) 사력 $\mu = 0.04$
(나) 이력 $\delta = 0.06$
(다) $\Pr(0 \le Z \le 1.645) = 0.45$

① 40　　　　② 45

③ 50　　　　④ 55

09 피보험자 (x)의 보험금에 대한 확률변수가 다음과 같을 때, $E[Z]$의 올바른 표현은 무엇인가? (S15#4)

$$Z = \begin{cases} 0 & , T(x) \le 10 \\ v^T & , 10 < T(x) \le 20 \\ 2v^T & , 20 < T(x) \le 30 \\ 0 & , 30 < T(x) \end{cases}$$

① ${}_{10|}\bar{A}_x + {}_{20|}\bar{A}_x - {}_{30|}\bar{A}_x$

② $\bar{A}_x + {}_{20}E_x\,\bar{A}_{x+20} - 2\,{}_{30}E_x\,\bar{A}_{x+30}$

③ ${}_{10}E_x\,\bar{A}_x + {}_{20}E_x\,\bar{A}_{x+20} - 2\,{}_{30}E_x\,\bar{A}_{x+30}$

④ ${}_{10}E_x\,\bar{A}_{x+10} + {}_{20}E_x\,\bar{A}_{x+20} - 2\,{}_{30}E_x\,\bar{A}_{x+30}$

10 선택기간 2년의 선택종국표로부터 다음의 생명표를 얻었다.

x	q_x
50	0.045
51	0.050
52	0.055
53	0.060

다음 조건 하에서 $A^{\;1}_{[50]:\overline{3|}}$의 값을 구하시오. (F16#5)

(가) $q_{[x]} = 0.7\,q_x$
(나) $q_{[x]+1} = 0.8\,q_{x+1}$
(다) $i = 0.04$

① 0.08 ② 0.09
③ 0.10 ④ 0.11

쉬어가는 코너 보험수리학을 만든 사람들

Abraham de Moivre(1667-1754), 수학자[1]

드 무아브르는 프랑스 개신교 집안에서 태어나서 교육받다가 가톨릭 개종에 반대하여 1687년 쯤 도버해협을 건너 영국으로 망명하였다. 생계를 위해서 수학 가정교사로 일하면서 뉴턴의 『자연철학의 원리(Principia)』를 열독하였고 30세가 되던 1697년 영국 왕립학회의 회원이 되었다.

그는 근대 함수론 전체의 기초인 복소수 이론을 수립하였고, 그는 1708년부터 확률계산에 몰두하였고 1718년에는 확률의 문제를 다룬 『가능성의 원칙(The Doctrine of Chances)』을 저술하였다. 이 책에서 이항분포를 바탕으로 통계학의 기본 정리인 정규분포와 중심극한정리(Central limit theorem)를 최초로 소개하였다.

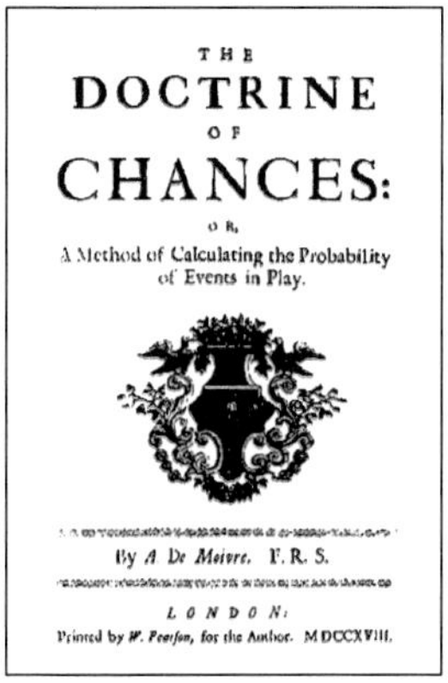
THE
DOCTRINE
OF
CHANCES:
OR,
A Method of Calculating the Probability of Events in Play.
By A. De Moivre. F.R.S.
LONDON:
Printed by W. Pearson, for the Author. MDCCXVIII.

<사진> 드 무아브르의 "가능성의 원칙"표지

그리고 확률의 계산을 보험의 영역에 적용하여 1724년 『생명연금(Annuities upon Lives)』을 출판하였는데, 여기에서 86세를 종국연령으로 설정하고 각 연령별 사망이 등차수열로 발생하는 드 무아브르의 사망법칙(law of mortality)을 도출한다. 이는 사망법칙을 수학적으로 공식화한 최초의 시도였다. 100년 후인 1825년 Benjamin Gompertz가 새로운 사망법칙을 발표하기 전까지 사람들은 이 사망법칙을 계속 사용하였다.

그는 뉴턴의 추천에도 불구하고 내성적인 성격 탓인지 평생 교수직을 얻지 못하였다. 생계를 위해서 어쩔 수 없이 수학 가정교사와 보험중개인으로 일하기도 하고, 때로는 런던의 커피숍에서 확률에 대한 지식을 바탕으로 내기 상담을 해주고 그 댓가로 받은 돈으로 근근히 생활하였다. 그러나 그는 종교박해, 불안정한 직업, 가난 등의 온갖 불행을 겪으면서도 87세까지 장수하면서 수학과 계리학에 대한 열정을 유지하면서 수많은 수학적 업적을 남겼다.

1) 출처: 김호균(2021). 보험계리史(제6화 불운의 천재). 한국보험계리사회 뉴스레터 105호. 12쪽 발췌.

04

생명연금

제 4 장 생명연금

(1) 생명연금의 표기

가. 생명연금의 국제계리기호

제1장 이자론에서 n년 동안 매년 초에 1원의 연금이 지급되는 기시급 확정기간연금(annuity-due)의 모든 현금흐름의 현재가치 합계를 $\ddot{a}_{\overline{n|}}$라는 국제계리기호로 표기하며, 매년말에 지급하는 기말급 확정기간연금(annuity-immediate)은 $a_{\overline{n|}}$로 표기하는 것을 소개한 바 있다.

확정기간연금에서는 기간을 나타내는 오른쪽 아래첨자 $\overline{n|}$에서 n이 고정되어 있는 반면, 생명연금의 경우는 n이 정해져 있는 상수가 아니라 연금 수령자의 생존기간에 따라 그 값이 달라질 수 있다. 따라서 연금 수령자의 가입연령 x를 아래첨자에 병기하면서 생명보험의 일시납보험료 표기와 동일한 규칙을 적용한다.

생명연금 기본 유형의 국제계리기호

보험종류			표기
종신연금	whole life annuity	기시급	$\ddot{a}_x$
		기말급	a_x
n년 정기생명연금 (유기생명연금)	temporary life annuity	기시급	$\ddot{a}_{x:\overline{n|}}$
		기말급	$a_{x:\overline{n|}}$
m년 거치 종신연금	deferred whole life annuity	기시급	${}_{m|}\ddot{a}_x$
		기말급	${}_{m|}a_x$
증가 종신연금 (누가종신연금)	increasing life annuity	기시급	$(I\ddot{a})_x$
감소 정기생명연금 (누감정기연금)	decreasing life annuity	기시급	$(D\ddot{a})_{x:\overline{n|}}$

나. 계산기수를 이용한 이산형 생명연금 계산

n년 만기 정기생명연금은 (x)세 피보험자 l_x명이 n년 동안 생존시 매년 초에 1원씩 지급하는 연금보험이다. 연금가입시점에 보험회사에 유입될 일시납 순보험료의 총합계는 $l_x \cdot \ddot{a}_{x:\overline{n}|}$이 된다.

반면에 향후 생존자에게 지급될 예상 연금액에 대한 가입시점에서의 계리현가는 $l_x + v \cdot l_{x+1} + v^2 \cdot l_{x+2} + \cdots + v^{n-1} \cdot l_{x+n-1}$이므로 다음과 같은 식을 얻을 수 있다.

$$l_x \cdot \ddot{a}_{x:\overline{n}|} = l_x + v \cdot l_{x+1} + v^2 \cdot l_{x+2} + \cdots + v^{n-1} \cdot l_{x+n-1}$$

정기생명연금 계산 도해

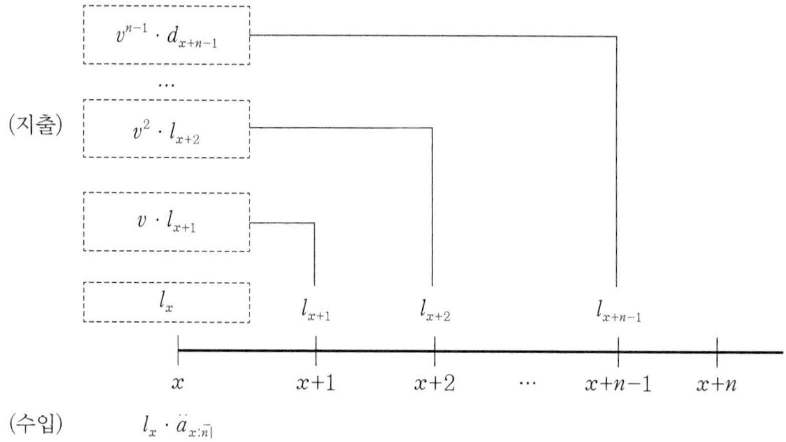

양변을 l_x로 나누어서 왼쪽 변을 $\ddot{a}_{x:\overline{n}|}$으로 만들어 정리하면 다음과 같이 계산기수로 표현된 식을 얻게 된다.

$$\ddot{a}_{x:\overline{n}|} = \frac{l_x + v \cdot l_{x+1} + v^2 \cdot l_{x+2} + \cdots + v^{n-1} \cdot l_{x+n-1}}{l_x}$$

$$= \frac{v^x \cdot l_x + v^{x+1} \cdot l_{x+1} + v^{x+2} \cdot l_{x+2} + \cdots + v^{x+n-1} \cdot l_{x+n-1}}{v^x \cdot l_x}$$

$$= \frac{D_x + D_{x+1} + D_{x+2} + \cdots + D_{x+n-1}}{D_x}$$

$$= \frac{N_x - N_{x+n}}{D_x}$$

예제 4-1 11#30

피보험자 (50)가 50년 만기 기시급 누감생명연금(decreasing life annuity-due)에 가입하였다. 첫 해에는 5,000, 그 다음 해에는 4,900, … 등 연금지급액이 매년 100씩 감소하여 지급된다고 할 경우에 이 연금의 일시납 순보험료를 기수표로 표현하라.

☞ $N_x - N_{x+1} \Rightarrow 100$

$N_x - N_{x+2} \Rightarrow 100 \quad 100$

$\cdots$

$N_x - N_{x+49} \Rightarrow 100 \quad 100 \quad 100 \quad \cdots \quad 100$

$N_x - N_{x+50} \Rightarrow 100 \quad 100 \quad 100 \quad \cdots \quad 100 \quad 100 \quad 100$

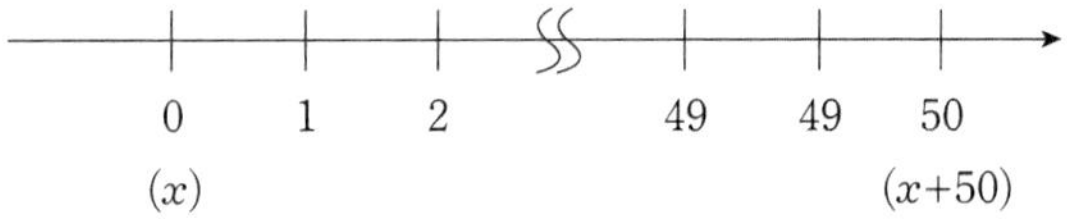

$$\Rightarrow NSP = \frac{100\{(N_{50} - N_{51}) + (N_{50} - N_{52}) + \cdots + (N_{50} - N_{100})\}}{D_{50}}$$

$$= \frac{100(50N_{50} - S_{51} + S_{101})}{D_{50}}$$

연습 4.1 09#29

40세가 된 종업원이 65세부터 매년 초에 100만원씩 사망할 때까지 지급받거나, 혹은 40세부터 매년 초에 15년간 확정적으로 R원씩 지급받고, 그 이후에는 매년 초에 $\frac{R}{2}$원씩 사망할 때까지 지급받는 퇴직연금에 가입하였다. 이러한 두가지 경우의 일시납순보험료가 서로 동일하다면 R을 계산기수로 올바르게 나타낸 것은?

① $\dfrac{1,000,000\,N_{65}}{\ddot{a}_{\overline{15|}} + N_{55}}$　　② $\dfrac{1,000,000\,N_{65}}{D_{40}\cdot\ddot{a}_{\overline{15|}} + N_{55}}$

③ $\dfrac{2,000,000\,N_{65}}{2\ddot{a}_{\overline{15|}} + N_{55}}$　　④ $\dfrac{2,000,000\,N_{65}}{2D_{40}\cdot\ddot{a}_{\overline{15|}} + N_{55}}$

(2) 생명연금의 계리현가

가. 이산형 종신연금

연금 수령자가 사망할 때까지 매년 초에 1원씩 지급하는 생명연금을 기시급 종신연금(whole life annuities due)이라고 하는데, 국제계리기호로 $\ddot{a}_x$로 표기한다. 이를 계산해 보면 다음과 같다.

먼저, $t=0$ 시점에 지급되는 연금 1은 계리현가도 1이다. $t=1$ 시점에 지급되는 연금 1을 $t=0$ 시점의 계리현가로 나타내면 그 값은 $v\cdot p_x$가 되고, $t=2$ 시점에 지급되는 연금 1을 $t=0$ 시점의 계리현가로 나타내면 그 값은 $v^2\cdot {}_2p_x$가 된다. 이렇게 계속하면 $t=n$년의 연금 1은 $t=0$ 시점의 계리현가가 $v^n\cdot {}_np_x$가 된다. 이 계리현가들을 모든 합이 종신연금의 계리현가가 된다.

종신연금의 계리현가

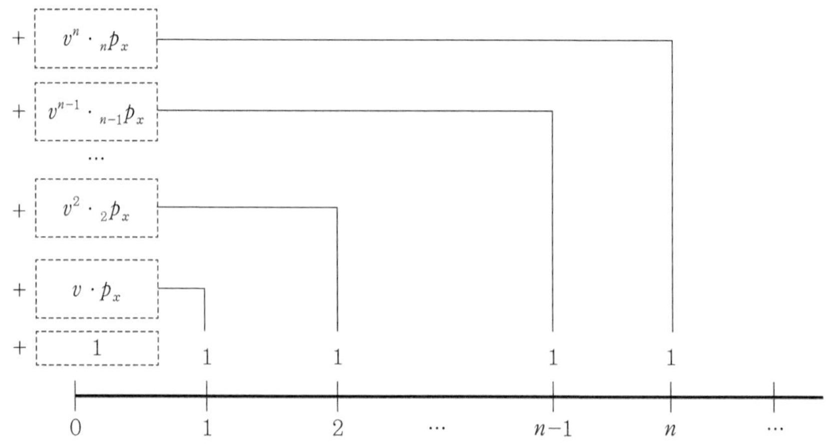

$$\ddot{a}_x = 1 + v \cdot p_x + v^2 \cdot {}_2p_x + \cdots + v^n \cdot {}_np_x + \cdots$$
$$= \sum_{k=0}^{\infty} v^k \cdot {}_kp_x$$

마찬가지로 매년초 1원씩 지급하는 n년 정기연금은 다음과 같다.

$$\ddot{a}_{x:\overline{n|}} = \sum_{k=0}^{n-1} v^k \cdot {}_kp_x$$

그리고, 연금 수령자가 사망할 때까지 매년 말에 1원씩 지급하는 생명연금인 기말급 종신연금(whole life annuities immediate) a_x은 다음과 같이 표현되는 것을 알 수 있다.

$$a_x = v \cdot p_x + v^2 \cdot {}_2p_x + \cdots + v^n \cdot {}_np_x + \cdots$$
$$= \sum_{k=1}^{\infty} v^k \cdot {}_kp_x$$

예제 4-2 13#35

$\ddot{a}_x = 12.5$, $q_x = 0.01$이다. 사망률 q_x 만이 0.05로 변경될 때, $\ddot{a}_x$의 값을 구하시오. (단, $i = 0.06$)

☞ $\ddot{a}_x = 1 + v \cdot p_x + v^2 \cdot {}_2p_x + \cdots + v^n \cdot {}_np_x + \cdots$

$$= 1 + v \cdot p_x \cdot \left\{1 + v \cdot p_{x+1} + v_2^2 \cdot p_{x+1} + \cdots\right\}$$
$$= 1 + v \cdot p_x \cdot \ddot{a}_{x+1}$$
$$\Rightarrow \ddot{a}_{x+1} = \frac{\ddot{a}_x - 1}{v \cdot p_x}$$
$$\therefore \ddot{a}_x{}' = 1 + v \cdot p_x{}' \cdot \ddot{a}_{x+1}$$
$$= 1 + \frac{p_x{}'}{p_x} \cdot (\ddot{a}_x - 1) \fallingdotseq 12.04$$

연습 4.2 23#33

아래의 조건을 이용하여 $\ddot{a}_{30:\overline{3|}}$을 구하시오.

(가) 사망률

x	q_x
30	0.10
31	0.13
32	0.16

(나) $i=0.05$

연습 4.3 12#32

$i=4\%$, $\ddot{a}_{40:\overline{10|}}=10$, $\ddot{a}_{41:\overline{9|}}=9.6$일 때 q_{40}의 값을 구하시오.

✓
연습 4.4 11#37

$A_{60}=2A_{40}$, $\ddot{a}_{40}=3\ddot{a}_{60}$일 때 A_{40}의 값을 구하시오.

연습 4.5 08#33

다음 중 그 값이 다른 것은?

① $\ddot{a}_{40}$　② $\dfrac{N_{40}}{D_{40}}$　③ $a_{40}+1$　④ ${}_1E_{40}\cdot a_{40}$

연습 4.6 08#34

이자율 4%에서 기시급 종신연금의 일시납순보험료가 다음과 같을 때, p_{73}의 값을 구하라.

연령(x)	$\ddot{a}_x$
72	3.27
73	3.04
74	2.82
75	2.62

나. forborne 연금

한편, 보험계약자는 $\ddot{a}_{x:\overline{n|}}$을 납입하면 생존시 n년 동안 매년초 1원씩 받는 것인 반면, 이와 반대 측면에서 생존한 사람들이 매년초 1원씩 적립하여 n년 후에 최종 생존시에 지급받는 금액을 생각할 수 있다. 이를 forborne 연금이라고 하고 $\ddot{s}_{x:\overline{n|}}$으로 표기하는데, $\ddot{a}_{x:\overline{n|}}$과의 관계가 다음과 같음을 알 수 있다.

$$\ddot{a}_{x:\overline{n|}} = {}_nE_x \cdot \ddot{s}_{x:\overline{n|}}$$

우리는 이미 생명함수를 학습하기 이전에 이자론을 통해서 단순히 현재가치 $\ddot{a}_{\overline{n|}}$에 $(1+i)^n$를 곱한(즉, v^n로 나눈) n년 경과시점의 종가를 $\ddot{s}_{\overline{n|}}$로 표기하는 것을 알고 있다. 따라서, 계리현가 $\ddot{a}_{x:\overline{n|}}$를 ${}_nE_x$(순수생존보험)로 나눈 결과를 계리종가(actuarial accumulated value) $\ddot{s}_{x:\overline{n|}}$로 표기하는 것은 상당히 자연스럽다. 기시급이 아닌 매년말 지급되는 연금도 마찬가지다.

$$a_{x:\overline{n|}} = {}_nE_x \cdot s_{x:\overline{n|}}$$

참고로, 계리현가 $A^{1}_{x:\overline{n|}}$를 ${}_nE_x$로 나눈 결과는 다음과 같이 ${}_nk_x$로 표기한다.

$$ {}_nk_x = \frac{A^{\ \ 1}_{x:\overline{n}|}}{{}_nE_x} $$

예제 4-3 19#36

2017년 초, 피보험자 (x)가 연금기간이 4년이고 매년 말 생존시 1씩 지급하는 정기연금에 가입하였다. $\dfrac{A}{B}$를 구하시오.

(가) A는 (x)가 2019년 초인 현재까지 이미 수령한 지급액(총 2번)의 종가

(나) B는 (x)가 2019년 초인 현재부터 향후에 지급받을 것으로 예상되는 지급액(총 2번)의 현가

(다) 사력은 $\mu = \ln\left(\dfrac{10}{9}\right)$인 상수사력(CFM) 가정을 따름

(라) $v = 0.9$

☞ $$ \frac{A}{B} = \frac{s_{\overline{2}|}}{a_{x:\overline{2}|}} $$

$$ = \frac{1+(1+i)}{v\,p_x + v^2\,{}_2p_x} $$

$$ \fallingdotseq 1.44 \qquad (\because\ {}_tp_x = 0.9^t) $$

(3) 확률변수를 이용한 생명연금 계산

가. 생명연금과 생명보험의 관계식

종신연금에 가입한 (x)는 가입시점부터 장래생존기간 $T(x)$까지 확정기간연금 $\ddot{a}_{\overline{\lceil T \rceil}|}$을 받는 것으로도 볼 수 있는데, $T(x)$가 확률변수이므로 $\ddot{a}_{\overline{\lceil T \rceil}|}$도 확률변수가 된다. 그리고 종신연금의 일시납 순보험료는 이 확률변수 $\ddot{a}_{\overline{\lceil T \rceil}|}$의 기댓값이다.

$T(x) = T$: 확률변수

$\ddot{a}_{\overline{\lceil T \rceil}|} = 1 + v + v^2 + \cdots + v^{\lceil T \rceil - 1}$: 확정연금의 현재가치

$$ = \frac{1 - v^{\lceil T \rceil}}{d} $$

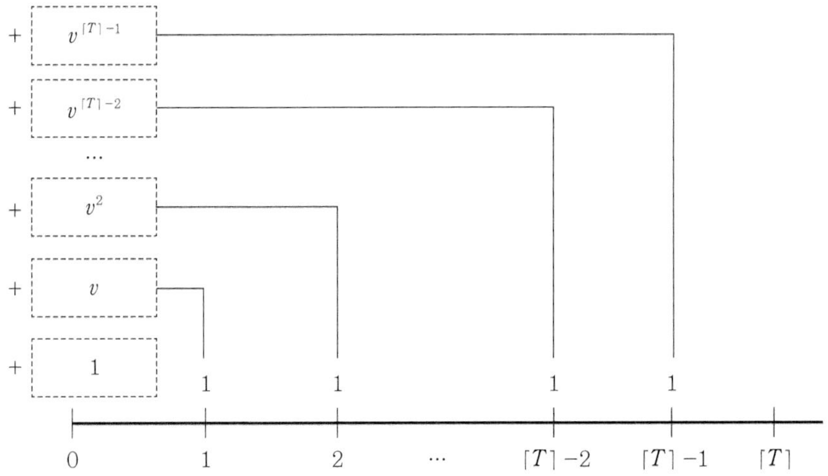

$$\ddot{a}_x = E(\ddot{a}_{\overline{\lceil T \rceil|}})$$

$$= E(\frac{1 - v^{\lceil T \rceil}}{d})$$

$$= \frac{1 - E(v^{\lceil T \rceil})}{d} = \frac{1 - A_x}{d}$$

따라서 종신연금과 종신보험은 다음과 같은 간단한 식이 성립하는데, 이는 연초에 1을 투자하면 아래 그림처럼 매 기간마다 생존했다면 기간초에 d를 받고 기간중 사망한다면 기간말에 1을 받는 것과 같음을 보여주고 있다.

$$A_x + d \cdot \ddot{a}_x = 1$$

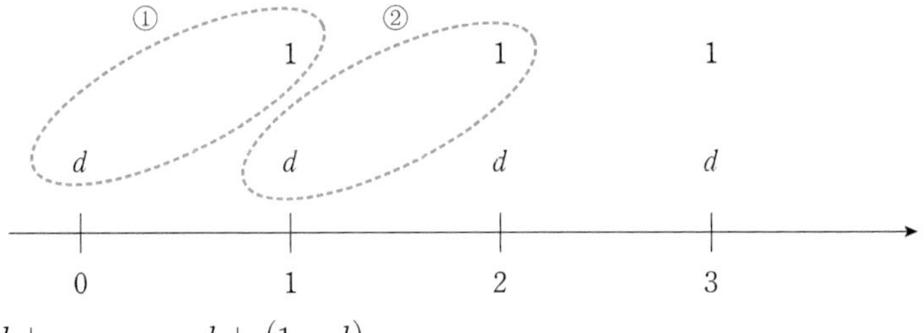

① $d + v \cdot q_x = d + (1-d) \cdot q_x$

$$= 1 \cdot q_x + d \cdot p_x$$

② $v \cdot p_x (d+v \cdot q_{x+1}) = {}_1E_x (1 \cdot q_{x+1} + d \cdot p_{x+1})$

$\Rightarrow$ ①+②+⋯=1

한편, 보험기간 n년의 정기연금은 $\ddot{a}_{x:\overline{n}|} = \sum_{k=0}^{n-1} v^k \cdot {}_kp_x$ 로 구해질 수 있는데, 다음과 같이 확률변수의 기댓값으로 표현될 수도 있다.

$$\ddot{a}_{x:\overline{n}|} = E(\ddot{a}_{\overline{\lceil T \wedge n \rceil}|})$$

$$= E(\frac{1-v^{\lceil T \wedge n \rceil}}{d})$$

$$= \frac{1-E(v^{\lceil T \wedge n \rceil})}{d} = \frac{1-A_{x:\overline{n}|}}{d}$$

예제 4-4 19#34

다음 중 $\frac{1}{d\ddot{a}_{x:\overline{n}|}} - \frac{1}{d\ddot{s}_{x:\overline{n}|}}$ 과 같은 것을 고르시오.

① i ② $\frac{i}{d}$ ③ $\frac{i}{{}_nE_x}$ ④ $\frac{\ddot{a}_{x:\overline{n}|} - a_{x:\overline{n}|}}{1-A_{x:\overline{n}|}}$

☞ $\ddot{s}_{x:\overline{n}|} = \frac{\ddot{a}_{x:\overline{n}|}}{{}_nE_x}$

$\therefore$ 준식== $\frac{1}{d\ddot{a}_{x:\overline{n}|}}(1-{}_nE_x)$

$$= \frac{1}{1-A_{x:\overline{n}|}}(\ddot{a}_{x:\overline{n}|} - a_{x:\overline{n}|})$$

✓
연습 4.7 23(2)#1(1)

☐ 안을 하나의 국제계리기호로 채우시오.

$$\square = v\ddot{a}_{x:\overline{n}|} - a_{x:\overline{n}|}$$

연습 4.8 23#34

아래의 조건을 이용하여 ${}_{5}E_{40}$을 구하시오

(가) $a_{40:\overline{5|}} = 3.8$

(나) $A^{1}_{40:\overline{5|}} = 0.06$

(다) $d = 0.05$

연습 4.9 23#39

아래의 조건을 이용하여 $A^{1}_{40:\overline{10|}}$을 구하시오.

(가) ${}_{10}E_{40} = 0.45$

(나) $a_{40:\overline{9|}} = 5.30$

(다) $i = 0.05$

연습 4.10 22#35

$v\ddot{a}_{x:\overline{n|}} - a_{x:\overline{n-1|}}$과 같은 것을 다음 보기 중 고르시오.

① $A^{1}_{x:\overline{n|}}$ ② $A_{x:\overset{\;\;1}{\overline{n|}}}$ ③ $A_{x:\overline{n|}}$ ④ ${}_{n|}A_{x}$

연습 4.11 14#32

$A_{x:\overline{n|}} = 0.4$, $A^{1}_{x:\overline{n|}} = 0.3$, $a_{x} = 12.65$, $i = 0.05$일 때 A_{x+n}의 값을 구하시오.

연습 4.12

11(2)#1(1)

☐ 안을 하나의 국제계리기호로 채우시오.

$$(IA)_x + d \cdot (I\ddot{a})_x = \square$$

연습 4.13

10(2)#1

☐ 안을 하나의 국제계리기호로 채우시오.

(1) $\dfrac{1}{10} \times [(Ia)_{x:\overline{10}|} - (Ia)_{x:\overline{9}|}] = \square$

(2) $\dfrac{1 - A_{x:\overline{n+1}|}}{d} - {}_nE_x - 1 = \square$

연습 4.14

09#32

a_x의 값이 1만큼 증가할 때, A_x의 값은 어떻게 변화하는가? (단, 예정이율(i)= 6%)

① 약 0.041 만큼 감소한다. ② 약 0.041 만큼 증가한다.
③ 약 0.057 만큼 감소한다. ④ 약 0.057 만큼 증가한다.

✓
연습 4.15

08#28

다음의 관계식 중 잘못된 식은?

① $A_{x:\overline{n}|} = A^{1}_{x:\overline{n}|} + A_{x:\overset{\ 1}{\overline{n}|}}$

② $A_{x:\overline{n}|} = v\ddot{a}_{x:\overline{n}|} - a_{x:\overline{n-1}|}$

③ $A_{x:\overset{\ 1}{\overline{n}|}} = v\ddot{a}_{x:\overline{n}|} - a_{x:\overline{n}|}$

④ $a_{x:\overline{n}|} = a_{x:\overline{n-1}|} + A_{x:\overset{\ 1}{\overline{n}|}}$

나. 연 m회 분할지급 생명연금

연 m회 분할지급 생명연금은 기시에 지급된다면 $\ddot{a}_x^{(m)}$로 표기된다.

앞서 제1장의 확정연금와 마찬가지로 연금연액이 1이라면 매회 지급되는 연금은 $\frac{1}{m}$이고 연금 지급주기는 $\frac{1}{m}$이 되며, 다음 식으로 정의된다.

$$\ddot{a}_x^{(m)} = \sum_{k=0}^{\infty} \frac{1}{m} \cdot v^{\frac{k}{m}} \cdot {}_{\frac{k}{m}}p_x$$

한편, 피보험자의 장래생존기간을 T라고 할 때, 연간 m회 분할지급되는 종신연금의 지급기간은 $\frac{\lceil mT \rceil}{m}$가 된다. 따라서 확정연금의 기댓값으로 다음과 같은 식이 성립함을 알 수 있다.

$$\ddot{a}_x^{(m)} = E\left[\ddot{a}_{\overline{\frac{\lceil mT \rceil}{m}}|}^{(m)}\right]$$

$$= E\left[\frac{1-v^{\frac{\lceil mT \rceil}{m}}}{d^{(m)}}\right] \qquad = \frac{1-A_x^{(m)}}{d^{(m)}}$$

연습 4.16 20(2)#4

피보험자 (50)이 10년 만기 유기생명연금(temporary life annuity)에 가입하였을 때, 다음 조건을 이용하여 일시납순보험료를 구하시오.

(가) 50세부터 5년 동안 연 m회 기시급으로 연액 100을 생존시 지급

(나) 55세부터 5년 동안 연 m회 기시급으로 연액 50을 생존시 지급

(다) $d^{(m)} = 0.05$, $v^5 = 0.7776$

x	$A_x^{(m)}$	${}_5p_x$
50	0.35183	0.98
55	0.42290	0.95
60	0.50173	0.92
65	0.58954	0.89

다. 연속형 생명연금(continuous life annuities)

앞서 확정연금에서 연속연금을 살펴본 바와 마찬가지로 연속형은 이산형과 달리 연금액이 연속적으로 이루어지는 이상적인 연금이다. 연속적으로 연액 1이 지급되는 연속형 생명연금은 다음과 같이 표현된다.

$$\bar{a}_x = \int_0^\infty v^t \cdot {}_tp_x \, dt$$

또한, 연속형 확정연금 $\bar{a}_{\overline{T|}}$을 확률변수로 할 때, 이것의 기댓값이 연속형 생명연금임을 알 수 있다.

$$\begin{aligned}\bar{a}_x &= E(\bar{a}_{\overline{T|}}) \\ &= E\left(\frac{1-v^T}{\delta}\right) \\ &= \frac{1-\bar{A}_x}{\delta}\end{aligned}$$

연속형 정기연금도 $\bar{a}_{x:\overline{n|}} = \int_0^n v^t \cdot {}_tp_x \, dt$ 이며, 다음식이 성립한다.

$$\begin{aligned}\bar{a}_{x:\overline{n|}} &= E(\bar{a}_{\overline{T \wedge n|}}) \\ &= E\left(\frac{1-v^{T \wedge n}}{\delta}\right) \\ &= \frac{1-\bar{A}_{x:\overline{n|}}}{\delta}\end{aligned}$$

한편, $T(x)$가 지수분포를 따른다면, 즉 $\mu_x = \mu$(상수) 일 때에는 앞장에서 연속형 종신보험의 일시납 순보험료가 $\bar{A}_x = \frac{\mu}{\mu+\delta}$ 임을 알고 있으므로 연속형 생명연금은 다음과 같이 간단히 표현된다.

$$\bar{a}_x = \frac{1-\bar{A}_x}{\delta}$$

$$= \frac{1}{\mu+\delta}$$

예제 4-5

다음 식을 증명하라.

$$\bar{a}_{x:\overline{n}|} \le \bar{a}_{\overline{n}|}$$

☞ $\bar{a}_{x:\overline{n}|} = \int_0^n v^t \cdot {}_tp_x\, dt$

$$\le \int_0^n v^t\, dt \quad (\because {}_tp_x \le 1)$$

$$= \bar{a}_{\overline{n}|}$$

(한편, n년 기간동안 확정기간연금은 피보험자의 생사와 무관하게 항상 연금이 지급되고, 정기생명연금은 피보험자가 살아있을 경우에만 지급되므로, 확정기간연금이 더 비싼 것은 자명하다.)

예제 4-6

x세인 사람들로 구성된 어떤 집단이 있다. 다음의 정보를 이용하여 $\bar{a}_x$을 구하시오.

(가) 이 집단 내 각 구성원들의 사력 μ는 구간 [0.01, 0.02]에서 균등분포를 따른다.

(나) $\delta = 0.01$

☞ 사력 $M \sim Uniform[0.01, 0.02]$

$\Rightarrow \bar{a}_x = E\left[E\left(\bar{a}_{\overline{T}|}\right) | M\right]$

$$= \int_{0.01}^{0.02} E\left[\bar{a}_{\overline{T|M=\mu}|} \,|\, M=\mu\right] f_M(\mu)\, d\mu$$

$$= \int_{0.01}^{0.02}\left(\int_0^{\infty} e^{-\delta t}e^{-\mu t}\,dt\right)\frac{1}{0.02-0.01}\,d\mu$$

$$= 100\int_{0.01}^{0.02}\frac{1}{\delta+\mu}\,d\mu$$

$$= 100 \cdot \ln\frac{\delta+0.02}{\delta+0.01} \fallingdotseq 40.5465$$

Q&A 집단 내 구성원들의 사력이 균등분포라는 것이 무슨 뜻인가요?

→ 이론공부를 위해서 집단 구성원 모두가 같은 사력을 가지고 있다고 가정하는 경우가 많지만, 일반적으로 구성원 개개인의 건강상태가 서로 다르듯이 사망확률과 특정시점의 사력도 서로 다릅니다. 이 경우에 사력도 확률변수가 됩니다.

(이 문제에서 구성원 개개인이 가진 사력은 각기 다른 상수사력(CFM)입니다.)

예제 4-7

피보험자 (x)가 다음 조건에서 매년 연금연액 1이 지급되는 연속형 5년 보증기간부 생존연금에 가입하였다.

(가) Y는 연금수령액의 현가 확률변수이다.

(나) F_Y는 Y의 누적분포함수이다.

(다) 사력 μ은 0.01로 일정하고, 이력 δ는 0.04로 일정하다.

$F_Y(30) - F_Y(5)$을 구하시오.

☞ $Y = \begin{cases} \bar{a}_{\overline{5|}}, & 0 < T \le 5 \\ \bar{a}_{\overline{T|}}, & T > 5 \end{cases}$

$$\Rightarrow \frac{1-e^{-5\delta}}{\delta} \le Y < \frac{1}{\delta} = 25$$

$$\Rightarrow F_Y(30) = \Pr[\,Y \le 30\,]$$

$$= 1$$

$$F_Y(5) = \Pr[Y \le 5]$$

$$= \Pr\left[\frac{1-e^{-\delta T}}{\delta} \le 5\right]$$

$$= \Pr[T \le 5.58]$$

$$= {}_{5.58}q_x$$

$$= 1 - e^{-5.58\mu}$$

$$= 0.054$$

$$\therefore\ F_Y(30) - F_Y(5) = 1 - 0.054 = 0.946$$

예제 4-8 17(2)#1(1), 13(2)#1(2)

☐ 안을 하나의 국제계리기호로 채우시오.

$$\frac{d}{dx}\bar{a}_{x:\overline{n|}} - (\mu_x + \delta) \times \bar{a}_{x:\overline{n|}} + 1 = \square$$

☞ $\frac{d}{dx}\bar{a}_{x:\overline{n|}} = \frac{d}{dx}\int_0^n v^t \cdot {}_tp_x dt$

$$= \int_0^n v^t \cdot \left(\frac{d}{dx}{}_tp_x\right)dt$$

$$= \int_0^n v^t \cdot {}_tp_x(\mu_x - \mu_{x+t})dt$$

$$= \mu_x \times \bar{a}_{x:\overline{n|}} - \bar{A}^1_{x:\overline{n|}}$$

$\Rightarrow$ 준식 $= \left(\mu_x \times \bar{a}_{x:\overline{n|}} - \bar{A}^1_{x:\overline{n|}}\right) - (\mu_x + \delta) \times \bar{a}_{x:\overline{n|}} + 1$

$$= 1 - \delta \times \bar{a}_{x:\overline{n|}} - \bar{A}^1_{x:\overline{n|}}$$

$$= \bar{A}_{x:\overline{n|}} - \bar{A}^1_{x:\overline{n|}}$$

$$= A_{x:\overset{1}{\overline{n|}}}$$

연습 4.17 22#36

아래의 조건을 이용하여 $\bar{a}_{50}$을 구하시오.

(가) $\bar{a}_{50:\overline{20|}} = 12$

(나) $x \geq 70$에 대하여 사력 $\mu_x = 0.03$임

(다) 이력 $\delta = 0.05$임

(라) ${}_{20}p_{50} = 0.8$

(마) $e^{-1} = 0.3679$

연습 4.18 11#31

예정이율(i)=0.06, $A_{20} = 0.25$ 그리고 각 연령구간별 사망자수가 균등하게 분포(UDD)한다고 가정할 때, $\bar{a}_{20}$의 값을 구하시오. (단, 자연로그 $\ln(1.06) = 0.0583$)

(4) 거치연금과 보증기간부 종신연금

가. 거치연금

피보험자 (x)에게 보험료납입과 동시에 연금이 지급되기 시작하는 것이 아니라 n년이 지나면서 매년 1원의 연금이 지급되는 경우를 거치연금이라고 하는데, 다음과 같이 표현된다.

$${}_{n|}\ddot{a}_x = \sum_{k=n}^{\infty} v^k \cdot {}_kp_x$$

$${}_{n|}\ddot{a}_x = {}_nE_x \cdot \ddot{a}_{x+n}$$

$$= \ddot{a}_x - \ddot{a}_{x:\overline{n|}}$$

따라서 다음 식이 성립함도 자연스럽게 알 수 있다.

$$\ddot{a}_x = \ddot{a}_{x:\overline{n}|} + {}_{n|}\ddot{a}_x$$

예제 4-9 18#33

다음 조건 하에서 ${}_{10|}\bar{a}_x$를 구하시오.

(가) $A_{x+10} = 0.3$

(나) 이자율 $i = 0.06$, 이력 $\delta = 0.05827$

(다) ${}_{10}E_x = 0.6$

(라) 단수부분에 대한 사망자수 균등분포(UDD)를 가정함

☞ $${}_{10|}\bar{a}_x = {}_{10}E_x \cdot \bar{a}_{x+10}$$
$$= {}_{10}E_x \cdot \frac{1-\bar{A}_{x+10}}{\delta}$$
$$= {}_{10}E_x \cdot \frac{1-\frac{i}{\delta}A_{x+10}}{\delta} \qquad (\because UDD)$$
$$\fallingdotseq 7.116$$

연습 4.19 23#37

아래의 연금공식 중에서 옳은 것을 모두 고르시오

(가) $\ddot{a}_x = vp_x \cdot \ddot{a}_{x+1} + 1$

(나) $a_x = vp_x \cdot a_{x+1} + vp_x$

(다) $\ddot{a}_{x:\overline{n}|} = vp_x \cdot \ddot{a}_{x+1:\overline{n-1}|} + 1$

(라) ${}_{n|}\ddot{a}_x = vp_x \cdot {}_{n-1|}\ddot{a}_{x+1}$

연습 4.20 22#37

아래의 조건을 이용하여 ${}_{10|}\ddot{a}_x$를 구하시오.

(가) $A_{x:\overline{10}|} = 0.62$

(나) $A^{\ 1}_{x:\overline{10|}} = 0.03$

(다) $A_x = 0.15$

(라) $i = 0.05$

연습 4.21 21(2)#1(1)

□ 안을 하나의 국제계리기호로 채우시오.

$$\frac{1}{d}\left(A_{x:\overline{n|}} - A_x\right) = \square$$

✓
연습 4.22 12#33

다음 관계식 중 성립하지 않는 것은?

① $\ddot{a}_x = 1 + a_x$ ② ${}_{n|}\ddot{a}_x = {}_{n-1|}a_x$

③ $\ddot{a}_{x:\overline{n|}} = 1 + a_{x:\overline{n-1|}}$ ④ ${}_{n|}a_x = a_x - \ddot{a}_{x:\overline{n|}}$

✓
연습 4.23 10#31

$\ddot{s}_{x:\overline{5|}} = x$, ${}_{5|}a_x = y$, ${}_5E_x = z$일 때, $\ddot{a}_x$를 x, y, z로 나타낸 식은?

① $x(z+1)+y$ ② $z(x+1)+y$

③ $y(x+1)+z$ ④ $z(y+1)+x$

✓
연습 4.24 07#37

아래 조건을 만족시키는 이자율 i 를 계산하시오.

$$\ddot{a}_x = 5.6\ ,\ \ddot{a}_{x:\overline{2|}} = 5.6459\ ,\ e_x = 8.83\ ,\ e_{x+1} = 8.29$$

나. 보증기간부 종신연금

피보험자 (x)에게 보험료납입과 동시에 매년 1원의 연금이 지급되고, 보증기간인 n년 동안은 생존여부와 상관없이 확정적으로 연금이 지급되며, 그 보증기간 이후는 생존시에만 지급되는 종신연금을 생각해보자. 이를 n년 보증기간부 기시급 종신연금이라 한다.

이 경우 (x)가 연금을 수령할 수 있는 기간은 장래생존기간 $T(x)$까지 이지만 최소한 n년 이상이되므로 확률변수로는 다음과 같이 표현된다.

$$T \vee n = \max(T, n)$$

이 연금은 국제계리기호로 $\ddot{a}_{\overline{\overline{x:\overline{n}|}}}$으로 표기되는데, 이 연금은 다음과 같이 기댓값으로 표현된다.

$$\ddot{a}_{\overline{\overline{x:\overline{n}|}}} = E(\ddot{a}_{\overline{\lceil T \vee n \rceil}|})$$

그리고, n년 확정기간연금과 $x+n$세까지 종신연금을 거치하는 구조이므로 다음과 같은 산식으로 표현된다.

$$\begin{aligned}\ddot{a}_{\overline{\overline{x:\overline{n}|}}} &\equiv \ddot{a}_{\overline{n}|} + \ddot{a} \\ &= \ddot{a}_{\overline{n}|} + \ddot{a}_x - \ddot{a}_{x:\overline{n}|}\end{aligned}$$

한편 퇴직연금제도에서는 세제혜택 등을 위해 연금수령으로 인정받기 위해서는 연금지급기간이 최소한 5년 이상이어야 함을 근로자퇴직급여보장법 제17조에서 규정하고 있는데, 이에 따라서 보험회사는 5년 이상의 확정기간 연금을 퇴직연금 지급 상품 안에 설계하고 있다.

예제 4-10 F14#5

40세 피보험자가 다음 조건을 만족하는 30,000의 연금연액을 지급하는 20년 거치 기시급 종신연금에 가입했을 때, 이 연금의 일시납 순보험료를 구하시오.

(가) 거치기간중 피보험자가 사망할 경우 해당 보험연도말에 일시납 순보험료를 반환

(나) $\ddot{a}_{60} = 11.1454,\ A_{40} = 0.16132,\ A_{60} = 0.36913,\ {}_{20}E_{40} = 0.27414$

☞ $NSP = 30,000\ {}_{20|}\ddot{a}_{40} + NSP \cdot A^{\ 1}_{40:\overline{20|}}$

$= 30,000\ {}_{20}E_{40} \cdot \ddot{a}_{60} + NSP \cdot (A_{40} - {}_{20}E_{40} \cdot A_{60})$

$\therefore\ NSP \fallingdotseq 97,526$

연습 4.25 22(2)#2

피보험자 (90)은 보증기간부 즉시종신생명연금에 가입하였다. 다음의 조건을 이용하여 일시납순보험료를 구하시오.

(가) $T(90)$은 (90)의 장래생존기간을 나타내는 확률변수임

(나) 사망은 한계연령 $\omega = 100$인 De Moivre 법칙을 따름

(다) 연금 지급이 개시된 후 3년은 생사에 관계없이 확정연금 1을 연초에 지급함

(라) 3년의 보증기간 후 생존 시 1을 연초에 지급함

(마) $v = 0.9,\ v^7 = 0.478$

✓
연습 4.26 21(2)#3

피보험자 (40)은 연액 1을 연속 지급하는 20년 보증기간부 종신생명연금(처음 20년은 생사에 관계없이 확정연금을 지급하고, 20년 이후부터는 생존 시 연금을 지급)에 가입하였다. 다음 조건하에서 일시납순보험료를 구하고, S가 $T(40)$의 함수로 표현될 때 그래프의 개형을 나타내고 $\Pr(S < 30)$을 구하시오.

(가) 확률변수 $T(40)$은 (40)의 장래생존기간을 나타냄

(나) 확률변수 S는 연금의 총지급액을 나타냄

(다) 사력 $\mu_{40+t} = \dfrac{2}{60-t},\ 0 \le t < 60$

(라) 이력 $\delta = 0$

연습 4.27 11#32

피보험자 (35)가 아래와 같은 조건 하에서 30년 거치 종신연금을 구입하려고 한다. 이 거치 종신연금의 일시납 순보험료의 값을 구하라.

(가) 거치기간 동안에 사망이 발생하면, 일시납 순보험료를 사망연도 말에 이자 없이 돌려준다.

(나) 연금지급은 기시급이고, 지급액은 연(年) 1이다.

(다) $\ddot{a}_{65} = 9.90$

(라) $A_{35:\overline{30|}} = 0.21$

(마) $A^{\ 1}_{35:\overline{30|}} = 0.07$

연습 4.28 11#34

피보험자 (30)가 1을 일시납 순보험료로 내고 기말급으로 매년 p씩 20년간 확정적으로 수령하고 그 이후에는 피보험자가 생존하는 동안 계속해서 p씩 수령할 때, p의 값을 올바르게 나타낸 것은?

① $\dfrac{D_{30}}{a_{\overline{20|}} D_{30} + N_{50}}$ ② $\dfrac{D_{30}}{a_{\overline{20|}} + N_{50}}$

③ $\dfrac{D_{30}}{a_{\overline{20|}} D_{30} + N_{51}}$ ④ $\dfrac{D_{30}}{a_{\overline{20|}} + N_{51}}$

연습 4.29 10#29

갑보험회사가 피보험자(30)에 대하여 다음의 두 가지 제안을 하였다.

(제안1) 계약시점에 1,000원을 일시금으로 즉시 지급

(제안2) 계약시점을 포함하여 매 1년마다 K원씩 10년간은 확정적으로 지급하고, 그 이후는 피보험자가 생존하는 한 계속 K+1원 지급함.

위 두 가지 제안이 계리적으로 동일하다면 다음의 정보를 이용하여 K값을

구하라.

$$i = 0.05,\ A_{30} = 0.380,\ A_{40} = 0.435,\ A^{\ 1}_{30:\overline{10|}} = 0.102,\ \ddot{a}_{\overline{10|}} = 8.107$$

연습 4.30 06#34

피보험자(35)가 거치기간동안 사망하면 납입한 일시납순보험료를 사망한 연도말에 반환하는 30년 거치 기시급 종신생명연금에 가입했다. 일시납순보험료는? (단, $\ddot{a}_{65} = 8.20$, $A_{35:\overline{30|}} = 0.15$, $A^{\ 1}_{35:\overline{30|}} = 0.03$, 연금액은 1원)

연습 4.31 09(2)#2(1)

☐ 안을 하나의 국제계리기호로 채우고, 그 계리적 의미를 2줄 이내로 기술하시오.

$$\boxed{} = \ddot{a}_{\overline{n|}} + \ddot{a}_x - \ddot{a}_{x:\overline{n|}}$$

(5) 연금의 리스크

가. 연금의 평균과 분산

종신연금과 보험기간 n년의 정기연금(기시급) 지급액 현재가치의 분산은 다음과 같이 구할 수 있다.

$$Var(\ddot{a}_{\overline{\lceil T \rceil|}}) = Var\left(\frac{1 - v^{\lceil T \rceil}}{d}\right)$$

$$= \frac{1}{d^2} Var(v^{\lceil T \rceil})$$

$$= \frac{{}^2A_x - (A_x)^2}{d^2}$$

$$Var(\ddot{a}_{\overline{\lceil T \rceil|}}) = Var(\frac{1-v^{\lceil T \rceil}}{d})$$

$$= \frac{1}{d^2} Var(v^{\lceil T \rceil})$$

$$= \frac{{}^2A_x - (A_x)^2}{d^2}$$

$$Var(\ddot{a}_{\overline{\lceil T \wedge n \rceil|}}) = Var(\frac{1-v^{\lceil T \wedge n \rceil}}{d})$$

$$= \frac{1}{d^2} Var(v^{\lceil T \wedge n \rceil})$$

$$= \frac{{}^2A_{x:\overline{n|}} - (A_{x:\overline{n|}})^2}{d^2}$$

예제 4-11 05(2)#4

다음은 보험계리사 홍길동이 개발하려고 하는 상품내용에 대한 설명이다.

(가) 기시급, 3년 정기 즉시 생명연금(immediate 3-year temporary life annuitiy-due)

(나) x세 피보험자가 연금수령자

(라) 적용하는 연금지급액, 예정사망률은 다음과 같다.

t(시점)	B_{x+t}(연금지급액)	q_{x+t}(예정사망률)
0	1,000	0.03
1	1,050	0.05
2	1,092	0.06

(마) 기간별 예정이자율(multiple assumed interest rate)

보험연도	이자율
제1보험연도	5%
제2보험연도	4%
제3보험연도	3%

상기 상품에 대하여 향후 지급될 연금의 현가를 나타내는 확률변수 Y를 정의하고, $E[Y]$과 $Var[Y]$를 구하시오.

☞
$$Y=\begin{cases}1{,}000 & ,\ K=0\\ 1{,}000+\dfrac{1{,}050}{1.05}=2{,}000 & ,\ K=1\\ 1{,}000+\dfrac{1{,}050}{1.05}+\dfrac{1{,}092}{1.05\cdot 1.06}=3{,}000 & ,\ K=2,3,\cdots\end{cases}$$

$$\Rightarrow E[Y]=1{,}000\,q_x+2{,}000\,p_x q_{x+1}+3{,}000\,p_x p_{x+1}$$
$$=2891.5$$

$$E[Y^2]=1{,}000^2 q_x+2{,}000^2 p_x q_{x+1}+3{,}000^2 p_x p_{x+1}$$
$$=8{,}517{,}500$$

$$\therefore\ Var[Y]=E[Y^2]-\{E[Y]\}^2 \fallingdotseq 156{,}728$$

예제 4-12

다음을 이용하여 $Cov[Y,Z]$를 구하시오.

(가) Y는 연금연액이 1원인 20년 정기연속형 생명연금의 현가확률변수이다.

(나) Z는 보험금 1원이 사망 즉시 지급되는 20년만기 정기보험의 현가확률변수이다.

(다) $\bar{A}^{1}_{x:\overline{20|}}=0.062$, ${}^2\bar{A}^{1}_{x:\overline{20|}}=0.040$, $\sigma=0.04$, ${}_{20}P_x=0.99160$

☞ $$YZ=\frac{1-v^{T\wedge 20}}{\delta}\cdot v^{T\wedge 20}$$

$$\Rightarrow E[YZ]=\frac{\bar{A}^{1}_{x:\overline{20|}}-{}^2\bar{A}^{1}_{x:\overline{20|}}}{\delta}=0.55$$

$$E[Y]=\frac{1-\bar{A}_{x:\overline{20|}}}{\delta}$$

$$=\frac{1-(\bar{A}^{1}_{x:\overline{20|}}+v^{20}\cdot{}_{20}p_x)}{\delta}\fallingdotseq 12.31113$$

$$E[Z]=\bar{A}^{1}_{x:\overline{20|}}=0.062$$

$$\therefore\ Cov[Y,Z]=E[YZ]-E[Y]\cdot E[Z]$$

$$\fallingdotseq -0.21329$$

Q&A 생명연금과 정기보험의 공분산이 음수인 것은 무슨 뜻인가요?

→ 사망시점이 빨라지거나 느려지면 보험금의 규모가 하나는 증가하고 다른 하나는 감소한다는 것을 의미합니다. 따라서 보험회사는 두 상품을 동시에 판매하면 장수리스크(longevity risk)를 상당 부분 줄일 수 있습니다. (이를 natural hedging이라고 합니다.)

연습 4.32 22#38

피보험자 (x)에 대하여 n년 기말급 정기연금의 현재가치를 Y라고 하고 아래 조건을 이용하여 Y의 분산을 구하시오.

(가) $A_{x:\overline{n|}} = 0.76$, $A_{x:\overline{n+1|}} = 0.75$

(나) ${}^2A_{x:\overline{n|}} = 0.59$, ${}^2A_{x:\overline{n+1|}} = 0.58$

(다) $i = 0.05$

연습 4.33 20(2)#3

피보험자 (50)이 다음 조건의 20년 만기 생사혼합보험(endowment insurance)과 20년 만기 유기생명연금(temporary life annuity)에 각각 가입하였다. 확률변수 S의 평균과 $\Pr(S > 25)$를 구하시오.

(가) 생사혼합보험은 보험금 30을 사망 즉시 지급하거나 만기 생존 시 지급함

(나) 유기생명연금은 생존 시 연액 1을 연속 지급함

(다) 확률변수 Z는 생사혼합보험의 현재가치를 나타냄

(라) 확률변수 Y는 유기생명연금의 현재가치를 나타냄

(마) 확률변수 S는 Z와 Y의 합을 나타냄

(바) 생존자수 $l_x = 100 - x$, $0 \le x \le 100$

(사) 이력(δ)은 5%임

(아) $e^{-1} = 0.3679$, $\ln 2 = 0.6931$

연습 4.34 18#32

확률변수 Y는 다음 조건의 기시급 2년 유기생명연금(2-year term life annuity-due) 지급액의 현가를 나타낸다. 이때 $Var(Y)$를 구하라.

(가) $v = 0.9$

(나) $p_x = 0.8,\ p_{x+1} = 0.6$

(다) t 시점의 연금지급액은 아래와 같다.

t	0	1
b_t	2	3

연습 4.35 17#39

어떤 대학교 20세 모임에서 남학생 숫자는 여학생 숫자의 2배이다. 남학생의 사력이 0.1, 여학생의 사력이 0.08일 때, 이 모임에서 무작위로 선택된 한 학생의 $Var(\bar{a}_{\overline{T(20)|}})$을 구하시오. (단, $T(x)$는 x세인 사람의 장래생존기간을 나타내고, 이력은 0.1이다.)

나. 연금 수령액과 일시납보험료와의 관계

50세 피보험자 A가 1년에 1원씩 지급되는 10년 거치 기시급 생명연금에 가입하였다고 하자. 이때 이 피보험자가 받은 연금의 합이 이 연금의 보험계리현가(즉, 일시납보험료) 보다 클 확률은 얼마일까?

만약 이자율 $i = 0$이고, $\omega = 100$의 드 무아브르 사망법칙을 따른다고 가정하면 다음의 생존확률과 $\ddot{a}$이 구해진다.

$$ {}_t p_{50} = \frac{50-t}{50} $$

$$ {}_{10|}\ddot{a}_{50} = \sum_{k=10}^{49} v^k\, {}_k p_{50} = \sum_{k=10}^{49} \frac{50-k}{k} = 16.4 $$

따라서 50세 피보험자 A는 10년이 경과한 60세부터 최소 17번의 연금을 받아야만 이 연금의 보험계리현가(일시납보험료)인 16.4보다 많이 받게 된다. 즉, 최소한 17번째로 연금을 받는 만 76세때까지는 생존해 있어야 한다.

다시 말하자면, A가 받는 연금 수령횟수를 H라고 한다면, 연금액이 1인 기시급 종신연금이므로 지급횟수는 장래생존기간 T와 관련하여, $H = \lfloor T \rfloor - 10 + 1$이 된다. H는 자연수인데, 16.4보다 크려면 $H \geq 17$이어야 하고, 따라서 $T - 9 \geq 17$가 된다. 따라서 그 확률은 다음과 같다.

$$\begin{aligned}
\Pr\left[H > {}_{10|}\ddot{a}_{50}\right] &= \Pr[H > 16.4] \\
&= \Pr[T - 10 \geq 16] \\
&= {}_{26}p_{50} \\
&= \frac{50-2}{50} = 0.48
\end{aligned}$$

예제 4-13

45세인 사람이 연금액이 1원인 6년 거치 기시급 종신연금에 가입하였다. 다음을 이용하여 $\Pr\left[H > {}_{6|}\ddot{a}_{45}\right]$을 구하시오.

$$\mu = 0.01,\ i = 0.05,\ \ddot{a}_{45:\overline{6}|} = 5.4127$$

(1) H가 매년 지급된 연금액들의 합(sum of the annuity payments)을 나타내는 확률변수인 경우

(2) H가 매년 지급된 연금액 현재가치의 합(the present value of the payments on this annuity)을 나타내는 확률변수인 경우

☞ $${}_{6|}\ddot{a}_{45} = \ddot{a}_{45} - \ddot{a}_{45:\overline{6}|} = \frac{1}{1 - ve^{-0.01}} - \ddot{a}_{45:\overline{6}|} \fallingdotseq 12.1$$

(1) $$\begin{aligned}
\Pr\left[H > {}_{6|}\ddot{a}_{45}\right] &= \Pr[H > 12.1] \\
&= \Pr[T - 5 \geq 13] \\
&= {}_{18}p_{45} = e^{-0.01 \cdot 18} \fallingdotseq 0.8353
\end{aligned}$$

(2) $\Pr\left[H > {}_{6|}\ddot{a}_{45}\right] = \Pr[H > 12.1]$

$$= \Pr\left[v^6 \frac{1 - v^{\lfloor T \rfloor - 6 + 1}}{d} > 12.1\right]$$

$$= \Pr[\lfloor T \rfloor - 5 > 30.31]$$

$$= \Pr[T \geq 31 + 5]$$

$$= {}_{36}p_{45} = e^{-0.01 \cdot 36} \fallingdotseq 0.6977$$

예제 4-14 17#38

T는 (x)의 장래생존기간을 나타내는 확률변수이다. 다음 조건 하에서 확률 $\Pr(\bar{a}_{\overline{T|}} < \bar{a}_x)$를 구하시오.

(가) 이력 및 사력은 상수

(나) $\bar{a}_x = 20$, $\bar{A}_x = 0.2$

(다) $\ln(0.2) = -1.6$, $e^{0.4} = 1.4918$

☞ (나)에서 $\bar{a}_x = \dfrac{1 - \bar{A}_x}{\delta} \Rightarrow \delta = 0.04$

(가)에서 $\bar{A}_x = \dfrac{\mu}{\delta + \mu} \Rightarrow \mu = 0.01$

$$\therefore \Pr(\bar{a}_{\overline{T|}} < \bar{a}_x) = \Pr\left[\frac{1 - e^{-\delta T}}{\delta} < 20\right]$$

$$= \Pr\left[T < -\frac{1}{\delta} ln(1 - 20\delta) = 40\right]$$

$$= {}_{40}q_x = 1 - e^{-40\mu} \fallingdotseq 0.329$$

✓ **연습 4.36** 16#31

현재 60세인 사람이 매년 1씩 지급되는 기말급 종신연금에 가입하였다. 다음 조건 하에서 매년 지급된 연금액들의 합이 a_{60}보다 클 확률을 구하시오.

(가) 한계연령이 120세인 De Moivre의 사망법칙을 따름
(나) 이자율 $i = 0.06$, $v^{60} = 0.0303$

연습 4.37 S17#6

55세 피보험자가 다음 조건을 만족하는 연금연액 1의 5년 보증기간부 기시급 종신연금에 가입했을 때, 연금 지급액의 단순 합계(현가 미적용)가 연금의 기댓값을 초과할 확률을 구하시오.

(가) $\ddot{a}_{60} = 11.1454$, ${}_5E_{55} = 0.70810$, $l_{55} = 8,640,861$,
$l_{66} = 7,373,338$, $l_{67} = 7,201,635$, $l_{68} = 7,018,432$
(나) $i = 0.06$

✓
연습 4.38 15#31

피보험자 (x)의 장래생존기간 확률변수 $T(x)$에 대하여 사력 $\mu(x+t) = 0.04$ $(t \geq 0)$, 이력 $\delta = 0.02$라 할 때 확률 $P\left(\bar{a}_{\overline{T(x)}|} > \bar{a}_x\right)$을 구하시오.

Final

핵심정리

생명연금(기시급)

상품	이산형	연속형
종신연금	$\ddot{a}_x = \sum_{0}^{\infty} v^k \cdot {}_kp_x$	$\bar{a}_x = \int_0^{\infty} v^t \cdot {}_tp_x \, dt$
n년 정기연금	$\ddot{a}_{x:\overline{n\vert}} = \sum_{k=0}^{n-1} v^k \cdot {}_kp_x$	$\bar{a}_{x:\overline{n\vert}} = \int_0^{n} v^t \cdot {}_tp_x \, dt$
m년 거치 종신연금	$\ddot{a} = \sum_{k=m}^{\infty} v^k \cdot {}_kp_x$	${}_{m\vert}\bar{a}_x = \int_m^{\infty} v^t \cdot {}_tp_x \, dt$

생명연금과 생명보험의 관계식

종신연금과 종신보험	정기연금과 양로보험
$\ddot{a}_x = \dfrac{1-A_x}{d}$	$\ddot{a}_{x:\overline{n\vert}} = \dfrac{1-A_{x:\overline{n\vert}}}{d}$
$\ddot{a}_x^{\{m\}} = \dfrac{1-A_x^{\{m\}}}{d^{\{m\}}}$	$\ddot{a}_{x:\overline{n\vert}}^{\{m\}} = \dfrac{1-A_{x:\overline{n\vert}}^{\{m\}}}{d^{\{m\}}}$
$\bar{a}_x = \dfrac{1-\bar{A}_x}{\delta}$	$\bar{a}_{x:\overline{n\vert}} = \dfrac{1-\bar{A}_{x:\overline{n\vert}}}{\delta}$

Final

연습문제

✓✓

01 피보험자 (20)은 40세부터 지급되는 기시급 거치종신연금에 가입했다. 다음 조건 하에서 연금지급액의 총합이 일시납순보험료보다 더 클 확률을 구하시오. (17#35)

(가) 이자율 $i=0$	(나) $l_x = 80 - x$

① 0.45 ② 0.52

③ 0.67 ④ 0.81

02 갑 보험회사는 피보험자 (x)에게 연금 판매시점부터 기시급으로 매년 1원씩 지급되는 종신생명연금을 판매하였다. 만약 p_{x+1}만이 원래 생존율보다 0.05 증가하게 되는 경우 아래 조건을 이용하여 이 보험의 일시납순보험료 증감액을 계산하시오. 가장 근사한 값은? (10#27)

(가) $q_x = 0.04$	(나) $q_{x+1} = 0.06$
(다) $i = 0.02$	(라) $\ddot{a}_x = 11.350$

① 0.3 ② 0.4

③ 0.5 ④ 0.6

✓

03 $a_{x:\overline{9|}} = 4.30$, $a_{x:\overline{10|}} = 4.82$, $i = 0.05$일 때, $A^{\,1}_{x:\overline{10|}}$의 값은? (09#35)

① 0.202 ② 0.228

③ 0.300 ④ 0.314

04 (x)세부터 3년동안 지급되는 연금이 아래와 같은 조건을 만족할 때 연금수급권자가 지급받는 연금현가총액의 분산을 계산하라. (06#32)

(가)

t	연금지급액	p_{x+t}
0	15	0.95
1	20	0.90
2	25	0.85

(나) $i = 0.06$

① 91　② 102
③ 114　④ 127

05 현재 90세인 홍길동은 과거에 매년 1씩 연금액을 지급하는 기시급 종신연금에 가입하였으며 오늘부터 연금수령이 개시된다. 오늘 시점의 연금액 총현가 확률변수를 Y라고 할 때 Y의 기댓값과 분산을 차례로 구하시오. (15#32)

(가) 이자율 $i = 8\%$
(나) 생명표

x	90	91	92	93
l_x	100	74	35	0

① 1.985, 0.477　② 2.073, 0.325
③ 2.526, 0.469　④ 3.018, 0.630

06 (x) 인 피보험자가 사망하는 즉시 사망보험금 1을 지급하는 종신보험의 현가확률변수를 Z 그리고 연금연액 1을 종신 지급하는 연속생명연금의 현가 확률변수를 Y라고 할 때, Y와 Z의 상관계수 $Corr(Y, Z)$를 구하시오. (13#34)

① -1　② -0.5
③ 0.5　④ 1

07 사력 $\mu_{x+t} = 0.05$, 이력 $\delta_t = 0.05$일 때 $\bar{a}_{x:\overline{10|}}$를 구하시오.

(단, $e^{-0.5} = 0.6065$이다.) (16#30)

① 9.5 ② 10.5

③ 11.5 ④ 12.5

08 보험수익자가 보험금 수령방법에 대하여 두 가지 제안을 보험회사로부터 받았다.(단, 수익자의 현재 연령은 40세임)

(제안 I) 1,000원을 일시금으로 수령

(제안 II) 매년 초에 B원씩 10년간 확정적으로 수령하고 그 이후는 수익자가 생존하는 한 계속 B원을 수령함.

이 두 가지 제안이 계리적으로 동일하다면 다음의 정보를 활용하여 B값을 산출하시오. (05#37)

(가) $i = 0.04$	(나) $\ddot{a}_{\overline{10|}} = 8.435$	(다) $A_{40} = 0.30$
(라) $A_{50} = 0.35$	(마) $A^{1}_{40:\overline{10|}} = 0.09$	

① 53.836 ② 51.254

③ 48.567 ④ 44.778

09 100명의 피보험자 (x)가 서로 장래생존기간이 독립이고 다음 조건을 만족할 때, 총 지급액의 현가확률변수 Y의 정규 근사법을 이용하여 판매보험회사가 이 계약의 연금을 지급할 수 있는 확률이 95%가 되기 위해 가입시점에 보유해야할 초기 자산을 구하시오. (S14#6)

(가) 각 피보험자는 매보험연도초에 생존시 1을 수령
(나) $A_x = 0.45$, ${}^2A_x = 0.22$
(다) $i = 0.05$

① 1,170 ② 1,180

③ 1,190 ④ 1,200

10 선택기간 1년의 선택종국표(select and ultimate mortality table)에 대하여, 다음 조건 하에서 k의 값을 구하시오. (S16#5)

(가) 어떤 상수 k에 대하여, $p_{[x]} = (1+k) \cdot p_x$
(나) $\ddot{a}_{x:\overline{n}|} = 21.854$, $\ddot{a}_{[x]:\overline{n}|} = 22.167$

① 0.005　② 0.010

③ 0.015　④ 0.020

쉬어가는 코너 보험수리학을 만든 사람들

Thomas Simpson(1710 - 1761) 보험계리사[1]

토마스 심슨은 평범한 직물공의 아들로 태어났으나 독학으로 수학을 공부했다. 낮에는 직물공으로 일하면서 가족들의 생계를 꾸려나갔지만 밤에는 수학을 가르쳤고 33살이 된 1743년에 해군학교(Royal Military Academy)의 수학교수된 입지전적인 인물이다.

그은 1742년 『연금의 원리(The Doctrine of Annuities and Reversions)』를 발간했는데, 이 책에서 x세 생존자를 분모 l_x로 하고 $x+1$세 생존자를 분자 l_{x+1}로 하면서 그 생존자들 사이의 관계로 1년간의 생존확률을 정의한다. 여기에 현가율 v를 곱하여 다음과 같은 계리현가(actuarial presentv value)를 처음으로 정의하였다.

$$\frac{l_{x+1}}{l_x} \times \frac{1}{1+i} = p_x v$$

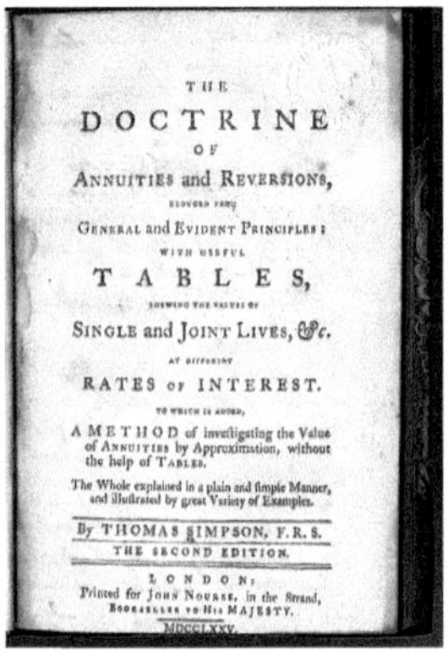
THE
DOCTRINE
OF
ANNUITIES and REVERSIONS,
GENERAL and EVIDENT PRINCIPLES:
TABLES,
SINGLE and JOINT LIVES, &c.
RATES OF INTEREST.
A METHOD of investigating the Value of ANNUITIES by Approximation, without the help of TABLES.
The Whole explained in a plain and simple Manner, and illustrated by great Variety of Examples.
By THOMAS SIMPSON, F.R.S.
THE SECOND EDITION.
LONDON:
Printed for JOHN NOURSE, in the Strand, BOOKSELLER TO HIS MAJESTY.
MDCCLXXV.

<사진> 심슨의 『연금의 원리(The Doctrine of Annuities and Reversions)』 표지
출처: https://www.maa.org

이 덕분에 사람들이 막연하게 여겼던 보험계리의 계산이 우리가 현재 알고 있는 계리현가(APV)의 기호로 단순하게 전환되었고, 각종 계산의 수고로움을 획기적으로 줄여버린다. 그리고 드 무아브르가 처음 고안한 한 살이 많고 적은 사람들간의 연금가치 사이의 관계식을 계리현가로 표현한 다음 식을 연생으로까지 적용한다.

$$a_x = v \cdot p_x \cdot (1 + a_{x+1})$$

이 식은 무와브르의 사망법칙 같은 가정이 전혀 없어도 성립하는데, 이 범용적인 관계식은 현재 각종 알고리즘에서 누구나 흔하게 보는 점화식의 모태가 되었다.

---

1) 출처: 김호균(2021). 보험계리史(제9화 보험계리학의 1인자). 한국보험계리사회 뉴스레터 108호. 19쪽 발췌.

05

보험료

제 5 장 보험료

(1) 평준순보험료

가. 평준순보험료의 개념

종신보험의 연납평준순보험료(연납순보험료)를 국제계리기호로 P_x로 표기하는데, 보험료는 매년 기시에 납입하고 보험금은 지급사유가 발생한 기말에 지급되는 이산형(fully discrete) 종신보험을 고려해보자. 그 보험료 수입의 계리현가 합계는, 피보험자가 생존하는 기간에만 보험료를 납입하므로 생존연금 형태와 유사하여 $P_x \cdot \ddot{a}_x$로 표현됨을 알 수 있다. 이미 기말급 종신보험 보험금 지급의 계리현가는 A_x임을 알고 있으므로 수지상등의 원칙에 따라 다음 식이 성립한다.

$$P_x \cdot \ddot{a}_x = A_x$$

따라서, 종신보험의 연납순보험료 P_x는 다음과 같이 구해진다.

$$P_x = \frac{A_x}{\ddot{a}_x}$$

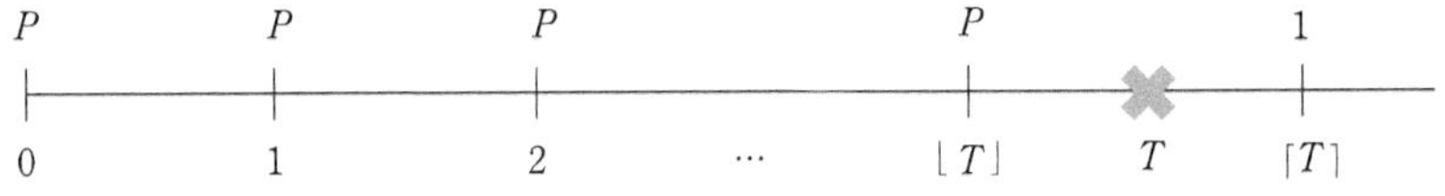

n년 만기 m년 납입 정기보험의 연납순보험료를 국제계리기호로 ${}_mP^{1}_{x:\overline{n|}}$로 표기하는데, 수지상등의 원칙을 적용하면 다음 식을 얻을 수 있다.

$$ {}_mP^{1}_{x:\overline{n|}} \cdot \ddot{a}_{x:\overline{m|}} = A^{1}_{x:\overline{n|}} $$

여기서 제3장에서 정기보험의 일시납 순보험료를 계산기수로 표현한 것과 제4장에서 연금연액 1원을 지급하는 정기생명연금의 일시납 순보험료를 계산기수로 표현한 다음 식을 고려해보자.

$$ A^{1}_{x:\overline{n|}} = \frac{M_x - M_{x+n}}{D_x} $$

$$ \ddot{a}_{x:\overline{m|}} = \frac{N_x - N_{x+m}}{D_x} $$

이 두 식을 대입하며 다음과 같이 n년 만기 정기보험의 연납 평준순보험료를 계산기수로 나타낼 수 있다.

$$ {}_mP^{1}_{x:\overline{n|}} = \frac{A^{1}_{x:\overline{n|}}}{\ddot{a}_{x:\overline{m|}}} = \frac{M_x - M_{x+n}}{N_x - N_{x+m}} $$

같은 방법으로 생존보험과 종신보험 등의 연납순보험료를 표현하면 다음 표와 같이 정리된다. (단, 표기를 간단히 하기 위해서 보험료납입기간과 보험기간이 일치하는 전기납을 가정한다.)

생명보험 종류별 연납 순보험료(전기납)

보험종류	연납 순보험료	수지상등의 원칙	계산기수
종신보험	P_x	$P_x \cdot \ddot{a}_x = A_x$	$\frac{M_x}{N_x - N_{x+n}}$
n년 정기보험	$P^{1}_{x:\overline{n|}}$	$P^{1}_{x:\overline{n|}} \cdot \ddot{a}_{x:\overline{n|}} = A^{1}_{x:\overline{n|}}$	$\frac{M_x - M_{x+n}}{N_x - N_{x+n}}$
n년 생존보험	$P_{x:\overline{n|}}^{\ \ 1}$	$P_{x:\overline{n|}}^{\ \ 1} \cdot \ddot{a}_{x:\overline{n|}} = A_{x:\overline{n|}}^{\ \ 1}$	$\frac{D_{x+n}}{N_x - N_{x+n}}$
n년 생사혼합보험	$P_{x:\overline{n|}}$	$P_{x:\overline{n|}} \cdot \ddot{a}_{x:\overline{n|}} = A_{x:\overline{n|}}$	$\frac{M_x - M_{x+n} + D_{x+n}}{N_x - N_{x+n}}$

예제 5-1

${}_{k|}q_x = 0.04 \times 0.96^k,\ k = 0, 1, 2, \cdots,\ i = 0.06$ 일 때, P_x를 구하라.

☞ $$\ddot{a}_x = \sum_0^\infty v^k\ {}_kp_x$$

$$= \sum_0^\infty \left(\frac{1}{1.06}\right)^k 0.96^k = 10.6$$

$$A_x = 1 - d\ddot{a}_x = \frac{4}{10}$$

$$\Rightarrow P_x = \frac{A_x}{\ddot{a}_x} \fallingdotseq 0.0377$$

연습 5.1 23#31

피보험자 (30)이 아래의 조건으로 2년만기 정기보험에 가입하였다.

(가) 보험료는 기시연납

(나) 사망보험금은 기말급

(다) 사망률

t	p_{30+t-1}
1	0.97
2	0.94

(라) $i = 4\%$ 일 때 연납평준순보험료는 25.70

이자율 i가 5%일 때 연납평준순보험료를 구하시오.

연습 5.2 13#36

(x)인 피보험자에 대해 ${}_{k|}q_x = cb^{k+1}(k = 0, 1, \ldots)$, $0 < b < 1$ 그리고 $0 < bv < 1$ 일 때, c 와 P_x 를 각각 구하시오.

① $c = \dfrac{1-b}{b},\ P_x = \dfrac{cvb(1-v)}{1-vb+cvb}$　② $c = \dfrac{b}{1-b},\ P_x = \dfrac{cvb(1-v)}{1-vb-cvb}$

③ $c = \dfrac{1-b}{b},\ P_x = \dfrac{cvb(1-v)}{1-vb-cvb}$　④ $c = \dfrac{b}{1-b},\ P_x = \dfrac{cvb(1-v)}{1-vb+cvb}$

연습 5.3 11#29

${}_{k|}q_x = 0.02(0.98)^k,\ k = 0, 1, 2, 3, \cdots$,이고 예정이율($i$)이 0.04일 때 사망연도말에 사망보험금 1을 지급하는 종신보험의 연납 평준순보험료 P_x의 값을 구하시오.

나. 순보험료의 계산

연납보험료는 "생명연금과 생명보험의 관계식"에 따라 다음과 같이 일시납보험료로 표현된다.

$$P_x = \frac{A_x}{\ddot{a}_x}$$

$$= \frac{dA_x}{1-A_x}$$

예제 5-2 18(2)#2(1)

□ 안을 하나의 국제계리기호로 채우시오.

$$P^{1}_{x:\overline{n|}} = {}_nP_x - \square \times A_{x+n}$$

☞ $A_x - A^{1}_{x:\overline{n|}} = {}_nE_x \cdot A_{x+n}$

양변을 $\ddot{a}_{x:\overline{n|}}$으로 나누면,

${}_nP_x - P^{1}_{x:\overline{n|}} = P_{x:\overset{\ 1}{\overline{n|}}} \cdot A_{x+n}$

$\Rightarrow \square = P_{x:\overset{\ 1}{\overline{n|}}}$

예제 5-3 21#34, 18(2)#2(2)

☐ 안을 하나의 국제계리기호로 채우시오.

$$A_x \cdot P_{x:\overline{n}|} + (1-A_x) \cdot P_x = \boxed{}$$

☞ $A_x \cdot P_{x:\overline{n}|} = A_x \cdot \dfrac{A_{x:\overline{n}|}}{\ddot{a}_{x:\overline{n}|}}$

$$= -A_x \cdot \frac{1-A_{x:\overline{n}|}}{\ddot{a}_{x:\overline{n}|}} + \frac{A_x}{\ddot{a}_{x:\overline{n}|}}$$

$$= -A_x \cdot d + {}_nP_x$$

$\Rightarrow$ 좌변 $= {}_nP_x - A_x \cdot d + (1-A_x) \cdot P_x$

$$= {}_nP_x - A_x \cdot d - A_x \cdot P_x + P_x$$

$$= {}_nP_x - A_x(d+P_x) + P_x$$

$$= {}_nP_x$$

연습 5.4 23#27

아래의 조건을 이용하여 피보험자 (x)의 ${}_5P_x$를 구하시오.

(가) $P_{x:\overline{5}|} = 0.0724$ (나) $P_{x:\overline{5}|}^{\;\,1} = 0.0702$

(다) $P({}_{5|}\ddot{a}_x) = 0.8$ (라) $i = 0.05$

✓
연습 5.5 18(2)#2 수정

$A_x \cdot P_{x:\overline{n}|} + (1-A_x) \cdot P_x$를 보험료를 나타내는 국제계리기호를 이용하여 간단히 나타내라.

연습 5.6
16#38

${}_{20}P_{30} = 0.050$, $P_{30:\overline{20|}} = 0.060$이고, $A_{50} = 0.600$일 때, $P^{1}_{30:\overline{20|}}$를 구하시오.

연습 5.7
12#35

$i = 10\%$이고 $\ddot{a}_{40:\overline{20|}} = 1.2\, a_{40:\overline{20|}}$일 때, $100P^{1}_{40:\overline{20|}}$의 값을 구하라.

✓
연습 5.8
12#38

피보험자의 장래생존기간이 0에서 2까지 연속균등분포를 따를 때 사망년도말에 사망보험금 1000을 지급하는 종신보험에 대한 전기연납 평준순보험료의 값을 구하라. (단, $v = 0.9$)

연습 5.9
09#34

$A_x = 0.19414$, $P_x = 0.00927$일 때, 예정이율 i의 값은?

연습 5.10
08#36

$1 - \dfrac{(P_{30:\overline{15|}} - {}_{15}P_{30})\ddot{a}_{30:\overline{15|}}}{v^{15}\,{}_{15}p_{30}}$ 의 값은?

① A_{45} ② $A_{30:\overline{15|}}$ ③ P_{45} ④ $P_{30:\overline{15|}}$

✓
연습 5.11 07#34

아래 조건을 이용하여 $P^{1}_{30:\overline{10|}}$을 계산하시오.

(가) $i = 0.1$ (나) $a_{30:\overline{9|}} = 5.6$ (다) $v^{10} \cdot {}_{10}p_{30} = 0.35$

연습 5.12 07#40

${}_{n}k_{x} = 0.4$, $P^{1}_{x:\overline{n|}} = 0.1$일 때 $\ddot{s}_{x:\overline{n|}}$의 값을 구하시오.

연습 5.13 S16#11

갑보험회사는 보험금 1,000의 이산형 종신보험을 20세 피보험자와 50세 피보험자에게 각각 10,000건을 판매하였다. 다음 조건 하에서 제11보험년도초에 갑보험회사가 유지중인 계약으로부터 받게 될 건당 연납순보험료의 기댓값을 구하시오.

(가) $\ddot{a}_{20} = 16.5133$, $\ddot{a}_{50} = 13.2668$

(나) ${}_{10}p_{20} = 0.9879$, ${}_{10}p_{50} = 0.9148$

(다) $i = 0.06$

(2) 다양한 보험료 형태

가. 보험금이 변동하는 경우의 보험료

예제 5-4 11#39

피보험자 (x), 3년 만기 정기보험에 대하여 아래의 조건 하에서 이 보험의 연납 순보험료의 값은?

(가) 사망연도말 사망보험금 지급액: $b_{k+1} = \begin{cases} 0, & k=0 \\ 1{,}000(11-k), & k=1,2 \end{cases}$

(나)

k	$\Pr(K(x)=k)$
0	0.10
1	0.15
2	0.20

(다) $i = 0.06$

☞ $\pi \ddot{a}_{x:\overline{3}|} = 10{,}000 \cdot {}_{1|}q_x \cdot v^2 + 9{,}000 \cdot {}_{2|}q_x \cdot v^3$

$$\Rightarrow \pi = \frac{10{,}000 \cdot {}_{1|}q_x \cdot v^2 + 9{,}000 \cdot {}_{2|}q_x \cdot v^3}{\ddot{a}_{x:\overline{3}|}}$$

$$= \frac{10{,}000 \cdot \dfrac{\Pr(K=1)}{1.06^2} + 9{,}000 \cdot \dfrac{\Pr(K=2)}{1.06^3}}{1 + \dfrac{1-\Pr(K=0)}{1.06} + \dfrac{1-\Pr(K=0)-\Pr(K=1)}{1.06^2}}$$

$$\fallingdotseq 1031$$

연습 5.14

22(2)#4

피보험자 (x)가 30년 만기, 보험금 1인 생사혼합보험에 가입하려고 한다. 다음 조건을 이용하여 전기연납 평준순보험료 $P_{x:\overline{30}|}$을 구하시오.

○ 모든 상품에 동일한 예정사망률과 예정이율을 적용함
○ 할인율 $d = 0.02$

〈상품 1〉

(가) 가입 후 처음 15년 이내에 사망하는 경우 사망연도 말에 보험금 2를 지급하고, 다음 15년 이내에 사망하는 경우 사망연도 말에 보험금 1을 지급함

(나) 가입 후 15년 시점에 생존해 있는 경우 생존축하금 1을 지급하고, 30년 시점에 생존해 있는 경우 만기보험금 1을 지급함

(다) 이 상품의 전기연납 평준순보험료는 0.086임

〈상품 2〉
15년 만기, 보험금 1인 생사혼합보험에 가입하는 경우 전기연납 평준순보험료는 $P_{x:\overline{15|}}$임

✓
연습 5.15 09#28

피보험자 (40)가 60세까지 매년 초에 연금을 지급받는 20년 만기 정기생명연금에 가입하였다. 보험료납입기간은 15년이며, 연금지급은 처음 10년간은 100원씩을 지급하고 그 이후부터는 1,000원씩을 지급한다. 이 보험의 연납평준순보험료는?

① $\dfrac{100\,N_{40}+1{,}000N_{55}-1{,}000N_{60}}{N_{40}-N_{55}}$ ② $\dfrac{100\,N_{40}+900N_{55}-1{,}000N_{60}}{N_{40}-N_{55}}$

③ $\dfrac{100\,N_{40}+900N_{50}-1{,}000N_{60}}{N_{40}-N_{55}}$ ④ $\dfrac{100\,N_{40}+900N_{50}-900N_{60}}{N_{40}-N_{55}}$

✓
연습 5.16 07#38

x세 피보험자가 아래 조건의 3년 만기 전기연납 정기보험에 가입하려고 한다. 이 보험의 연납 순보험료를 계산하시오.

(가) 사망연도말 사망보험금 지급액:

$$b_{k+1}=\begin{cases}0, & k=0\\ 1{,}000(11-k), & k=1,2\end{cases}$$

(나)

경과년수(k)	q_{x+k}
0	0.200
1	0.100
2	0.097

(다) $i\ =\ 0.06$

✓
연습 5.17 05#36

피보험자(x), 3년만기 전기납 정기보험의 조건이 다음과 같다.

(가) 사망연도말 사망보험금 지급액 및 조건:

$$b_{k+1} = \begin{cases} 0, & k = 0 \\ 100(11-k), & k = 1, 2 \end{cases}$$

(나) 예정 사망위험률표

k	q_{x+k}
0	0.300
1	0.150
2	0.085

(다) 예정이율 $i = 0.02$

이 정기보험의 평준 연납 순보험료를 구하시오.

(단, $v^2 = 0.9612$, $v^3 = 0.9423$)

연습 5.18 S16#17

$x+1$세 피보험자가 다음 조건을 만족하는 특수한 이산형 종신보험에 가입할 때, 연납평준 순보험료를 구하시오.

(가) 제k보험년도 사망보험금은 $1000 \cdot 1.03^k$ (단, $k = 1, 2, \cdots$)

(나) $q_x = 0.05$

(다) $i = 0.06$

(라) $\ddot{a}_{x+1} = 7.00$

(마) x세 피보험자가 가입할 경우 연납평준 순보험료는 110

나. 보험료가 변동하는 경우의 보험료

지금까지는 보험계약자가 납입하는 평준식 순보험료가 보험료납입기간 동안 계속 동일한 금액이었다. 그러나 보험료납입기간을 분할하여 기간마다 보험료가 상이하도록 설계할 수 있는데, 이 경우에도 수지상등의 원칙에 따라 보험료를 산출한다. 보험료 산출에 사용되는 가정이 모두 동일하다면 전체 보험료납입기간 동안을 기준으로 산출한 평준식 순보험료를 모두 계리현가로 합한 금액이나 분할하여 산출한 순보험료들을 모두 계리현가로 합한 금액이나 같은 값이어야 한다.

예제 5-5 19#33

피보험자 (80)이 다음과 같은 3년 만기 정기보험에 가입하였다. P를 구하시오.

(가) 사망연도 말에 사망보험금 1000을 지급

(나) 생존 시 순보험료는 1차연도 초에 P, 2차연도 초에 $2P$를 각각 납입

(다) $q_{80} = q_{81} = q_{82} = 0.1$

(라) $v = 0.9$

☞ $1000(q_{80} \cdot v + p_{80} \cdot q_{81} \cdot v^2 + p_{80} \cdot p_{81} \cdot q_{80} \cdot v^3)$

$= P(1 + 2p_{80} \cdot v)$

$$\Rightarrow P = \frac{1000(0.1 \cdot 0.9 + 0.1 \cdot 0.9^3 + 0.1 \cdot 0.9^5)}{1 + 2 \cdot 0.9^2}$$

$\fallingdotseq 84.7$

Q&A **기간에 따라 보험료를 달리 내는 것과 동일하게 내는 것이 보험계약자나 보험회사 입장에서 유·불리가 있나요?**

→ 보험회사 입장에서는 가정이 동일하게 만기까지 유지된다면 유·불리는 없지만, 가정과 달리 인플레이션 등으로 실질 금리가 하락하거나 해지가 증가하는 경우 등에는 상황이 달라집니다. 보험계약자 입장에서는 일찍 사망한다면 초기에 상대적으로 저렴한 보험료를 납입한 셈이어서 유리하다고 볼 수 있습니다.

예제 5-6

45세인 사람이 이산형(fully discrete) 종신보험에 가입하였다. 다음 조건을 만족하는 π를 구하라.

(가) 사망보험금은 1,000원이며, 사망시 사망연도말에 지급

(나) 보험료 납입기간은 30년이며, 처음 15년간의 보험료는 $1,000 \cdot P_{45}$이고, 다음 15년간 보험료는 π

(다) $l_{45} = 9,164,051,\ l_{60} = 8,188,074,\ l_{75} = 5,396,081$

(라) $A_{45} = 0.2012,\ A_{60} = 0.36913,\ A_{75} = 0.59149$

(마) $i = 0.06$

☞ $1,000 \cdot P_{45} \cdot \ddot{a}_{45:\overline{15|}} + \pi \cdot {}_{15}E_{45} \cdot \ddot{a}_{60:\overline{15|}} = 1,000 \cdot A_x$

$$\Rightarrow \pi = \frac{1,000 \cdot A_{45} - 1,000 \cdot P_{45} \cdot \ddot{a}_{45:\overline{15|}}}{{}_{15}E_{45} \cdot \ddot{a}_{60:\overline{15|}}}$$

$$= \frac{1,000 \cdot A_{45} - 1,000 \cdot \dfrac{d \cdot A_{45}}{1 - A_{45}} \cdot \dfrac{1 - A_{45:\overline{15|}}}{d}}{{}_{15}E_{45} \cdot \dfrac{1 - A_{60:\overline{15|}}}{d}} \fallingdotseq 17.5$$

$(\because\ {}_{15}E_{45} = v^{15} \cdot \dfrac{l_{60}}{l_{45}} \fallingdotseq 0.373,$

$A_{45:\overline{15|}} = \left(A_{45} - {}_{15}E_{45} \cdot A_{60}\right) + {}_{15}E_{45} \fallingdotseq 0.4365\ ,\ A_{60:\overline{15|}} \fallingdotseq 0.4515)$

연습 5.19 F16#9

피보험자 (x)가 다음 조건을 만족하는 특수한 이산형 2년 정기보험에 가입하였을 때, 초년도의 연납 순보험료를 구하시오.

(가) $q_x = 0.01,\ q_{x+1} = 0.02$

(나) $i = 0.05$

(다) 초년도 사망보험금은 100,000

(라) 2차년도에 보험금과 보험료 모두 1%씩 상승

연습 5.20 11#36

피보험자 (30)가 다음 조건을 만족하는 20년 만기 이산형 정기보험에 가입하였을 때, π를 구하라.

(가) 처음 10년 동안은 사망보험금이 1,000원이고, 다음 10년 동안은 사망보험금이 2,000원이다.

(나) 보험료는 수지상등의 원칙에 의해 산출되고, 처음 10년 동안은 π원, 그리고 이후 10년 동안 2π원이 매년초에 납입된다.

(다) $\ddot{a}_{30:\overline{20|}} = 15.0364$

(라)

x	$\ddot{a}_{x:\overline{10|}}$	$1000 \times A^{1}_{x:\overline{10|}}$
30	8.7201	16.66
40	8.6602	32.61

연습 5.21 08#30

피보험자 (40)가 사망하면 사망한 연도 말에 보험금 1원을 지급하는 종신보험에 가입하였다. 보험료 납입기간은 20년이며, 처음 15년간의 보험료는 P_{40}이고, 다음 5년간의 보험료는 R원이다. 이 때 R을 계산기수로 올바르게 나타낸 것은?

① $\dfrac{M_{40} - P_{40} \cdot (N_{40} - N_{55})}{N_{40} - N_{55}}$

② $\dfrac{M_{40} - P_{40} \cdot (N_{40} - N_{60})}{N_{40}}$

③ $\dfrac{M_{40} - P_{40} \cdot (N_{40} - N_{55})}{N_{55} - N_{60}}$

④ $\dfrac{M_{40} - P_{40} \cdot N_{55}}{N_{55} - N_{60}}$

연습 5.22 S15#10

90세 피보험자가 다음 조건을 만족하는 보험금 1,000의 이산형 종신보험에 가입하였을 때, P값을 구하시오.

(가) 초년도 보험료는 0

(나) 2차년도 이후 보험료는 P

(다) $\ddot{a}_{90} = 3.6488$

(라) $i = 0.06$

(마) 보험료는 수지상등의 원칙에 따라 산출

연습 5.23 S14#8

40세 피보험자가 다음 조건 하에서 보험금 100,000의 특수한 이산형 종신보험에 가입하였을 때, P의 값을 구하시오.

(가) 보험료 납입기간은 20년이고, 초년도부터 제10보험년도까지 기간중 연납 순보험료는 P이고, 제11보험년도부터 제20보험년도까지 연납 순보험료는 $0.5P$

(나) $\ddot{a}_{40} = 14.8166$, $\ddot{a}_{50} = 13.2668$, $\ddot{a}_{60} = 11.1454$,
$A_{40} = 0.16132$, ${}_{10}E_{40} = 0.53667$, ${}_{20}E_{40} = 0.27414$

다. 기납입보험료 환급상품의 보험료

보험금으로 기납입보험료를 환급하는 상품의 경우에도 수지상등의 원칙에 따라 장래 수입보험료와 장래 지급보험금(기납입보험료 환급분 포함)의 등식을 만들어 수입보험료를 구해낸다.

피보험자 (x)가 사망시 사망연도말에 기납입보험료를 이자없이 지급하고 만기 생존시 1을 지급하는 n년 만기 보험의 기시 전기납 연납순보험료를 π라고 하면, 수지상등의 원칙에 따라 다음식이 성립됨을 알 수 있다.

$$\pi \ddot{a}_{x:\overline{n|}} = A_{x:\overset{1}{\overline{n|}}} + \pi (IA)_{x:\overline{n|}}$$

$$\pi = \frac{A_{x:\overset{1}{\overline{n|}}}}{\ddot{a}_{x:\overline{n|}} - (IA)^{1}_{x:\overline{n|}}}$$

예제 5-7

30세의 피보험자가 연금액이 200원인 30년 거치 기시급 종신연금에 가입하였다. 다음 조건 하에서 이 연금의 일시납 순보험료를 구하시오.

(가) 거치기간에 사망할 경우 일시납 순보험료는 이자 없이 사망연도말에 환불

(나) $A_{30} = 0.10248$, $A_{60} = 0.36913$, ${}_{30}E_{30} = 0.150045$

(다) $i = 0.06$

☞ $NSP = NSP \cdot A^{1}_{30:\overline{30|}} + 200 \cdot {}_{30|}\ddot{a}_{30}$

$$\Rightarrow NSP = \frac{200 \cdot {}_{30}E_{30} \cdot \ddot{a}_{60}}{1 - A^{\;1}_{30:\overline{30|}}} \fallingdotseq 350.99$$

연습 5.24 23#40

피보험자 (x)는 아래와 같은 3년만기 생사혼합보험에 가입하였다. 연납평준순보험료(P)를 구하시오.

(가) 보험료는 기시납, 납입기간은 3년납

(나) 사망보험금은 기말급으로 1000, 만기생존보험금은 이미 납입한 연납평준순보험료의 합($3P$)을 만기 생존시에 지급

(다) $q_x = 0.01$, ${}_{1|}q_x = 0.02$, ${}_{1|}q_x = 0.02$

(라) $i = 0.05$

연습 5.25 22#39

피보험자 (x)에 대하여 다음과 같은 2년 만기 생명보험의 연납평준 순보험료를 구하시오.

(가) 사망 시 사망연도 말에 사망보험금 1000을 지급함

(나) 보험기간 동안 생존시 기납입된 보험료를 이자 없이 만기에 지급함

(다) $q_x = 0.02$, ${}_{1|}q_x = 0.03$, ${}_{2|}q_x = 0.06$

(라) $v = 0.9$

연습 5.26 21#35

피보험자 (20)이 다음과 같은 5년 만기 보험에 가입하였다. 연납평준순보험료를 구하시오.

(가) 보험기간동안 매년초에 평준순보험료를 납입

(나) 사망시 사망연도말에 사망보험금 1과 기납입된 보험료를 이자없이 지급

(다) 만기에 생존 시 1을 지급

(라) $\ddot{a}_{20:\overline{5|}} = 3.362$

(마) $A^{1}_{20:\overline{5|}} = 0.299$, $A_{20:\overset{1}{\overline{5|}}} = 0.328$

(바) $(IA)^{1}_{20:\overline{5|}} = 0.766$

연습 5.27

16#32

피보험자 (x)가 3년 만기 정기보험에 가입하였다. 다음 조건 하에서 연납평준 순보험료를 구하시오.

(가) 전기연납 평준 순보험료를 매년 초에 납입함

(나) 사망보험금은 사망 연도말에 지급함

(다) 최초 2년 미만 사망 시에는 그 동안 납입한 연납평준 순보험료의 합계를 사망보험금으로 이자 없이 지급함

(라) 2년 이후 사망 시에는 사망보험금으로 10,000을 지급함

(마) 이자율 $i = 0.04$

(바) $p_x = 0.90$, $p_{x+1} = 0.88$, $p_{x+2} = 0.85$

연습 5.28

16#33

피보험자 (50)이 15년 만기 양로보험에 가입하였다. 다음 조건 하에서 연납평준 순보험료를 구하시오.

(가) 전기연납 평준 순보험료를 매년 초에 납입함

(나) 사망보험금 1,000을 사망 연도 말에 지급함

(다) 만기보험금으로 이미 납입한 연납평준 순보험료의 합계를 이자 없이 지급함

(라) 할인율 $d = 0.04$

(마) $A_{50:\overline{15|}} = 0.70$, $A_{50:\overset{1}{\overline{15|}}} = 0.11$

연습 5.29 12#31

피보험자(40), 사망년도말에 사망보험금 1을 지급하고 20년말 생존시에 기납입 보험료를 지급하는 20년 만기 양로보험의 전기연납 평준순보험료를 계산기수로 나타내면?

① $\dfrac{M_{40} - M_{60}}{N_{40} - N_{60} - 20D_{40}}$ ② $\dfrac{M_{40} - M_{60} - 20D_{40}}{N_{40} - N_{60}}$

③ $\dfrac{M_{40} - M_{60}}{N_{40} - N_{60} - 20D_{60}}$ ④ $\dfrac{M_{40} - M_{60} + 20D_{60}}{N_{40} - N_{60} - 20D_{40}}$

연습 5.30 10#30

피보험자(35)가 50세까지 생존하면 보험금 1원을 지급하고, 50세 이전에 사망하면 사망한 연도 말에 그 전까지 납입한 연납순보험료를 이자 없이 반환해주는 15년 전기납 양로보험에 가입하였다. 이 보험의 연납순보험료를 계산하시오.

(가) $i = 0.03$

(나) $(DA)^{1}_{35:\overline{15}|} = 0.632$

(다) $A_{35:\overline{15}|}^{\ \ \ \ 1} = 0.085$

(라) $\ddot{a}_{35:\overline{15}|} = 10.422$

연습 5.31 F14#8

75세 피보험자가 다음 조건을 만족하는 특수한 3년 정기보험에 가입하였을 때, 연납 평준 순보험료를 구하시오.

(가) 초년도와 제2보험년도에 사망시 이미 납입한 보험료를 이자없이 사망보험금으로 지급

(나) 제3보험년도의 사망보험금은 10,000

(다)

x	p_x
75	0.90
76	0.88
77	0.85

(라) $i = 0.04$

연습 5.32 F14#9

75세 피보험자가 다음 조건을 만족하는 특수한 이산형 15년 양로보험에 가입하였을 때, 연납평준 순보험료를 구하시오.

(가) 사망보험금은 1,000

(나) 만기 생존시 이미 납입한 순보험료를 이자없이 지급

(다) $d = 0.04$

(라) $A_{75:\overline{15|}} = 0.70$

(마) $A_{75:\overset{1}{\overline{15|}}} = 0.11$

연습 5.33 08#38

피보험자 (x)가 사망하면 사망보험금 1원과 기납입한 순보험료를 이자없이 반환해주는 보험금 기말급 종신보험에 대하여 10년납 연납평준순보험료를 계산기수로 표현한 것은?

① $\dfrac{M_x}{N_x - N_{x+10} - R_x}$

② $\dfrac{M_x}{N_x - N_{x+10} - R_x + R_{x+10} + 10M_{x+10}}$

③ $\dfrac{M_x}{N_x - N_{x+10} - R_x + R_{x+10}}$

④ $\dfrac{M_x}{N_x - N_{x+10} - R_x + R_{x+10} - 10M_{x+10}}$

라. 선택기간이 설정된 상품의 보험료

예제 5-8 21(2)#4

피보험자 $[x]$가 사망연도 말에 보험금 1000을 지급하는 종신보험에 가입하였다. 다음 조건을 이용하여 전기연납 평준순보험료를 구하시오.

(가) 선택기간은 2년임

(나) $\mu_{[x]+t} = \begin{cases} \mu_{x+t} - 0.02(2-t), & 0 \le t \le 2 \\ \mu_{x+t} & , t > 2 \end{cases}$

(다) $\ddot{a}_x = 10,\ vp_x = 0.855,\ d = 0.05$

(라) $e^{0.03} = 1.0305,\ e^{0.04} = 1.0408$

☞ $p_{[x]} = \exp\left(-\int_0^1 \mu_{[x]+t}dt\right)$

$= \exp\left(-\int_0^1 \mu_{x+t} - 0.02(2-t)dt\right) = p_x e^{0.03}$

${}_2p_{[x]} = \exp\left(-\int_0^2 \mu_{[x]+t}dt\right)$

$= \exp\left(-\int_0^2 \mu_{x+t} - 0.02(2-t)dt\right) = {}_2p_x e^{0.04}$

한편, $\ddot{a}_x = 1 + vp_x + v^2{}_2p_x\ddot{a}_{x+2} = 10$ 을 적용하면

$\ddot{a}_{[x]} = 1 + vp_{[x]} + v^2{}_2p_{[x]}\ddot{a}_{x+2}$

$= 1 + vp_x e^{0.03} + {}_2p_x e^{0.04} v^2 \ddot{a}_{x+2}$

$= 1 + vp_x e^{0.03} + e^{0.04}(9 - vp_x) = 10.35839$

$\therefore\ 1000P_{[x]} = 1000\dfrac{A_{[x]}}{\ddot{a}_{[x]}}$

$= 1000\dfrac{1 - d\ddot{a}_{[x]}}{\ddot{a}_{[x]}} = 1000\dfrac{1 - 0.05 \times 10.358}{10.358} \fallingdotseq 46.544$

(3) 보험료 연속납, 보험금 즉시급(fully continuous)의 보험료

가. 보험료 연속납, 보험금 즉시급의 보험료 계산

보험료 연속납, 보험금 즉시급(fully continuous)의 보험료를 $\overline{P}(\overline{A}_x)$로 표기하는데, 보험료 수입의 계리현가는 $\overline{P}(\overline{A}_x) \cdot \overline{a}_x$가 된다. 한편, 즉시급 종신보험 보험금 지출의 계리현가는 $\overline{A}_x$이므로, 수지상등의 원칙에 따라 다음 식이 성립함을 알 수 있다.

$$\overline{P}(\overline{A}_x) \cdot \overline{a}_x = \overline{A}_x$$

따라서 1년간 납부하는 평준식 순보험료는 다음과 같다.

$$\overline{P}(\overline{A}_x) = \frac{\overline{A}_x}{\overline{a}_x}$$

그리고 보험료 기시납, 보험금 즉시급(semi continuous)의 보험료도 마찬가지 방법의 수지상등의 원칙에 따라 다음 식이 성립한다.

$$P(\overline{A}_x) \cdot \ddot{a}_x = \overline{A}_x$$

따라서 평준식 순보험료는 다음과 같다.

$$P(\overline{A}_x) = \frac{\overline{A}_x}{\ddot{a}_x}$$

예제 5-9

아래 조건을 이용하여 $\overline{P}(\overline{A}_x)$를 구하시오.

(가) U.D.D. 가정

(나) $i = 0.05$

(다) $\overline{s_{\overline{1|}}} = 1.0248$

(라) $\ddot{a}_x = 1.68$

☞ U.D.D. 가정이므로 $\overline{A}_x = \dfrac{i}{\delta} A_x$ 이다.

한편, $\overline{A}_x = 1 - d \cdot \ddot{a}_x = 1 - \dfrac{0.05}{1.05} \times 1.68 = 0.92$

그리고, $\overline{s_{\overline{1|}}} = \overline{a_{\overline{1|}}} \cdot (1+i)$

$$= \frac{1-v}{\delta} \cdot (1+i) = \frac{i}{\delta} = 1.0248$$

$$\Rightarrow \overline{P}(\overline{A}_x) = \frac{\overline{A}_x}{\overline{a}_x} = \frac{\overline{A}_x}{\dfrac{1-\overline{A}_x}{\delta}}$$

$$= \frac{\dfrac{i}{\delta} A_x}{\dfrac{1}{\delta}\left(1 - \dfrac{i}{\delta} A_x\right)}$$

$$= \frac{i A_x}{1 - \dfrac{i}{\delta} A_x} = \frac{0.05 \times 0.92}{(1 - 1.0248 \times 0.92)} = 0.8044$$

예제 5-10

피보험자 (x)가 사망시 보험금 1,000원을 즉시 지급하는 종신보험에 가입하였다면, 다음과 같은 조건을 가정하였을 때 일시납 순보험료와 연속납 순보험료를 계산하시오.

(가) $\delta_t = \begin{cases} 0.04, & 0 < t \le 10 \\ 0.05, & t > 10 \end{cases}$ (나) $\mu_t = \begin{cases} 0.06, & 0 < t \le 10 \\ 0.07, & t > 10 \end{cases}$

☞ $1{,}000 \overline{A}_x = 1{,}000 \displaystyle\int_0^\infty v^t \cdot {}_t p_x \cdot \mu_{x+t}\, dt$

$$= 1{,}000 \int_0^{10} e^{-0.04t} \cdot e^{-0.06t} \cdot 0.06\, dt$$

$$+ 1,000\int_{10}^{\infty} e^{-0.05t} \cdot e^{-0.07t} \cdot 0.06\, dt \fallingdotseq 593.87$$

$$\bar{a}_x = \int_0^{\infty} v^t \cdot {}_tp_x\, dt$$

$$= \int_0^{10} e^{-0.04t} \cdot e^{-0.06t}\, dt + \int_{10}^{\infty} e^{-0.05t} \cdot e^{-0.07t}\, dt \fallingdotseq 9.3869$$

$$\Rightarrow 1,000\bar{P}(\bar{A}_x) = 1,000\frac{\bar{A}_x}{\bar{a}_x} \fallingdotseq 63.2659$$

연습 5.34 18#37

다음 조건 하에서 $\bar{P}(\bar{A}_x)$를 구하시오.

(가) 이력 $\delta = 0.05$

(나) ${}_tp_x = \frac{1}{2}e^{-0.05t} + \frac{1}{2}e^{-0.15t},\ t \ge 0$

연습 5.35 S16#10

피보험자 (x)가 다음 조건을 만족하는 보험금 1,000의 n년 양로보험에 가입하였을 때, 연납평준 순보험료를 구하시오.

(가) 사망보험금은 사망즉시 지급

(나) 보험료는 매보험년도초에 납입

(다) $i = 0.05$

(라) ${}_nE_x = 0.172,\ \bar{A}_{x:\overline{n|}} = 0.192$

연습 5.36 F15#10

35세 피보험자가 다음 조건 하에서 보험금 100,000의 연속형 종신연금에 가입하였을 때, 연납 순보험료를 구하시오.

(가) 신생아의 장래생존기간의 확률밀도함수

$$f(t) = \begin{cases} 0.01e^{-0.01t}, & 0 \le t < 70 \\ g(t), & t \ge 70 \end{cases}$$

(나) $\delta = 0.05$

(다) $\bar{A}_{70} = 0.51791$

나. 상수사력의 보험료 연속납, 보험금 즉시급의 보험료

$\mu_x = \mu$(상수) 일 때에는 연속형 종신보험의 일시납 순보험료가 $\bar{A}_x = \dfrac{\mu}{\mu+\delta}$ 이고 연속형 생명연금의 일시납 순보험료가 $\bar{a}_x = \dfrac{1}{\mu+\delta}$ 이므로 이 보험의 연속납 평준식 순보험료는 다음과 같이 사력 μ임을 알 수 있다. 즉, 1년간 납부하는 보험료의 총액이 μ이다.

$$\bar{P}(\bar{A}_x) = \frac{\bar{A}_x}{\bar{a}_x} = \frac{\dfrac{\mu}{\mu+\delta}}{\dfrac{1}{\mu+\delta}} = \mu$$

예제 5-11 21#36

피보험자 (x)가 다음과 같은 10년 만기 정기보험에 가입하였다. 평준순보험료를 구하시오.

(가) 사망 즉시 사망보험금 $b_t = 100e^{0.03t}$를 지급

(나) 보험료는 전기 연속납

(다) $\delta = 0.03$

(라) $\mu_x = 0.02$

(마) $e^{-0.2} = 0.8187$, $e^{-0.5} = 0.6065$

☞ $\pi \cdot \bar{a}_{x:\overline{10|}} = \int_0^{10} b_t \cdot v^t \cdot {}_tp_x \cdot \mu_{x+t}\, dt$

$$= \int_0^{10} 100\, e^{0.03t} e^{-0.03t} e^{-\mu t} \mu\, dt$$

$$\Rightarrow \pi \cdot \int_0^{10} e^{-0.03t} \cdot e^{-0.02t} dt = \int_0^{10} 100\, e^{0.03t} e^{-0.03t} e^{-0.02\mu t} \cdot 0.02\, dt$$

$$\therefore\ \pi = \frac{100\left(1-e^{-0.2}\right)}{\dfrac{1-e^{-0.5}}{0.05}} \fallingdotseq 2.3$$

연습 5.37 05#33

사력이 모든 나이에 있어서 $\mu = 0.04$이고 $\delta = 0.06$일 때 피보험자 (x), 보험금 100원, 보험금 사망즉시급인 종신보험의 연속납 보험료 $\overline{P}(\overline{A}_x)$를 구하시오.

연습 5.38 S15#11

피보험자 (x)가 다음 조건을 만족하는 특수한 연속형 종신보험에 가입했을 때, 수지상등의 원칙을 이용하여 P의 값을 구하시오.

(가) 경과기간별 보험료와 보험금

구분	초년도~제20보험년도	제21보험년도 이후
보험료	$3P$	P
보험금	1,000,000	500,000

(나) $\mu_{x+t} = 0.03,\ t \geq 0$

(다) $\delta = 0.06$

(4) 보험료와 보험회사의 손실

가. 손실의 분산

지금부터 보험회사 관점(insurer's perspective)에서 손실(loss)을 정의하고 분석한다. t시점의 손실 ${}_tL$을 다음과 같이 정의하면, 장래생존기간인 T가 확률변수이므로 ${}_tL$도 확률변수가 된다. ${}_tL$을 손실현가 확률변수라고 한다.

$${}_tL = 1 \cdot v^T - \overline{P}(\overline{A}_x) \cdot \overline{a}_{\overline{T|}}$$

특별히 손실 ${}_tL$ 중에서 계약체결시점의 손실은 ${}_0L \equiv L$로 표기하는데 그 값을 0과 비교하면 보험회사의 손익을 판단할 수 있다.

$L > 0$: 보험회사의 손실이 발생, 종신보험의 피보험자가 일찍 사망할수록(T가 작을수록) 손실

$L < 0$: 보험회사의 이익이 발생, 종신보험의 피보험자가 늦게 사망할수록(T가 클수록) 이익

$L = 0$: 모든 계약들의 손실의 평균이 0일 때, 즉 $E(L) = 0$일 때 수지상등이 된다. 이때 보험료가 순보험료가 된다.

예를들어 종신보험의 손실현가 확률변수의 기댓값과 분산을 구해보면 다음과 같다.

$$
\begin{aligned}
E(L) &= E(v^T - \overline{P} \cdot \bar{a}_{\overline{T|}}) \\
&= \overline{A}_x - \overline{P} \cdot \bar{a}_x \\
&= 0 \\
Var(L) &= Var(v^T - \overline{P} \cdot \bar{a}_{\overline{T|}}) \\
&= Var(v^T - \overline{P} \cdot \frac{1 - v^T}{\delta}) \\
&= Var[(1 + \frac{\overline{P}}{\delta}) \cdot v^T - \frac{\overline{P}}{\delta}] \\
&= (1 + \frac{\overline{P}}{\delta})^2 \cdot Var(v^T) \\
&= (1 + \frac{\overline{P}}{\delta})^2 \cdot [{}^2\overline{A}_x - (\overline{A}_x)^2]
\end{aligned}
$$

보험종류별 보험료와 손실현가 확률변수의 분산(연속형)

구분	보험료	손실현가 확률변수의 분산
종신보험	$\overline{P}(\overline{A}_x) = \dfrac{\overline{A}_x}{\overline{a}_x}$	$Var(L) = (1+\dfrac{\overline{P}}{\delta})^2 \cdot [{}^2\overline{A}_x - (\overline{A}_x)^2]$
n년만기 전기납 생사혼합보험	$\overline{P}(\overline{A}_{x:\overline{n}\vert}) = \dfrac{\overline{A}_{x:\overline{n}\vert}}{\overline{a}_{x:\overline{n}\vert}}$	$Var(L) = (1+\dfrac{\overline{P}}{\delta})^2 \cdot [{}^2\overline{A}_{x:\overline{n}\vert} - (\overline{A}_{x:\overline{n}\vert})^2]$
h년납 n년만기 생사혼합보험	${}_h\overline{P}(\overline{A}_{x:\overline{n}\vert}) = \dfrac{\overline{A}_{x:\overline{n}\vert}}{\overline{a}_{x:\overline{h}\vert}}$	$Var(L) = [{}^2\overline{A}_{x:\overline{n}\vert} - (\overline{A}_{x:\overline{n}\vert})^2] + (\dfrac{{}_h\overline{P}}{\delta})^2 \cdot [{}^2\overline{A}_{x:\overline{h}\vert} - (\overline{A}_{x:\overline{h}\vert})^2]$ $+ 2(\dfrac{{}_h\overline{P}}{\delta}) \cdot [({}^2\overline{A}^{1}_{x:\overline{h}\vert} - v^h \cdot {}_hE_x \cdot \overline{A}^{1}_{x+h:\overline{n-h}\vert} + \cdot v^h \cdot {}_nE_x)$ $- \overline{A}_{x:\overline{n}\vert} \cdot \overline{A}_{x:\overline{h}\vert}]$
정기보험	$\overline{P}(\overline{A}^{1}_{x:\overline{n}\vert}) = \dfrac{\overline{A}^{1}_{x:\overline{n}\vert}}{\overline{a}_{x:\overline{n}\vert}}$	$Var(L) = [{}^2\overline{A}^{1}_{x:\overline{n}\vert} - (\overline{A}^{1}_{x:\overline{n}\vert})^2]$ $+ (\dfrac{\overline{P}}{\delta})^2 \cdot [{}^2\overline{A}_{x:\overline{n}\vert} - (\overline{A}_{x:\overline{n}\vert})^2]$ $+ 2(\dfrac{\overline{P}}{\delta}) \cdot ({}^2\overline{A}^{1}_{x:\overline{n}\vert} - \overline{A}^{1}_{x:\overline{n}\vert} \cdot \overline{A}_{x:\overline{n}\vert})$

예제 5-12

$\omega = 100$인 De Moivre 사망법칙과 $\delta = 0.06$을 가정할 때, 순보험료 $\overline{P}(\overline{A}_{45})$, ${}_7\overline{P}(\overline{A}_{45})$, $\overline{P}(\overline{A}^{1}_{45:\overline{20}\vert})$와 이에 대응하는 각각의 장래 손실현가 확률변수의 분산을 구하시오.

☞ (1) $\overline{A}_{45} = \displaystyle\int_0^{55} e^{-0.06t} \cdot \frac{1}{100-45} dt \fallingdotseq 0.29185$

$${}^2\overline{A}_{45} = \int_0^{55} e^{-0.12t} \cdot \frac{1}{100-45} dt \fallingdotseq 0.15131$$

$$\Rightarrow \overline{P}(\overline{A}_{45}) = \frac{\delta \cdot \overline{A}_{45}}{1-\overline{A}_{45}} \fallingdotseq 0.02473$$

$$Var({}_0L) = \left(1 + \frac{\overline{P}(\overline{A}_{45})}{\delta}\right)^2 \cdot \left[{}^2\overline{A}_{45} - (\overline{A}_{45})^2\right]$$

$$= \frac{\left[{}^2\overline{A}_{45} - (\overline{A}_{45})^2\right]}{(1 - \overline{A}_{45})^2} \fallingdotseq 0.13187$$

(2) $\bar{a}_{45:\overline{7}|} = \int_0^7 e^{-0.06t} \cdot \frac{100-45-t}{100-45} dt \fallingdotseq 1.11656$

$$\Rightarrow {}_7\overline{P}(\overline{A}_{45}) = \frac{\overline{A}_{45}}{\bar{a}_{45:\overline{7}|}} \fallingdotseq 0.26139$$

$$Var({}_0L) = \left(1 + \frac{{}_7\overline{P}(\overline{A}_{45})}{\ln(1+i)}\right)^2 \cdot \left[{}^2\overline{A}_{45} - (\overline{A}_{45})^2\right] \fallingdotseq 1.99022$$

(3) $\overline{A}^{\,1}_{45:\overline{20}|} = \int_0^{20} e^{-0.06t} \cdot \frac{1}{100-45} dt \fallingdotseq 0.21176$

$${}^2\overline{A}^{\,1}_{45:\overline{20}|} = \int_0^{20} e^{-0.12t} \cdot \frac{1}{100-45} dt \fallingdotseq 0.13777$$

$$\Rightarrow \overline{P}(\overline{A}^{\,1}_{45:\overline{20}|}) = \frac{\overline{A}^{\,1}_{45:\overline{20}|}}{\bar{a}_{45:\overline{20}|}} = \frac{\delta \cdot \overline{A}^{\,1}_{45:\overline{20}|}}{1 - \overline{A}^{\,1}_{45:\overline{20}|} - v^{20}\frac{55-20}{100-45}} \fallingdotseq 0.02092$$

$$Var({}_0L) = \left(1 + \frac{\overline{P}(\overline{A}^{\,1}_{45:\overline{20}|})}{\delta}\right)^2 \cdot \left[{}^2\overline{A}^{\,1}_{45:\overline{20}|} - (\overline{A}^{\,1}_{45:\overline{20}|})^2\right] \fallingdotseq 0.17163$$

예제 5-13

사력과 이력이 각각 상수인 μ와 δ일 때, 보험금 1원 즉시급인 연속납 종신보험에 대하여 계약체결시점의 손실현가 확률변수 L의 분산이 다음과 같음을 증명하시오.

$$Var(L) = {}^2\overline{A}_x$$

☞ $\pi = \frac{\overline{A}_x}{\bar{a}_x} = \frac{\delta \overline{A}_x}{1 - \overline{A}_x}$

$$L = v^T - \pi \cdot \bar{a}_{\overline{T}|}$$

$$\Rightarrow Var(L) = Var\left[v^T - \pi \cdot \frac{1-v^T}{\delta}\right]$$

$$= \left(1+\frac{\pi}{\delta}\right)^2 \cdot \left[{}^2\overline{A}_x - (\overline{A}_x)^2\right]$$

$$= \left(\frac{1}{1-\overline{A}_x}\right)^2 \cdot \left[{}^2\overline{A}_x - (\overline{A}_x)^2\right]$$

$$= \left(\frac{1}{1-\frac{\mu}{\mu+\delta}}\right)^2 \cdot \left[\frac{\mu}{\mu+2\delta} - \left(\frac{\mu}{\mu+\delta}\right)^2\right]$$

$$= \frac{\mu}{\mu+2\delta} = {}^2\overline{A}_x$$

연습 5.39 23(2)#4

피보험자 (40)이 연액 1을 연속 지급하는 20년 거치 종신연금(처음 20년은 연금을 지급하지 않고, 20년 이후부터 생존 시 연금을 지급)에 가입하였다.

(가) $T(40)$은 (40)의 장래생존기간을 나타내는 확률변수임

(나) 사력 $\mu_{40+t} = \dfrac{1}{60-t}$, $0 \le t < 60$

(다) 이력 $\delta = 0.05$, $e^{-1} = 0.3679$, $e^{-3} = 0.0498$

(라) 거치기간 동안 순보험료를 연속으로 납입함

(마) L은 계약시점에서 연속납순보험료에 기초한 손실의 현가를 나타내는 확률변수임

(바) $\ln(0.2061) = -1.5794$

(1) 연속납순보험료를 구하시오.

(2) L이 $T(40)$의 함수로 표현될 때, 그래프의 개형을 그리시오. 단, 최솟값과 최댓값을 표시하시오.

(3) $\Pr(L > 0)$을 구하시오.

연습 5.40 18#36

피보험자 (50), 보험금 1000, 전기납, 완전연속(fully continuous) 종신보험을 고려해 보자. 상품개발 시 순보험료 산출에 상수사력 $\mu_{50+t} = 0.02$를 가정하였지만, 실제 사망률은 한계연령 $\omega = 100$인 De Moivre의 사망법칙을 따르는 것으로 알려졌다. 상품개발 시 책정된 순보험료를 그대로 이용하고 미래손실 $_0L$의 기댓값을 구하시오. (단, 이력 $\delta = 0.02$, $e^{-1} = 0.3679$)

연습 5.41 15#35

피보험자 (60)가 다음과 같은 종신보험에 가입하였다. 이 조건을 이용하여 평준 순보험료의 연액을 구하시오.

(가) t시점에서 사망할 때 보험금은 $b_t = 1{,}000\,e^{0.04t}$ $(t \geq 0)$

(나) 평준 순보험료는 생존기간 동안 연속납입

(다) 사력 $\mu(60+t) = 0.02$ $(t \geq 0)$

(라) 이력 $\delta = 0.04$

연습 5.42 S15#8

피보험자 (x)가 다음 조건을 만족하는 보험금 1의 연속형 종신보험에 가입했을 때, $Var(L^*)$를 구하시오.

(가) L은 보험료가 수지상등의 원칙에 따라 산출되었을 경우 가입당시 판매보험회사의 장래 손실현가 확률변수

(나) L^*은 보험료가 0.06인 경우 가입당시 판매보험회사의 장래 손실현가 확률변수

(다) $\delta = 0.07$

(라) $\overline{A}_x = 0.30$

(바) $Var(L) = 0.18$

연습 5.43 20(2)#6

피보험자 (x)가 10년 만기 생존보험에 가입하였다. 다음 조건이 주어졌을 때, 평준순보험료와 확률변수 L의 분산과 누적분포함수를 구하시오.

(가) 보험료는 전기연속납입
(나) 만기 생존시 보험금 100을 지급함
(다) 확률변수 L은 보험계약 체결시점에서 『장래 보험금의 현재가치-장래 순보험료의 현재가치』를 나타냄
(라) 이력 $\delta = 0.03$
(마) 사력 $\mu_x = 0.03$
(바) $e^{-0.3} = 0.7408$

나. 손실의 최소화

예제 5-14 15#39

어떤 보험회사의 완전연속 종신생명보험 손실함수가 $L = 500v^T - 2\bar{a}_{\overline{T|}}$이고 이력 $\delta = 0.1$일 때 그 보험회사가 수지상등이 되는 T 값을 구하시오.

☞ $L = 500v^T - 2\bar{a}_{\overline{T|}} = 520v^T - 20 = 0$

$\therefore\ T = \dfrac{1}{\delta} ln\left(\dfrac{20}{520}\right) \fallingdotseq 32.58$

연습 5.44 S18#11

55세 피보험자가 다음 조건을 만족하는 보험금 250,000의 이산형 종신보험에 가입했을 때, 판매보험회사가 이 계약을 통해 이익을 볼 확률를 구하시오.
(가) 연납 보험료는 5,000
(나) $l_{55} = 8{,}640{,}861,\ l_{77} = 4{,}828{,}182,\ l_{78} = 4{,}530{,}360,$
$l_{79} = 4{,}225{,}163$
(다) $i = 0.06$

연습 5.45 17#40

보험자 (40)이 사망 즉시 보험금 2,000이 지급되는 종신보험에 가입했다. 보험료는 연속적으로 납입하고 1년 보험료 총액은 200일 때, 보험사의 손실이 발생할 확률을 구하시오. (단, $\ln(0.5) = -0.7$, $\delta = 0.1$ 이다.)

① ${}_{3.5}q_{40}$ ② ${}_{7}q_{40}$ ③ ${}_{14}q_{40}$ ④ ${}_{21}q_{40}$

연습 5.46 14#33

피보험자 (x)의 장래생존분포가 사력 μ인 분포를 따른다고 하고, 이력 δ와 사력이 어떤 자연수 k에 대해 $\mu = k\delta$인 관계가 있다고 하자. 보험회사는 순보험료 $\bar{P}(\bar{A}_x)$를 요구한다고 할 때, 보험회사가 손실을 입을 확률이 0.5보다 크게 되는 k값 중 가장 작은 값을 구하시오.

① 2 ② 3 ③ 4 ④ 5

연습 5.47 12#37

피보험자 (x), 사망즉시 보험금 100을 지급하는 종신보험의 보험료는 전기연속 납입(fully continuous)된다. 이력 $\delta_t = \delta$, 사력 $\mu_{x+t} = \mu$ $(t \geq 0)$, 부가보험료 =0, 그리고 $T(x)$는 (x)의 장래생존기간을 나타내는 확률변수일 때, 다음 중 보험계약 시점에서 보험사의 손실확률변수가 0보다 클 확률을 바르게 나타낸 것은? (단, $\delta > 0$, $\mu > 0$)

① $P\left(T(x) < -\frac{1}{\delta}\log_e\frac{\mu}{\mu+\delta}\right)$ ② $P\left(T(x) < -\frac{1}{\mu}\log_e\frac{\delta}{\mu+\delta}\right)$

③ $P\left(T(x) < -\frac{1}{\delta}\log_e\frac{\delta}{\mu+\delta}\right)$ ④ $P\left(T(x) < -\frac{1}{\mu}\log_e\frac{\mu}{\mu+\delta}\right)$

연습 5.48 S16#12

피보험자 (x)가 다음 조건을 만족하는 2종류의 이산형 종신보험에 가입했을 때, W의 값을 구하시오.

(가)

	사망보험금	연납 순보험료	가입당시 손실의 분산
계약1	8	1.250	20.55
계약2	12	1.875	W

(나) $i = 0.06$

(다) 두 계약은 동일한 사망률을 사용

연습 5.49 F14#7

50세 피보험자가 다음 조건을 만족하는 이산형 종신보험에 가입하였을 때, 가입당시 판매보험회사 총손실의 현가확률변수 ${}_0L$의 분산을 구하시오.

(가) 사업비는 초년도는 0.20, 제2보험년도 이후는 0.01이며 매보험년도초에 발생

(나) $A_{50} = 0.24905,\ {}^2A_{50} = 0.09476,\ \ddot{a}_{50} = 13.2668$

(다) $i = 0.06$

(5) 보험료 산출방법의 다른 형태

수지상등의 원칙을 이용하여 개별 피보험자의 순보험료를 구하는 대신에 백분위 보험료(percentile premium) 산출방법과 다수계약 총손실 분포의 정규근사 방법 등을 통해 보험료를 산출할 수 있다.

예를 들어 (60)세의 피보험자 10,000명이 사망 시 보험금 100,000원을 지급하는 이산형(fully discrete) 종신보험에 가입하였다고 하자. 이때 수지상등의 원칙을 이용하여 개별 피보험자의 연납 순보험료를 구하는 대신에, 10,000명의 장래생존기간이 독립이라고 가정하고 정규근사를 이용하여 보험회사의 손

실발생확률이 1%가 되도록 하는 개별 피보험자의 연납보험료 π를 구해보자.

이 보험의 개별 피보험자 마다 계약체결시점의 손실현가 확률변수는 다음과 같다.

$$
\begin{aligned}
{}_0L &= 100,000 \cdot v^{K+1} - \pi \cdot \ddot{a}_{\overline{K+1|}} \\
&= \left(100,000 + \frac{\pi}{d}\right) \cdot v^{K+1} - \frac{\pi}{d}
\end{aligned}
$$

이때 설명의 편의상 $i = 0.06$이고, $A_{60} = 0.36913$, ${}^2A_{60} = 0.17741$라고 알고있다고 가정한다면, 평균과 분산은 각각 다음과 같이 연납보험료 π를 미지수로 하는 식으로 나타난다.

$$
E({}_0L) = \left(100,000 + \frac{\pi}{d}\right) \cdot A_{60} - \frac{\pi}{d} = 36,900 - 11.13\pi
$$

$$
\begin{aligned}
Var({}_0L) &= \left(100,000 + \frac{\pi}{d}\right)^2 \cdot \left[{}^2A_{60} - (A_{60})^2\right] \\
&= 0.04123 \cdot (100,000 + 17.64\pi)^2
\end{aligned}
$$

이때, i번째 피보험자에 대한 장래손실 변수를 ${}_0L_i$라고 하고 그 합을 다음과 같이 S라고 하자.

$$
S \equiv \sum_{i=1}^{10,000} {}_0L_i
$$

10,000명의 장래생존기간이 독립이므로 S의 평균과 분산은 다음과 같이 표현된다.

$$
\begin{aligned}
E(S) &= 10,000E({}_0L) \\
Var(S) &= 10,000\,Var({}_0L)
\end{aligned}
$$

$\Pr(S > 0) = 0.01$을 만족하는 π를 찾기 위해서 S를 Z로 정규화하여, $\Pr(Z > 2.326) = 99\%$을 이용하여 다음 식을 도출한다.

$$Z > \frac{0 - E(S)}{\sqrt{Var(S)}}$$

$$= -\frac{10,000E({}_0L)}{\sqrt{10,000\,Var({}_0L)}}$$

$$= -\frac{100(36,900 - 11.13\pi)}{0.064(100,000 + 17.64\pi)} = 2.326$$

따라서 이 식에서 연납순보험료 π를 3,336원으로 확정할 수 있다.

Q&A 가입자 수가 많고 적음에 따라 보험료가 바뀌는 건가요?

→ 수지상등의 원칙으로만 순보험료를 정하는 경우에는 가입자수가 영향을 주지 않습니다. 그러나, 손실발생 확률을 특정하여 보험료를 책정하는 경우 가입자수가 정규화에 영향을 주게 되므로 보험료가 바뀌게 됩니다. 한편, 현행 CFP방식의 보험료산출 체계에서는 판매채널과 판매물량을 가정하고 순보험료가 아닌 영업보험료를 기반으로 수익성 분석을 하여 보험료 분석 보고서를 작성하고 있습니다.

예제 5-15 16#35

나이가 x세인 사람들이 사망보험금 1을 지급하는 종신보험에 동시에 가입하였다. 보험계약 체결 시점에서 보험사의 총 손실에 대한 현가확률변수를 L이라 한다. 다음 조건 하에서 정규근사를 이용할 때, $\Pr(L > 0) \le 0.05$를 만족하는 최소 계약건수를 구하시오.

(가) (x)의 장래생존기간은 서로 독립이고, 동일한 분포를 따름

(나) 사망보험금은 사망 연도 말에 지급되고, 보험료는 전기연납으로 매년 초에 납입됨

(다) L은 보험료 0.04를 기준으로 산출한 계약별 손실 현가확률변수의 합

(라) 이자율 $i = 0.06$

(마) $A_x = 0.4,\ {}^2A_x = 0.25$

(바) $\Pr(Z \le 1.645) = 0.95$, Z는 표준정규분포를 따르는 확률변수

☞ $L_i = v^{\lceil T_i \rceil} - 0.04 \cdot \ddot{a}_{\overline{\lceil T_i \rceil}|}$

$$= \left(1 + \frac{0.04}{d}\right) v^{\lceil T_i \rceil} - \frac{0.04}{d}$$

$$\Rightarrow E(L) = n\,E(L_i)$$

$$= n\left\{\left(1 + \frac{0.04}{d}\right) A_x - \frac{0.04}{d}\right\} = -0.0242\,n$$

$$Var(L) = n\left(1 + \frac{0.04}{d}\right)^2 \left({}^2A_x - A_x^2\right)$$

$$= 1.707^2 \cdot 0.3^2 \cdot n$$

$$\Rightarrow \Pr(L > 0) = \Pr\left[Z > \frac{-E(L)}{\sqrt{Var(L)}} = \frac{0.0242}{1.707 \cdot 0.3}\sqrt{n}\right]$$

$$= \Pr(Z > 0.04725\sqrt{n}) < 0.05$$

$$\Rightarrow 0.04725\sqrt{n} > 1.645$$

$$\therefore\ n > 1212$$

Final

핵심정리

	이산형	연속형
종신보험	$P_x = \frac{1}{\ddot{a}_x} - d$ $= \frac{1-d \cdot \ddot{a}_x}{\ddot{a}_x}$ $= \frac{d \cdot A_x}{1-A_x}$	$\bar{P}(\bar{A}_x) = \frac{1}{\bar{a}_x} - \delta$ $= \frac{1-\delta \cdot \bar{a}_x}{\bar{a}_x}$ $= \frac{\delta \cdot \bar{A}_x}{1-\bar{A}_x}$
생사혼합 보험	$P_{x:\overline{n}\rvert} = \frac{1}{\ddot{a}_{x:\overline{n}\rvert}} - d$ $= \frac{1-d \cdot \ddot{a}_{x:\overline{n}\rvert}}{\ddot{a}_{x:\overline{n}\rvert}}$ $= \frac{d \cdot A_{x:\overline{n}\rvert}}{1-A_{x:\overline{n}\rvert}}$	$\bar{P}(\bar{A}_{x:\overline{n}\rvert}) = \frac{1}{\bar{a}_{x:\overline{n}\rvert}} - \delta$ $= \frac{1-\delta \cdot \bar{a}_{x:\overline{n}\rvert}}{\bar{a}_{x:\overline{n}\rvert}}$ $= \frac{\delta \cdot \bar{A}_{x:\overline{n}\rvert}}{1-\bar{A}_{x:\overline{n}\rvert}}$

Final

연습문제

01 다음 중 잘못된 식은? (09#33 수정)

① $P_x = \dfrac{vq_x + P_{x+1} \cdot a_x}{\ddot{a}_x}$　　② $P^1_{x:\overline{n|}} = v - \dfrac{a_{x:\overline{n|}}}{\ddot{a}_{x:\overline{n|}}}$

③ $a_{x:\overline{n|}} = \dfrac{v - A_{x:\overline{n+1|}}}{d}$　　④ $\ddot{a}_{x:\overline{n|}} = 1 + a_{x:\overline{n|}}$

02 피보험자 (x)의 완전이산 2년 만기 정기보험이 다음과 같은 조건을 만족한다고 할 때, 초년도 연납순보험료를 구하시오. (20#40)

(가) $q_x = 0.01$
(나) $q_{x+1} = 0.02$
(다) $i = 0.05$
(라) 초년도 사망보험금은 100,000
(마) 사망보험금과 보험료는 매년 1%씩 증가
(바) 사망보험금은 기말급

① 1,410　　② 1,417
③ 1,424　　④ 1,431

03 30세인 A씨는 30년납 종신보험에 가입했다. 다음과 같은 조건이 주어졌을 때 처음에 납입하는 연납보험료를 구하시오.(단, 소수점 이하 셋째자리에서 반올림) (14#31 수정)

(가) 보험금은 사망연도말에 지급
(나) 사망 시점이 10년 이내이면 사망보험금 1을 10년 초과이면 사망보험금 5를 지급
(다) 처음 10년 동안 매년 초에 납입하는 연납보험료는 그 후 20년 동안 매년 초에 납입하는 연납보험료의 $\frac{1}{5}$

(라) $i=0.05$, $A_{30}=0.20$, ${}_{10}E_{30}=0.60$, $A_{40}=0.30$, $A_{30:\overline{10}|}=0.63$, $\ddot{a}_{30:\overline{30}|}=15.30$

① 0.02 ② 0.05

③ 0.10 ④ 0.20

04 피보험자 (35)가 아래 조건의 종신보험에 가입하고자 할 때 납입해야할 전기납 연납평준순보험료는? (소수점 이하 셋째 자리에서 반올림) (09#31)

(가) 사망보험금은 1,000+이미 납입한 보험료 전액
(나) 사망보험금은 기말급
(다) $A_{35}=0.42898$
(라) $(IA)_{35}=6.16761$
(마) $i=0.05$

① 73.66 ② 75.28

③ 77.42 ④ 78.95

05 피보험자 (x)가 가입 후 10년 이내 사망하면 사망보험금 1원과 기납입한 순보험료를 이자없이 반환하고, 10년 이후에 사망하면 사망보험금 2원과 기납입한 순보험료를 이자없이 반환해주는 보험금 기말급 종신보험에 대하여 종신납 연납평준순보험료를 계산기수로 표현한 것은? (08#37)

① $\dfrac{M_x+M_{x+10}}{N_x-R_x}$ ② $\dfrac{2M_x+M_{x+10}}{N_x-R_x}$

③ $\dfrac{2M_x-M_{x+10}}{N_x-R_x}$ ④ $\dfrac{M_x-M_{x+10}}{N_x-R_x}$

06 피보험자(30)가 아래 조건의 10년납 종신보험에 가입하고자 할 때 보험료를 계산하시오. (06#36)

(가) 사망보험금은 기말급 1,000+사망시까지 납입한 보험료 전액	
(나) $A_{30}=0.102$	(다) $_{10\|}A_{30}=0.088$
(라) $(IA)^{1}_{30:\overline{10\|}}=0.078$	(마) $\ddot{a}_{30:\overline{10\|}}=7.747$

① 14 ② 15
③ 16 ④ 17

✓
07 현재 50세인 사람이 10년 거치 종신보험에 가입하였다. 거치기간 동안 매년 0.02의 보험료를 연속 납입하고, 거치기간 이후 사망할 경우 사망 즉시 보험금 10이 지급된다. 보험계약 체결 시점에서 보험사의 손실 현가확률변수를 L이라 할 때, 다음 조건 하에서 $\Pr(L>0)$을 구하시오. (16#34)

(가) 한계연령이 120세인 De Moivre의 사망법칙을 따름
(나) 이력 $\delta=0.05$, $e^{-0.5}=0.6065$, $\ln 0.1574=-1.8490$

① 0.385 ② 0.425
③ 0.465 ④ 0.505

08 (x)인 피보험자에게 사망할 경우 사망연도 말에 사망보험금 1을 지급하는 10년 만기 정기보험의 전기연납평준보험료는 π이다. 이 경우 피보험자가 보험에 가입하는 시점에서 판매보험회사의 손실의 현가확률변수를 L로 표시할 때, L이 가질 수 있는 값 중에서 최소값을 구하시오(단, $i>0$). (13#31)

① $-\pi\ddot{a}_{\overline{10|}}$ ② $-v^{10}$
③ $-\pi v^{10}$ ④ $-\pi$

✓
09 50세 피보험자가 다음 조건을 만족하는 보험금 100의 특수한 10년 거치 종신보험에 가입했을 때, 연납 평준순보험료를 구하시오. (S17#7)

> (가) 보험료는 거치기간에만 납입하고, 매보험년도초에 납입
> (나) 거치기간 중 피보험자가 사망하는 경우 이미 납입한 보험료를 이자없이 반환
> (다) $i = 0.05$
> (라) $\ddot{a}_{50} = 17.0$, $\ddot{a}_{60} = 15.0$, ${}_{10}E_{50} = 0.60$, $(IA)^{1}_{50:\overline{10}|} = 0.15$

① 1.3　　② 1.6
③ 1.9　　④ 2.2

✓✓
10 피보험자 (x)가 다음 조건을 만족하는 보험금 1,000의 이산형 3년만기 양로보험에 가입했을 때, $\Pr[L_0 > 0]$의 값을 구하시오. (F16#10)

> (가) $\mu_{x+t} = 0.06$, (단, $0 \le t \le 3$)
> (나) $\delta = 0.06$
> (다) 연납 보험료는 315.80
> (라) L_0는 가입당시 판매보험회사의 장래 손실현가 확률변수

① 0.03　　② 0.06
③ 0.08　　④ 0.11

쉬어가는 코너 보험수리학을 만든 사람들

James Dodson(1710 - 1757), 보험계리사[1]

제임스 도슨은 최초로 생명보험 요율표를 작성하였다. 이 요율표는 8세부터 67세 사이의 연령에 대한 a_x, $100A_x$, $100A^{\ 1}_{x:\overline{n|}}$, $100P_x$와 $100P^{\ 1}_{x:\overline{n|}}$ 값들이 표 형태로 빼곡이 정리한 것이다.

당시 계산기술의 여러 가지 한계에도 불구하고 이 숫자들은 다음과 같은 생명보험과 생명연금의 관계식에 거의 정확하게 부합되어 있다.

$$A_x + d \cdot \ddot{a}_x = 1$$

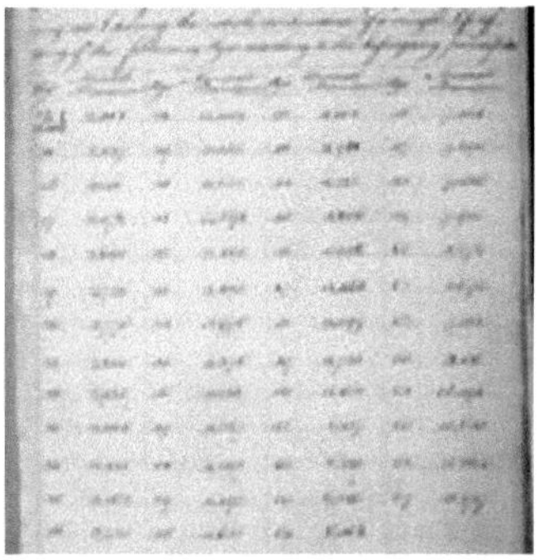

제임스 도슨의 생명보험 요율표
출처: 영국계리사회 홈페이지

그는 이에 그치지 않고 공정한("equitable") 보험계리에 근거한 보험상품을 판매하는 생명보험회사가 필요하다고 생각하고, 새로운 보험회사를 설립하기로 마음먹고 여러 지인들을 모아 설립위원회를 구성한다. 그 결과 1762년 9월7일 드디어 최초의 생명보험회사가 탄생하는데, 이 회사가 에퀴터블(The Society for Equitable Assurances on Lives and Survivorships)이다. 도슨의 생명표를 적용하였기에 피보험자 가입시 신체검사를 실시하였고, 보험계약자의 역선택을 막기 위해서 가입금액의 한도를 설정한다든가, 중간에 해지하는 계약자에게 해약환급금을 도입하는 등 현대적 개념들을 정립해 나간다.

그러나 도슨은 최초의 진짜 생명보험회사가 탄생하는 역사적 현장을 보지 못하고 에퀴터블이 설립되기 5년 전에 사망하였다.

1) 출처: 김호균(2021). 보험계리史(제10화 보험계리 기반위에 세운 생명보험회사. 한국보험계리사회 뉴스레터 109호. 15쪽 발췌.

06

준비금

제 6 장 준비금

(1) 준비금의 정의와 계산

가. 순보험료식 준비금(net premium reserve, benefit reserve)의 정의

제5장에서는 보험계약 체결시점에 보험회사 관점의 손실을 확률변수 ${}_0L$을 이용하여 정의하고 보험료를 결정하였다. 이 장에서는 보험계약이 체결된 이후 k시점(평가시점) 기준의 손실현가 확률변수를 ${}_kL$로 정의한다. 즉,

${}_kL = k$시점 기준의 지출 보험금의 현재가치
$\quad - k$시점 기준의 수입 보험료의 현재가치

예를 들어, 이산형 종신보험(연말급 연시납)의 경우를 살펴보면 손실현가 확률변수는 다음과 같다.

$$ {}_kL = v^{\lceil T(x+k) \rceil} - P_x \times \ddot{a}_{\overline{\lceil T(x+k) \rceil|}} $$

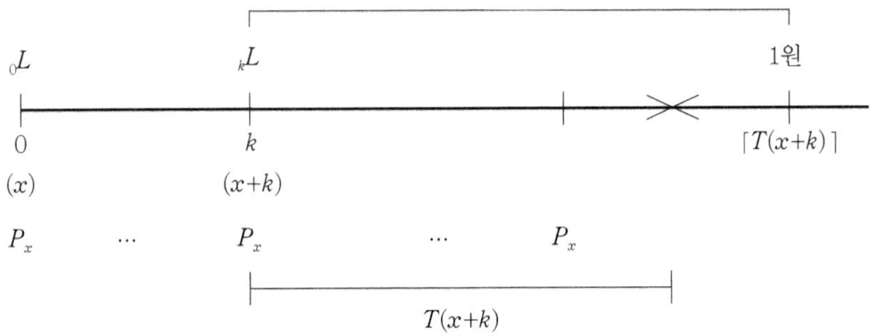

k시점(평가시점) 기준의 준비금(benefit reserve)이란 손실현가 확률변수

${}_kL$의 기댓값으로 정의되는데, 분석 시점의 장래보험금과 보험료 가치의 차에 대한 기댓값으로 볼 수 있다. 물론 계약이 해지되면 사라지므로 보험회사는 유지되고 있는 계약에 대해서만 준비금을 적립한다.

$$ {}_kV \equiv E[{}_kL] $$

따라서 k시점 기준의 이산형 종신보험의 준비금을 살펴보면 다음과 같다.

$$ \begin{aligned} {}_kV_x &= E[{}_kL \mid T(x) > k] \\ &= E[{}_kL] \\ &= E[v^{\lceil T(x+k) \rceil} - P_x \times \ddot{a}_{\overline{\lceil T(x+k) \rceil}|}] \\ &= A_{x+k} - P_x \times \ddot{a}_{x+k} \end{aligned} $$

예제 6-1 14#39

피보험자 (x)의 2년 만기 정기생명보험의 조건은 다음과 같다. 1년 말 시점의 책임준비금을 구하시오.
(가) 보험금은 사망연도말 지급
(나) 보험료는 전기 연납 평준보험료로써 매년도 초에 납입
(다) $q_x = 0.1$, $q_{x+1} = 0.2$, $v = 0.95$

☞ $ {}_1V_x = A^{\ 1}_{x+1:\overline{1}|} - P^{1}_{x:\overline{2}|} \cdot \ddot{a}_{x+1:\overline{1}|} $

$$ = v \cdot q_{x+1} - \frac{v \cdot q_x + v^2 \cdot p_x \cdot q_{x+1}}{1 + v \cdot p_x} \cdot 1 \fallingdotseq 0.051 $$

연습 6.1 21#31

다음 중 옳지 않은 것을 고르시오. (단, $i > 0$)

① ${}_{n|}A_x = v^2 \cdot {}_2p_x \cdot {}_{n-2|}A_{x+2}$

② $a_x < a_x^{(2)} < \bar{a}_x < \ddot{a}_x^{(3)} < \ddot{a}_x$

③ ${}_tV^{1}_{x:\overline{n|}} = P^{\ 1}_{x+t:\overline{n-t|}} \cdot \ddot{a}_{x+t:\overline{n-t|}}$

④ $\dfrac{1}{\ddot{a}_x} = d + P_x$

연습 6.2 10#33

$D_{55} = 1000$, $M_{55} = 400$, ${}_5V_{50} = 0.2$ 일 때, A_{50}의 값은?

연습 6.3 10#37

상수 a, b에 대해 ${}_{10}V_{30} = a$, $A_{40} = b$, $i = 0.04$ 일 때, P_{30}을 a와 b를 사용하여 표현한 것은?

① $\dfrac{0.0385\,(a+b)}{1+b}$

② $\dfrac{0.0385\,(a+b)}{1-b}$

③ $\dfrac{0.0385\,(b-a)}{1+b}$

④ $\dfrac{0.0385\,(b-a)}{1-b}$

연습 6.4 F14#15

80세 피보험자가 다음과 같은 사망보험금 1000을 지급하는 5년납 이산형 종신보험에 가입하였다. $E[{}_3L]$을 구하시오.

(가) 연납평준 영업보험료는 130

(나) $q_{80+k} = 0.01(k+1)$, (단, $k = 0, 1, 2, \cdots, 5$)

(다) $v = 0.95$

(라) $1000A_{86} = 683$

(마) ${}_3L$은 시점 3에서 영업보험료를 기준으로 한 장래 손실현가의 확률변수

연습 6.5 10#36

피보험자(50)가 40년 이내에 사망하면 사망한 연도 말에 사망보험금 1원을 지급하고, 90세가 되면 만기생존보험금 1원을 지급하는 40년 만기 양로보험에 가입하였다. 보험료 납입기간이 20년일 때, 15년 경과시점에서의 순보험료식 책임준비금 ${}^{20}_{15}V_{50:\overline{40|}}$을 계산기수로 표현한 것은?

① $\dfrac{M_{65}-M_{70}}{D_{65}}-\dfrac{M_{50}-M_{70}}{N_{50}-N_{70}}\cdot\dfrac{N_{65}-N_{70}}{D_{65}}$

② $\dfrac{M_{65}-M_{70}+D_{70}}{D_{65}}-\dfrac{M_{65}-M_{70}+D_{70}}{N_{65}-N_{70}}\cdot\dfrac{N_{65}-N_{70}}{D_{65}}$

③ $\dfrac{M_{65}-M_{90}+D_{90}}{D_{65}}-\dfrac{M_{50}-M_{90}+D_{90}}{N_{50}-N_{90}}\cdot\dfrac{N_{65}-N_{70}}{D_{65}}$

④ $\dfrac{M_{65}-M_{90}+D_{90}}{D_{65}}-\dfrac{M_{50}-M_{90}+D_{90}}{N_{50}-N_{70}}\cdot\dfrac{N_{65}-N_{70}}{D_{65}}$

연습 6.6 08#39

아래에 주어진 자료를 이용하여 ${}_{10}V_{40}$를 계산하면?

연령(x)	D_x	N_x
40	50,000	600,000
45	30,000	330,000
50	20,000	200,000
55	10,000	90,000
60	5,000	40,000

나. 손실현가 확률변수의 분산

손실현가 확률변수 ${}_kL$의 분산을 이산형 종신보험(연말급 연시납)을 예로 들어 구해보자. 먼저 확률변수는 다음과 같이 변형가능하다.

$$
\begin{aligned}
{}_kL &= v^{\lceil T(x+k) \rceil} - P_x \times \ddot{a}_{\overline{\lceil T(x+k) \rceil |}} \\
&= v^{\lceil T(x+k) \rceil} - P_x \times \frac{1 - v^{\lceil T(x+k) \rceil}}{d} \\
&= \left(1 + \frac{P_x}{d}\right) v^{\lceil T(x+k) \rceil} - \frac{P_x}{d}
\end{aligned}
$$

따라서, ${}_kL$의 분산은 다음과 같은 식이 됨을 알 수 있다.

$$
\begin{aligned}
Var({}_kL) = Var\left[\left(1 + \frac{P_x}{d}\right) v^{\lceil T(x+k) \rceil} - \frac{P_x}{d}\right] \\
= \left(1 + \frac{P_x}{d}\right)^2 \left({}^2A_{x+k} - A_{x+k}^2\right)
\end{aligned}
$$

연습 6.7 21#37

피보험자 (x)가 다음과 같은 3년 만기 정기보험에 가입하였다. $Var({}_2L)$을 구하시오.

(가) 사망연도말에 사망보험금 100을 지급

(나) 매년초 평준순보험료를 납입

(다) ${}_2L$는 제2보험연도말 시점에서 보험사의 손실현가 확률변수

(라) $v = 0.95$

(마) $q_x = 0.1$, $q_{x+1} = 0.15$, $q_{x+2} = 0.2$

다. 준비금 계산

예제 6-2 17#36

피보험자 (30)은 사망년도말에 보험금을 지급하는 전기 연납 종신보험에 가입했다. 다음 조건 하에서 제15보험년도말 순보험료식 책임준비금을 구하시오.

(가) $M_{30}=800, M_{40}=600, M_{45}=500$

$N_{30}=112{,}000, N_{45}=32{,}000, D_{45}=2{,}500$

(나) 보험금은 처음 10년 안에 사망할 경우 5,000을, 그 이후로는 10,000을 지급함

☞ $\pi=\dfrac{5{,}000(A_{30}+{}_{10}E_{30}\cdot A_{40})}{\ddot{a}_{30}}$

$=5{,}000\dfrac{M_{30}+M_{40}}{N_{30}} ≒ 62.5$

$\therefore\ {}_{15}V = 10{,}000\dfrac{M_{45}}{D_{45}}-\pi\cdot\dfrac{N_{45}}{D_{45}}$

$=1{,}200$

연습 6.8 23#38

피보험자 (x)가 가입한 2년만기 완전이산(fully discrete) 생사혼합보험의 제1보험년도말 순보험료식 책임준비금을 구하시오.

(가) 보험료는 기시연납

(나) 사망보험금은 기말급

(다) 만기 생존 보험금은 2000

(라)

t	사망보험금	q_{x+t-1}
1	1000	0.1
2	1500	0.1

(마) $v=0.95$

연습 6.9 23(2)#3

피보험자 (65)는 10년 만기 생사혼합보험에 가입하였다. 다음의 조건을 이용하여 제5보험년도말 순보험료식 책임준비금(${}_5V$)을 구하시오.

(가) 보험료는 전기연납

(나) 보장내용

사망보험금(기말급)	계약일부터 5년까지	500
	5년 이후부터 10년까지	1,000
만기보험금	만기 생존시	1,000

(다) 연납 순보험료: 최초 5년 동안은 60, 이후 5년 동안은 120

(라) $v = 0.95$

(마) $\ddot{a}_{71:\overline{4|}} = 3.5$, $q_{70} = 0.04$

연습 6.10 22(2)#3

피보험자(30)은 30년납 종신보험에 가입하였다.

[가입조건]

(가) 보험료는 연납임

(나) 사망보험금은 1000이고, 사망년도 말에 지급됨

(다) 최초 10년 동안에는 평준순보험료 π를 납입하며, 다음 20년 동안에는 $1000P_{30}$을 납입함

[산출조건]

$A_{30} = 0.1008$, $A_{40} = 0.1569$, $\ddot{a}_{30} = 18.8828$, $\ddot{a}_{30:\overline{10|}} = 8.0877$,

$\ddot{a}_{30:\overline{30|}} = 15.9409$, $\ddot{a}_{40:\overline{20|}} = 12.8794$

※ 보험료 계산은 수지상등의 원칙을 따름

(1) 30세부터 10년 동안 납입해야 하는 평준순보험료 π를 구하시오.

(2) 계약자는 10년 말 시점에 최초 10년 동안 납입한 평준순보험료와 동일한 보험료를 다음 20년 동안에도 계속 납입할 수 있는 선택권을 가지고 있다. 이 선택권을 행사할 때 사망보험금은 증액되며, 10년 말 시점의 순보험료식 책임준비금과 장래보험료 수입을 기초로 하여 결정된다. 선택권을 행사한 후 40세 이후에 증액되어질 사망보험금을 구하시오.

연습 6.11 14#38

피보험자 (x)의 종신보험의 조건은 다음과 같다. 10년말 시점의 책임준비금을 구하시오.

(가) 보험금은 사망연도말 지급

(나) 보험금은 1,000 지급 (단, 1년 이내 사망시에는 보험금 없음)

(다) 보험료는 전기 연납 평준보험료로써 매년도 초에 납입

(라) $v=0.9$, $q_x=0.05$, $\ddot{a}_x=5$, ${}_{10}V_x=0.2$

✓
연습 6.12 16#39

피보험자 (x)가 3년 만기 양로보험에 가입하였다. 다음 조건 하에서 제2보험년도말 순보험료식 책임준비금(${}_2V$)을 구하시오.

(가) 아래의 사망보험금을 연도 말에 지급

사망연도	사망보험금
1	3,000
2	4,000
3	5,000

(나) 만기보험금은 5,000

(다) 매년 초에 보험료가 납입되며, 연복리 10%씩 증가

(라) 이자율 $i=0.04$

(마) $q_x=0.09$, $q_{x+1}=0.12$, $q_{x+2}=0.15$

연습 6.13 13#38

(x)인 피보험자에 대하여 사망보험금 1,000을 지급하는 종신보험이 다음과 같다. 이때, P_{x+20}의 값을 구하라.

(가) 사망보험금은 사망연도말에 지급함

(나) 보험가입 이후 20년간 매년 초에 연납 평준순보험료 15를 납입함

(다) 제19보험년도말 책임준비금은 345임

(라) $i = 0.06$
(마) $q_{x+19} = 0.013$

연습 6.14 11(2)#4

30세 피보험자가 사망 시 해당 보험년도 말에 사망보험금 100,000을 받고 보험료는 매 보험년도 초에 납입하는 전기년납 종신보험에 가입했다. 제1보험년도와 제2보험년도에 사업비가 집중적으로 지출된다는 점을 고려하여 책임준비금은 상이한 수준의 순보험료들을 적용하는 방법으로 산출된다. 이 보험상품에 적용하는 구체적인 책임준비금 산출방법은 다음과 같다.

(가) 제1보험년도와 제2보험년도 각각에 적용하는 순보험료는 연납평준순보험료의 50%
(나) 제3보험년도부터 제10보험년도까지 각 보험년도에 적용하는 순보험료는 연납평준순보험료의 k%
(다) 제11보험년도부터 각 보험년도에 적용하는 순보험료는 연납평준순보험료의 100%
(라)

x	D_x	N_x	M_x
30	1091	14145	104
31	1013	13054	102
32	940	12041	100
33	872	11101	98
34	810	10229	96
35	752	9419	95
36	698	8667	93
37	648	7969	91
38	600	7321	90
39	556	6721	88
40	516	6165	86

(1) 제3보험년도부터 제10보험년도까지 각 보험년도에 적용하는 k를 구하시오.
(2) 제5보험년도 말 책임준비금을 구하시오.

(2) 준비금의 다양한 표현

생명보험과 생명연금의 관계식 $A_x + d \cdot \ddot{a}_x = 1$을 이용하여 다양한 방법으로 k시점(평가시점) 기준의 이산형 종신보험 준비금을 생명보험만으로, 생명연금만으로, 순보험료만으로 등 다양한 방법으로 표현할 수 있다.

가. 생명보험으로 표현(Bailey의 제1 기본 방정식)

$$
\begin{aligned}
{}_kV_x &= A_{x+k} - P_x \cdot \ddot{a}_{x+k} \\
&= A_{x+k} - \frac{A_x}{\ddot{a}_x} \cdot \ddot{a}_{x+k} \\
&= A_{x+k} - \frac{dA_x}{1-A_x} \cdot \frac{1-A_{x+k}}{d} \\
&= \frac{A_{x+k} - A_x}{1 - A_x}
\end{aligned}
$$

예제 6-3 19#39

피보험자 (x)가 사망연도 말 1을 지급하는 종신보험에 가입하였다. 다음 조건 하에서 제2보험연도 말 순보험료식 책임준비금 ${}_2V$를 구하시오.

$$A_x = 0.5,\ A_{x+2} = 0.6$$

☞ $${}_2V_x = \frac{A_{x+2} - A_x}{1 - A_x} = \frac{1}{5}$$

연습 6.15 10#39

$2A_x + 3A_{x+3t} = 5A_{x+t}$이고, ${}_tV_x = 0.45$ 일 때, ${}_{3t}V_x$의 값은?

연습 6.16 08#29

아래 조건을 이용하여 ${}_{10-t}V_{x+t}$을 계산하면? (단, $t < 10$)

(가) ${}_tV_x = 0.6$

(나) $A_x = 0.3$

(다) $A_{x:\overline{10|}} = 0.35$

(라) $A^{\ 1}_{x:\overline{10|}} = 0.05$

(마) $d = 0.04$

연습 6.17 07#35

$A_x = 0.5$, $A_{x+t} = 0.6$일 경우 ${}_tV_x$값은?

연습 6.18 06#40

$A_x + A_{x+2t} = 2A_{x+t}$ 이고, ${}_tV_x = 0.3$ 일 때, ${}_{2t}V_x$ 의 값은?

나. 생명연금으로 표현(Jones의 제3 기본 방정식)

$$\begin{aligned} {}_kV_x &= A_{x+k} - P_x \cdot \ddot{a}_{x+k} \\ &= (1 - d\ddot{a}_{x+k}) - \left(\frac{1}{\ddot{a}_x} - d\right) \cdot \ddot{a}_{x+k} \\ &= 1 - \frac{\ddot{a}_{x+k}}{\ddot{a}_x} \end{aligned}$$

예제 6-4 15#40

전기 기시납 연말급 종신보험에 다음과 같은 책임준비금이 주어졌을 때 ${}_5V_{x+5}$

를 구하시오.
(가) ${}_5V_x = 0.5$
(나) ${}_{10}V_x = 0.7$

☞ $${}_5V_{x+5} = 1 - \frac{\ddot{a}_{x+10}}{\ddot{a}_{x+5}}$$

$$= 1 - \frac{\dfrac{\ddot{a}_{x+10}}{\ddot{a}_x}}{\dfrac{\ddot{a}_{x+5}}{\ddot{a}_x}}$$

$$= 1 - \frac{1 - {}_{10}V_x}{1 - {}_5V_x} = 0.4$$

연습 6.19 22#33

$\ddot{a}_x = 12$, $\ddot{a}_{x+3} = 10$일 때 ${}_3V_x$를 구하시오.

연습 6.20 22#40

피보험자 (40)에 대하여 완전 이산(fully discrete) 20년납, 30년 만기 생사혼합보험의 제10보험연도말 순보험료식 책임준비금을 구하시오.
(가) 사망보험금과 생존보험금은 1000임
(나) $d = 0.05$
(다)

n	$\ddot{a}_{40:\overline{n}\rceil}$	$\ddot{a}_{50:\overline{n}\rceil}$
10	7.7	7.5
20	11.9	11.5
30	13.9	13.3

연습 6.21 13#39

$\ddot{a}_x + \ddot{a}_{x+2t} = 2\ddot{a}_{x+t}$ 이고 ${}_tV_x = 0.333$일 때, ${}_tV_{x+t}$의 값은?

연습 6.22 11#33

다음 중 $V_{31} + V_{32} - V_{31} \cdot V_{32}$와 같은 것은?

① V_{31}　② ${}_2V_{31}$　③ V_{32}　④ ${}_2V_{32}$

연습 6.23 11#35

다음과 같은 조건이 주어질 때 p_{50}의 값을 구하시오.

$$i = 0.05,\ p_{50} = p_{51} = p_{52},\ {}_{10}V_{40} = {}_{13}V_{40},\ \ddot{a}_{50} = 10.5$$

연습 6.24 10#34

${}_5V_{35} = 0.5,\ {}_{10}V_{40} = 0.2,\ {}_{20}V_{35} = 0.7$ 일 때, ${}_5V_{50}$의 값은?

연습 6.25 06#38

$k < \dfrac{n}{2}$을 만족하는 어떤 양의 정수 k에 대하여, ${}_kV_{x:\overline{n|}} = \dfrac{1}{3}$,
$\ddot{a}_{x:\overline{n|}} + \ddot{a}_{x+2k:\overline{n-2k|}} = 2\ddot{a}_{x+k:\overline{n-k|}}$의 관계식이 성립한다.
이 경우 ${}_kV_{x+k:\overline{n-k|}}$ 값을 구하면?

다. 기타 표현 형태

① **순보험료로 표현**

$$
\begin{aligned}
{}_kV_x &= 1 - \frac{\ddot{a}_{x+k}}{\ddot{a}_x} \\
&= 1 - \frac{P_x + d}{P_{x+k} + d} \\
&= \frac{P_{x+k} - P_x}{P_{x+k} + d}
\end{aligned}
$$

② **보험료차액으로 표현**(premium-difference formula)(Milne의 제2 기본 방정식)

$$
\begin{aligned}
{}_kV_x &= A_{x+k} - P_x \cdot \ddot{a}_{x+k} \\
&= \frac{A_{x+k}}{\ddot{a}_{x+k}} \cdot \ddot{a}_{x+k} - P_x \cdot \ddot{a}_{x+k} \\
&= (P_{x+k} - P_x) \cdot \ddot{a}_{x+k}
\end{aligned}
$$

③ **감액완납보험으로 표현**(paid-up insurance formula)

$$
\begin{aligned}
{}_kV_x &= (P_{x+k} - P_x)\ddot{a}_{x+k} \\
&= \left(1 - \frac{P_x}{P_{x+k}}\right) P_{x+k}\ddot{a}_{x+k} \\
&= \left(1 - \frac{P_x}{P_{x+k}}\right) A_{x+k}
\end{aligned}
$$

즉, 보험가입자는 k시점 준비금으로 보험가입금액이 1에서 $(1 - \frac{P_x}{P_{x+k}})$로 줄어든 일시납보험을 구입할 수 있다.

예제 6-5 05#39

${}_kV_x$ 의 값과 다른 것은?

① $1-\dfrac{\ddot{a}_{x+k}}{\ddot{a}_x}$

② $\dfrac{A_{x+k}-A_x}{1-A_x}$

③ $1-(1-{}_1V_x)(1-{}_1V_{x+1})\cdots(1-{}_1V_{x+k-1})$

④ $\dfrac{P_{x+k}-P_x}{P_{x+k}}$

☞ ③의 경우 다음과 같이 ${}_kV_x$ 임을 보일 수 있다.

$$1-(1-{}_1V_x)(1-{}_1V_{x+1})\cdots(1-{}_1V_{x+k-1})$$

$$=1-\frac{\ddot{a}_{x+1}}{\ddot{a}_x}\frac{\ddot{a}_{x+2}}{\ddot{a}_{x+1}}\cdots\frac{\ddot{a}_{x+k}}{\ddot{a}_{x+k-1}}$$

$$=1-\frac{\ddot{a}_{x+k}}{\ddot{a}_x}={}_kV_x$$

따라서 ${}_kV_x$ 가 아닌 것은 ④이다.

(3) 준비금 관계식

가. 미래법과 과거법

평가시점의 준비금을 계산하는 방법은 미래법(Prospective Method)과 과거법(Retrospective Method)의 2가지 방법이 있다. 물론 2가지 방법으로 평가한 준비금은 이론적으로 같은 값을 갖게 된다.

먼저, 미래법은 향후 보험금 유출과 보험료 유입의 현금흐름을 평가시점의 계리현가로 평가하는 것이므로 앞서 손실 현가 확률변수의 기댓값으로 정의한 것과 일맥상통한다. 반면에 과거법은 계약체결시점부터 평가시점까지 이미 발생한 보험료와 보험금 Data를 가지고 계산해서 구해지는 것으로, 평가에 적용되는 금리가 시점마다 상이하고 그 적용되었던 기간마저도 다양할 수밖에 없는 금리연동형 보험상품의 준비금 평가에서 흔히 볼 수 있다.

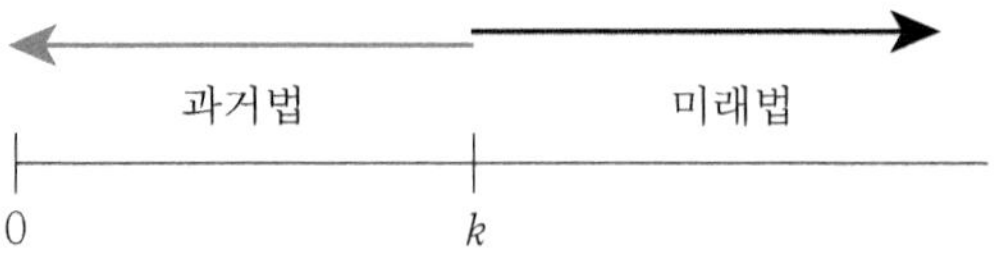

과거법과 미래법의 평가결과가 같게 되는 것은 최초 계약체결시점에, 즉 $k=0$에서 수지상등의 원칙 때문에 준비금이 0이 되기 때문인데 이를 식으로 나타내면 다음과 같다.

$$\begin{aligned} 0 &= {}_0V_x \\ &= A_x - P_x \cdot \ddot{a}_x \\ &= A^{1}_{x:\overline{k|}} + {}_kE_x \cdot A_{x+k} - P_x \cdot [\ddot{a}_{x:\overline{k|}} + {}_kE_x \cdot \ddot{a}_{x+k}] \\ &= [A^{1}_{x:\overline{k|}} - P_x \cdot \ddot{a}_{x:\overline{k|}}] + {}_kE_x \cdot [A_{x+k} - P_x \cdot \ddot{a}_{x+k}] \\ &= [A^{1}_{x:\overline{k|}} - P_x \cdot \ddot{a}_{x:\overline{k|}}] + {}_kE_x \cdot {}_kV_x \end{aligned}$$

이 식에서 우변의 미래법으로 구한 준비금 ${}_kV_x$을 좌변으로 옮겨서 표현하면 다음과 같이 과거법으로 계산된 값이 됨을 알 수 있다.

$$\begin{aligned} {}_kV_x &= \frac{P_x \cdot \ddot{a}_{x:\overline{k|}} - A^{1}_{x:\overline{k|}}}{{}_kE_x} \\ &= P_x \cdot \ddot{s}_{x:\overline{k|}} - {}_kk_x \end{aligned}$$

예제 6-6 19(2)#2

책임준비금 ${}^{n}_{k}V_x$, ${}_kV_{x:\overline{n|}}$, ${}_kV_x$의 대소관계를 나타내시오. (단, $0<k<n$)

☞ $\dfrac{A_x}{\ddot{a}_x} < \dfrac{A_x}{\ddot{a}_{x:\overline{n|}}} = \dfrac{A^{1}_{x:\overline{n|}} + {}_nE_x \cdot A_{x+n}}{\ddot{a}_{x:\overline{n|}}} < \dfrac{A_{x:\overline{n|}}}{\ddot{a}_{x:\overline{n|}}}$

$$\Rightarrow P_x < {}_nP_x < P_{x:\overline{n|}}$$

$$\therefore\ {}_kV_x = P_x \cdot \ddot{s}_{x:\overline{k|}} - {}_kk_x$$

$$< {}_k^nV_x = {}_nP_x \cdot \ddot{s}_{x:\overline{k|}} - {}_kk_x$$

$$< {}_kV_{x:\overline{n|}} = P_{x:\overline{n|}} \cdot \ddot{s}_{x:\overline{k|}} - {}_kk_x$$

예제 6-7 18#39

나이가 40세인 사람이 다음의 종신연금에 가입했을 때 제10보험연도 말 순보험료식 책임준비금을 구하시오.

(가) 가입후 20년 동안 매년 초 평준순보험료를 납입함

(나) 종신연금은 60세부터 매년 초 1을 지급함

(다) $\ddot{a}_{40} = 14.8,\ \ddot{a}_{50} = 13.3,\ \ddot{a}_{60} = 11.1,$

$\quad {}_{10}E_{40} = 0.55,\ {}_{10}E_{50} = 0.50$

☞ $$\pi = \frac{{}_{20|}\ddot{a}_{40}}{\ddot{a}_{40:\overline{20|}}}$$

$$= \frac{{}_{10}E_{40} \cdot {}_{10}E_{50} \cdot \ddot{a}_{60}}{\ddot{a}_{40} - {}_{10}E_{40} \cdot {}_{10}E_{50} \cdot \ddot{a}_{60}} \fallingdotseq 0.2598$$

아직 보험금(연금)이 지급되지 않았으므로 수입된 보험료만 고려하는 과거법이 미래법보다 계산이 간단하다.

$$\Rightarrow {}_{10}V = \pi \cdot \ddot{s}_{40:\overline{10|}}$$

$$= \pi \cdot \frac{\ddot{a}_{40} - {}_{10}E_{40} \cdot \ddot{a}_{50}}{{}_{10}E_{40}} \fallingdotseq 3.536$$

✓
연습 6.26 18#40

나이가 50세인 사람이 사망연도 말에 보험금 1이 지급되는 종신보험에 가입했다. 다음 조건 하에서 제10보험연도 초 순보험료식 책임준비금(initial reserve)을 구하시오.

(가) 이자율 $i = 0.05$

(나) 한계연령 $\omega = 100$인 De Moivre의 사망법칙을 따름

(다) 10년도안 매년 초 보험료가 납입됨

(라) $a_{\overline{50|}} = 18.26$, $a_{\overline{40|}} = 17.16$, $\ddot{a}_{50:\overline{10|}} = 7.44$

나. 간단한 보험료와 준비금 관계식

$k<n$일 때 종신보험과 양로보험의 과거법 준비금을 이용하여 다음과 같은 관계식을 얻을 수 있다.

$$\begin{array}{rl} & 0 = {}_0V_x \quad = A^{\ \ 1}_{x:\overline{k|}} - P_x \cdot \ddot{a}_{x:\overline{k|}} + {}_kE_x \cdot {}_kV_x \\ - & 0 = {}_0V_{x:\overline{n|}} = A^{\ \ 1}_{x:\overline{k|}} - P_{x:\overline{n|}} \cdot \ddot{a}_{x:\overline{k|}} + {}_kE_x \cdot {}_kV_{x:\overline{n|}} \\ \hline & 0 = [P_{x:\overline{n|}} - P_x] \cdot \ddot{a}_{x:\overline{k|}} + {}_kE_x \cdot [{}_kV_x - {}_kV_{x:\overline{n|}}] \end{array}$$

보험료 차액을 좌변으로 이항한 후에 정리하면, 다음과 같다.

$$\begin{aligned} P_{x:\overline{n|}} - P_x &= [{}_kV_{x:\overline{n|}} - {}_kV_x] \cdot \frac{{}_kE_x}{\ddot{a}_{x:\overline{k|}}} \\ &= [{}_kV_{x:\overline{n|}} - {}_kV_x] \cdot P_{x:\overline{k|}}^{\ \ \ 1} \end{aligned}$$

여기에서 $k=n$이라고 하면 다음과 같은 간편한 식이 도출된다.

$$P_{x:\overline{n|}} - P_x = [1 - {}_nV_x] \cdot P_{x:\overline{n|}}^{\ \ \ 1}$$

예제 6-8 18(2)#2(3)

□ 안을 하나의 국제계리기호로 채우시오.

$$P^{1}_{x:\overline{t|}} = \frac{P_x - {}_tV_x \times \square}{1 - {}_tV_x}$$

☞ 종신보험과 t년 정기보험의 과거법 준비금 관계식을 적용하면 다음 식을 얻을 수 있다.

$$P_x - P^1_{x:\overline{t|}} = ({}_tV_x - {}_tV^1_{x:\overline{t|}}) \cdot P_{x:\overset{1}{\overline{t|}}}$$

여기서 ${}_tV^1_{x:\overline{t|}} = 0$이고, $P_{x:\overset{1}{\overline{t|}}} = P_{x:\overline{t|}} - P^1_{x:\overline{t|}}$이므로,

$$\Rightarrow P_x - P^1_{x:\overline{t|}} = {}_tV_x \cdot (P_{x:\overline{t|}} - P^1_{x:\overline{t|}})$$

$$\therefore P^1_{x:\overline{t|}} = \frac{P_x - {}_tV_x \cdot P_{x:\overline{t|}}}{1 - {}_tV_x}$$

연습 6.27 18#35

다음의 조건이 주어져 있을 때 $P_{x:\overline{5|}}$를 구하시오.

(가) $P^1_{x:\overline{5|}} = 0.008$

(나) $P_x = 0.053$

(다) ${}_5V_x = 0.135$

연습 6.28 15#36

아래의 정보를 이용하여 $P^1_{x:\overline{n|}}$을 구하시오.

(가) $P_{x:\overset{1}{\overline{n|}}} = 0.2$

(나) $P_x = 0.04$

(다) ${}_nV_x = 0.1$

연습 6.29 05#40

$P_{45} = 0.014$, $P_{45:\overset{1}{\overline{20|}}} = 0.022$, $P_{45:\overline{20|}} = 0.030$일 때 ${}_{20}V_{45}$는?

다. 일반화된 보험료와 준비금 관계식

보험료 차액을 보다 일반화시켜서 다음과 같이 매우 유용한 식을 얻을 수 있는데, 이것은 과거의 보험금지급 현금흐름이 동일하기 때문에 가능하다.

$$P_x^{\text{①}} - P_x^{\text{②}} = \left[{}_kV_x^{\text{①}} - {}_kV_x^{\text{②}}\right] \cdot P_{x:\overline{k|}}^{\ \ 1}$$

$$\left[P_x^{\text{①}} - P_x^{\text{②}}\right] \cdot \ddot{a}_{x:\overline{k|}} = \left[{}_kV_x^{\text{①}} - {}_kV_x^{\text{②}}\right] \cdot {}_kE_x$$

예제 6-9 17(2)#1(2)

$\square$ 안을 하나의 국제계리기호로 채우시오.

$$\frac{P_{x:\overline{m+n|}}^{1} - P_{x:\overline{n|}}^{1}}{P_{x:\overline{n|}}^{\ \ 1}} = \square$$

☞ 보험기간 $n+m$년 정기보험과 n년 정기보험의 과거법 준비금 관계식을 적용하면 다음과 같이 $\square = {}_nV_{x:\overline{n+m|}}^{1}$ 이다.

$$P_{x:\overline{m+n|}}^{1} - P_{x:\overline{n|}}^{1} = \left({}_nV_{x:\overline{n+m|}}^{1} - {}_nV_{x:\overline{n|}}^{1}\right) \cdot P_{x:\overline{n|}}^{\ \ 1}$$

연습 6.30 23(2)#1(3)

$\square$ 안을 하나의 국제계리기호로 채우시오.

$$\square = P_{x:\overline{m|}}^{1} + P_{x:\overline{m|}}^{\ \ 1} \cdot {}_mV_{x:\overline{m+n|}}$$

연습 6.31 16(2)#1

$\square$ 안을 하나의 국제계리기호로 채우시오.

(1) $P_{x:\overline{n|}} = {}_tV_{x:\overline{n|}} \cdot P_{x:\overline{t|}} + (1 - {}_tV_{x:\overline{n|}}) \cdot \square$

(단, t는 0과 n사이의 정수)

(2) $P_x - P_{\overset{1}{x:\overline{n|}}} \cdot {}_n k_x = ({}_m V_x - {}_m V^{1}_{x:\overline{n|}}) \cdot \boxed{}$

(단, m는 0과 n사이의 정수)

연습 6.32

16#37

다음 중 맞는 것을 모두 고르시오.

(가) ${}_n P_x = P^{1}_{x:\overline{n|}} + A_{x+n} \cdot P_{\overset{1}{x:\overline{n|}}}$

(나) $P_x = P^{1}_{x:\overline{n|}} + {}_n V_x \cdot P_{\overset{1}{x:\overline{n|}}}$

(다) ${}_n P_x = (1 - A_x) \cdot P_{x:\overline{n|}} + A_x \cdot P_x$

연습 6.33

15(2)#2 / 08(2)#2

$\boxed{}$ 안을 하나의 국제계리기호로 채우시오.

(1) $P_x - P_{x:\overline{n|}} = \left({}_k V_x - {}_k V_{x:\overline{n|}}\right) \times \boxed{}$

(단, k는 0과 n 사이의 정수)

(2) ${}_k V_{x:\overline{m+n|}} = {}_k V^{1}_{x:\overline{m|}} + \boxed{} \times {}_m V_{x:\overline{m+n|}}$

(단, k는 0과 m 사이의 정수)

연습 6.34

12(2)#1(1)

$\boxed{}$ 안을 하나의 국제계리기호로 채우시오.

$${}_k V^{\{m\}}(\bar{A}_{x:\overline{n|}}) = {}^{n}_{k} V^{\{m\}}(\bar{A}_x) + (1 - \boxed{}) \times {}_k V^{\{m\}}_{\overset{1}{x:\overline{n|}}}$$

(4) 연속형(fully-continuous Reserves)과 혼합형 준비금

연속형의 경우 종신보험 미래법 준비금은 다음과 같이 표현된다.

$$
\begin{aligned}
{}_t\bar{V}(\bar{A}_x) &= \bar{A}_{x+t} - \bar{P} \cdot \bar{a}_{x+t} \\
&= E\left[v^{T(x+t)} - \bar{P} \cdot \bar{a}_{\overline{T(x+t)|}}\right]
\end{aligned}
$$

한편, t시점 손실 현가 확률변수 ${}_tL$의 분산은 다음과 같다.

$$
\begin{aligned}
Var\left[{}_tL \mid T(x) > t\right] &= Var\left[v^{T(x+t)} - \bar{P} \cdot \bar{a}_{\overline{T(x+t)|}}\right] \\
&= Var\left[\left(1 + \frac{\bar{P}}{\delta}\right) \cdot v^{T(x+t)} - \frac{\bar{P}}{\delta}\right] \\
&= \left(1 + \frac{\bar{P}}{\delta}\right)^2 \cdot Var\left[v^{T(x+t)}\right] \\
&= \left(1 + \frac{\bar{P}}{\delta}\right)^2 \cdot \left[{}^2\bar{A}_{x+t} - \left(\bar{A}_{x+t}\right)^2\right]
\end{aligned}
$$

한편, 연속형의 경우 미래법 준비금을 다음과 같이 미분할 수 있다.

$$
{}_t\bar{V} = \int_0^\infty b_{t+u} v^u \, {}_u p_{x+t} \mu_x(t+u) du - \int_0^\infty \pi_{t+u} v^u \, {}_u p_{x+t} du
$$

$$
\frac{d}{dt} {}_t\bar{V} = \pi_t - b_t \cdot \mu_x(t) + (\mu_x(t) + \delta) \cdot {}_t\bar{V}
$$

예제 6-10 S14#12

피보험자 (x)에 대하여 보험금 1의 연속형 종신보험(fully continuous whole life)이 다음과 같이 2가지 종류로 제시되었다. t시점의 장래 손실현가 확률변수의 분산이 계약A의 경우 0.455일때, 계약B의 분산은 얼마인지 구하시오. (단, $\delta = 0.06$)

	사망보험금	연납순보험료
계약A	1	0.10
계약B	2	0.16

☞ $Var\left[{}_tL \mid T(x) > t\right] = \left(b + \frac{\overline{P}}{\delta}\right)^2 \cdot \left[{}^2\overline{A}_{x+t} - \left(\overline{A}_{x+t}\right)^2\right]$

$\Rightarrow$ A: $0.455 = \left(1 + \frac{0.10}{0.06}\right)^2 \cdot \left[{}^2\overline{A}_{x+t} - \left(\overline{A}_{x+t}\right)^2\right]$

$\therefore$ B: $Var\left[{}_tL \mid T(x) > t\right] = \left(2 + \frac{0.16}{0.06}\right)^2 \cdot \left[{}^2\overline{A}_{x+t} - \left(\overline{A}_{x+t}\right)^2\right]$

$$= \left(2 + \frac{0.16}{0.06}\right)^2 \cdot \frac{0.455}{\left(1 + \frac{0.10}{0.06}\right)^2}$$

$\fallingdotseq 1.3934$

연습 6.35 22(2)#1

☐ 안을 하나의 국제계리기호로 채우시오.

(1) ${}_t\overline{V}\left(\overline{A}_{x:\overline{n|}}\right) = \left\{\overline{P}\left(\overline{A}_{x+t:\overline{n-t|}}\right) - \overline{P}\left(\overline{A}_{x:\overline{n|}}\right)\right\} \times \square$

(2) ${}_tV_{x:\overline{n|}} = \dfrac{P_{x:\overline{n|}} - \square}{P_{x:\overline{t|}} - \square}$

연습 6.36 16#36

60세인 사람이 사망 즉시 사망보험금 1을 지급하는 종신보험에 가입하였다. 다음 조건하에서 제 20보험연도 말 순보험료식 책임준비금을 구하시오.

(가) 평준순보험료를 생존기간 동안 연속 납입

(나) $\ddot{a}_{60} = 13.6,\ \ddot{a}_{80} = 6.7$

(다) 각 연령 구간별 사망자 수가 균등하게 분포(UDD)한다고 가정

(라) $i = 0.05,\ \delta = 0.04879$

연습 6.37 14#37

생존함수가 한계연령 $w=100$인 de Moivre의 법칙을 따른다고 하자. 어떤 피보험자 (50)가 1,000원의 보험금을 지급하는 보험에 가입했을 때 책임준비금 ${}_{30}\overline{V}(\overline{A_{50}})$ 의 값을 구하시오. (단, 이력은 $\delta=0.05, e=2.718,\ \sqrt{e}=1.648$)

연습 6.38 05#38

$\bar{a}_{x+t}=22.22,\ \overline{P}(\overline{A}_x)=0.0105,\ \delta=0.03$일 때 ${}_t\overline{V}(\overline{A}_x)$의 값은?

(5) 준비금 재귀식(recursive)

가. 준비금 재귀식의 개념

보험금 지급과 보험료 납입이 모두 이산형(fully discrete)인 보험의 h보험연도말 준비금을 ${}_hV$라고 하고 $h+1$보험연도초에 납입되는 보험료를 π_h라고 표시하자. 여기서 ${}_hV$와 π_h는 보험금 1원에 대한 단위 준비금과 연납순보험료를 이야기하는 것이 아니고 실제 보험금에 대한 준비금을 뜻한다. 이때 다음과 같은 식이 성립한다.

$$({}_hV+\pi_h)\cdot(1+i)=b_{h+1}\cdot q_{x+h}+{}_{h+1}V\cdot p_{x+h}$$

즉, ${}_hV$과 π_h를 합한 값이 1년후 피보험자가 생존해 있다면 ${}_{h+1}V$로 남아있는 것이고 사망한다면 b_{h+1}이 지급되는 것이다. 이를 그림으로 보면 다음과 같다.

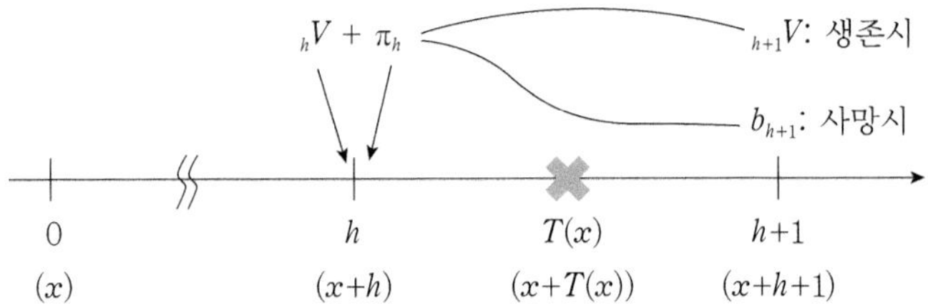

여기서 $h+1$시점의 준비금인 $_{h+1}V$를 h시점의 준비금인 $_hV$를 통해서 구하는 다음의 식을 만들어 낼 수 있는데, 이를 준비금 재귀식(recursive, 혹은 점화식)이라고 한다.

$$_{h+1}V = \frac{1}{p_{x+h}}\left[(_hV + \pi_h)(1+i) - b_{h+1}\, q_{x+h} \right]$$

예제 6-11 19#40

피보험자 (x)가 사망연도 말 1을 지급하는 3년 만기 정기보험에 가입하였다. 다음 조건 하에서 제2보험연도 말 순보험료식 책임준비금을 구하시오.

(가) $q_x = q_{x+1} = q_{x+2} = 0.1$

(나) 일시납 순보험료 $P = 0.2468$

(다) 제1보험연도 말 순보험료식 책임준비금 $_1V = 0.1769$

(라) $i = 5\%$

☞ $(_1V + 0) \cdot (1+i) = 1 \cdot q_{x+1} + {_2V} \cdot p_{x+1}$

$\Rightarrow 0.1769 \cdot 1.05 = 0.1 + 0.9 \cdot {_2V}$

$\therefore\ {_2V} \fallingdotseq 0.095$

연습 6.39 23#32

피보험자 (x)가 사망보험금 1000인 종신보험에 가입하였다. 제4보험년도말 순보험료식 책임준비금을 구하시오.

(가) 보험료는 기시연납

(나) 사망보험금은 기말급

(다) $A_{x+5} = 0.398$

(라) 제5보험년도말 순보험료식 책임준비금은 77.27

(마) 연납평준순보험료는 25.43

(바) $q_{x+4} = 0.008$

연습 6.40

21#39

피보험자 (x)가 사망보험금 1000을 지급하는 완전이산(fully discrete) 종신보험에 가입하였다. 다음 조건을 이용하여 $\ddot{a}_x$를 구하시오.

(가) 제1보험연도말 순보험료식 책임준비금 ${}_1V = 19$

(나) $v = 0.95$

(다) $q_x = 0.01$

연습 6.41

18#38

다음 조건 하에서 $1000\,{}_{27}V_{x:\overline{30}|}$을 구하시오.

t	$1000\,{}_tV_{x:\overline{30}|}$	q_{x+t-1}
28	812.20	0.02
29	902.38	0.03

연습 6.42

17#26

${}_kV^{\,1}_{50:\overline{10}|} = 0.5$이고 ${}_{k+1}V^{\,1}_{50:\overline{10}|} = 0.7$일 때, $P^{\,1}_{50:\overline{10}|}$을 구하시오

(단, $l_{51+k} = 9{,}000$, $l_{50+k} = 10{,}000$이고 $i = 0.1$이다.)

연습 6.43 14#34

피보험자 (x)의 20년납 종신보험에서 다음과 같은 조건이 주어졌다. P_{x+20}의 값을 구하시오.

$$i = 4\%,\ q_{x+19} = 0.01,\ {}_{20}P_x = 0.013,\ {}^{20}_{19}V_x = 0.340$$

연습 6.44 14#35 수정

피보험자 (20)에 대하여 사망연도말 보험금 1,000을 지급하는 종신보험의 전기 연납 순보험료가 π이다.
${}_4V_{20} + \pi = {}_5V_{20} = 500$일 때, p_{24}의 값을 구하시오. (단, 연이율 $i = 10\%$)

연습 6.45 12#39

피보험자 (40), 사망연도말 사망보험금 1억 원을 지급하는 종신보험의 전기연납 평준순보험료가 300만원이다. 제10 보험년도 말, 제11 보험년도 말의 1인당 책임준비금이 각각 6000만원, 6500만원일 때 q_{50}의 값을 구하시오. (단, 예정이율 $i = 4\%$)

연습 6.46 11#38

피보험자 (x), 보험금 1,000인 3년 만기 양로보험에 대하여 아래의 조건 하에서 $1{,}000\,({}_2V_{x:\overline{3}|} - {}_1V_{x:\overline{3}|})$의 값을 구하시오.

(가) $q_x = q_{x+1} = 0.20$

(나) $i = 0.06$

(다) $1{,}000\,P_{x:\overline{3}|} = 373.63$

연습 6.47 10#38

피보험자 (30)가 사망시 보험금 1원을 지급하는 기말급 종신보험에 가입한 경우, 이자율(i)의 값은?
(단, $P_{30}=0.05$, $q_{40}=0.01$, ${}_{10}V_{30}=0.6$, ${}_{11}V_{30}=0.7$)

연습 6.48 09#38 수정

아래 조건을 이용하여 p_{50} 을 계산하시오.

$$i = 0.05,\ P_{35} = 0.009,\ {}_{15}V_{35} = 0.625,\ {}_{16}V_{35} = 0.650$$

연습 6.49 06#39

피보험자 (20)의 사망보험금이 1,000이며 아래 조건을 만족하는 종신보험에 대하여 q_{41} 을 계산하시오.
(가) $1000\,P_{20} = 10$
(나) $1000\,{}_{20}V_{20} = 490$
(다) $1000\,{}_{21}V_{20} = 545$
(라) $1000\,{}_{22}V_{20} = 605$
(마) $q_{40} = 0.022$

나. 준비금 재귀식의 확장

예제 6-12 21#38

피보험자 (x)가 다음과 같은 10년 만기 생사혼합보험에 가입하였다. 제6보험연도 말 순보험료식 책임준비금 ${}_6V$를 구하시오.
(가) 제k보험연도말에 사망시 사망보험금 $(11-k)$를 지급

(단, $k = 1, 2, \cdots, 10$)
(나) 만기 생존보험금은 1
(다) 매년초 평준순보험료를 납입
(라) $q_{x+5} = 0.05$
(마) $v = 0.95$
(바) 제9보험연도말 순보험료식 책임준비금 ${}_9V = 0.67$
(사) 제5보험연도말 순보험료식 책임준비금 ${}_5V = 0.14$

☞ 제10보험연도말 순보험료식 책임준비금 ${}_{10}V$는 1이므로 다음 재귀식을 얻을 수 있다.

$$({}_9V + \pi) \cdot (1+i) = 1 \cdot q_{x+9} + {}_{10}V \cdot p_{x+9} = 1$$
$$\Rightarrow \pi = v - {}_9V = 0.28$$

재귀식을 통해서 제6보험연도말 순보험료식 책임준비금을 구하면 다음과 같다.

$$({}_5V + \pi) \cdot (1+i) = 5 \cdot q_{x+5} + {}_6V \cdot p_{x+5}$$
$$\therefore {}_6V = \frac{{}_5V + \pi - 5\,q_{x+5}v}{(1-q_{x+5})v} \fallingdotseq 0.2022$$

연습 6.50 15#37

피보험자 (x)는 다음과 같은 생명보험상품에 가입하였다. 일시납 순보험료를 구하시오.
(가) k보험연도말 책임준비금$= {}_kV$
(나) 사망연도말 사망보험금$=(1000 + {}_kV)$
(다) 보험기간 10년
(라) $q_{x+k} = 0.03 \quad (k \geq 0)$
(마) $i = 6\%$
(바) $v^{10} = 0.56$

연습 6.51 15#38

40세에 가입한 보험금 1인 기말급 종신보험의 연납순보험료는 P_{40}이다. 0.01의 보험료를 P_{40}에 추가하여 새로운 연납순보험료 $(0.01+P_{40})$을 받는다면 제25년도차에는 기존 예정사망률보다 얼마의 사망률이 추가되는지 구하시오. 이때, 모든 시점에서 추가보험료를 받은 경우의 준비금은 추가보험료를 받지 않은 경우의 준비금과 같고 ${}_{25}V_{40}=0.450$이며 이자율 $i=2\%$이다.

연습 6.52 09(2)#7

피보험자 (x)가 다음과 같은 조건으로 2년만기, 전기 연납 양로보험에 가입한 경우, 제1보험년도말 순보험료식 책임준비금$({}_1V)$을 구하시오.

(가) 피보험자(x)가 제1보험년도에 사망하면 당해 보험년도말에 사망보험금 1에 추가하여 제1보험년도말 순보험료식 책임준비금$({}_1V)$을 지급함.

(나) 피보험자(x)가 제2보험년도에 사망하면 당해 보험년도말에 사망보험금 2를 지급함.

(다) 만기 생존시는 생존보험금 1을 지급함.

(라) $v=0.8$.

(마) 예정사망률은 $q_x=0.10$, $q_{x+1}=0.20$임.

연습 6.53 F16#13

피보험자 (x)가 다음 조건을 만족하는 특수한 2년만기 이산형 양로보험에 가입하였을 때, 평준식 연납순보험료 P를 구하시오.

(가) 제k보험년도에 사망시 $25{,}000k$에 제k보험년도말 순보험료식 책임준비금(단, 제2보험년도의 경우에는 만기보험금 지급전 준비금)을 합한 금액을 사망보험금으로 지급

(나) 만기보험금은 50,000

(다) $p_x = p_{x+1} = 0.85$

(라) $i = 0.05$

연습 6.54 F15#16

55세 피보험자가 매년초 생존시 1000을 연금으로 지급하고 사망시에는 사망연도말에 이미 납입한 보험료를 이자없이 돌려주는 특수한 10년 거치 10년납기시급 이산형 종신연금에 가입하였을 때, 다음 조건 하에서 제9보험년도말 순보험료식 책임준비금 $_9V$를 구하시오.

(가) $\ddot{a}_{55} = 12.2758$, $\ddot{a}_{65} = 9.8969$, $_{10}E_{55} = 0.48686$

(나) $i = 0.06$

(다) $(IA)^{1}_{55:\overline{10|}} = 0.51209$

(라) $q_{64} = 0.01952$

연습 6.55 S14#13

44세 피보험자가 다음 조건을 만족하는 특수한 25년만기 이산형 양로보험에 가입하였을 때, 제12보험년도말 순보험료식 책임준비금 $_{12}V$를 구하시오.

(가) 제k보험년도의 사망보험금은 $26-k$ (단, $k=1,2,3,\cdots,25$)

(나) 만기보험금은 1

(다) $q_{55} = 0.15$

(라) $i = 0.04$

(마) 제11보험년도말 순보험료식 책임준비금 $_{11}V$는 5.00

(바) 제24보험년도말 순보험료식 책임준비금 $_{24}V$는 0.60

Final

핵심정리

이산형보험의 준비금 정리

상품명	보험료	준비금
종신보험	P_x	${}_tV_x = A_{x+k} - P_x \cdot \ddot{a}_{x+k}$
정기보험	$P^1_{x:\overline{n\vert}}$	${}_tV^1_{x:\overline{n\vert}} = A^1_{x+k:\overline{n-k\vert}} - P^1_{x:\overline{n\vert}} \cdot \ddot{a}_{x+k:\overline{n-k\vert}}$
생존보험	$P_{x:\overset{1}{\overline{n\vert}}}$	${}_tV_{x:\overset{1}{\overline{n\vert}}} = A_{x+k:\overset{1}{\overline{n-k\vert}}} - P_{x:\overset{1}{\overline{n\vert}}} \cdot \ddot{a}_{x+k:\overline{n-k\vert}}$
양로보험	$P_{x:\overline{n\vert}}$	${}_tV_{x:\overline{n\vert}} = A_{x+k:\overline{n-k\vert}} - P_{x:\overline{n\vert}} \cdot \ddot{a}_{x+k:\overline{n-k\vert}}$
단기납 종신보험	${}_hP_x$	${}^h_kV_x = \begin{cases} A_{x+k} - {}_hP_x \cdot \ddot{a}_{x+k:\overline{h-k\vert}}, & k \le h \\ A_{x+k}, & k > h \end{cases}$
단기납 양로보험	${}_hP_{x:\overline{n\vert}}$	${}^h_kV_{x:\overline{n\vert}} = \begin{cases} A_{x+k:\overline{n-k\vert}} - {}_hP_{x:\overline{n\vert}} \cdot \ddot{a}_{x+k:\overline{h-k\vert}}, & k \le h < n \\ A_{x+k:\overline{n-k\vert}}, & h < k < n \\ 1, & k = n \\ 0, & k > n \end{cases}$

연속형 종신보험의 준비금

$${}_t\overline{V}(\overline{A}_x) = \overline{A}_{x+t} - \overline{P} \cdot \overline{a}_{x+t}$$

Final

연습문제

01 아래의 조건을 이용하여 x세 가입 3년만기 전기연납 정기보험의 제2차 보험년도 연시책임준비금을 계산하시오. (07#36)

(단, $v = 0.9434$, $v^2 = 0.8900$, $v^3 = 0.8396$.)

(가) 사망보험금은 기말급

(나)

경과년도(k)	사망보험금(b_{k+1})	q_{x+k}
0	200,000	0.03
1	150,000	0.06
2	100,000	0.09

(다) $i = 0.06$

① 6,400 ② 7,400

③ 8,400 ④ 9,400

02 피보험자 (35)는 보험료 납입기간 25년, 보험금 1인 완전이산(fully discrete) 종신보험에 가입했다. 처음 10년간의 연납 순보험료는 P_{35}이고, 다음 15년간의 연납 순보험료는 π이다. 다음 조건 하에서 제10보험년도말 순보험료식 책임준비금을 구하시오. (17#30)

(가) $A_{45} = 0.4$

(나) $P_{35} = 0.02$, $d = 0.06$

① 0.2 ② 0.3

③ 0.4 ④ 0.5

03 $P_x = 0.15$, $P_{x+t} = 0.2$, $i = 0.05$일 때, ${}_tV_x$의 값은? (09#39)

① 0.2019 ② 0.2519

③ 0.3019 ④ 0.3519

04 ${}_1V_{x+t} = \dfrac{1}{t+k}$ $(t = 0,1,2,\cdots)$이고 ${}_3V_x = \dfrac{1}{2}$ 일 때 상수 k의 값을 구하시오. (12#40)

① 2 ② 3

③ 4 ④ 5

05 아래 조건에 대하여 $P^{1}_{x:\overline{n|}}$을 계산하면? (06#35)

> (가) $P_x = 0.090$
> (나) ${}_nV_x = 0.563$
> (다) $P_{x:\overline{n|}}^{\ \ 1} = 0.00864$

① 0.008 ② 0.024

③ 0.040 ④ 0.085

✓
06 $A_{30} = 0.2029$, $i = 0.05$, ${}_{10}p_{30} = 0.9668$, $\ddot{a}_{30:\overline{10|}} = 8.0068$일 때, ${}_{10}V_{30}$의 값은? (10#35 수정)

① 0.021 ② 0.121

③ 0.221 ④ 0.321

07 ☐ 안에 알맞은 국제계리기호는 무엇인가? (11(2)#1(2))

> $$A_x \cdot {}_kV_{x:\overline{n|}} + (1-A_x) \cdot {}_kV_x = \square$$

① ${}_kV_{x:\overline{n|}}^{\ \ 1}$ ② ${}_kV_x$

③ ${}^n_kV_x$ ④ ${}_kV_{x:\overline{n|}}$

08 (40)인 피보험자에 대하여 20년 거치 종신연금보험의 계약내용은 다음과 같다. 이 때, 제 10보험년도말 책임준비금을 구하시오. (13#40)

(가) 연금연액 1을 연속으로 지급함
(나) 연납평준 순보험료를 거치기간 동안 연속으로 납입함
(다) $\delta = 0$
(라) 한계연령은 80이고 de Moivre의 사망법칙을 따름

① 3.89 ② 5.89
③ 7.89 ④ 9.89

✓✓
09 피보험자 (x)가 다음 조건을 만족하는 보험금 1의 이산형 종신보험에 가입하였을 때, $\ddot{a}_x$를 구하시오. (S15#14)

(가) 제1보험년도말 순보험료식 책임준비금은 0.012
(나) $q_x = 0.009$
(다) $i = 0.04$

① 17.1 ② 17.6 ③ 18.1
④ 18.6 ⑤ 19.1

✓
10 피보험자 (x)가 다음 조건을 만족하는 보험금 1의 이산형 종신보험에 가입하였을 때, k시점의 장래 손실현가의 확률변수${}_kL$에 대하여 $\dfrac{Var({}_{10}L)}{Var({}_{11}L)}$을 구하시오. (F14#16)

(가) $q_{x+10} = 0.02067$
(나) $v^2 = 0.90703$
(다) $A_{x+11} = 0.52536$
(라) ${}^2A_{x+11} = 0.30783$

① 1.006 ② 1.010 ③ 1.014
④ 1.018 ⑤ 1.022

쉬어가는 코너 보험수리학을 만든 사람들

Richard Price(1723~1791), 영국의 수학자[1]

프라이스 박사는 목사였으나 46세의 늦은 나이에 글래스고 대학교에서 신학박사학위를 취득한 후 왕립학회 회원이 된 수학자였다. 그는 다른 수학자들과 달리 일반 사람들이 이해하기 쉽게 에세이 형식으로 보험의 문제를 설명하여 두각을 나타낸다. 또한 그는 데이터에 대한 센스가 뛰어나서 연금이 어떻게 지급되는지뿐만 아니라 연금의 가치를 어떻게 찾을 수 있는지를 숫자와 표 등을 이용하여 간단한 산수만 하면 이해할 수 있게 설명하였다. 따라서 에퀴터블 뿐만 아니라 다른 많은 보험회사들이 프라이스 박사를 통해 컨설팅을 받게 된다.

그는 1765년 에퀴터블의 보험료와 연금 산출을 위한 생명표를 고안하고 그 연구 결과를 1771년 『보험금(연금) 지급에 대한 고찰(Observations on Reversionary Payments』이라는 책으로 발표하는데, 이 책은 생명보험과 연금 분야의 성경으로 간주된다.

그는 에퀴터블 이사회에 보험회사 재정상태 검증을 위해 다음과 같이 3가지를 제안한다.

첫째, 보험료에 대한 보험금 지급액의 비율을 명확히 하라.

둘째, 예정사망률 대비 실제사망률의 비율을 구하라.

셋째, 책임준비금을 평가하여 보험회사 자산과 비교하라.

오늘날의 기준으로 요율산정, 이원별 손익관리와 부채적정성 평가, 리스크분석 등은 너무 당연히 보험계리사가 해야할 일들인데, 이런 일들을 보험계리사의 업무로 최초로 명시하였다.

그는 항상 열린 생각을 가지고 과학적이고 합리적으로 행동했기에 많은 석학들이 이런 그를 인정했다. 토마스 베이즈(Thomas Bayes, 1702~1761)는 사망하기 전 유언을 통해 베이즈 통계를 소개한 『가능성 이론과 문제해결방법의 소론(Essay Towards Solving a Problem in the Doctrine of Chances)』의 원고를 프라이스 박사에게 맡아달라고 부탁하였고, 아담 스미스는 『국부론』을 집필하는 과정에서 원고의 일부를 프라이스 박사에게 주어 그의 비평을 듣기도 하였다.

---

1) 출처: 김호균(2022). 보험계리史(제11화 가짜계리사와 진짜계리사). 한국보험계리사회 뉴스레터 110호. 16쪽 발췌.

07

준비금과 손익

제 7 장 준비금과 손익

(1) 사업비와 영업보험료

가. 사업비를 포함한 영업보험료

보험회사는 보험계약을 체결하고 관리하며 보험회사의 이윤을 추구하고 운영하는 데 많은 비용을 쓴다. 이때 사용하는 비용, 즉 사업비(expense)는 크게 계약체결비용과 계약관리비용으로 나뉜다.

보험회사의 사업비＝계약체결비용＋계약관리비용

먼저, 계약체결비용(acquisition cost)은 계약을 체결할 때 발생하는 비용으로 흔히 신계약비라고 불리고 α로 표기한다. 주로 보험설계사, 보험대리점 등 모집인으로 하여금 계약 인수를 촉진할 수 있게 지급하는 모집수당이 이에 해당된다. 그리고 계약을 인수하는 과정에서 약관 발행과 계약심사, 청약서 발급 등에 필요한 사무비용도 계약체결비용에 속한다.

한편, 계약관리비용(maintenance cost)은 유지비나 수금비로 불리고 각각 β와 γ로 표기한다. 인수한 계약을 유지하는데 필요한 회사의 운영비, 임직원 급여, 사무실 등의 운영경비이다. (수금비는 과거 자동이체나 전자상거래가 발달하지 않던 시절 보험설계사 등이 직접 대면하여 수금하던 시절에 따로 책정했던 사업비이다.)

보험계약자가 실제 납입하는 보험료, 즉 보험회사가 보험계약 체결과 함께 수령하는 보험료는 지금까지 학습하였던 순보험료가 아니다. 순보험료는 보험료의 수입과 보험금의 지급이 이상적으로 같아져서 공정한 보험료(actuarially fair premium)이지만, 보험회사를 경영하기 위해서는 제반 경비들이 필요하므로 보험회사는 예상되는 사업비를 추산하여 순보험료에 부가보험료의 형태로 반영한 영업보험료(gross premium, expense-loaded premium)를 책정하고 이를 보험상품의 가격으로 제시한다.

보험회사가 정상적으로 경영되기 위해서는 현금유입(cash inflow)와 현금유출(cash outflow)이 장기적으로 균형을 이루면서 효율적 운용되어야 한다. 보험계리사는 이를 전제로 과학적이고 합리적인 근거를 가지고 보험료를 산출해야 하는데, 이는 순보험료에 한정하는 것이 일반적이다. 왜냐하면 사업비는 보험회사의 내부 경영전략이나 경쟁 회사의 보험상품 가격전략, 감독당국의 소비자보호 정책 등에 의해 자의적으로 결정되는 측면이 많기 때문이다.

그러나, 계리적으로 이 수지상등의 원칙은 순보험료뿐만 아니라 영업보험료 산출과정에도 적용할 수 있다.

예를 들어 n년 기시납 연납평준 영업보험료 P^G를 계산해보면, 순보험료 산출때와 마찬가지로 수지상등의 원칙에 따라 좌변에 수입되는 영업보험료의 계리현가를, 우변에 지급보험료와 예상되는 사업비 지출의 계리현가를 같게 하는 다음의 산식을 얻을 수 있다.

$$P^G \cdot \ddot{a}_{x:\overline{n|}} = \sum_{k=0}^{n-1} v^{k+1} \cdot b_{k+1} \cdot {}_{k|}q_x + \sum_{k=0}^{n-1} v^k \cdot (r_{k+1} \cdot P^G + E_{k+1}) \cdot {}_kp_x$$

r_k: k차년도에 영업보험료에 비례하여 부과하는 사업비율

E_k: k차년도에 부과하는 고정 사업비

예제 7-1

n년만기 전기납 이산형 생명보험에서 계약체결비용은 1차년도에만 고정사업비 α로 부과되고, 계약관리비용은 k차년도초에 영업보험료에 비례하여 부과하는 사업비율 r_k 형태인데 β로 일정하다고 할 때, 영업보험료 P^G를 구하라.

☞ $P^G \cdot \ddot{a}_{x:\overline{n|}} = \alpha + P^G \cdot \beta \cdot \ddot{a}_{x:\overline{n|}} - P \cdot \ddot{a}_{x:\overline{n|}}$

$$\Rightarrow P^G = \frac{1}{1-\beta} \cdot \frac{A^{1}_{x:\overline{n|}} + \alpha}{\ddot{a}_{x:\overline{n|}}}$$

$$= \frac{1}{1-\beta} \cdot \left(P^{1}_{x:\overline{n|}} + \frac{\alpha}{\ddot{a}_{x:\overline{n|}}}\right)$$

연습 7.1 16#40

피보험자 (x)가 아래 조건의 양로보험에 가입하려고 한다. 이 경우 연납평준영업보험료의 산출식을 바르게 나타낸 것은?

(가) 보험기간: 20년

(나) 보험료 납입기간: 10년

(다) 연납평준영업보험료를 매년 초에 납입함

(라) 사업비: 납입기간 중 보험료 납입시마다 연납평준영업보험료의 $100 \times \alpha\%$ (단, $0 < \alpha < 1$)

(마) 보험기간 중 사망시 1,000을 년도 말에 지급

(바) 만기 생존시 1,000을 지급

① $\dfrac{1{,}000}{(1-\alpha)} \cdot \dfrac{(M_x - M_{x+20}) + D_{x+20}}{N_x - N_{x+20}}$

② $\dfrac{1{,}000}{(1-\alpha)} \cdot \dfrac{(M_x - M_{x+10}) + D_{x+20}}{N_x - N_{x+20}}$

③ $\dfrac{1{,}000}{(1-\alpha)} \cdot \dfrac{(M_x - M_{x+20}) + D_{x+20}}{N_x - N_{x+10}}$

④ $\dfrac{1{,}000}{(1-\alpha)} \cdot \dfrac{(M_x - M_{x+10}) + D_{x+20}}{N_x - N_{x+10}}$

연습 7.2 08#40

피보험자(x)가 사망하면 사망보험금 1원을 지급하는 보험금 기말급 종신보험에 가입하였다. 예정사업비가 다음과 같을 때, m년납 연납평준영업보험료를 계산기수로 표현한 것은?

(가) 예정신계약비: 보험계약시점에만 보험금액 1원에 대하여 α

(나) 예정유지비: 보험계약기간 중 매년초 보험금액 1원에 대하여 β

(다) 예정수금비: 보험료납입시 영업보험료 1원에 대하여 γ

① $\dfrac{1}{1-\gamma} \cdot \dfrac{M_x + \alpha N_x + \beta D_x}{N_x - N_{x+m}}$

② $\dfrac{M_x + \alpha D_x + \beta N_x + \gamma(N_x - N_{x+m})}{N_x - N_{x+m}}$

③ $\dfrac{1}{1-\gamma} \cdot \dfrac{M_x + \alpha D_x + \beta N_x}{N_x - N_{x+m}}$

④ $\dfrac{M_x + \alpha N_x + \beta D_x + \gamma(N_x - N_{x+m})}{N_x - N_{x+m}}$

나. 수지상등원칙에 따른 영업보험료 계산

제5장에서 설명한 것처럼 보험료를 산출하는 방법은 다양한데, 여기서는 수지상등원칙을 통해 계산하는 것에 한정하여 살펴본다. 수지상등의 원칙에 따른 순보험료 산출시 방법과 동일하게 좌변에 수입되는 영업보험료의 계리현가를, 우변에 지급보험료와 예상되는 사업비 지출의 계리현가를 같게 하여 계산한다.

예제 7-2

40세 피보험자가 사망시 1억원을 받는 20년만기 즉시급 정기보험에서 10년간 연속적으로 보험료가 납입될 때, 다음 조건하에서 수지상등의 원칙에 따라 영업보험료를 산출하라.

(가) 사업비는 10년간 영업보험료의 7%로 부과된다.

(나) 이력은 0.03, 사력은 0.01로 일정하다.

☞ $\overline{A}^{\,1}_{40:\overline{20|}} = \displaystyle\int_0^{20} {}_tp_x \mu_{x+t} e^{-\delta t}\, dt$

$= \dfrac{\mu}{\mu+\delta} \cdot (1 - e^{-0.8}) \fallingdotseq 0.1377$

$\overline{a}_{40:\overline{10|}} = \displaystyle\int_0^{10} {}_tp_x e^{-\delta t}\, dt$

$= \dfrac{1}{\mu+\delta} \cdot (1 - e^{-0.4}) \fallingdotseq 8.242$

$\Rightarrow {}_{10}\overline{P}\left(\overline{A}^{\,1}_{40:\overline{20|}}\right)^G = \dfrac{\overline{A}^{\,1}_{40:\overline{20|}}}{\overline{a}_{40:\overline{10|}}} \cdot \dfrac{1}{1-0.07}$

$\fallingdotseq 0.01796$

∴ 약 180만원

연습 7.3 S17#11

피보험자 (45)가 다음 조건 하에서 보험금 H를 지급하는 10년납 이산형 종신보험에 가입하였을 때, 수지상등의 원칙을 이용하여 구한 연납평준 영업보험료가 $gH+f$라고 한다. 이때 g가 보험가입금액 1에 대한 보험요율(premium rate)이고 f를 보험가입금액의 규모와 무관한 건당 사업비(policy fee)라고 할 때, f값을 구하시오.

(가) 경과년도별 사업비(보험연도초에 발생)

구분	초년도	2~10차년도	11차년도 이후
건당 비용	100	20	10
연납 영업보험료 대비	105%	5%	0%

(나) $\ddot{a}_{45} = 14.1121$, $\ddot{a}_{45:\overline{10|}} = 7.649$

연습 7.4 S17#12

세탁기 구입후 3년이내 처음 고장시 2,000을 해당연도말에 지급하는 배상책임보험이 다음 조건을 만족한다고 할 때, 수지상등의 원칙에 따라 이 보험의 일시납 영업보험료를 구하시오.

(가) 세탁기가 매년 초에 작동을 시작해서 해당 연도말에서 고장날 확률은 10%

(나) $i = 0.08$

(다) 사업비는 일시납 영업보험료의 35%

연습 7.5 S16#7

35세 피보험자가 다음 조건을 만족하는 사망연도말 보험금 100,000 지급의 이산형 종신보험에 가입하였을 때, 수지상등의 원칙에 따라 전기납인 연납평준 영업보험료를 구하시오.

(가) 사업비는 매 보험년도 초에 발생하며, 초년도에는 연납 영업보험료의 19%이고 2차년도 이후는 연납 영업보험료의 4%

(나) $\ddot{a}_{35} = 15.3926,\ A_{35} = 0.12872$

연습 7.6

F16#8

50세 피보험자가 보험금 1,000,000을 사망연도말에 지급하는 이산형 종신보험에 가입하였다. 다음 조건 하에서, 예정사업비 P^e를 구하시오.

(가) 수지상등의 원칙에 따라 산출된 영업보험료는 19,526

(나) $\ddot{a}_{50} = 13.2668$

(다) $i = 0.06$

연습 7.7

F16#11

피보험자 (30)이 보험금 200,000을 사망연도말에 지급하는 10년만기 이산형 정기보험에 가입하였을 때, 다음 조건 하에서 수지상등의 원칙에 따라 보험료 납입기간이 5년인 연납평준 영업보험료를 구하시오.

(가) $\ddot{a}_{30:\overline{5|}} = 4.4516,\ \ddot{a}_{30:\overline{10|}} = 7.7465,$

$A_{30} = 0.10248,\ A_{40} = 0.16132,\ {}_{10}E_{30} = 0.54733$

(나) 경과년도별 사업비(보험연도초에 발생)

사업비 구분		계약체결비용	계약유지비용
초년도	연납 영업보험료 대비	35%	0%
	건당 비용	0	8
2~10차년도	연납 영업보험료 대비	15%	0%
	건당 비용	0	4

연습 7.8 S16#8

사력이 $\mu_{50+t} = 0.04$(단, $t > 0$)이고 이력이 $\delta = 0.08$일 때, 50세 피보험자가 사망 즉시 보험금 100,000을 지급하는 20년 만기 연속형 정기보험(fully continuous 20-year term insurance)에 가입하였다. 사업비가 보험기간 동안 연액 R로 연속적으로 발생될 때 수지상등의 원칙에 따라 산출된 전기 연속납 영업보험료가 연액 4,500이라면, R은 얼마인가?

연습 7.9 S16#9

다음 조건 하에서 35세 피보험자가 보험금 50,000을 사망연도말에 지급하는 이산형 종신보험에 가입하였을 때, 수지상등의 원칙에 따라 보험료 납입기간이 10년인 연납평준 영업보험료를 구하시오.

(가) 사업비는 100이며 피보험자 생존시에는 매 보험연도말에 지급되고, 피보험자 사망시에는 사망연도말에 지급

(나) $\ddot{a}_{35} = 15.3926$, $\ddot{a}_{45} = 14.1121$,

$_{10}E_{35} = 0.54318$, $A_{35} = 0.12872$

연습 7.10 F14#11

다음 조건 하에서 피보험자 (x)가 보험금 F를 사망연도말에 지급하는 30년납 이산형 종신보험에 가입하였을 때, 수지상등의 원칙을 이용하여 구한 연납평준 영업보험료가 $kF+h$라고 한다. 이때 k와 h가 상수(constant)라고 할 때, h값을 구하시오.

(가) 경과년도별 사업비(보험연도초에 발생)

구분	초년도	2~15차년도	16~30차년도	31차년도 이후
건당 비용	60	30	30	30
연납 영업보험료 대비	80%	20%	10%	0%

(나) $\ddot{a}_x = 15.3926$, $\ddot{a}_{x:\overline{15|}} = 10.1329$, $\ddot{a}_{x:\overline{30|}} = 14.0145$

다. 다양한 영업보험료 형태

예제 7-3 22(2)#8(1,2)

보험회사는 피보험자 60세를 대상으로 순수보장성질병보험을 표준형과 저해지형으로 개발하려고 한다.

[표준형 보험의 계산기초 및 보장내용]

(가) 보험기간 및 납입기간: 3년 만기, 2년납

(나) 이자율: 처음 2년 동안은 5%, 이후는 3%임

(다) 보장내용: 뇌졸중 발생 시 100,000을 기말에 지급하고 계약소멸

(라) 뇌졸중 발병률

x	60	61	62
q_x	0.010	0.015	0.020

(마) 보험기간 중 사망은 발생하지 않는다고 가정함

(바) 사업비(기시발생)

	제1보험년도	제2보험년도 이후 매년
계약체결비용	보험가입금액의 5/1000	-
계약관리비용	영업보험료의 3%	

(1) 표준형 보험의 연납평준 영업보험료를 구하시오.

(2) 표준형 보험의 매보험연도말 순보험료식 책임준비금을 구하시오. (수정)

☞ (1) $v_1 = \dfrac{1}{1.05}$, $v_2 = \dfrac{1}{1.03}$ 라고 하자.

순보험료 P는 수지상등의 원칙에 따라 다음과 같이 산출된다.

$$P(1+p_{60}v_1) = 100,000(q_{60}v_1 + p_{60}q_{61}v_1^2 + p_{60}p_{61}q_{62}v_1^2v_2)$$

$$\Rightarrow P = 100,000\frac{q_{60}v_1 + p_{60}q_{61}v_1^2 + p_{60}p_{61}q_{62}v_1^2v_2}{1+p_{60}v_1} \fallingdotseq 2067.419$$

마찬가지로 영업보험료 P^G도 수지상등의 원칙에 따라 다음과 같이 산출된다.

$$P^G(1+p_{60}v_1) = P(1+p_{60}v_1) + \alpha + \beta P^G(1+p_{60}v_1)$$

$$\therefore\ P^G = \frac{1}{1-\beta}\left(P + \frac{\alpha}{1+p_{60}v_1}\right) \fallingdotseq 2396.672$$

(2) ${}_0V = 0$이고 ${}_3V = 0$이므로

$$ {}_0V + P = (100{,}000q_{60} + {}_1V \cdot p_{60})v_1 $$

$$ \Rightarrow {}_1V = \frac{1}{p_{60}}\left(\frac{{}_0V + P}{v_1} - 100{,}000q_{60}\right) \fallingdotseq 1182.616 $$

한편,

$$ {}_2V + 0 = (100{,}000q_{32} + {}_3V \cdot p_{33})v_2 $$

$$ \therefore\ {}_2V = 100{,}000q_{32} \cdot v_2 \fallingdotseq 1941.748 $$

연습 7.11 18(2)#7

피보험자(40)은 3년만기 2년 연납 정기보험에 가입한다.

〈지급 조건〉

(가) 일반형 정기보험
- 사망 시 1원을 기말에 지급함

(나) 저해지환급형 정기보험
- 사망 시 1원을 기말에 지급함
- 납입기간 중 해지 시에는 일반형 정기보험 해지환급금의 50%를 기말에 지급함

〈산출 조건〉

(가) 예정이율은 3%임

(나) 예정해지율(저해지환급형 정기보험에 해당)
- 납입기간 중: 매년 4%
- 납입완료 후: 적용하지 않음

(다) 계약관리비용은 납입기간 중 매년 영업보험료의 10% 기시 발생

(라) 예정사망률

40세	41세	42세	43세
0.0013	0.0014	0.0015	0.0016

※ 해지는 기말에만 발생하는 것으로 가정함

※ 일반형 정기보험의 해지환급금은 순보험료식 책임준비금으로 함

일반형 정기보험 가입 시 영업보험료와 1년 경과시점의 순보험료식 책임준비금을 구하고, 저해지환급형 정기보험 가입 시 영업보험료와 1년 경과시점의 순보험료식 책임준비금을 구하시오.

연습 7.12 F18#13

피보험자 (55)가 65세 이후 생존시 매년초에 50,000을 지급하고 특별히 80세때 생존시에는 추가로 200,000을 더 지급하는 특수한 10년 거치 종신연금(10-year deferred annuity-due)에 가입하였을 때, 다음 조건하에서 수지상등의 원칙에 따라 보험료납입기간이 거치기간인 연납평준 영업보험료를 구하시오.

(가) 경과년도별 사업비(보험연도초에 발생)

구분	초년도	2~10차년도
연납 영업보험료 대비	20%	5%

(나) $\ddot{a}_{55:\overline{10|}} = 8.0192$, $\ddot{a}_{65} = 13.5498$,

$_{5}E_{55} = 0.77382$, $_{10}E_{55} = 0.59342$, $_{20}E_{60} = 0.29508$

연습 7.13 S18#7

피보험자 (45)가 매년초에 150,000을 지급하는 20년 거치 종신연금(20-year deferred annuity-due)에 가입하였을 때, 다음 조건 하에서 수지상등의 원칙에 따라 보험료납입기간이 거치기간인 연납평준 영업보험료를 구하시오.

(가) 경과년도별 사업비(보험연도초에 발생)

구분	초년도	2~10차년도	11~20차년도
연납 영업보험료 대비	40%	10%	5%

(나) $\ddot{a}_{45:\overline{10|}} = 6.25$, $\ddot{a}_{55:\overline{10|}} = 6.00$, $\ddot{a}_{65} = 7.40$,

$_{10}E_{45} = 0.30$, $_{10}E_{55} = 0.27$

(2) 수정준비금(modified reserves)

초년도에 예정 신계약비를 초과하는 실제 신계약비 지출이 많아 발생하는데, 평준보험료에 기반한 순보험료식 책임준비금은 이러한 실무적 현상을 반영하기 곤란하다. 따라서 다양한 형태의 준비금 적립방법이 적용되고 있다.

책임준비금은 나라마다 산정기준이 다르고 그 이용 목적마다 산출방법이

상이하다. 그러나 다음과 같은 일반적인 산출모델(general reserve model)은 모든 유형의 책임준비금에 적용할 수 있다.

책임준비금=장래 급부의 계리현가+장래 사업비의 계리현가
−장래 보험료의 계리현가

여기서 급부(benefit)는 사망보험금 부분(mortality component), 해약환급금 부분(surrender benefit component), 배당 부분(dividend component), 연금 부분(annuity component)과 장해급부 부분(disability component) 등으로 구성된다.

영업보험료 방식의 책임준비금(gross premium reserve)은 보험계약에서 발생하는 모든 미래의 현금을 반영하여 산출되는 책임준비금인데, 이 경우 미래 지급되는 모든 사업비가 고려되고 이에 맞추어 영업보험료가 보험료수익으로 이용된다. 반면에 순보험료식 책임준비금의 경우에는 사업비는 빠지고 보험료는 순보험료가 된다.

가. Zillmer식 준비금

첫 보험연도에 평준 순보험료의 일부를 신계약비를 위한 재원으로 사용하고 그 이후 수입되는 부가보험료에서 사용한 부분을 충당하는 방법으로 적립하는 준비금을 질머식 준비금(Zillmerized reserve, Zillmer's method of valuation of life insurance liabilities)이라고 한다.

생사혼합보험을 예로 들면, 1차년도 순보험료를 P_1라고 하고 차년도 이후 순보험료를 P_2라고 할 때 1차년도 순보험료에서 신계약비를 모두 차감했다면 $P_1 = P_2 - \alpha$라고 할 수 있다. 한편, 수지상등의 원칙을 적용하면 다음 식을 얻을 수 있다.

$$P_1 + P_2 \times {}_{1|}\ddot{a}_{x:\overline{n-1|}} = A_{x:\overline{n|}}$$

따라서, 두 식을 풀어서 P_2를 다음과 같이 구할 수 있다.

$$P_2 = P_{x:\overline{n}|} + \frac{\alpha}{\ddot{a}_{x:\overline{n}|}}$$

이를 이용하여 장래법으로 계산한 준비금을 질머식 준비금 ${}_tV^Z_{x:\overline{n}|}$ 라고 하는데, 그 산출 결과는 다음과 같다.

$$ {}_tV^Z_{x:\overline{n}|} = {}_tV_{x:\overline{n}|} - \left(\frac{\alpha}{\ddot{a}_{x:\overline{n}|}}\right) \cdot \ddot{a}_{x+t:\overline{n-t}|}$$

${}_tV^Z_{x:\overline{n}|}$: t시점의 질머식 책임준비금
${}_tV_{x:\overline{n}|}$: t시점의 순보식 책임준비금
α: 예정신계약비
n: 상각연수
t: 경과연수

연습 7.14 09#40

피보험자 (45)가 10년 이내에 사망하면 사망한 연도 말에 보험금 1원을 지급받고, 10년 동안 생존하면 보험금 1원을 지급받는 10년 만기 양로보험에 가입하였다. 이 때 Zillmer식 초년도 보험료를 P_1, 초년도 이후의 보험료 P_2라 하고, $P_2 - P_1 = \alpha$ 라 하면 P_2를 계산기수로 올바르게 나타낸 것은?

① $\dfrac{M_{45} - M_{55} + D_{55} + \alpha \cdot (D_{45} + N_{45} - N_{55})}{N_{45} - N_{55}}$

② $\dfrac{M_{45} - M_{55} + D_{55} + \alpha \cdot D_{45}}{N_{45} - N_{55}}$

③ $\dfrac{M_{45} - M_{55} + \alpha \cdot D_{45}}{N_{45} - N_{55}}$

④ $\dfrac{M_{45} - M_{55} + D_{55} + \alpha \cdot (N_{45} - N_{55})}{N_{45} - N_{55}}$

나. 해약환급금식 준비금

계약자가 해약을 하거나 일정기간이 지나고도 보험료를 납입하지 않아

해지된 경우, 보험계약자는 해약환급금(cash value, cash surrender value)을 받는다. 이 금액은 이 금액은 보험회사가 앞서 설명한 보험료적립금 보다 적은 금액이다.

보험회사는 계약체결 직후 대다수 수당으로 계약체결비용(신계약비, acquisition cost)을 미리 사용해 버리는데, 이 비용은 계약자로부터 보험료를 받아가면서 보험료 납입기간 동안 고르게 나누어 확보할 계획으로 지출하게 된다. 그러나 미리 써버린 신계약비를 다 확보하기 전에 보험계약이 해지되는 경우 그 잔여분, 즉 미경과된 신계약비가 남게 되는데 이 금액을 보험회사는 계약자로부터 회수하게 된다. 이렇게 회수하는 금액을 해약공제액(surrender charge)이라고 한다. 해약공제는 이것 이외에도 해약에 의한 역선택(보험보장의 필요성이 없는 건강한 피보험자가 빠져나감으로써 잔존 계약집단의 실제 위험률이 가격산출시 적용된 위험률보다 상승), 경비 배상, 투자상 불이익, 예정이익 상실, 수학적 리스크 증가, 계약파기의 배상 등이 사유가 된다.

계약자가 받는 해약환급금은 보험회사 입장에서는 지급해야할 일종의 보험금이고, 따라서 준비금이 필요한데 이것이 해약환급금식 책임준비금이다. 이는 앞서 설명한 순보험료식 책임준비금에서 해약공제액을 빼서 산출한 준비금이다. 계약 초기에 발생하는 신계약비를 보험료 납입기간에 걸쳐 균등배분하여 준비금을 평가하는 시점에 미경과된 신계약비를 순보험료식 준비금에서 공제하여 산출한다. 단, 보험료납입기간이 7년 이상인 경우에는 7년 동안 균등배분한다. 평가시점 t에서 순보험료식 준비금을 ${}_tV$, 신계약비를 α, 납입기간을 m이라고 하면 해약환급금식 책임준비금 ${}_tW$는 다음과 같다.

$${}_tW = {}_tV - \left(\frac{12m - t}{12m}\right) \times \alpha$$

이 식에서도 알 수 있듯이 평가시점이 $\min(m, 7)$ 이후일 때는 순보험료식 준비금과 해약환급금식 준비금이 일치하게 된다. 즉, $\min(m, 7)$년 이후에 해약할 경우 해약환급금은 해약공제 없이 순보험료식 책임준비금 전액이 된다.

한편 해약환급금은 "보험금 및 해약환급금 산출방법서"에서 정한 대로 결정되므로, 해약환급금이 해약환급금식 준비금과 일치하지 않을 수도 있다.

그리고 IFRS17 시행과 함께 신설된 '해약환급금준비금'은 보험회사가 결산일 기준 유지계약 전체를 대상으로 시가평가하여 계산한 책임준비금이 유지계약 전체의 해약환급금보다 적을 때 그 차액을 뜻하는 것으로, 개별계약단위로 계산하는 해약환급식 준비금과는 구별되는 개념이다.

예제 7-4

30세 피보험자가 이산형 10년 전기납 양로보험에 가입했다. 5년 경과시 해약환급금을 구하라.

(가) 사망연도말 지급되는 사망보험금과 생존보험금은 각각 1원

(나) $\ddot{a}_{30:\overline{10|}} = 8,\ \ddot{a}_{35:\overline{5|}} = 4$

(다) 해약공제는 미상각신계약비로 하고 신계약비는 7년동안 상각

(라) 신계약비 $\alpha = 0.07$

☞ $${}_5W = {}_5V_{30:\overline{10|}} - \alpha \cdot \frac{7-5}{7}$$

$$= 1 - \frac{\ddot{a}_{35:\overline{5|}}}{\ddot{a}_{30:\overline{10|}}} - \alpha \cdot \frac{7-5}{7} \quad = 0.48$$

연습 7.15 23(2)#6

피보험자 (35)는 3년 만기 질병보험에 가입하였다.

[가입조건]

(가) 보험료는 2년 연납

(나) 보험가입금액은 10만원으로 암진단시 암진단자금, 질병수술시 수술자금을 보장

급부명칭	지급사유	지급액 (보험가입금액 기준)	비고
암진단자금	암진단	100% (최초 1회한)	기말급
수술자금	질병수술	30% (매회)	기말급

(다) 보험기간 중 사망은 발생하지 않는다고 가정함
(라) 암진단시 차회 이후 보험료 납입은 면제됨

[산출조건]
(가) 위험률
- 암진단율(q_x): 피보험자 (x)가 1년 동안 최초 암진단을 받을 확률
- 질병수술률(q_x^*): 피보험자 (x)가 1년 동안 질병수술을 받을 횟수의 기댓값

x	35	36	37	38
q_x	0.010	0.015	0.020	0.025
q_x^*	0.005	0.010	0.015	0.020

(나) 사업비 가정(기시 발생)

연도	계약체결비용(α)	계약관리비용	
	보험가입금액 (10만원당)	영업보험료	보험가입금액 (10만원당)
제1보험년도	1,000	3%	200
제2보험년도	-	3%	200

(다) 계약관리비용은 보험료납입기간 동안 보험료 납입자에게 매년 기시부과
(라) $v=0.95$
(마) 해약환급금: ${}_tW={}_tV-\dfrac{m-t}{m}\times\alpha$ (${}_tV$: 순보험료식 책임준비금, m: 납입기간, t: 경과기간)

(1) 연납평준 영업보험료를 구하시오.
(2) 제1보험년도말 해약환급금(${}_1W$)을 구하시오.
(3) 제1보험년도말 해약환급금을 전환가격으로 감액완납보험을 구입할 때 보험가입금액을 구하시오. 단, 감액완납보험은 사업비를 부과하지 않음.

연습 7.16 S16#13

35세 피보험자가 보험금 2000의 30년만기 이산형 양로보험에 가입하였다. 다음 조건하에서 해약공제액(surrender charge) SC를 구하라.

(가) 제15보험년도말에 이 계약은 보험금이 800으로 줄고 보험료는 모두 납입된 계약(감액완납계약)으로 변경

(나) 계약변경시 감액완납보험의 계리현가는 제15보험년도말 순보험료식 책임준비금에서 해약공제액 SC을 차감한 값과 동일

(다) $i = 5\%$

(라) $A_{35:\overline{30|}} = 0.255$, $A_{50:\overline{15|}} = 0.506$

✓
연습 7.17 14(2)#9

피보험자 (x)는 n년 만기 전기연납 양로보험에 가입하였으나, 4년 경과시점에서 해약환급금 ${}_4W$ 를 재원으로 $n-4$년 만기 일시납 양로보험으로 변경하였다. 아래의 정보를 이용하여 다음 물음에 각각 답하시오.

(가) (변경전) n년 만기 전기연납 양로보험 $(n > 7)$
- 사망시 해당 연도말에 보험가입금액 1, 만기 생존시 만기일에 보험가입금액 1 지급
- 예정신계약비: 보험가입금액 1에 대하여 0.025를 계약년도 초에 부가
- 해약공제액은 예정신계약비를 7년에 걸쳐서 균등 상각

(나) (변경후) $n-4$년 만기 일시납 양로보험
- 사망시 해당 연도말에 보험가입금액 S, 만기 생존시 만기일에 보험가입금액 S 지급
- 납입후 유지비: 보험가입금액 1에 대하여 0.003을 매년 초에 부가
- 납입후 유지비 외 사업비는 없음

(다) 연(年) 예정이율 $i = 0.05$

(라) $\ddot{a}_{x:\overline{n|}} = 10.7$, $\ddot{a}_{x+4:\overline{n-4|}} = 7.95$

(1) 4년 경과시점의 해약환급금(${}_4W$)을 계산하시오.

(2) $n-4$년 만기 일시납 양로보험의 보험가입금액(S)을 계산하시오.

Q&A 보험료적립금이 먼저인가요, 해약환급금이 먼저인가요?

→ 보험수리학의 생성 시점인 18세기에 보험료적립금의 개념은 해약환급금의 개념에서 출발하였습니다. 즉, 보험계약이 계속되고 있는 중에 회사에 대한 청구권을 포기한 사람은 납입한 보험료의 일부에 대한 청구권을 갖는다고 생각했던 것입니다.

다. 초년도정기식 준비금

초년도에 집행되는 신계약비를 고려하면, 이론적으로 초년도에 음수의 준비금이 발생할 수 있다. 따라서 1차년도 보험료를 보험기간 1년의 일시납 정기보험으로 정하는 등의 방법으로 음수의 준비금이 나오지 않게 하는 방법을 초년도정기식 준비금(FPT, Full Preliminary Term reserve)이라고 한다.

$$P_1 = A^{\ 1}_{x:\overline{1|}}, \text{ 1차년도 정기보험}$$

$$ {}_1V_x = 0,$$

$$ {}_tV_x = A_{x+t} - P_{x+1}\ddot{a}_{x+t}, \ (\text{단, } t>1)$$

$$ = {}_{t-1}V_{x+1}$$

연습 7.18 10(2)#2

(30)세 피보험자에 대하여, 사망보험금 100,000원을 사망사고 발생시 당해 보험연도 말에 지급하고 보험료는 기시에 납입하는 전기연납(全期年納) 종신보험을 계약하였다. 제1차 보험연도 말 순보험료식 책임준비금이 0.0원이 되도록 하는 초년도 정기식(full preliminary term)방법을 적용한다. 기수표가 아래와 같을 때 다음 각 물음에 답하시오.

나이(x)	D_x	N_x	M_x
30	1,091	14,146	104
31	1,013	13,055	102
32	940	12,042	100
33	873	11,102	98
34	810	10,229	96
35	752	9,419	95

(1) 초년도 순보험료(P_1^F)와 2차년도 이후의 순보험료(P_2^F)를 각각 구하시오.

(2) 제5차 보험연도 말 책임준비금(${}_5V_{30}^F$)을 구하시오.

라. 영업보험료식 준비금(gross premium reserve)

보험계약에서 발생하는 모든 미래의 현금을 반영하여 산출되는 책임준비금을 영업보험료식 준비금이라고 하는데, 지출액에 미래 지급할 사업비를 추가하고 수입보험료는 영업보험료를 적용한다. 즉, 영업보험료식 준비금은 사업비를 포함한 준비금(expense_augmented reserve)가 된다. t차 보험연도말 영업보험료식 준비금을 ${}_tV^g$라고 하고, 장래 지급 보험금을 FB, 장래 수입보험료를 FP, 장래 지급할 사업비를 FE라고 할 때 장래법을 적용할 때 다음 식이 성립한다.

$${}_tV^g = APV(FB) - APV(FP) + APV(FE)$$

예를 들어, n년 만기 정기보험의 t차 보험연도말 책임준비금은 다음과 같다.

$$\begin{aligned}{}_tV^g = &\sum_{k=0}^{n-t-1} v^{k+1} \cdot b_{t+k+1} \cdot {}_{kvert}q_{x+t} \\ &+ \sum_{k=0}^{n-t-1} v^k (r_{t+k+1} \cdot P^G + E_{t+k+1})_k p_{x+t} \\ &- \sum_{k=0}^{n-t-1} v^k \cdot P^G \cdot {}_kp_{x+t}\end{aligned}$$

$$= \sum_{k=0}^{n-t-1} v^{k+1} \cdot b_{t+k+1} \cdot {}_{kvert}q_{x+t}$$

$$- \sum_{k=0}^{n-t-1} v^{k}[(1-r_{t+k+1})P^{G} - E_{t+k+1}]_{k}p_{x+t}$$

예제 7-5 21(2)#5

피보험자 (x)가 다음과 같은 산출조건의 2년 만기 정기보험에 가입하였다. 평준순보험료와 제1보험연도말 순보험료식책임준비금 및 평준영업보험료와 제1보험연도말 영업보험료식책임준비금을 구하시오.

[산출조건]

(가) 사망률: $q_x = 0.01$, $q_{x+1} = 0.02$

(나) 이자율 $i = 0.05$

(다) 사망연도 말에 보험금을 지급함

(라) 제1보험연도 사망보험금은 100,000

(마) 제2보험연도 사망보험금은 제1보험연도 사망보험금보다 5% 증가

(바) 보험료는 전기연납임

(사) 다음 부가보험료가 매년 초에 발생함

보험연도	계약체결비용	계약관리비용
제1차년	보험가입금액의 10/1000	영업보험료의 10%
제2차년	-	영업보험료의 10%

☞ ① 평준순보험료

$$P \cdot \ddot{a}_{x:\overline{2|}} = 100000\left\{q_x v + (1+5\%)p_x q_{x+1} v^2\right\}$$

$$\therefore\ P = 100000\frac{\dfrac{0.01}{1.05} + \dfrac{(1+5\%)(0.99)(0.02)}{1.05^2}}{1+\dfrac{0.99}{1.05}} \fallingdotseq 1460.784$$

② 순보험료식 책임준비금

$${}_1V = 100000(1.05)(\frac{1}{1.05})(0.02) - P$$

$$= 2{,}000 - 1460.784 = 539.216$$

③ 평준영업보험료

$$P \cdot \ddot{a}_{x:\overline{2}|} = 100000\left\{q_x v + (1+5\%)p_x q_{x+1} v^2\right\}$$

$$\therefore\ P' = \frac{P \cdot \ddot{a}_{x:\overline{2}|} + 100000\dfrac{10}{1000}}{0.9\ddot{a}_{x:\overline{2}|}}$$

$$= \frac{(1460.784)(1+\dfrac{0.99}{1.05}) + 1000}{0.9(1+\dfrac{0.99}{1.05})} = 2194.989$$

④ 영업보험료식 책임준비금

$${}_1V^g = APV(FB) - APV(FP) + APV(FE)$$

$$= 100000(1+0.5\%)\frac{0.02}{1.05} - P' + 0.1P'$$

$$= 2000 - 0.9P' = 24.51$$

연습 7.19 S18#15

50세 피보험자가 다음 조건을 만족하는 보험금 100,000의 연속형 종신보험(fully continuous whole life insurance)에 가입하였을 때, $\left.\frac{d}{dt}{}_tV\right|_{t=10}$ 를 구하시오.

(가) 사력 μ_{50+t}는 t의 연속함수

(나) $\mu_{60} = 0.013$

(다) $\delta = 0.04$

(라) ${}_tV$는 t시점의 영업보험식 책임준비금

(마) ${}_{10}V = 18{,}700$

(바) 계약유지비용은 영업보험료의 5%이며 연속적으로 납입

(사) 보험금 지급시 사업비는 사망보험금의 2.5%

(아) 연간 영업보험료는 2700

연습 7.20 F14#13

45세 피보험자가 보험금 100,000을 사망연도말에 지급하는 이산형 종신보험에 가입하였다. 다음 조건 하에서 연납평준 영업보험료를 구하시오.

(가) 제5보험년도말 영영보험료식 준비금은 5,500이고 제6보험년도말 영업보험료식 준비금은 7,100

(나) $q_{50} = 0.009$

(다) $i = 0.05$

(라) 사업비는 매보험년도초에 지급되며, 2차년도 이후에는 영업보험료의 4%와 계약 건당 50

(마) 보험금지급시 집행되는 사업비(Claim expense)는 200

(3) 소수기간의 준비금 계산

가. 직선보간법을 이용한 계산

1년 단위가 아닌 소수기간 s 경과시의 준비금은 연시준비금과 연말준비금 사이에 직선보간법을 통해 근사값을 구할 수 있는데, 현행 우리나라에서 적용하는 제도이다.

$$
\begin{aligned}
{}_{h+s}V &\simeq (1-s)\cdot({}_{h}V+\pi)+s\cdot{}_{h+1}V \\
&=\{(1-s)\cdot{}_{h}V+s\cdot{}_{h+1}V\}+(1-s)\cdot\pi
\end{aligned}
$$

여기서 $(1-s)\cdot\pi$는 미경과보험료에 해당된다.

예제 7-6

직선보간법을 이용하여 다음 표의 빈칸을 채워라.

k	${}^{10}_{k}V_x$
17년	0.8
17년 3개월	
18년	0.9

☞ ${}^{10}_{17.25}V_x = (1-0.25) \cdot {}^{10}_{17.25}V_x + 0.25 \cdot {}^{10}_{17.25}V_x$

$= 0.825$

나. 재귀식을 이용한 계산

예제 7-7 S18#14

35세 피보험자가 가입한 보험가입금액 1,000,000의 20년 이산형 정기보험에 대하여, 다음 조건이 만족될 때 10.4시점의 순보험료식 책임준비금을 구하시오.

(가) 연간 평준순보험료는 3,489

(나) $A_{45} = 0.20120,\ A_{55} = 0.30514,,\ {}_{10}E_{45} = 0.52652$

$\ddot{a}_{45} = 14.1121,\ \ddot{a}_{55} = 12.2758$

(다) $i = 0.06$

(라) 연령 소수기간 중 사력은 상수

(마) $p_{45} = 0.996$

☞ ${}_{10}V = 1,000,000A^{1}_{45:\overline{10|}} - 3,489\ddot{a}_{45:\overline{10|}}$

$= 1,000,000(A_{45} - {}_{10}E_{45} \cdot A_{55}) - 3,489(\ddot{a}_{45} - {}_{10}E_{45} \cdot \ddot{a}_{55})$

$\fallingdotseq 13,852$

$\Rightarrow\ ({}_{10}V + \pi) \cdot (1+i)^{0.4}$

$= {}_{0.4}q_{45} \cdot 1,000,000(1+i)^{-0.6} + {}_{0.4}p_{45} \cdot {}_{10.4}V$

$= \left\{1 - (p_{45})^{0.4}\right\} \cdot 1,000,000(1+i)^{-0.6} + (p_{45})^{0.4} \cdot {}_{10.4}V$

$\therefore\ {}_{10.4}V \fallingdotseq 16,229.03$

연습 7.21 F14#14

피보험자 (x)가 다음 조건을 만족하는 보험금 100의 이산형 종신보험에 가입하였을 때, ${}_{15.6}V$를 구하시오.

(가) $q_{x+15} = 0.10$

(나) 전 연령구간에서 사망률은 균등분포(uniformly distributed)

(다) $i = 0.05$

(라) ${}_{t}V$는 t시점의 순보험료식 보험료적립금

(마) ${}_{16}V = 49.78$

연습 7.22 20(2)#5

피보험자 (80)이 종신보험에 가입하였다. 보험 가입 후 6개월이 경과한 시점의 책임준비금 ${}_{0.5}V_{80}$을 구하시오.

(가) 보험금 1을 사망연도 말에 지급함

(나) 일시납 순보험료를 납입함

(다) ${}_{t}p_0 = \dfrac{100-t}{100}$, $t \geq 0$

(라) 예정이율(i)은 5%임

(마) $v^{0.5} = 0.9759$, $v^{19} = 0.3957$, $v^{20} = 0.3769$

(4) 보험료 분해

지금까지는 지급할 보험금과 사업비 및 수입할 보험료 등을 감안하여 수지상등의 원칙에 따라 계리적으로 영업보험료를 산출하는 보험 가격결정 과정을 살펴보았다.

지금부터는 이와는 반대로 이미 보험회사가 보험계약자들로부터 받고 있는 영업보험료를 저축보험료, 위험보험료 및 부가보험료(예정사업비)로 분해하는 방법을 알아본다. 일단 영업보험료에서 부가보험료를 제외하여 순보험료를 구하고, 보험료적립금의 재귀식을 이용하게 순보험료를 분해해서 위험

보험료와 저축보험료를 추출하게 되는 데, 이 모든 과정을 보험료 분해라고 한다.

영업보험료=위험보험료+저축보험료+부가보험료

먼저 h차년도에 보험료적립금의 재귀식을 통해서 다음과 같이 h차년도에 수입되는 순보험료 π_h가 분해됨을 알 수 있다.

$$\pi_h = (b_{h+1} - {}_{h+1}V) \cdot v \cdot q_{x+h} + (v \cdot {}_{h+1}V - {}_hV)$$

이때 순보험료식 저축보험료 P^s는 우변 항목 중 보험료적립금의 증액부분으로 하여 다음과 같이 정의한다.

$$P^s = v \cdot {}_{h+1}V - {}_hV$$

그리고 순보험료 π_h는 저축보험료와 위험보험료로 구성되므로, 위험보험료 P^r는 우변의 나머지 항목에 해당되는 것은 자명하다. 그런데, 이 식을 살펴보면 위험관련 지급금에서 위험관련 준비금을 차감한 위험보험금(NAR: net amount at risk)의 계리현가임을 알 수 있다.

$$\begin{aligned} P^r &= (b_{h+1} - {}_{h+1}V) \cdot v \cdot q_{x+h} \\ &= APV(NAR) \end{aligned}$$

한편 실무에서는 위험보험료는 부가보험료와 상관없이 결정되므로 h차년도에 수입되는 순보험료 π_h라고 할 때, 이 순보험료에서 순보험료식 저축보험료를 빼서 다음과 같이 간단히 구한다.

$$P^r = \pi_h - P^s$$

순보험료식 보험료적립금 대신에 해약환급금식 준비금을 이용하여 저축보험료를 산출할 경우 이를 해약환급금식 저축보험료라고 한다.

마지막으로 부가보험료는 영업보험료에서 위험보험료와 해약환급금식 저축보험료를 차감하여 산출하게 된다.

연습 7.23 22(2)#5

피보험자 (x)가 40년 만기, 보험금 1인 생사혼합보험에 가입하였다. 다음 조건을 이용하여 제20보험연도의 위험보험료를 구하시오.

(가) 보험료는 전기연납임

(나) ${}_{19}V_{x:\overline{40|}} = 0.4274$

(다) $\ddot{a}_{x:\overline{40|}} = 26.8740$

(라) $q_{x+19} = 0.0019$

Q&A 보험료 분해를 통해 실시하는 이원분석은 무엇인가요?

→ 보험회사의 경우에는 회계사가 재무제표를 만드는 것으로 손익분석이 끝나지 않고 보험계리사가 보험회사에서 특정기간 동안 발생하는 손익에 대하여 그 발생 원천을 규명하고 분석하는 작업이 추가됩니다. 이때 손익의 발생 원천을 이원(利源)이라고 하고 이를 분석하는 작업을 이원분석(analysis of surplus)이라고 합니다. 보험회사의 이원을 위험률 차이, 이자율 차이와 사업비율 차이의 3가지로 나누어 분석해 왔는데 이것을 3이원 분석이라고 했었습니다.

이원별 손익＝위험률차 손익＋이자율차 손익＋사업비차 손익

위험률차 손익＝위험보험료－위험보험금
이자율차 손익＝투자수지－예정이자
사업비차손익＝예정사업비－실제사업비＋신계약비이연손익

(5) 현금흐름방식 보험료산출

보험계리사는 새로운 보험상품을 출시하기 전에 먼저 상품의 가치를 가늠해보는데, 이 과정에서 판매 후 매년 현금흐름구조 및 손익변동을 고려하여 회사가 최종적으로 얻을 수 있는 이익을 계산한다. 상품판매 직후 이익이 발생하지만 몇 년이 경과한 후에 이보다 큰 손실이 발생한다거나, 반대로 판매초기에 다소 손실이 있지만 그 이후 훨씬 더 큰 이익이 발생할 수 있다. 따라서 보험계리사들은 판매 시점을 기준으로 전체 보험기간 동안 모든 현금흐름의 현재가치를 계산함으로써 최종적으로 이익 또는 손실이 발생하는지를

평가하여 상품출시 여부를 결정한다.

그런데 보험가격에 영향을 주는 가격요소를 단지 3가지 예정기초율(예정위험률, 예정이자율 및 예정사업비율)로 단순화하여 수지상등의 원칙이 성립되도록 순보험료와 부가보험료를 합산한 영업보험료를 산출하는 체계(3이원체계)에서는 변화무쌍하게 펼쳐지는 현금흐름을 반영하기 곤란하여 정교한 보험료산출은 사실상 불가능하다.

그러나, IT 발달은 계산능력을 획기적으로 향상시켰고, 보험회사의 이익을 파악하기 위해 어쩔 수 없이 단순화해야만 했던 많은 것들의 한계를 뛰어넘을 수 있게 하였다. 가령 보험회사는 보험료를 정해진 시점(보험료 납입응당일)에 이산적으로 받는 반면에, 보험사고는 정해진 때가 아니라 수시로 발생하므로 보험금은 연속적으로 지급되지만, 과거의 계리사들은 이런 현실을 직접 반영할 수 없는 한계 때문에 이론적 추정치 사용이 불가피했다. 그러나, 이제는 IT 진보 덕분에 많은 거추장스런 가정들을 걷어버리고 실제에 근접하게 계산할 수 있게 되었다.

따라서 3이원으로 국한되었던 보험료 산출방식에 새로운 가격요소들을 유연하게 반영할 수 있게 되었다. 즉, 3가지 가격요소 이외에 계약유지율, 판매량 등 다양한 가격요소를 반영하는 등 가격산출시 적용하는 가정들을 다원화시킬 수 있게 된 것이다. 이 가정은 크게 경제적 가정과 계리적 가정으로 구분하는데, 경제적 가정은 투자수익률, 할인율, 적립이율 등을 말하고 계리적 가정은 위험률, 해지율, 손해율, 사업비율 등을 말한다.

이렇게 현금흐름을 고려하여 보험료를 결정하는 방법을 현금흐름방식 가격산출체계 CFP(cash flow pricing)라고 한다.[1)]

이를 간단히 살펴보면, 동일 위험을 가진 n명의 x세 피보험자로 구성된 계약 포트폴리오에 대하여, t차 보험연도말 보험회사 보유자산을 S_t라고 할 때 재귀식은 다음과 같다.

$$S_{t+1} = [(S_t + n \cdot {}_tp'_x \cdot P^G) - n \cdot {}_tp'_x \cdot (r'_{t+1} \cdot P^G + E'_{t+1})] \cdot (1 + i'_{t+1}) - n \cdot {}_tp'_x \cdot q'_{x+t} \cdot b_{t+1}$$

1) 우리나라는 2013년부터 본격적으로 현금흐름방식의 보험료산출제도를 시행하였다.

단, 여기서 r_t은 영업보험료 대비 사업비의 비율, E_t는 고정사업비를 뜻하며, '표시는 보험료 산출시 적용한 가정이 아니라 실제 경험사망률과 실제 사업비지출액 등 실제 경험값을 의미한다.

유지계약 1건당 보유자산의 가치를 자산지분 $(AS)_t$라고 하면 다음과 같이 인접한 시점에서의 재귀식을 도출할 수 있다.

$$(AS)_{t+1} \equiv \frac{S_{t+1}}{n \cdot {}_{t+1}p'_x}$$

$$= \frac{(1+i'_{t+1})[(AS)_t + P^G - r'_{t+1} \cdot P^G - E_{t+1}] - q'_{x+t} \cdot b_{t+1}}{p'_{x+t}}$$

현금흐름방식은 3가지 이상의 다양한 가격결정 요소를 반영한 미래 현금흐름을 예측하여 상품의 가격을 결정하는 방식이다. 이 산출체계는 수입과 지출의 차이 등 현금흐름이 보험회사가 원하는 요건을 충족하는지 테스트해보고 그 결과에 따라 보험료를 정하는 방식이다. 즉, 경과기간별로 보험금 지급추이에 대한 최적가정(best estimate)을 설정하고 이에 맞추어서 보험료를 산출한다.

보험회사는 자기 회사의 경험률이 반영된 최적가정을 가격에 반영할 수 있고, 다양한 시나리오와 가정의 변동에 따른 손익분석이 가능하여 회사별 수익성 지표에 의한 가격의 적정성 판단이 가능하다.

예제 7-8 16(2)#6

A보험회사는 10명의 피보험자 (x)에게 동일한 조건의 정기보험을 판매하였다.

[가입조건]

(가) 망연도말에 보험금 1원 지급

(나) 2년만기 보험료 일시납

[최적가정]

(가) $q_x = \dfrac{1}{10}$, $q_{x+1} = \dfrac{1}{9}$

(나) 투자수익률(r)=5%, 주주요구수익률(k)=10%, 준비금 부리이율(i)=4%

(다) 요구자본= 준비금×1%, 법인세율=0%, 사업비=0원

(1) 가입시점(보험료 납입 직후)과 제1보험연도 말의 계약당 영업보험료식 준비금을 최적가정을 사용하여 계산하시오.
(2) 일시납영업보험료를 A로 표기하여 $t=0$시점의 처분가능이익, $t=1$시점의 요구자본 이자수익, $t=2$시점의 세후이익을 계산하라.
(3) Profit Margin=5%를 만족하는 일시납영업보험료를 계산하시오. (단, Profit Margin은 처분가능이익의 현가 합계를 수입보험료의 현가 합계로 나눈 값이며, 할인율은 주주요구수익률을 사용함)

☞ (1) 보험료 납입 직후 영업보험료식 준비금($_0V$)

=장래 지급 보험금 현가+장래 지급 사업비 현가−장래 수입보험료

$= (vq_x + v^2 p_x q_{x+1}) + 0 - 0$

$$= \frac{1}{1.04}\frac{1}{10} + \frac{1}{1.04^2}\frac{9}{10}\frac{1}{9} \fallingdotseq 0.18861$$

제1보험연도말 영업보험료식 준비금($_1V$)

=장래 지급 보험금 현가+장래 지급 사업비 현가

−장래 수입보험료

$$= vq_{x+1} + 0 - 0 = \frac{1}{1.04}\frac{1}{9} \fallingdotseq 0.10684$$

(2) 시점별 현금흐름

t	0	1	2
l_{x+t}	10	9	8
d_{x+t}	0	1	1
수입보험료	$10A$	0	0
투자수익	0	$5\% \cdot 10 \cdot {}_0V$	$5\% \cdot 9 \cdot {}_1V$
보험금	0	1	1
준비금 증감	$10 \cdot {}_0V$	$9 \cdot {}_1V - 10 \cdot {}_0V$	$0 - 9 \cdot {}_1V$
세후이익	0	0	③
요구자본 증감	$1\% \cdot 10 \cdot {}_0V$	$1\% \cdot 9 \cdot {}_1V$ $1\% \cdot 10 \cdot {}_0V$	
이자수익	0	②	
처분가능이익	①		

$\Rightarrow$ 처분가능이익=수입보험료+투자수익-보험금-준비금증감

-요구자본 증감+요구자본 이자수익

$\therefore$ ①$=10A-10\cdot{}_0V-1\%\cdot10\cdot{}_0V=10A-1.904961$

$\Rightarrow$ 요구자본 이자수익=요구자본×투자수익률(r)

$\therefore$ ②$=5\%\times(1\%\cdot10\cdot{}_0V)=0.00094$

$\Rightarrow$ 세후이익=수입보험료+투자수익-보험금-준비금증감

$\therefore$ ③$=0+5\%\cdot9\cdot{}_1V-1-(0-9\cdot{}_1V)=0.009638$

(3) $t=1$시점 처분가능이익

$=5\%\cdot10\cdot{}_0V-1-(9\cdot{}_1V-10\cdot{}_0V)$

$-(1\%\cdot9\cdot{}_1V-1\%\cdot10\cdot{}_0V)+5\%\times(1\%\cdot10\cdot{}_0V)$

$=0.02903$

$t=2$시점 처분가능이익

$=5\%\cdot9\cdot{}_1V-1-(0-9\cdot{}_1V)-1\%\times(0-9\cdot{}_1V)$

$+5\%\times1\%\cdot9\cdot{}_1V$

$=0.01973$

$$\Rightarrow \text{처분가능이익의 현가}=(10A-1.904961)+\frac{0.02903}{1+k}+\frac{0.01937}{(1+k)^2}$$

$$\fallingdotseq 10A-1.86146$$

$$\Rightarrow PM=\frac{10A-1.86146}{10A}=5\%$$

$$\therefore A=\frac{1.86146}{10(1-5\%)}\fallingdotseq 0.19623$$

(6) IFRS 17(국제보험회계기준)에 의한 보험료와 준비금 표시

지금까지는 보험연도기준 개별보험계약 단위로 책임준비금을 계산하는 방법을 살펴보았다. 반면 국제보험회계기준(IFRS 17)은 결산기말 시점의 책임준비금을 측정하고 재무제표에 표시하는 일련의 기준이다. 일단 보험계약이 체결되는 시점에 거래를 인식하고 이후 매 결산기말에 시가평가하고, 결산기간 동안 수익을 발생주의로, 비용을 수익・비용 대응원칙을 준수하여 측정하고 있다.

기준서는 보험부채를 이행현금흐름(fulfilment cash flows)과 보험계약마진(CSM: contract service margin)의 2가지로 구성하고 이행현금흐름은 다시 최선추정(BEL; best estimate liability)과 위험조정(RA: risk adjustment)으로 구성된다.

$$V_{IFRS17} = BEL + RA + CSM$$

첫째, 최선추정은 미래현금흐름의 기대가치를 현재가치로 할인한 값이다. 미래현금흐름은 장래 발생할 보험금, 사업비, 환급금 등의 유출액과 수입될 보험료 등의 유입액 등 보험계약의 이행과 관련된 모든 기대 현금흐름이다.

둘째, 비금융위험에 대한 위험조정이다. 최선추정에는 비금융위험에 따른 변동성이 있기 때문에, 보험회사가 이 불확실성을 보유하는 대가로 요구하는 보상을 추가로 적립하는 부채가 위험조정이다.

셋째, 보험계약마진은 보험계약의 최초 인식시점에서 이익을 즉시 인식하지 않기 위해서, 앞으로 제공되어야 할 서비스와 관련하여 향후 얻을 것으로 기대하는 이익, 즉 아직 실현되지 않은 미실현이익이다. 즉, 보험 서비스가 제공되는 기간에 걸쳐서 이익으로 전환되어 인식될 부분을 나타내는 부채이다. 보험계약마진은 최초 인식시점에 다음의 식으로 계산된다.

$$CSM(0) = \max\{-(BEL(0) + RA(0)), 0\}$$

여기서 위험조정은 보험회사가 비금융위험(보험위험, 해약리스크 및 비용리스크 등)을 감내함에 따라 발생하는 것이므로 보험계약자에게 보상을 요구하게 되고 그 금액은 직간접적으로 보험료에 포함될 수 있다.

그리고, 보험회사는 최초 인식시점의 미실현이익인 보험계약마진도 면밀히 고려하여 보험가격을 산출한다.

예제 7-9 21(2)#7

피보험자 (60)이 3년 만기 정기보험에 가입하였다.

[산출조건]
(가) 사망연도말에 보험금 1000을 지급함

(나) 보험료는 전기연납임

(다) 확률변수 L은 보험계약 체결시점에서 「장래보험금의 현재가치－순보험료의 현재가치」를 나타냄

(라) $v = 0.98$

(마) 사망률: $q_{60} = 0.010$, $q_{61} = 0.011$, $q_{62} = 0.013$

(바) 다음 사업비가 매년 초에 발생함

연도	영업보험료의 비율	보험금액(1000 당)
제1보험연도	30%	10
제2보험연도 이후	5%	2

연납평준순보험료, 확률변수 L의 분산을 구하고, 보험회사가 계약시점에서 보험료 산출 시 상기 산출조건에 아래의 보험계약마진(CSM)과 위험조정(RA)을 추가하여 부과할 때, 계약자가 납입해야 하는 평준보험료를 구하시오.

(가) 보험계약마진: 연납평준순보험료의 50%

(나) 위험조정: 확률변수 L의 표준편차의 2%

☞ ① 평준순보험료

$$\ddot{a}_{60:\overline{3|}} = 1 + v(1-q_{60}) + v^2(1-q_{60})(1-q_{61}) \fallingdotseq 2.91053$$

$$A^{1}_{60:\overline{3|}} = v\,q_{60} + v^2(1-q_{60})q_{61} + v^3(1-q_{60})(1-q_{61})q_{62}$$

$$\fallingdotseq 0.0322386$$

$$\therefore\ P = \frac{1000A^{1}_{60:\overline{3|}}}{\ddot{a}_{60:\overline{3|}}} \fallingdotseq 11.0765$$

② 확률변수 L의 분산

$$L = \begin{cases} 1000 \cdot v^{k+1} - P \cdot \ddot{a}_{\overline{k+1|}} & ,k = 0,1,2 \\ -P \cdot \ddot{a}_{\overline{3|}} & ,k \geq 3 \end{cases}$$

한편, $E(L^2)$을 계산하기 위해 확률을 구하면 다음과 같다.

K	0	1	2	≥ 3
$\Pr(K=k)$	0.010	0.99×0.011	0.99×0.989×0.013	
L	$1000v - P$	$1000v^2 - P \cdot \ddot{a}_{\overline{2|}}$	$1000v^3 - P \cdot \ddot{a}_{\overline{3|}}$	$-P \cdot \ddot{a}_{\overline{3|}}$

$\Rightarrow E(L^2) \fallingdotseq 30512.835$

$$\therefore\ Var(L)=E(L^2)-E(L)^2$$

$$=E(L^2)-0 \fallingdotseq 30512.835$$

③ 수지상등의 원칙에 의한 연납 평준보험료: π

$$\pi\ddot{a}_{60:\overline{3|}}=P\ddot{a}_{60:\overline{3|}}+1000\frac{10-2}{1000}+1000\frac{2}{1000}\ddot{a}_{60:\overline{3|}}$$

$$+(30\%-5\%)\pi+5\%\pi\ddot{a}_{60:\overline{3|}}+CSM+RA$$

$$\therefore\ \pi=\frac{P\ddot{a}_{60:\overline{3|}}+(10-2)+2\ddot{a}_{60:\overline{3|}}+[0.5P+0.02\{Var(L)\}^{0.5}]}{(1-0.05)\ddot{a}_{60:\overline{3|}}-(0.3-0.05)}$$

$$\fallingdotseq 21.905$$

연습 7.24 23(2)#7

A보험사는 2023년 1월1일에 3년 만기 일시납 장해보험을 판매하였다.

(가) 최적가정에 따른 A보험사의 현금흐름

구분	제1보험년도	제2보험년도	제3보험년도
보험료	1,000	-	-
장해보험금	200	250	300
간접사업비	50	-	-
해지환급금	100	100	0

(나) 보험료 및 사업비는 기시에 발생하고, 보험금 및 환급금은 기말에 발생함

(다) 간접사업비는 현금흐름에 반영하지 않음

(라) 최초계약시점의 이자율(i)는 연 5%임

(마) 충격수준

위험요인	장해	해지	사업비
충격(shock)수준	10%	5%	2%

(바) 충격수준은 보험료에 영향이 없으며, 위험요인별 충격수준은 서로 독립임

(사) 용어의 정의

- $BEL(t)=t$ 년도말 시점의 최적가정기준 장래지급의 총현가
  $-\ t$ 년도말 시점의 최적가정기준 장래수입의 총현가

- $BEL(t)^{shock}$ = t년도말 시점의 충격수준을 반영한 장래지급의 총현가 − t년도말 시점의 충격수준을 반영한 장래수입의 총현가
- 장해$RA(t) = BEL(t)^{장해shock} - BEL(t)$,
  해지$RA(t) = BEL(t)^{해지shock} - BEL(t)$
- $RA(t)$ = t년도말 시점의 비금융위험에 대한 위험조정
  $= \sqrt{(장해RA(t))^2 + (해지RA(t))^2}$
- $CSM(0) = \max[-(BEL(0) + RA(0)),0]$

(1) 최초인식시점에서 최선추정(BEL), 위험조정(RA) 및 보험계약마진(CSM)을 구하시오.

(2) 아래 조건을 만족하는 경우 제1보험년도말의 RA, CSM 및 보험계약부채를 구하시오.

〈조건〉

(가) 제1보험년도 보험금 등의 지출은 예상과 동일하게 발생하며, 최적가정의 변경은 없음

(나) RA는 매 t보험기간에 $RA(t-1) - RA(t)$를 상각함

(다) CSM은 기간 경과에 따른 이자를 가산하고, 매보험기간에 (당해년도 보험금)/(당해년도 보험금+내년도 이후 지급될 보험금의 총현가) 비율로 상각함

연습 7.25 19(2)#10

A보험사는 2019년 1월 1일에 한하여 3년 만기 일시납 정기보험을 판매하였다.

(가) 최적가정에 따른 A보험사의 현금흐름

구분	제1차년도	제2차년도	제3차년도
보험료	900		
보험금	150	200	200
직접사업비	50	10	10
간접사업비	50		

주1) 보험료와 사업비는 기시에 발생하고, 보험금은 기말에 발생함
주2) 간접사업비는 현금흐름에 반영하지 않음
주3) 보험기간 종료전 해지는 없음

(나) 할인율은 5%임

(다) 용어의 정의

$BEL(t)=t$년도말 시점의 장래 지급(보험금, 사업비, 환급금)의 총 현가
$-t$년도말 시점의 장래 수입(보험료)의 총 현가

$RA(t)=t$년도말 시점의 장래 보험금의 총 현가 × 20%

$CSM(0) = \max\{-(BEL(0)+RA(0)), 0\}$

(1) 아래 조건의 경우 제1보험연도말의 보험계약부채(잔여보장부채)를 구하시오.
(가) 제1보험연도 보험금 등의 지출은 예상과 동일하게 발생하며, 미래기간에 대한 최적가정의 변경은 없음
(나) 위험조정(RA)은 매 보험기간에 균등하게 상각
(다) 보험계약마진(CSM)은 기간 경과에 따른 이자를 가산하고, 매보험기간에 균등하게 상각

(2) 아래 조건의 경우 2보험년도말의 보험계약부채(잔여보장부채)를 구하시오.
(가) 제2보험년도 보험금 등의 지출은 예상과 동일하게 발생하며, 미래기간인 제3보험년도 미래현금흐름 중 보험금은 200에서 140으로 변경될 것으로 예상되며, 그 이외의 최적가정은 동일함
(나) 위험조정(RA)은 매 보험기간에 균등하게 상각
(다) 보험계약마진(CSM)은 기간 경과에 따른 이자를 가산하고, 매 보험기간에 균등하게 상각
(라) 미래서비스와 관련된 이행현금흐름의 변화에 대하여 보험계약마진(CSM)을 조정함

연습 7.26 18(2)#8

A보험사는 2017년 1월 1일에 한하여 3년만기 일시납 정기보험을 판매하였다.

(가) 최적가정에 따른 A보험사의 성별 현금흐름

구분	남자 계약 합계			여자 계약 합계		
	1차년도	2차년도	3차년도	1차년도	2차년도	3차년도
보험료	200	0	0	150	0	0
보험금	30	35	40	20	25	30
사업비	40	15	10	30	10	5
환급금	30	20	0	25	10	0

(보험료 및 사업비는 기시에 발생하고, 보험금 및 환급금은 기말에 발생함)

(나) 할인율은 10%임

(다) 용어의 정의

$BEL(t)=t$년도말 시점의 장래 지급(보험금, 사업비, 환급금)의 총 현가
$-t$년도말 시점의 장래 수입(보험료)의 총 현가

$RA(t)=t$년도말 시점의 장래 보험금의 총 현가 × 10%

$CSM(0) = \max\{-(BEL(0)+RA(0)), 0\}$

A보험사가 판매한 정기보험의 $CSM(0)$을 구하고, 1년후 최적가정 현금흐름이 다음과 같이 변경되었을 때, 판매한 정기 보험의 $BEL(1)$을 구하시오.

구분	남자 계약 합계		여자 계약 합계	
	2차년도	3차년도	2차년도	3차년도
보험료	0	0	0	0
보험금	40	45	25	25
사업비	10	10	10	7
환급금	20	0	10	0

Final

핵심정리

□ 영업보험료의 구성

영업보험료=순보험료+부가보험료
=(위험보험료+저축보험료)
+(계약체결비용+계약관리비용)

□ 보험료적립금의 재귀식을 통한 순보험료 분해

$$\pi_h = (b_{h+1} - {}_{h+1}V) \cdot v \cdot q_{x+h} + (v \cdot {}_{h+1}V - {}_hV)$$

○ 저축보험료 P^s는 우변 항목 중 보험료적립금의 증액부분

$$P^s = v \cdot {}_{h+1}V - {}_hV$$

○ 위험보험료 P^r는 위험관련 지급금에서 위험관련 준비금을 차감한 위험보험금 NAR(net amount at risk)의 계리현가

$$P^r = (b_{h+1} - {}_{h+1}V) \cdot v \cdot q_{x+h}$$
$$= APV(NAR)$$

□ IFRS17을 적용하여 결산기말에 표시한 책임준비금(보험계약부채) V_{IFRS17}

$$V_{IFRS17} = BEL + RA + CSM$$

Final

연습문제

01 전기연납 종신보험에서 제3차 보험년도말 단기 Zillmer식($\alpha = 0.03$, Zillmer 기간 $k=5$) 책임준비금의 값을 산출할 경우 가장 적합한 것은? (10#40)

> $D_x = 516$, $D_{x+3} = 410$, $D_{x+5} = 350$,
> $N_x = 6165$, $N_{x+3} = 4728$, $N_{x+5} = 3939$,
> $M_x = 86$, $M_{x+3} = 80$, $M_{x+5} = 76$

① 0.0107 ② 0.0157
③ 0.0207 ④ 0.0257

※ (2~4) 전기납 10년 만기 양로보험을 2018년 1월 1일 당시 정확하게 40세인 남성에게 판매하였다. 사망사고 발생시 사망보험금은 해당년도 말에 지급되고, 만기보험금은 50세 도달시점에 지급된다. 보험료는 매년도초에 지불되며 평준보험료 방식에 의해 산정된다. 아래의 조건을 이용하여 물음에 답하시오. (06(2)#6 수정)

> (가) 보험가입금액: 1,000만원
> (나) 예정이율: 연 5%
> (다) 예정사업비: 예정신계약비는 초년도 보험가입금액의 3%,
> 예정유지비는 매년 영업보험료의 5%
> (라) $\ddot{a}_{40:\overline{10|}} = 8.3$, $\ddot{a}_{43:\overline{7|}} = 6.3$, $\ddot{a}_{40:\overline{7|}} = 7.3$

02 영업보험료의 값을 산출할 경우 가장 적합한 것은?

① 693,000원 ② 729,000원
③ 805,000원 ④ 1,914,000원

03 2020년 12월 31일 시점에서의 영업보험료식 책임준비금의 값을 산출할 경우 가장 적합한 것은?

① 2,182,000원 ② 2,421,000원

③ 2,637,000원 ④ 2,691,000원

04 2020년 12월 31일 시점에서의 전기 Zillmer식 책임준비금의 값을 산출할 경우 가장 적합한 것은?

① 1,909,000원 ② 1,954,000원

③ 2,182,000원 ④ 2,463,000원

※ (5~7) 피보험자 (30)은 운전자보험에 가입하였다. 아래의 조건을 이용하여 물음에 답하시오. (20(2)#8 수정)

[가입조건]

ㅇ보험기간은 3년, 보험료는 전기납이며 기시연납임

ㅇ보장급부

급부 명칭	지급 사유	보장 가입	지급액
교통사망보험금	자동차 사고로 사망 시	보험가입금액 1,000만원	1,000만원 (기말급)
교통사고처리지원금	운전 중 자동차 사고로 형사합의금을 지급한 경우	보상한도액 3,000만원	형사합의로 지급한 비용 (기말급)

주1) 자동차 사고로 사망 시 이 보험계약은 교통사망보험금을 지급하고 소멸됨(단, 보험기간 중 자동차 사고 이외의 사망은 없다고 가정함)

주2) 교통사고처리지원금은 매 지급 사유 발생 시마다 지급함

[산출조건]

ㅇ예정위험률

q_x: 피보험자 (x)가 자동차 사고로 사망할 확률

q_x^*: 운전 중 자동차 사고로 1년 동안 피보험자 (x)에게 지급될 형사합의금의 기댓값(보상한도액 1원당)

x	30	31	32	33
q_x	0.00017	0.00018	0.00020	0.00021
q_x^*	0.00030	0.00030	0.00030	0.00030

○ 예정사업비율(기시 발생)
계약체결비용: 제1보험연도 영영보험료의 60%
계약관리비용: 매 보험연도 영업보험료의 15%
○ 예정이율(i)은 2%임
○ 기수표

x	l_x	D_x	C_x	C_x^*
30	100000.000	55207.089	9.201	16.237
31	99983.000	54115.396	9.550	15.915
32	99965.003	53044.760	10.401	15.601
33	99945.010	51994.266	10.705	15.292

※ 보험료 계산은 수지상등의 원칙을 따름

05 연납평준영업보험료를 구하시오.

06 제1보험연도말 순보험료식 책임준비금($_1V$)과 제2보험연도말 순보험료식 책임준비금($_2V$)을 구하시오.

✓✓
07 이 보험의 현금흐름이 아래 표의 최적가정과 조건을 따를 때, Profit Margin (처분가능이익의 현가 합계를 수입보험료의 현가 합계로 나눈 값)을 구하시오.

[최적가정]
○ 최적위험률: 예정위험률의 80%
○ 최적사업비율: 예정사업비율의 110%
○ 투자수익률=5%
○ 법인세율=20%
○ Profit Margin 계산시 할인율=10%
○ 요구자본 없음

[조건]
○ 계약체결비용은 초년도에 전액 상각(이연상각 없음)
○ 보험계약의 해지는 없고 소멸은 자동차 사고 사망시로 한정
○ 최적가정을 제외한 현금흐름의 수입과 지출은 없음

✓

08 피보험자 (35)가 보험금 100,000을 사망연도말에 지급하는 이산형 종신보험에 가입하였을 때, 다음 조건 하에서 $\ddot{a}_{35}$의 값을 구하시오. (F15#7)

(가) 수지상등의 원칙을 통해 산출한 연납평준 영업보험료는 1770
(나) 초년도 사업비는 연납 영업보험료 대비 50%와 건당 200
(다) 2차년도 이후 사업비는 연납 영업보험료 대비 10%와 건당 50
(라) 모든 사업비는 보험년도 초에 발생
(마) $i=0.035$

① 20.0 ② 20.5 ③ 21.0
④ 21.5 ⑤ 22.0

09 다음 조건 하에서 30세 피보험자가 보험금 100,000을 사망연도말에 지급하는 이산형 20년만기 양로보험에 가입하였을 때, 수지상등의 원칙을 이용하여 연납평준 영업보험료를 구하시오. (S14#10)

(가) $d=0.05$
(나) 경과년도별 사업비(보험연도초에 발생)

사업비 구분		계약체결비용	계약유지비용
초년도	연납 영업보험료 대비	39%	0%
	건당 비용	0	250
2차년도 이후	연납 영업보험료 대비	6%	0%
	건당 비용	0	50

(다) 연납 순보험료는 2,143

10 피보험자 (x)가 다음 조건을 만족하는 보험금 100의 이산형 종신보험에 가입했을 때, 가입당시 판매보험회사의 장래 손실현가 확률변수의 분산을 구하시오. (F15#8)

(가) 초년도 사업비는 연간 영업보험료의 10%
(나) 제2보험년도 이후 사업비는 연간 영업보험료의 5%
(다) 수지상등의 원칙에 따라 산출된 전기납 영업보험료는 2.338
(라) $i=0.04$
(마) $\ddot{a}_x = 16.50,\ {}^2A_x = 0.17$

쉬어가는 코너 보험수리학을 만든 사람들

William Morgan(1753-1833), 영국의 보험계리사[2)]

<사진> 모건의 초상화(Thomas Lawrence, before 1818)

출처: https://commons.wikimedia.org/wiki/File:Thomas_Lawrence_-_Portrait_of_William_Morgan_(1750-1833).jpg

모간은 발목이 안쪽으로 꺾이는 내반족(club foot)이라는 장애 때문에 유년시절을 행복하게 보내지 못했고, 의사공부를 하다가 약제사로 직업을 전환하는 등 불안정한 삶을 살고 있었다. 그러나, 부친 사망후 이모부인 프라이스 박사의 추천으로 1774년 에퀴터블에 보조 보험계리사(assistant actuary)로 입사하면서 그의 삶은 완전히 바뀌어 버린다. 입사 1년 후인 1775년에 에퀴터블의 다섯번째 보험계리사로 임명되어 1830년 은퇴할 때까지 55년간 근무했는데, 누구보다도 프라이스 박사가 제안하는 것을 정확히 이해하고 결단력을 갖고 회사의 실무에 이행했다.

1779년 모간은『연금 및 보험의 원리(The Doctrine of Annuities and Assurances on Lives and Survivorships)』라는 책을 저술하였는데, 현재 전세계 보험계리사들이 사용하고 있는 계산기수인 D_x, N_x, C_x 및 M_x 등이 이 책에서 처음 등장한다. 이로써 보험계리적 지식이 많지 않은 평범한 사람들도 일목요연하게 정리된 기수표에서 해당 국제계리기호를 찾아다가 간단한 공식에 넣음으로써 보험료를 쉽게 계산할 수 있게 된다. 그리고 모간은 이 업적으로 "보험계리학의 아버지"로 추앙받게 된다.

2) 출처: 김호균(2022). 보험계리史(제12화 보험계리학의 아버지). 한국보험계리사회 뉴스레터 111호. 21쪽 발췌.

08

연생보험

제 8 장 연생보험

(1) 연생보험계약(joint life policy)의 개념

가. 결합생존 상태

연생보험(聯生保險)은 피보험자가 2명 이상인 생명보험으로 이들의 생존 여부에 따라 보험금이 지급되는 보험이다. 피보험자가 1명인 단생보험(單生保險)에서와 달리, 연생보험에서는 피보험자 2명 이상 모두가 살아있을 때를 생존한 것으로 취급할 수도 있고, 한 사람이라도 살아있다면 생존했다고 정하고 다룰 수도 있다.

결합생존 상태(joint life status)는 피보험자 모두가 생존할 때를 생존으로 정의하는 경우를 말한다. 달리 말하자면, 피보험자 중 1명이라도 사망하면 다른 피보험자가 살아있더라도 보험금 지급여부를 결정함에 있어 사망한 것(status)으로 처리한다. 즉, 생명보험이라면 사망보험금을 지급하게 되고 생명연금이라면 연금지급을 중단하게 된다. 영어로 joint life는 단순명료하게 그 뜻이 명칭에 드러나는 반면, 우리말의 결합생존은 다음과 같이 다양한 방식으로 그 뜻을 표현하고 있다.

모두가 생존할 때 생존한 것이다
=한명이라도 사망하면 사망한 것이다
=적어도 한 사람이 사망하면 사망한 것이다

이 결합생존 상태는 부부 중에서 1인이 사망하면 생존한 배우자가 사망보험금으로 주택담보대출(mortgage loan)을 상환하는 용도로 보험상품을 설계할 때 유용하다.

피보험자 (x)와 (y)의 결합생존 상태는 (xy)로 표기하는데, (60)과 (55)

와 같이 숫자로 표현되는 경우 구분기호 콜론(:)을 중간에 삽입하여 $(60:55)$와 같이 표기한다.

피보험자 (x)와 (y)의 미래 생존기간 확률변수 $T(x)$와 $T(y)$를 연속확률변수라고 할 때, 이들의 결합 확률밀도함수(joint density function)는 $f_{T(x),\,T(y)}(s,t)$라 표기하고, 결합분포함수(joint distribution function)는 다음과 같이 정의한다.

$$
\begin{aligned}
F_{T(x),\,T(y)}(s,t) &= \Pr[T(x) \le s,\ T(y) \le t] \\
&= \int_0^t \int_0^s f_{T(x),\,T(y)}(u,v)\,du\,dv
\end{aligned}
$$

확률변수 $T(x)$와 $T(y)$의 표본공간(sample space)을 결합분포함수의 정의역(domain)으로 다음 그림처럼 나타내면, 분포함수는 A구역에서 정의된다.

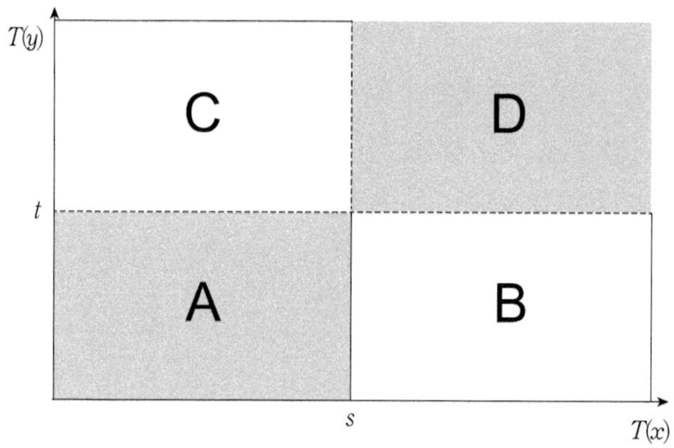

한편, 단생보험에서와 같은 개념으로 연생보험에서 결합생존함수(joint survival function)를 정의하면 다음 식과 같다.

$$
\begin{aligned}
S_{T(x),\,T(y)}(s,t) &= \Pr[T(x) > s,\ T(y) > t] \\
&= \int_t^\infty \int_s^\infty f_{T(x),\,T(y)}(u,v)\,du\,dv
\end{aligned}
$$

이 경우 생존함수가 나타내는 영역은 윗 그림에서 D구역에 해당한다. 따라서, 단생보험에서는 $S_{T(x)}(t) = 1 - F_{T(x)}(t)$가 성립하는 것과 달리, 연생보험에서는 성립하지 않음을 알 수 있다. 즉,

$$S_{T(x),\,T(y)}(s, t) \neq 1 - F_{T(x),\,T(y)}(s, t)$$

결합생존 상태 (xy)의 미래 생존기간 $T(xy)$은 다음과 같이 $T(x)$와 $T(y)$를 통해 정의된다.

$$\begin{aligned} T(xy) &\equiv \min[T(x), T(y)] \\ &= T(x) \wedge T(y) \end{aligned}$$

확률변수 $T(x)$와 $T(y)$를 표본공간(분포함수의 domain)에서 볼 때, 어느 한쪽만 적은 영역에 속해도 결합생존 상태는 적은 쪽에 속하므로 $T(xy)$은 다음과 같이 음영 표시된 곳에 해당함을 알 수 있다.

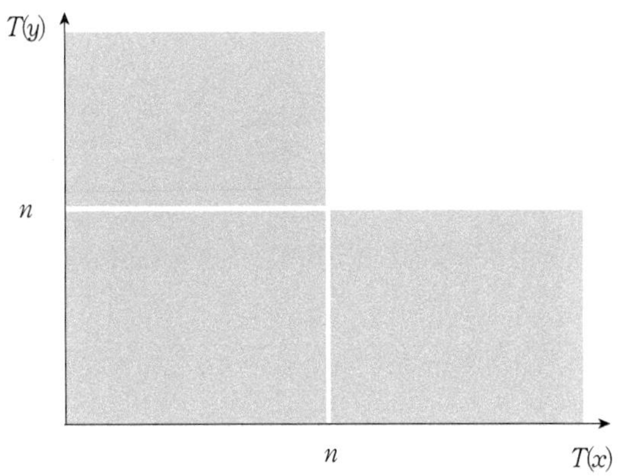

한편, $T(x)$와 $T(y)$가 독립이라면, 다음과 같이 결합생존 상태의 생존율은 피보험자 (x)와 (y)의 생존율의 곱으로 표현되므로 생존율을 우선 고려하면 사고가 간단해 질 수 있다.

$$\begin{aligned} {}_tp_{xy} &= \Pr[T(xy) > t] \\ &= \Pr[\min(T(x),\, T(y)) > t] \\ &= \Pr[T(x) > t \text{ and } T(y) > t] \end{aligned}$$

$$= \Pr[T(x) > t] \cdot \Pr[T(y) > t]$$

$$= {}_tp_x \cdot {}_tp_y$$

그리고 결합생존 상태의 사망률은 생존율을 통하여 다음과 같이 구할 수 있다.

$$
\begin{aligned}
{}_tq_{xy} &= 1 - {}_tp_{xy} \\
&= 1 - {}_tp_x \cdot {}_tp_y \\
&= {}_tq_x + {}_tq_y - {}_tq_x \cdot {}_tq_y
\end{aligned}
$$

예제 8-1

$T(x)$와 $T(y)$가 독립이고 소수기간에 모두 균등분포(UDD)일 때(즉, $0 \le t < 1$에서 ${}_tq_x = t \cdot q_x$, ${}_tq_y = t \cdot q_y$) 다음은 옳은가?

$$ {}_tq_{xy} = t \cdot q_{xy} $$

☞ (xy)의 확률이므로 생존확률로 접근한다.

$$
\begin{aligned}
{}_tq_{xy} &= 1 - {}_tp_{xy} \\
&= 1 - {}_tp_x \cdot {}_tp_y \\
&= 1 - (1 - {}_tq_x) \cdot (1 - {}_tq_y) \\
&= t \cdot q_x + t \cdot q_y - t^2 \cdot q_x \cdot q_y \\
&\neq t \cdot q_{xy}
\end{aligned}
$$

즉, $T(x)$와 $T(y)$가 UDD일지라도 $T(xy)$는 UDD가 아니다.

연습 8.1 07#31

아래 조건을 만족할 때, ${}_{0.75}q_{xy}$의 값을 계산하시오.

(가) x, y는 각각 독립이다

(나) $q_x = 0.05$

(다) $q_y = 0.10$

(라) (x)와 $(x+1)$ 사이와 (y)와 $(y+1)$ 사이의 사망자 수가 균등하게 분포되어 있다.(UDD 가정)

연습 8.2

(x), (y)의 생존확률변수 $T(x)$와 $T(y)$에 대한 결합밀도 함수가 다음과 같이 주어져 있을 때, $\Pr[T(x) > 30, T(y) > 20]$, $F_{T(x)}(40)$와 $\Pr[T(y) \le t] = 0.7$을 만족하는 t의 값을 구하라.

$$f_{T(x),T(y)}(s,t) = 0.04 \times 0.06 \times \exp(-0.04s - 0.06t),\ s > 0,\ t > 0$$

연습 8.3

(x), (y)의 생존확률변수 $T(x)$와 $T(y)$에 대한 결합밀도 함수가 다음과 같이 주어져 있을 때, $T(x)$와 $T(y)$의 결합생존함수 $S_{T(x),T(y)}(s,t)$와 $T(x)$와 $T(y)$의 상관계수 $\rho_{T(x),T(y)}$를 구하라.

$$f_{T(x),T(y)}(s,t) = \frac{1}{125}(10 - s - t),\ 0 < s < 5,\ 0 < t < 5$$

나. 최후생존자 상태

최후생존자 상태(last survivor status)는 적어도 피보험자 1명이라도 생존하면 생존으로 정의하는 경우를 말한다. 달리 말하자면, 피보험자 모두가 사망해야만, 즉 최후생존 피보험자(last survivor)가 사망하는 경우가 되어야 사망한 상태가 되어 보험금 지급여부를 정하게 된다. 결합생존은 다음과 같이 다양한 방식으로 그 뜻을 표현하고 있다.

적어도 한명이라도 생존하면 생존이다

=한명이라도 생존해 있다면 생존이다

=모두 사망해야 사망이다

이 최후생존자 상태는 부모와 자녀를 연생보험으로 하여 양친(피보험자)이 모두 사망한 때 자녀(상속인)가 사망보험금으로 상속세를 납부하는 용도로 보험상품을 설계할 때 유용하다.

한편, 피보험자 (x)와 (y)의 최후생존자 상태는 $(\overline{xy})$로 표기한다. 그리고, 최후생존자 상태 $(\overline{xy})$의 미래 생존기간 $T(\overline{xy})$도 다음과 같이 $T(x)$와 $T(y)$를 통해 정의되고, 표본공간은 결합생존과 달리 좁게 표시됨을 알 수 있다.

$$T(\overline{xy}) \equiv \max[T(x), T(y)]$$
$$= T(x) \vee T(y)$$

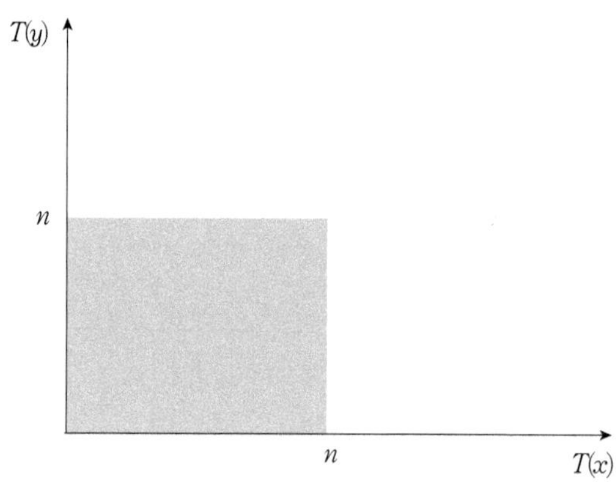

반면에 최후생존자 상태의 사망률이 다음과 같이 피보험자 (x)와 (y)의 사망률의 곱으로 표현되므로 사망률을 우선 고려하면 사고가 간단해 질 수 있다.

$$
\begin{aligned}
{}_tq_{\overline{xy}} &= \Pr[T(\overline{xy}) \le t] \\
&= \Pr[\max(T(x), T(y)) \le t] \\
&= \Pr[T(x) \le t \text{ and } T(y) \le t] \\
&= \Pr[T(x) \le t] \cdot \Pr[T(y) \le t] \\
&= {}_tq_x \cdot {}_tq_y
\end{aligned}
$$

그리고 최후생존자 상태의 생존율은 사망률을 통하여 다음과 같이 구할 수 있다.

$$
\begin{aligned}
{}_tp_{\overline{xy}} &= 1 - {}_tq_{\overline{xy}} \\
&= {}_tp_x + {}_tp_y - {}_tp_x \cdot {}_tp_y
\end{aligned}
$$

다. 결합생존 상태의 사력

결합생존 상태의 사력을 생존율과의 관계식을 통하여 표현하면 다음과 같다.

$$
\mu_{xy}(t) = -\frac{\frac{d}{dt}\,{}_tp_{xy}}{{}_tp_{xy}}
$$

만약 $T(x)$와 $T(y)$가 독립이라면 다음 식에 의해서 결합생존 상태의 사력은 각 피보험자의 사력의 단순 합계임을 알 수 있다.

$$
\begin{aligned}
\mu_{xy}(t) &= -\frac{\frac{d}{dt}\,{}_tp_{xy}}{{}_tp_{xy}} \\
&= \frac{{}_tp_x \cdot \mu_x(t) \cdot {}_tp_y + {}_tp_x \cdot {}_tp_y \cdot \mu_y(t)}{{}_tp_x \cdot {}_tp_y} \\
&= \mu_x(t) + \mu_y(t)
\end{aligned}
$$

예제 8-2

장래 생존기간이 서로 독립인 생후 3년 된 두 마리 애완견의 사력은 각각 다음과 같다.

$$
\mu_x = 0.15,\ x > 0
$$

$$
\mu_y = \frac{1}{15-y},\ 0 < y < 15
$$

(1) 앞으로 2년 후 시점부터 5년 후 시점 사이에 두 마리 애완견의 결합생존상태가 종료할 확률을 구하시오.
(2) 앞으로 2년 후 시점부터 5년 후 시점 사이에 두 마리 애완견 중 적어도 한 마리가 사망할 확률을 구하라.

☞ $_{n}p_{x} = e^{-0.15n}$

$$_{n}p_{y} = \exp\left\{-\int_{y}^{y+n}\frac{1}{15-t}dt\right\} = \frac{15-y-n}{15-y}$$

(1) 결합생존상태가 종료할 확률

$$_{2|3}q_{xy} = (1-{}_{5}p_{x}\cdot{}_{5}p_{y}) - (1-{}_{2}p_{x}\cdot{}_{2}p_{y})$$

$$\fallingdotseq 0.3418$$

(2) 기간 내에 적어도 한 마리가 사망할 확률

$$_{2|3}q_{xy} + {}_{2}q_{x}\cdot{}_{2|3}q_{y} + {}_{2}q_{y}\cdot{}_{2|3}q_{x}$$

$$= {}_{2|3}q_{xy} + {}_{2}q_{x}\cdot{}_{2}p_{y}\cdot{}_{3}q_{y+2} + {}_{2}q_{y}\cdot{}_{2}p_{x}\cdot{}_{3}q_{x+2}$$

$$= {}_{2|3}q_{xy} + (1-e^{-0.3})\frac{10}{12}\cdot\frac{3}{10} + \frac{2}{12}e^{-0.3}(1-e^{-0.45})$$

$$\fallingdotseq 0.42433$$

라. 결합생존 상태와 최후생존자 상태의 관계

$T(x)$, $T(y)$, $T(xy)$ 및 $T(\overline{xy})$를 모두 1차원의 시간선 위에서 표시하여 살펴보면 다음과 같다.

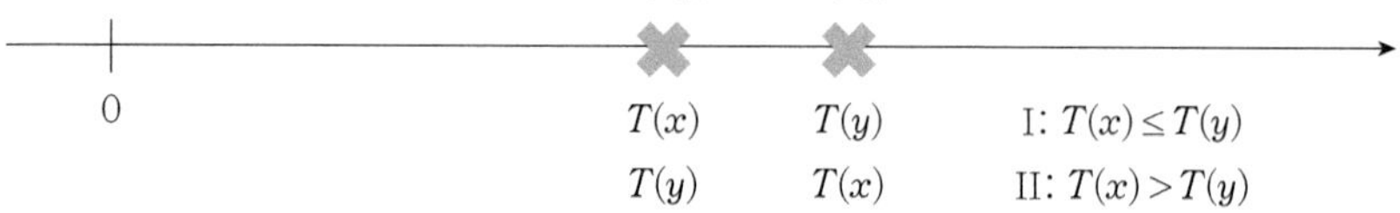

이때 I 또는 II의 경우 모두 $T(xy)$가 $T(\overline{xy})$보다 적은 값으로 표시됨을 알 수 있다. 즉, 결합생존 상태의 생존기간은 두 사람 중에서 더 짧게 생존한 사람의 생존기간이고, 최후생존자 상태의 생존기간은 두 사람 중 더 오래 생존한 사람의 생존기간이다. 따라서, 결합생존 상태와 최후생존자 상태의 다양한 형태의 단순 합계가 다음과 같이 단생의 단순 합계로 간단히 표현된다.

$$T(xy) + T(\overline{xy}) = T(x) + T(y)$$

$$T(xy) \cdot T(\overline{xy}) = T(x) \cdot T(y)$$

$${}_tp_{xy} + {}_tp_{\overline{xy}} = {}_tp_x + {}_tp_y$$

$${}_tq_{xy} + {}_tq_{\overline{xy}} = {}_tq_x + {}_tq_y$$

$$e^o_{xy} + e^o_{\overline{xy}} = e^o_x + e^o_y$$

예제 8-3

(1) $T(xy)$와 $T(\overline{xy})$의 공분산을 구하시오.

(2) $T(x)$, $T(y)$가 서로 독립인 경우 $T(xy)$와 $T(\overline{xy})$의 상관계수는 항상 0보다 큰 값임을 보이시오.

☞ (1) $Cov[T(xy), T(\overline{xy})]$

$$= E[T(xy) \cdot T(\overline{xy})] - E[T(xy)] \cdot E[T(\overline{xy})]$$

$$= Cov[T(x), T(y)]$$

$$+ \{E[T(x)] - E[T(xy)]\} \cdot \{E[T(y)] - E[T(xy)]\}$$

$$= Cov[T(x), T(y)] + \left(e^o_x - e^o_{xy}\right) \cdot \left(e^o_y - e^o_{xy}\right)$$

(2) $T(x)$, $T(y)$가 서로 독립이라면 $Cov[T(x), T(y)] = 0$이므로 공분산은 다음과 같이 간단히 표현된다.

$$Cov[T(xy), T(\overline{xy})] = \left(e^o_x - e^o_{xy}\right) \cdot \left(e^o_y - e^o_{xy}\right)$$

여기서 항상 $e^o_x \geq e^o_{xy}$과 $e^o_y \geq e^o_{xy}$이 성립하므로 공분산은 항상 0 이상이고, 결과적으로 상관계수도 0 이상

※ 결합생존 상태의 장래생존기간이 길어지면 최후생존자 상태의 장래생존기간도 같이 길어질 가능성이 크다.

예제 8-4

$T(x)$와 $T(y)$가 독립이고 다음 조건이 주어졌다고 할 때, $e^{o}_{T(xy)}$를 구하시오.

(가) $E[T(x)] = E[T(y)] = 4.0$

(나) $Cov\left[T(xy), T(\overline{xy})\right] = 0.09$

☞ $T(x)$, $T(y)$가 서로 독립이므로,

$Cov\left[T(xy), T(\overline{xy})\right] = \left(e^{o}_{x} - e^{o}_{xy}\right) \cdot \left(e^{o}_{y} - e^{o}_{xy}\right)$

$\Rightarrow (4 - e^{o}_{xy}) \cdot (4 - e^{o}_{xy}) = 0.09$

$\Rightarrow e^{o}_{xy} = 3.7$ 또는 4.3

$\therefore\ e^{o}_{xy} = 3.7$ ($\because$ 항상 $e^{o}_{x} \geq e^{o}_{xy}$이고 $e^{o}_{y} \geq e^{o}_{xy}$)

연습 8.4 23(2)#5

다음은 남성(m)과 여성(f)에 대한 생명표에서 생존자의 수를 나타낸 것이다.

x	l_x^m	l_x^f
95	100	100
96	50	80
97	25	60
98	0	40
99	0	20
100	0	0

(1) 95세인 남성과 여성 중 최종생존자에 대한 개산기대여명$\left(e_{\overline{95:95}}\right)$을 구하시오.

(2) $Var(K_{95:95})$을 구하시오. 단, $K_{95:95} = \min\left\{K_{95}^{m}, K_{95}^{f}\right\}$이고, K_{95}^{m}과 K_{95}^{f}는 각각 95세인 남성과 여성에 대한 개산여명(curtate future lifetime)을 나타내는 확률변수이다.

(3) $\ddot{a}_{\overline{95:95:\overline{2|}}}\left(= E\left[\ddot{a}_{\overline{\max(K_{95}^{m}+1,\, K_{95}^{f}+1,\, 2)}|}\right]\right)$를 구하시오. 단, $v = 0.95$이다.

연습 8.5 13(2)#5

$T(x)$, $T(y)$ 각각은 피보험자 (x), (y)의 장래생존기간을 나타내는 확률변수이고, 이들의 결합누적분포함수(joint c.d.f)가 아래와 같을 때, $E[T(xy)]$와 $Cov(T(xy), T(\overline{xy}))$를 구하시오.

$$F_{T(x),\,T(y)}(a,b) = \begin{cases} 0.00005\left[a^4 + b^4 - (b-a)^4\right] & \text{if } 0 < a \le 10, 0 < b \le 10 \\ 0.5 + 0.00005\left[a^4 - (10-a)^4\right] & \text{if } 0 < a < 10, b > 10 \\ 0.5 + 0.00005\left[b^4 - (10-b)^4\right] & \text{if } a > 10, 0 < b < 10 \\ 1 & \text{if } a > 10, b > 10 \end{cases}$$

연습 8.6 11(2)#2

$T(x)$, $T(y)$는 각각 피보험자 (x), (y)의 장래생존기간을 나타내는 확률변수이고 이들의 사력은 0.05로 일정하다.
$T(x)$, $T(y)$가 서로 독립일 때, $Cov(T(xy), T(\overline{xy}))$와 $Var(|T(x) - T(y)|)$를 구하시오. (단, $|z|$는 z의 절대값)

(2) 연생의 생명보험과 생명연금

결합생존 상태와 최후생존자 상태의 현재가치의 단순 합계도 다음과 같이 단생의 단순 합계로 간단히 표현된다.

$$v^{T(xy)} + v^{T(\overline{xy})} = v^{T(x)} + v^{T(y)}$$

따라서 양변에 각각 기댓값을 구하면 다음식을 얻을 수 있고, 연금의 경우에도 마찬가지 방법으로 단생의 단순 합계로 표현할 수 있다.

$$\overline{A}_{xy} + \overline{A}_{\overline{xy}} = \overline{A}_x + \overline{A}_y$$

$$\ddot{a}_{xy} + \ddot{a}_{\overline{xy}} = \ddot{a}_x + \ddot{a}_y$$
$$\bar{a}_{xy} + \bar{a}_{\overline{xy}} = \bar{a}_x + \bar{a}_y$$

예제 8-5 14#40

서로 독립인 피보험자 (x)와 (y)에 대하여 다음과 같은 조건이 주어졌다. $\ddot{a}_{xy}$의 값을 구하시오.

(가) $P_x = P_y = 0.1$

(나) $\ddot{a}_{\overline{xy}} = 8.33$

(다) $d = 0.06$

☞ $\ddot{a}_{xy} = \ddot{a}_x + \ddot{a}_y - \ddot{a}_{\overline{xy}}$

$$= \frac{1}{P_x + d} + \frac{1}{P_y + d} - \ddot{a}_{\overline{xy}} \fallingdotseq 4.17$$

연습 8.7 21(2)#1(2)

☐ 안을 하나의 국제계리기호로 채우시오.

$$A_{\overline{xy}} = A_x + A_y - (1 - d \cdot \square\ )$$

연습 8.8 19(2)#6

다음 조건을 이용하여 $\bar{a}_{\overline{xy}} - \bar{a}_{xy}$와 $Var\left[\bar{a}_{\overline{T(\overline{xy})}|} - \bar{a}_{\overline{T(xy)}|}\right]$를 구하시오.

(가) 확률변수 $T(x)$, $T(y)$는 (x)와 (y)의 장래생존기간을 나타냄

(나) $T(x)$와 $T(y)$는 서로 독립이며, 각각 평균이 40인 지수분포를 따름

(다) $T(xy) = \min\{T(x), T(y)\}$, $T(\overline{xy}) = \max\{T(x), T(y)\}$

(라) 이력(δ)은 0.05임

연습 8.9

피보험자 (x), (y)의 최후 생존자상태 $(\overline{xy})$에 대하여 사망즉시 보험금 1억원을 지급하는 연생 종신보험이 다음 조건을 만족할 때 다음 물음에 답하시오.

(가) 생존확률변수 $T(x)$, $T(y)$가 서로 독립
(나) (x), (y)의 사력은 각각 $\mu_x(t) = 0.03$, $\mu_y(t) = 0.05$
(다) 이력 $\delta = 0.025$

(1) 일시납순보험료를 구하라.
(2) (x)와 (y)가 모두 사망시까지 연간 P의 금액을 연속적으로 납입하는 경우 P의 값을 구하라.
(3) (x)와 (y) 중 한 명이 사망할 때까지만 연간 Q의 금액을 연속적으로 납입하는 경우 Q의 값을 구하라.

(3) 다양한 연생보험

가. 조건부 연생보험

연생보험에서 한 사람의 사망시기를 조건으로 하는 생존확률을 살펴보자. 먼저 (x)가 (y)보다 먼저 사망하는 경우의 상태인데, 이를 $\overset{1}{xy}$로 표현한다.

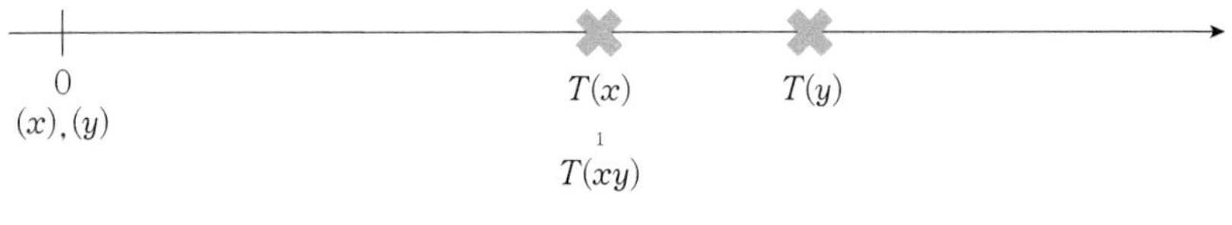

따라서, ${}_nq^1_{xy}$는 (x)가 (y)보다 먼저 사망하고 동시에 (x)가 n년 이내에 사망할 확률을 의미한다. 이때 (x)가 (y)보다 먼저 사망한다는 것은 $T(x)$가 $T(y)$ 보다 작다는 것을 의미하므로 이 확률은 다음과 같이 계산되며, 아래 그림의 영역에 해당한다.

$$
\begin{aligned}
{}_n q^{\,1}_{xy} &= \Pr[T(\overset{1}{xy}) \le n] \\
&= \Pr[T(x) \le n,\, T(x) \le T(y)] \\
&= \int_0^n \int_s^\infty f_{T(x),\,T(y)}(s,t)\,dt\,ds
\end{aligned}
$$

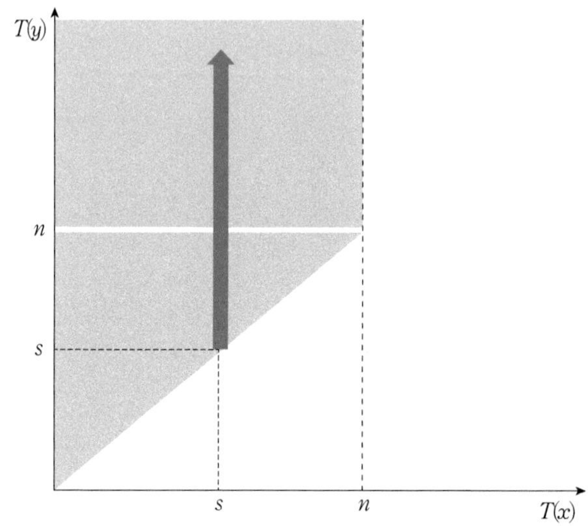

한편, $T(x)$와 $T(y)$가 독립이라고 가정하면 다음 식이 성립함을 알 수 있다.

$$
\begin{aligned}
{}_n q^{\,1}_{xy} &= \int_0^n \int_s^\infty f_{T(x)}(s)\, f_{T(y)}(t)\,dt\,ds \\
&= \int_0^n f_{T(x)}(s)\,[\int_s^\infty f_{T(y)}(t)\,dt]\,ds \\
&= \int_0^n {}_s p_x\, \mu_x(s)\, {}_s p_y\, ds \;=\; \int_0^n {}_s p_{xy}\, \mu_x(s)\, ds
\end{aligned}
$$

(x)가 (y)보다 나중에 사망하는 경우의 상태를 $\overset{2}{xy}$로 표현하는데, 마찬가지 방법으로 ${}_n q^{\,2}_{xy}$를 구할 수 있다.

$$
\begin{aligned}
{}_nq_{xy}^{\;2} &= \Pr[T(\overset{2}{xy}) \le n] \\
&= \Pr[T(x) \le n,\ T(y) \le T(x)] \\
&= \int_0^n \int_0^s f_{T(x),T(y)}(s,t)\,dt\,ds
\end{aligned}
$$

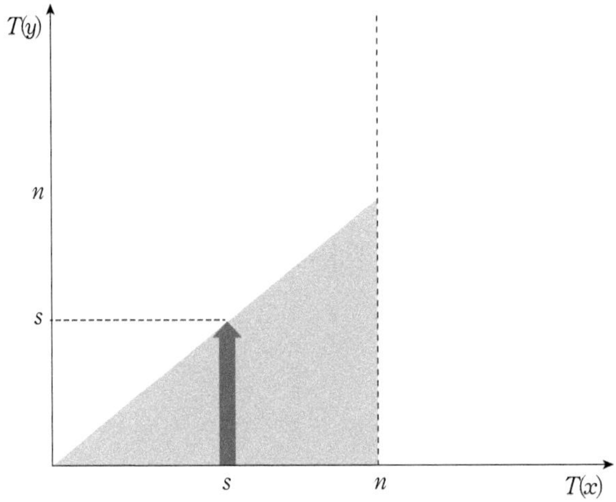

예제 8-6

생존함수가 다음과 같이 주어져 있다.

$$S(x) = 1 - \frac{x}{100},\ 0 \le x \le 100$$

현재 연령이 각각 60세와 65세인 두 피보험자에 대하여 ${}_{10}q_{\overset{1}{60}:65}$, ${}_{10}q_{60:\overset{1}{65}}$, ${}_{10}q_{\overset{2}{60}:65}$ 및 ${}_{10}q_{60:\overset{2}{65}}$을 계산하라. (단, 두 피보험자의 미래 생존기간은 서로 독립이라고 가정)

☞ $${}_{10}q_{\overset{1}{60}:65} = \int_0^{10} \int_s^{35} \frac{1}{40} \cdot \frac{1}{35}\,dt\,ds$$

$$= \frac{13}{14}$$

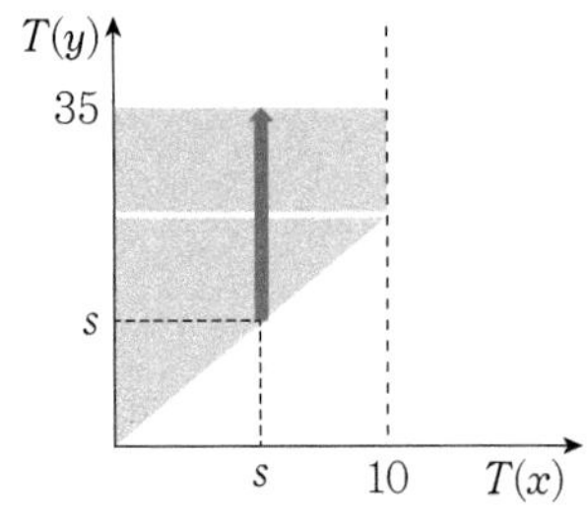

$$
{}_{10}q_{60:\overset{1}{65}} = \int_0^{10}\int_t^{40} \frac{1}{40}\cdot\frac{1}{35}\,dsdt
$$

$$
= \frac{1}{4}
$$

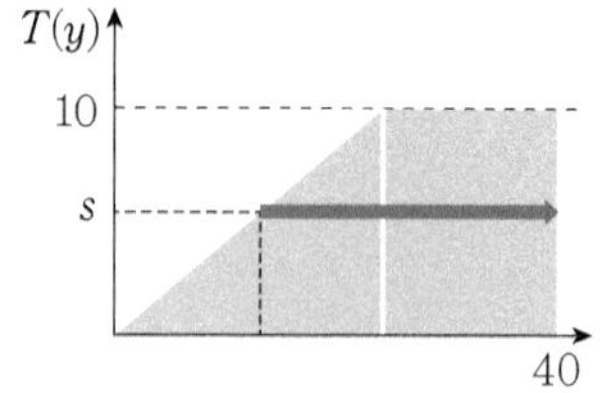

$$
{}_{10}q_{\overset{2}{60}:65} = \int_0^{10}\int_0^{s} \frac{1}{40}\cdot\frac{1}{35}\,dtds
$$

$$
= \frac{1}{28}
$$

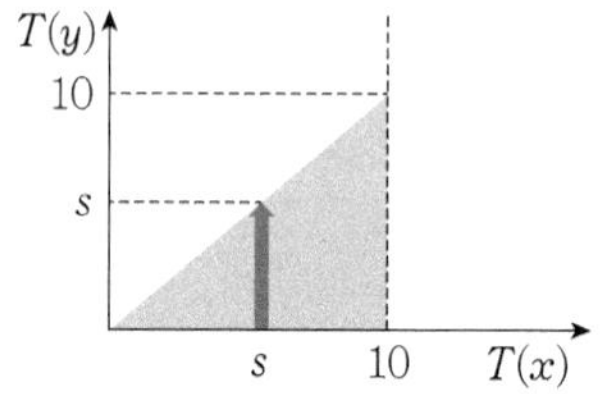

$$
{}_{10}q_{60:\overset{2}{65}} = \int_0^{10}\int_0^{t} \frac{1}{40}\cdot\frac{1}{35}\,dsdt
$$

$$
= \frac{1}{28}
$$

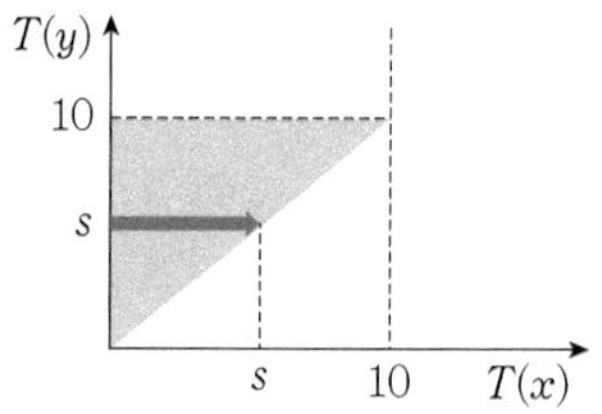

연습 8.10 16(2)#2

(x), (y), (z)의 사력은 서로 독립이고 다음과 같다.

$$
\mu_x = \frac{1}{100-x},\ (0<x<100)
$$

$$
\mu_y = \frac{1}{110-y},\ (0<y<110)
$$

$$
\mu_z = \frac{1}{120-z},\ (0<z<120)
$$

$x=91$, $y=70$, $z=45$ 일 때, 3년 이내에 (y)가 두 번째로 사망할 확률을 계산하시오.

연습 8.11

(x), (y)의 생존확률 변수 $T(x)$, $T(y)$의 결합확률밀도함수가 다음과 같을 때, ${}_{10}q_{\overset{1}{x}y}$, ${}_{10}q_{x\overset{1}{y}}$, ${}_{10}q_{\overset{2}{x}y}$ 및 ${}_{10}q_{x\overset{2}{y}}$을 계산하라.

$$f_{T(x),\,T(y)}(s,t) = s \cdot \exp\{-(s+t)\},\ s>0,\ t>0$$

연습 8.12 05(2)#8

보험회사에서 식생활 행태에 따른 보험료 차별화전략을 수립할 목적으로 식생활 건강연구소에 의뢰하여 다음과 같은 결과를 얻었다. 즉, 식생활 차이만 있을 뿐, 기타 상황은 동일하고 상호 독립적인 임의의 연령 x에 대하여 비채식주의자(Non-Vegetarian)의 사력은 μ_x 이고, 채식주의자(Vegetarian)의 사력은 $\theta\mu_x$ 이다. 여기에서, θ는 상수이며 $0<\theta<1$를 만족한다. 현재 x세인 비채식주의자의 장래 생존기간을 나타내는 연속확률변수를 T^N, 현재 x세인 채식주의자의 장래생존기간을 나타내는 연속확률 변수는 T^V라고 할 때, 다음을 증명하시오.

$$\Pr\left[T^V > T^N\right] = \frac{1}{1+\theta}$$

나. 전환연금(reversionary annuities)

두 피보험자 (x)와 (y)에 대하여, (y)가 생존해 있는 기간 동안 (x)가 사망한 시점부터 연금연액 1이 지급되는 연금을 전환연금(혹은 생잔연금)이라고 한다. 이 연금의 계리현가를 $\bar{a}_{x|y}$로 표기하는데, 정의에 따라 다음 관계식이 성립함을 알 수 있다.

$$\bar{a}_{x|y} = \bar{a}_y - \bar{a}_{xy}$$

한편, (y)가 생존해 있는 기간 동안 (x)가 사망한 경우에는 가입후 n년 이후부터 연금연액 1이 지급되는 연금은 $\bar{a}_{\overline{x:\overline{n|}}|y}$으로 표기한다. 이 연금의 경

우 (y)가 생존해 있는 기간 동안 (x)가 가입 후 n년 이전에 사망하였다고 하면 n년 이후가 되어야만 연금이 지급되며, (x)가 가입 후 n년 이후에 사망하였다면 (x)의 사망시점부터 연금이 지급된다. 따라서 정의상 다음 관계식이 성립함을 알 수 있다.

$$\begin{aligned}\bar{a}_{\overline{x:\overline{n|}}|y} &= \bar{a}_y - \bar{a}_{y:\overline{x:\overline{n|}}} \\ &= \bar{a}_y - \left(\bar{a}_{xy} + \bar{a}_{y:\overline{n|}} - \bar{a}_{xy:\overline{n|}}\right)\end{aligned}$$

예제 8-7

다음 조건의 연금연액을 지급하는 하나의 연속급 연생생명연금의 일시납순보험료를 생명연금 형태의 식으로 나타내시오.

(가) 계약후 n년까지 매년 확정적으로 연금연액 1을 지급한다.

(나) 계약후 n년 이후에는 (x)와 (y) 둘 다 생존하는 동안 연금연액 1을 지급한다.

(다) 계약후 n년 이후에는 (y)가 사망한 이후 (x)가 생존하는 동안 연금연액 3/4을 지급한다.

(라) 계약후 n년 이후에는 (x)가 사망한 이후 (y)가 생존하는 동안 연금연액 1/2을 지급한다.

☞ (가) $\bar{a}_{\overline{n|}}$

(나) ${}_{n|}\bar{a}_{xy} = \bar{a}_{xy} - \bar{a}_{xy:\overline{n|}}$

(다) $$\begin{aligned}\frac{3}{4}\bar{a}_{\overline{y:\overline{n|}}|x} &= \frac{3}{4}\left(\bar{a}_x - \bar{a}_{x:\overline{y:\overline{n|}}}\right) \\ &= \frac{3}{4}\left(\bar{a}_x - \bar{a}_{xy} - \bar{a}_{x:\overline{n|}} + \bar{a}_{xy:\overline{n|}}\right)\end{aligned}$$

(라) $$\begin{aligned}\frac{1}{2}\bar{a}_{\overline{x:\overline{n|}}|y} &= \frac{1}{2}\left(\bar{a}_y - \bar{a}_{y:\overline{x:\overline{n|}}}\right) \\ &= \frac{1}{2}\left(\bar{a}_y - \bar{a}_{xy} - \bar{a}_{y:\overline{n|}} + \bar{a}_{xy:\overline{n|}}\right)\end{aligned}$$

∴ (가)+(나)+(다)+(라)

$$=\bar{a}_{\overline{n|}} + \frac{3}{4}\bar{a}_x + \frac{1}{2}\bar{a}_y - \frac{1}{4}\bar{a}_{xy} - \frac{3}{4}\bar{a}_{x:\overline{n|}} - \frac{1}{2}\bar{a}_{y:\overline{n|}} + \frac{1}{4}\bar{a}_{xy:\overline{n|}}$$

연습 8.13 13(2)#6

(x)인 피보험자 홍길동은 사망 시에 해당 보험연도 말에 사망보험금 S를 지급하는 전기 연납 종신보험에 가입하였다. 홍길동은 가입 후 k년 경과 시점에 보험료 납입을 중단하고 아래와 같은 부부연금계약(couple annuity contract) 보험상품으로 계약을 변경하고자 한다. (단, 사업비는 고려하지 않음) $(x+k)$, $(y+k)$에 대한 전환계약의 보장내용은 아래와 같다.

(가) 전환 직후 처음 n년 동안은 매 보험년도 초에 θ을 지급하는 기시 확정연금
(나) n년 기시 확정연금 지급이 완료된 이후에는 매 보험연도 초에 홍길동의 배우자만 생존한 경우에 θ을 지급하는 생잔연금(reversionary annuity)

위와 같이 계약을 변경할 경우에 계약 전환 재원으로 k년 경과 시점의 순보험료식 책임준비금 전액을 일시납으로 활용한다. 이와 같은 조건에서 θ를 아래의 국제계리기호를 선별적으로 사용하여 표현하시오.

$\ddot{a}_x$, $\ddot{a}_y$, $\ddot{a}_{x+k}$, $\ddot{a}_{y+k}$, $\ddot{a}_{x+k:y+k}$, $\ddot{a}_{x+k+n}$, $\ddot{a}_{y+k+n}$

$\ddot{a}_{x:\overline{n|}}$, $\ddot{a}_{y:\overline{n|}}$, $\ddot{a}_{x+k:\overline{n|}}$, $\ddot{a}_{y+k:\overline{n|}}$, $\ddot{a}_{x+k:y+k:\overline{n|}}$, $\ddot{a}_{\overline{n|}}$, $\ddot{a}_{\overline{k+n|}}$

다. 총손실분포를 통한 보험료 산출

연생보험의 경우에도 제5장의 단생보험과 마찬가지로 특정시점에 보험회사의 손실이 발생하지 않는 수준에서 보험료를 결정할 수 있다.

예제 8-8 22(2)#7

보험회사는 피보험자 x세와 y세인 부부 100쌍에게 연생종신보험을 판매하려고 한다.
(가) 각 계약에서 보험료는 부부 모두 생존 시 매년 초에 납입됨
(나) 각 계약에서 첫 번째 사망자가 발생한 연도 말에 보험금 100을 지급함
(다) $S=\sum_{i=1}^{100} {}_0L_i$, 여기서 ${}_0L_i$는 i번째 계약에서 손실의 현가를 나타내는 확률변수임

(라) 모든 피보험자의 장래생존기간은 서로 독립임

(마) $A_{xy} = 0.7,\ {}^2A_{xy} = 0.65,\ d = 0.05$

(바) $\Phi(1.645) = 0.95$, 여기서 $\Phi(x)$는 누적표준정규분포임

보험회사는 이 보험의 연납평준보험료 π를 $\Pr(S<0) = 0.95$ 가 되게 하는 수준으로 책정한다. 위의 조건을 이용하여 π를 구하시오.

☞ $${}_0L_i = \left(100 + \frac{\pi}{d}\right)v^{\lceil T(x) \wedge T(y) \rceil} - \frac{\pi}{d}$$

$$\Rightarrow E({}_0L_i) = \left(100 + \frac{\pi}{d}\right)A_{xy} - \frac{\pi}{d} = 70 - 6\pi$$

$$Var({}_0L_i) = \left(100 + \frac{\pi}{d}\right)^2 ({}^2A_{xy} - (A_{xy})^2) = 0.16(100 + 20\pi)^2$$

이를 이용하여 S의 평균과 분산을 구하면 다음과 같다.

$$E(S) = 100E({}_0L) = 100(70 - 6\pi).$$

$$Var(S) = 100\,Var({}_0L) = 16(100 + 20\pi)^2$$

$$\Rightarrow P(S<0) = P\left(\frac{S - E(S)}{\sqrt{Var(S)}} < -\frac{E(S)}{\sqrt{Var(S)}}\right)$$

$$= P\left(Z < -\frac{E(S)}{\sqrt{Var(S)}}\right) = 0.95$$

$$\Rightarrow \frac{-100(70 - 6\pi)}{4(100 + 20\pi)} = 1.645$$

$$\therefore\ \pi = 16.35$$

(4) 공통충격(common shock) 모형

자연재해 등으로 인하여 연생을 구성하는 피보험자들이 동시에 생존상태가 종료되는 상황을 공통충격(common shock)이라고 한다. 이 경우 피보험자 (x)와 (y)의 미래 생존기간 확률변수 $T(x)$와 $T(y)$의 관계가 독립적(independent)이지 않고 공통충격의 상황에서는 종속적(dependent)인 관계가 된다. 피보험자 (x)와 (y)가 부부이거나 사업상 여행을 같이 해야 하는 동업자의 경우가 이런 예에 속한다.

공통충격 모형에서는 동시 사고 발생을 완전히 배제한 상황에서 피보험자 (x)와 (y)의 미래 생존기간 확률변수 $T^*(x)$와 $T^*(y)$라고 하고 서로 독립이라고 가정한다. 그리고 공통충격이 발생한 시점을 나타내는 확률변수 Z가 $T^*(x)$나 $T^*(y)$와 독립이라고 하자.

Z가 모수 λ(common shock factor)인 지수분포를 따른다고 하면 Z의 생존확률은 다음과 같다.

$$
\begin{aligned}
S_Z(t) &= \Pr(Z > t) \\
&= e^{-\lambda t}
\end{aligned}
$$

한편 (x)와 (y)의 미래 생존기간 확률변수 $T(x)$와 $T(y)$는 공통충격을 고려하여야 하므로 각각 다음과 같이 표현된다.

$$
\begin{aligned}
T(x) &= \min(T^*(x), Z) \\
T(y) &= \min(T^*(y), Z)
\end{aligned}
$$

따라서 다음과 같이 결합생존확률의 생존분포를 구할 수 있다.

$$
\begin{aligned}
S_{T(x),\,T(y)}(s,t) &= \Pr[\,T(x) > s,\ T(y) > t\,] \\
&= \Pr[\,T^*(x) > s,\ Z > s,\ T^*(y) > t,\ Z > t\,] \\
&= S_{T^*(x)}(s) \cdot S_{T^*(y)}(t) \cdot e^{-\lambda \cdot \max(s,t)}
\end{aligned}
$$

따라서, 결합생존 상태에 대하여 다음의 생존확률과 사력을 구할 수 있게 된다.

$$
\begin{aligned}
&{}_tp_{xy} - {}_tp_x \cdot {}_tp_y \cdot e^{-\lambda t} \\
&\mu_{xy}(t) = \mu_x(t) + \mu_y(t) + \lambda
\end{aligned}
$$

한편, (x)와 (y)가 동시에 사망하는 경우의 확률은 결합생존확률의 생존분포를 이용하여 다음과 같이 구할 수 있다.

$$\Pr[\,T(x) = T(y)\,]$$

$$= \int_0^\infty S_{T^*(x)}(t) \cdot S_{T^*(y)}(t) \cdot \lambda e^{-\lambda t}\, dt$$

$$= \lambda \int_0^\infty {}_tp_{xy} dt$$

$$= \lambda \cdot \overset{o}{e}_{xy}$$

예제 8-9 14(2)#7

동일한 연령의 두 피보험자 (x)와 (y)에 대하여, 서로 독립인 사망시점 확률변수 $T^*(x)$와 $T^*(y)$의 개별 생존함수가 다음과 같이 동일한 균일분포를 따른다.

$$S_{T^*(x)}(t) = S_{T^*(y)}(t) = 1 - \frac{t}{w}\ ,\ 0 \le t \le w.$$

두 피보험자에게 재난적 사고가 발생하면 항상 동시에 사망하게 되는데, 현재시점으로부터 이러한 재난적 사고가 발생하기까지의 시간을 나타내는 확률변수 T의 생존함수 또한 동일한 균일분포를 따른다.

$$S_T(t) = 1 - \frac{t}{w}\ ,\ 0 \le t \le w.$$

확률변수 T는 $T^*(x)$, $T^*(y)$와 각각 독립일 때, 두 피보험자가 동시에 사망할 확률 $\Pr(\,T(x) = T(y)\,)$을 계산하시오.
이 때, $T(x) = \min(T^*(x), T)$이다.

☞ $f_{T(t)} = \frac{d}{dt} F_{T(t)} = \frac{d}{dt}(1 - S_{T(t)}) = \frac{1}{\omega}$

$$\therefore \Pr[\,T(x) = T(y)\,] = \int_0^\omega S_{T^*(x)} S_{T^*(y)}(t) \cdot f_T(t) dt$$

$$= \int_0^\omega \left(1 - \frac{t}{\omega}\right)^2 \frac{1}{\omega} dt$$

$$= \left[-\frac{1}{3}\left(1 - \frac{t}{\omega}\right)^3\right]_0^\omega = \frac{1}{3}$$

(5) 연생보험의 준비금

연습 8.14 19(2)#1(3)

☐ 안을 하나의 국제계리기호로 채우시오.

$$ {}_kV_{xy:\overline{n|}} = 1 - \frac{\ddot{a}_{x+k:y+k:\overline{n-k|}}}{\square} $$

연습 8.15 17(2)#5

주피보험자 (50), 주피보험자의 배우자 (45)가 아래와 같은 종신 연생연금에 가입하였다.

(가) 보험료 납입기간은 10년이며, (50)이 생존 시 연납평준 순보험료를 납입함
(나) 보험료 납입기간(10년) 경과 후, (50)이 생존 시 매년 초에 1원을 지급함
(다) (50)이 사망한 경우, 사망한 다음 연도부터 (45)가 생존 시 매년 초 1원을 지급함
(라) 예정사망률은 남녀 동일함

$$ \ddot{a}_{45} = 14.1,\ \ddot{a}_{50} = 13.3,\ \ddot{a}_{55} = 12.3,\ \ddot{a}_{60} = 11.1,\ \ddot{a}_{65} = 9.9, $$
$$ \ddot{a}_{50:45} = 12.5,\ \ddot{a}_{65:60} = 6.2,\ {}_{10}E_{50} = 0.510,\ {}_5E_{55} = 0.708 $$

(1) 연납평준 순보험료를 구하시오.
(2) 다음의 경우 순보험료식 책임준비금을 구하시오.
(가) 제5보험연도 말 시점에서 (50)은 생존하고, (45)는 사망한 경우
(나) 제15보험연도 말 시점에서 (50)과 (45)가 모두 생존한 경우

Final

핵심정리

결합생존	$\min[T(x), T(y)]$	${}_nq_{xy}$	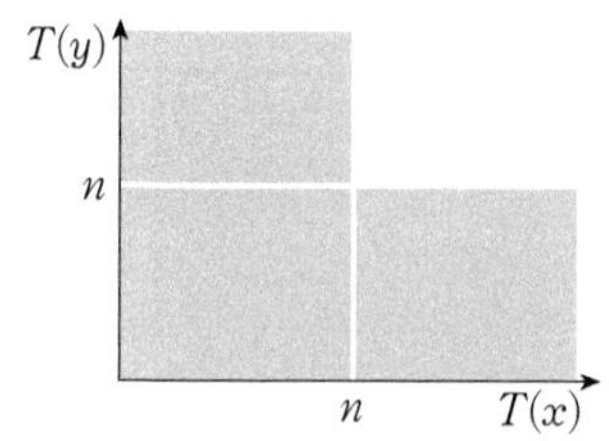
최후생존	$\max[T(x),\ T(y)]$	${}_nq_{\overline{xy}}$	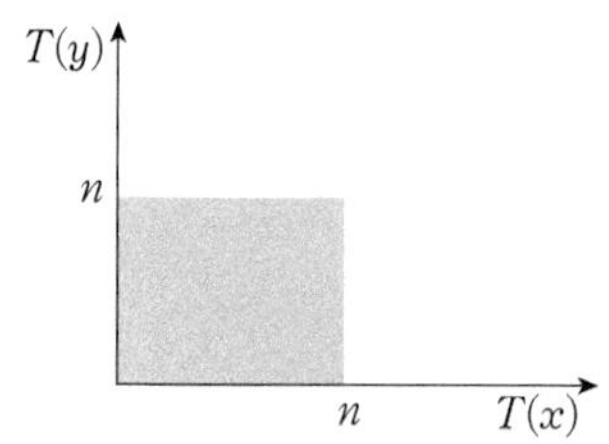
(x)가 먼저 사망	$T(x) \leq\ T(y)$	${}_nq^{1}_{xy}$	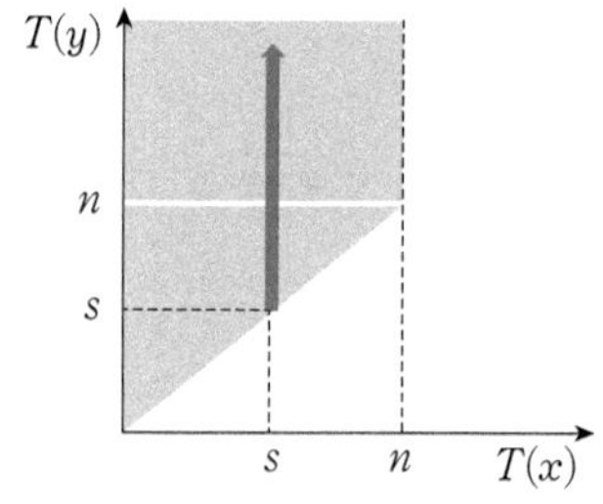
(x)가 나중에 사망	$T(x) \geq\ T(y)$	${}_nq^{2}_{xy}$	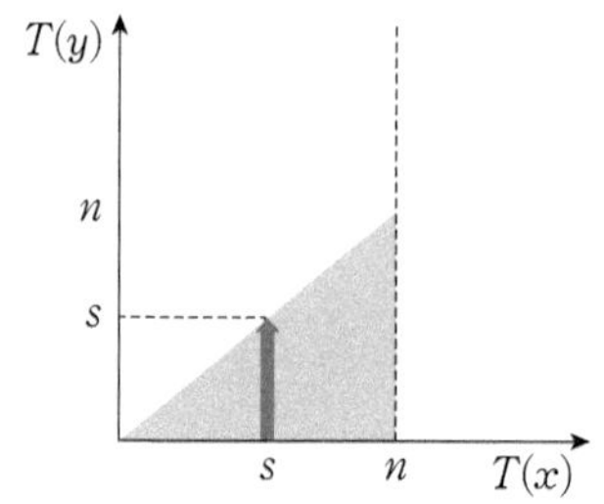

Final

연습문제

01 $T(x)$와 $T(y)$가 독립일 때, 모두 생존해 있는 경우 연금연액 1원이 연속으로 지급되고, 어느 한 명만 생존해 있는 경우에는 연금연액 0.6원이 연속으로 지급되는 연금의 일시납순보험료는 무엇인가? (15(2)#3 일부 수정)

① $\bar{a}_{xy} + 0.6\,\bar{a}_{\overline{xy}}$　② $0.4\,\bar{a}_{xy} + 0.6\,\bar{a}_{\overline{xy}}$

③ $\bar{a}_{\overline{xy}} + 0.6\,\bar{a}_{xy}$　④ $0.4\bar{a}_{\overline{xy}} + 0.6\,\bar{a}_{xy}$

02 $T(x)$와 $T(y)$가 독립이고, 이들의 사력은 모두 0.05로 일정하다고 할 때, $Cov[\,T(xy),\, T(\overline{xy})\,]$의 값은?

① 100　② 200

③ 300　④ 400

03 다음 중 옳은 것을 모두 고르면?

(가) $\Pr[T(x) \le t] + \Pr[T(x) > t] = 1$ (나) $\Pr[T(x) \le s,\, T(y) \le t] + \Pr[T(x) > s,\, T(y) > t] = 1$

① (가)　② (나)

③ (가), (나)　④ 없음

04 $\bar{a}_{x|y} + \bar{a}_{xy}$와 같은 것은? (20(2)#1(2))

① $\bar{a}_{x}$　② $\bar{a}_{y}$

③ $\bar{a}_{xy}$　④ $\bar{a}_{\overline{xy}}$

✓

05 30세 동갑인 한 부부가 각각 앞으로 20년 간 생존할 확률이 60%이고, 10년 안에 사망할 확률은 10%이다. 두 사람 중 적어도 한 사람이 40세에서 50세 사이에 사망할 확률을 구하시오. (단, 두 사람의 사망은 독립) (21#40)

① 45%　　② 49%

③ 51%　　④ 55%

06 Z는피보험자 (x)와 (y)에 대하여 보험금 1을 지급하는 연말급 연생종신보험의 현가 확률변수이다. 첫 번째 사망이 발생하는 경우에 보험금 1을, 최종생존자가 사망하는 경우에 보험금 1을 지급한다고 하자. 이때 $E[Z]$의 값을 구하라. (단, $a_x = 9$, $a_y = 13$, $i = 0.04$)

① 0.0769　　② 1.0769

③ 2.0769　　④ 3.0769

✓✓

07 피보험자 (x), (y)가 다음과 같은 종신 연생연금에 가입하였다. 이 연금의 현재가치를 나타내는 확률변수를 Y라 할 때, 다음중 Y의 분산값에 가장 근접한 값은 무엇인가? (17(2)#3)

> (가) 모두 생존해 있는 경우 연금연액 1원이 연속으로 지급됨
> (나) 어느 한 명만 생존해 있는 경우 연금연액 0.6원이 연속으로 지급됨
> (다) 장래생존기간은 서로 독립임
> (라) 사력은 $\mu_x(t) = 0.04$, $\mu_y(t) = 0.03$이고 이력(δ)은 0.03임

① 15　　② 25

③ 35　　④ 45

08 $T(x)$와 $T(y)$가 독립일 때, ${}_nq^2_{xy} + {}_np_x \cdot {}_nq_y$와 같은 것은? (20(2)#1(3))

① ${}_nq^{1}_{xy}$　　② ${}_nq_{x\overset{1}{y}}$

③ ${}_nq_{xy}$　　④ ${}_nq_{\overline{xy}}$

09 흡연자의 사력이 비흡연자 사력의 두 배일 경우 흡연자의 잔존생존기간이 비흡연자의 잔존생존기간을 초과하게 되는 확률을 구하시오. (단, 흡연자와 비흡연자는 서로 독립이며 기타 다른 조건은 동일함.) (07(2)#2)

① $\frac{1}{2}$ ② $\frac{1}{3}$

③ $\frac{1}{4}$ ④ $\frac{1}{5}$

10 다음 조건을 만족하는 연생보험의 일시납순보험료는 얼마인가?

(08(2)#3 수정)

(가) 두 피보험자 (x), (y) 중에서 첫번째 사망자에게는 사망 즉시 100을, 두번째 사망자에게는 사망 즉시 200을 지급함
(나) 두 피보험자 (x), (y) 중에서 첫번째 사망 사건이 발생한 즉시 생존자에게 연금년액(年額) 30을 종신연금으로 연속 지급함
(다) 두 피보험자 (x), (y)가 동시에 사망할 가능성은 없음
단, $\bar{a}_x = 20$, $\bar{a}_y = 26$, $\bar{a}_{xy} = 12$, $\delta = 0.02$.

① 568 ② 668

③ 768 ④ 868

쉬어가는 코너 보험수리학을 만든 사람들

Benjamin Gompertz(1779~1865), 영국의 보험계리학자

곰페르츠는 대학교육을 받지 못하였으나 어릴 때부터 뉴턴의 서적을 탐구하며 독학으로 수학을 공부하였다. 1825년 사람의 사망 리스크가 나이가 증가함에 따라 기하급수적으로 늘어난다는 곰페르츠 법칙을 제시했다. 이 법칙이 제시되기 전까지는 사망자의 발생이 등차수열을 따른다는 드 무아브르의 사망법칙이 약 100여년간 통용되었었다. 그러나 사망원인은 연령과 무관할지라도 나이가 들수록 그 사망원인에 대한 저항력은 약화될 것이므로 곰페르츠는 연령 증가에 비례하여 사망자수는 등비수열 이상의 수준으로 증가할 것이므로 사망률은 지수함수로 증가할 것이라고 확신하였다.

이 법칙은 생명보험의 보험료 계산에 많은 영향을 끼쳤다. 이 법칙을 이용하면 연령별 사망 리스크를 계산할 수 있기 때문에 기존의 생명보험 연령 제한을 극복할 수 있게 된다.

August Zillmer(1831~1893), 독일의 보험계리사

질머는 1858년 University of Rostock에서 박사학위를 취득한 후, Germania Life Insurance Company, Northstar Life Insurance Company 등의 보험회사에 근무하였다. 1868년에는 독일 보험계리사회(Institute of Actuarial Science)를 설립하고 회장을 역임한다.

그는 역사상 최초로 여러 보험회사가 보유한 사망률을 연구하였고, 보험료적립금을 평가하는 Zillmer 방법을 개발하였다.

09

다중탈퇴

제 9 장 다중탈퇴

(1) 다중탈퇴모형

가. 탈퇴의 개념

탈퇴(decrement or failure)란 피보험자 단체의 구성원이 자격을 상실하여 보험계약이 종료(termination)되는 것을 말한다. 앞장에서는 주로 사망만이 원인이 되어 보험계약에서 탈퇴되는 경우를 살펴보았는데, 일반적으로는 사망 이외에 다양한 요인들로 탈퇴가 이루어진다. 일반적인 생명보험 상품의 경우 사망하는 경우에만 계약이 종료되는 것이 아니라 암발생 등의 경우에 종료되도록 설계된 경우도 있고, 무엇보다도 계약자의 해지로 인하여 보험계약이 종료되기 때문이다.

한편 사람뿐만 아니라 기계 또는 자연현상에도 탈퇴의 개념을 도입할 수 있는데, 가령 어느 기계의 내용 연수기간이나 태풍의 발생에서 소멸까지의 기간으로 확장하여 생각할 수 있다. 다시 말하자면, 사망 또는 소멸과 같이 어느 기간 시점의 종료 상태를 탈퇴로 정의할 수 있다.

대부분의 개인생명보험은 사망과 해약으로 탈퇴되고, 부부형 생존연금보험의 경우 미망인이 사망 또는 재혼하는 경우에 연금지급이 중단되는 형태이다. 이런 경우는 탈퇴요인이 2개인 경우이다. 한편 이렇게 탈퇴요인이 2개인 모형만 있는 것은 아니다.

가령 퇴직연금은 사망, 이직, 장해와 퇴직으로 탈퇴하므로 탈퇴 요인이 4개가 된다.

나. 다중탈퇴표

보험계약자가 사망, 장해, 해약 등으로 보험계약을 유지하지 못하고 탈퇴할 때, 각 연도별로 원인별 감소자수 및 각 연령의 잔존자를 나타낸 표를 다중탈퇴표(multiple decrement table)라고 한다.

예를 들어 다음과 같이 모든 탈퇴원인이 서로 독립인 3중탈퇴표가 있다고 가정한다.

x	계약 유지자 $l_x^{(\tau)}$	사망자 $d_x^{(1)}$	장해 발생자 $d_x^{(2)}$	해약자 $d_x^{(3)}$	계약 탈퇴자 $d_x^{(\tau)} = d_x^{(1)} + d_x^{(2)} + d_x^{(3)}$
45	100,000	104	208	18,988	19,300
46	80,700	109	218	15,249	15,576
47	65,124	115	230	12,224	12,569
48	52,555	122	244	9,778	10,144
	⋮	⋮	⋮	⋮	⋮

이 표는 사망(1), 장해발생(2), 해약(3) 등 3가지 탈퇴요인에 의해서 작성되었는데, 45세의 100,000명의 유지자는 이 요인들에 의해 각각 104명, 208명 및 18,988명이 탈퇴되었다. 각각의 탈퇴자를 $d_{46}^{(1)}$, $d_{46}^{(2)}$ 및 $d_{46}^{(3)}$로 표기하는데, 이들을 더한 값이 45세가 46세에 다다르기 전에 탈퇴한 전체 탈퇴자 $d_{45}^{(\tau)}$가 된다. 따라서 46세가 되었을 때는 80,700명의 유지자만 남게 됨을 이 표를 통해 알 수 있다. 따라서, 자연스럽게 다음 식이 성립됨을 알 수 있다.

$$d_x^{(\tau)} = d_x^{(1)} + d_x^{(2)} + d_x^{(3)}$$
$$l_{x+1}^{(\tau)} = l_x^{(\tau)} - d_x^{(\tau)}$$

한편, 탈퇴요인 j에 의해 1년간 탈퇴자의 수가 $d_x^{(j)}$가 되므로 1년간 j에 의한 탈퇴율 $q_x^{(j)}$은 다음과 같다.

$$q_x^{(j)} = \frac{d_x^{(j)}}{l_x^{(\tau)}}$$

따라서, 총탈퇴율을 $q_x^{(\tau)}$라고 할 때 이는 다음 식처럼 다중탈퇴율의 단순

합계임을 알 수 있다.

$$q_x^{(\tau)} = q_x^{(1)} + q_x^{(2)} + q_x^{(3)}$$

예제 9-1

다음 이중탈퇴표에서 ${}_3q_{30}^{(1)}$을 구하라.

x	$l_x^{(\tau)}$	$q_x^{(1)}$	$q_x^{(2)}$	$q_x^{(\tau)}$	$d_x^{(1)}$	$d_x^{(2)}$
30		-	-	0.075	-	130
31	1,850	0.02	0.05	-	-	-
32		-	-	-	54	-

☞ $$l_{30}^{(\tau)} = \frac{l_{31}^{(\tau)}}{1-q_{30}^{(\tau)}} = \frac{1850}{1-0.075} = 2000$$

$$d_{30}^{(1)} = d_{30}^{(\tau)} - d_{30}^{(2)} = (2000-1850) - 130 = 20$$

$$d_{31}^{(1)} = l_{31}^{(\tau)} \cdot q_{31}^{(1)} = 37$$

$$\therefore\ {}_3q_{30}^{(1)} = \frac{d_{30}^{(1)} + d_{31}^{(1)} + d_{32}^{(1)}}{l_{30}^{(\tau)}} = \frac{20+37+54}{2000} = 0.0555$$

연습 9.1 S17#1

다음과 같이 3중 탈퇴표가 주어져 있다.

x	$l_x^{(\tau)}$	$q_x^{(1)}$	$q_x^{(2)}$	$q_x^{(3)}$
40	15,000	0.01	0.04	0.05
41	-	0.04	0.08	0.10

그런데, 이 표에서 $q_{40}^{(1)}$의 값만 0.02로 수정하고 나머지 값들은 그대로 둔다고 할 때, $d_{41}^{(3)}$은 얼마만큼 변하는가?

다. 다중탈퇴모형의 확률변수

다중탈퇴표를 통한 결정론적 계산에서 한 발자국 더 나아가서 확률론적 측면에서 다중탈퇴모형을 고려해 보자.

계약이 탈퇴하게 되는 사유를 나타내는 (이산)확률변수를 J라고 하고 계약의 종료시점을 의미하는 (연속)확률변수를 T라고 하자. 그러면 확률밀도함수(probability density function)는 다음과 같다.

$$f_T(t) = \sum_{j=1}^{m} f_{T,J}(t,j)$$

한편, 시점과 무관하게 전 기간 동안 탈퇴원인 j로 인하여 계약이 종료될 확률 $f_J(j)$는 다음과 같이 확률질량함수(probability mass function)으로 나타낼 수 있다.

$$f_J(j) = \int_0^{\infty} f_{T,J}(t,j)\,dt$$

그리고, 피보험자 (x)가 탈퇴요인 j에 의해 t시점 이전에 탈퇴할 확률, 즉 j에 의한 탈퇴율 ${}_tq_x^{(j)}$는 다음 식으로 표현된다.

$$\begin{aligned} {}_tq_x^{(j)} &= \Pr[T \le t,\, J = j] \\ &= \int_0^{t} f_{T,J}(s,j)\,ds \end{aligned}$$

한편, (x)가 t시점 이전에 탈퇴하여 계약이 종료될 확률 $q_x^{(\tau)}$는 모든 탈퇴사유를 포함하여야 하므로, 모든 다중 탈퇴율의 단순 합계이다.

$${}_tq_x^{(\tau)} = \Pr[T < t] = \sum_{j=1}^{m} {}_tq_x^{(j)}$$

따라서 (x)가 t시점까지 계약을 유지할 확률을 ${}_tp_x^{(\tau)}$라고 하면 사망률과 생존율의 합이 1이 되는 것과 마찬가지고 탈퇴율과 유지율의 합이 1이 되므로 다음 식이 성립한다.

$$ {}_tp_x^{(\tau)} = 1 - {}_tq_x^{(\tau)} $$

이제 생존율을 가지고 사력을 정의하는 방식과 마찬가지로 t시점에서의 총탈퇴력(total force of decrement)을 정의해 보면 다음과 같다.

$$ \mu_x^{(\tau)}(t) \equiv \frac{f_T(t)}{{}_tp_x^{(\tau)}} = -\frac{d}{dt} ln[{}_tp_x^{(\tau)}] $$

또한, 양변을 적분함으로써 다음 식을 도출하는 것도 자연스럽다.

$$ {}_tp_x^{(\tau)} = \exp\left[-\int_0^t \mu_x^{(\tau)}(s)\,ds\right] $$

한편, t시점에서의 탈퇴사유 j에 의한 탈퇴력(force of decrement due to cause j)은 다음과 같이 정의한다.

$$ \mu_x^{(j)}(t) \equiv \frac{f_{T,J}(t,j)}{{}_tp_x^{(\tau)}} = \frac{\frac{d}{dt}\,{}_tq_x^{(j)}}{{}_tp_x^{(\tau)}} $$

양변을 적분함으로써 다음과 같이 j에 의한 탈퇴율을 탈퇴력을 통해 표현할 수 있다.

$$ {}_tq_x^{(j)} = \int_0^t {}_sp_x^{(\tau)}\mu_x^{(j)}(s)\,ds $$

또한, 다음과 같이 개별 탈퇴력의 단순합계가 총탈퇴력이 된다.

$$ \begin{aligned} \sum_{j=1}^{m} \mu_x^{(j)}(t) &= \sum_{j=1}^{m} \frac{\frac{d}{dt}q^{(j)}}{p^{(\tau)}} \\ &= \frac{\frac{d}{dt}q^{(\tau)}}{p^{(\tau)}} \\ &= \mu_x^{(\tau)}(t) \end{aligned} $$

예제 9-2

3중탈퇴모형(triple decrement model)에서 다음과 같은 탈퇴력을 가질 때, ${}_{10|10}q_x^{(2)}$를 구하시오.

$$\mu_x^{(1)}(t) = 0.01,\ \mu_x^{(2)}(t) = 0.02,\ \mu_x^{(3)}(t) = 0.03\ (\text{단, } t \geq 0)$$

☞ $${}_{10\,|\,10}q_x^{(2)} = {}_{10}p_x^{(\tau)} \cdot {}_{10}q_{x+10}^{(2)}$$

$$= \exp\left\{-\left(\mu_x^{(1)} + \mu_x^{(2)} + \mu_x^{(3)}\right)\right\} \cdot {}_{10}q_{x+10}^{(2)}$$

$$= e^{-0.06 \times 10} \cdot \int_0^{10} 0.02e^{-0.06t}dt \fallingdotseq 0.0825$$

연습 9.2

이중탈퇴모형에서 탈퇴력 $\mu_x^{(1)}$와 $\mu_x^{(2)}$가 상수라고 할 때, 다음 조건하에서 $\mu_x^{(1)}$의 값을 구하시오.

(가) ${}_{\infty}q_x^{(2)} = 0.625$

(나) $E[T(x)] = 5$

라. 다중탈퇴모형의 확률론적 해석

※ 여기를 공부하기 전에 『부록 1. 먼저 알고 가야 할 수학 · 통계』의 5번 문제를 숙지하는 것이 필요하다.

어떤 보험상품에 연령 (a)인 피보험자 $l_a^{(\tau)}$명이 가입했다고 가정하다. 이때, 이 피보험자가 $x-a$년이 지나서 어떤 탈퇴사유도 없이 유지하고 있다면 연령은 (x)가 되었을 것인데, 이때 (x)의 수를 확률변수 $L_x^{(\tau)}$라고 하자. 그러면, $L_x^{(\tau)}$는 시행횟수가 $l_a^{(\tau)}$이고 성공확률이 ${}_{x-a}p_a^{(\tau)}$인 이항분포를 따르게 된다.

따라서 다음 식이 성립됨을 알 수 있다.

$$E[L_x^{(\tau)}] = l_a^{(\tau)} \cdot {}_{x-a}p_a^{(\tau)}$$

$$Var[L_x^{(\tau)}] = l_a^{(\tau)} \cdot {}_{x-a}p_a^{(\tau)} \cdot {}_{x-a}q_a^{(\tau)}$$

이번에는, 연령 (a)인 피보험자 $l_a^{(\tau)}$명이 $x-a$년이 지나서 연령 (x)가 될 때까지 유지하고 있다가 연령 (x)와 $(x+n)$ 사이에 탈퇴사유 j로 보험계약이 종료되는 경우를 생각해보자 이때 종료되는 인원수를 확률변수 ${}_nD_x^{(j)}$라고 하면, ${}_nD_x^{(j)}$는 시행횟수가 $l_a^{(\tau)}$이고 성공확률이 ${}_{x-a}p_a^{(\tau)}\,{}_nq_x^{(j)}$인 이항분포를 따르게 된다. 그리고 ${}_nD_x^{(1)}$, ${}_nD_x^{(2)}$, $\cdots$, ${}_nD_x^{(m)}$, $l_a^{(\tau)} - \sum_{j=1}^{m} {}_nD_x^{(j)}$는 다항분포를 따른다.

따라서 다음의 값을 얻을 수 있다.

$$E[{}_nD_x^{(j)}] = l_a^{(\tau)} \cdot {}_{a-x}p_a^{(\tau)} \cdot {}_nq_x^{(j)}$$

$$Var[{}_nD_x^{(j)}] = l_a^{(\tau)} \cdot {}_{a-x}p_a^{(\tau)} \cdot {}_nq_x^{(j)} \cdot (1 - {}_{a-x}p_a^{(\tau)}\,{}_nq_x^{(j)})$$

또한, $i \neq j$인 경우 다항분포의 성질에 의해 다음과 같이 공분산을 구할 수 있는데, 동일연령 구간에서 한 쪽의 탈퇴원인으로 인한 탈퇴자 수가 증가하면 다른 탈퇴요인의 탈퇴자 수는 감소하게 되므로 다음과 같이 음의 상관관계를 갖는 것을 알 수 있다.

$$Cov[{}_nD_x^{(i)}, {}_nD_x^{(j)}] = -l_a^{(\tau)} \cdot ({}_{a-x}p_a^{(\tau)}\,{}_nq_x^{(i)}) \cdot ({}_{a-x}p_a^{(\tau)}\,{}_nq_x^{(j)})$$

연습 9.3

다음의 이중탈퇴모형에서 $l_0^{(\tau)} = 10{,}000$일 때, $E\left[{}_2D_1^{(\tau)}\right]$, $Var\left[D_1^{(1)}\right]$ 및 $Cov\left[{}_2D_1^{(\tau)}, {}_2D_1^{(2)}\right]$의 값을 계산하시오.

x	$q_x^{(1)}$	$q_x^{(2)}$
0	0.01	0.10
1	0.02	0.03
2	0.03	0.01

(2) 절대탈퇴율

앞에서 보았던 3중탈퇴표를 다시 한번 살펴보자.

	계약 유지자	사망자	장해 발생자	해약자	계약 탈퇴자
x	$l_x^{(\tau)}$	$d_x^{(1)}$	$d_x^{(2)}$	$d_x^{(3)}$	$d_x^{(\tau)} = d_x^{(1)} + d_x^{(2)} + d_x^{(3)}$
45	100,000	104	208	18,988	19,300
46	80,700	109	218	15,249	15,576
⋮	⋮	⋮	⋮	⋮	⋮

45세 유지자 100,000명 중 1년 동안 사망한 자는 몇 명일까? 이 표에 표시된 104명일까?

그렇지 않다. 왜냐면 사망(1)에 이르는 모든 경우는 아래와 같이 총 5가지 방법인데, 다중탈퇴표에는 장해(2) 또는 해약(3)으로 탈퇴한 이후 사망(1)한 경우는 나타나지 않기 때문이다.

(i) 1
(ii) 2 ⇨ 1
(iii) 2 ⇨ 3 ⇨ 1
(iv) 3 ⇨ 1
(v) 3 ⇨ 2 ⇨ 1

즉, (0, 1) 구간에서 사망(1)에 도달하는 경우는 (i) 뿐만 아니라 (ii)~(v)도 있으나, 다중탈퇴표에서 도출되는 다중탈퇴율은 (ii)~(v)를 고려하지 못하는 것이다.

절대탈퇴율(absolute rate of decrement)은 고려대상이 되는 탈퇴사유 중 특정 탈퇴사유 j만을 고려하는 경우의 탈퇴율을 말한다. 이 절대탈퇴율은 $q'^{(j)}_x$로 표기하는데, j 이외의 탈퇴사유는 탈퇴로 간주하지 않는다. 따라서 절대탈퇴율은 순탈퇴율(net probability of decrement) 또는 독립 탈퇴율

(independent rate of decrement)이라고도 불린다.

그럼 예시로 든 3중탈퇴표에서 (1)의 절대탈퇴율을 구하기 위해서 다음과 같은 개념으로 식을 생각할 수 있다.

$$q'^{(1)}_x = q^{(1)}_x + (\text{ii}) + (\text{iii}) + (\text{iv}) + (\text{v})$$

여기서 (v) 3 ⇨ 2 ⇨ 1의 경우에서 $0 < s < t < u < 1$이고 모두 UDD라고 가정하면, 다음 그림에서의 ①, ②, ③의 구간 순서에 따라 확률을 구할 수 있다.

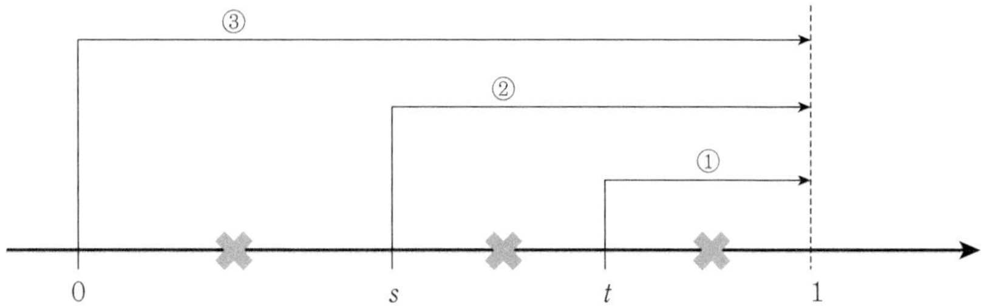

① $(t, 1)$ 구간에서 발생할 확률$=(1-t)q'^{(1)}_x$

② $(s, 1)$ 구간에서 발생할 확률$=(\frac{1}{2} - s + \frac{1}{2}s^2)q'^{(1)}_x q'^{(2)}_x$

③ $(0, 1)$ 구간에서 발생할 확률$=\frac{1}{6}q'^{(1)}_x q'^{(2)}_x q'^{(3)}_x$

같은 방법으로 (i)~(v)를 모두 고려하면, 탈퇴요인 (1)의 다중탈퇴율은 절대탈퇴율에 의해서 다음과 같이 표현된다.

$$q^{(1)}_x = q'^{(1)}_x \left[1 - \frac{1}{2}(q'^{(2)}_x + q'^{(3)}_x) - \frac{1}{3}q'^{(2)}_x q'^{(3)}_x\right] \le q'^{(1)}_x$$

한편, x세 생존자에게 앞으로 t년 이내에 탈퇴사유 j가 발생하지 않고 유지될 확률 $q'^{(j)}_x$은 생존율만 고려하는 경우(즉, 단일탈퇴율) 사력으로 계산되듯이 다음과 같이 탈퇴력으로 계산될 수 있다.

$${}_tp'^{(j)}_x = \exp\left[-\int_0^t \mu^{(j)}_x(s)ds\right]$$

그리고, 절대탈퇴율 ${}_tq'^{(j)}_x$은 자연스럽게 다음과 같이 구해진다.

$$ {}_tq'^{(j)}_x = 1 - {}_tp'^{(j)}_x $$

한편, (x)가 t년이 경과하고도 탈퇴하지 않고 생존할 확률은 다음과 같이 절대율들의 곱으로 표현됨을 알 수 있다.

$$ {}_tp^{(\tau)}_x = \exp\left[-\int_0^t \mu^{(\tau)}_x(s)\,ds\right] $$

$$ = \exp\left[-\sum_{j=1}^m \int_0^t \mu^{(j)}_x(s)\,ds\right] = \prod_{j=1}^m {}_tp'^{(j)}_x $$

예제 9-3

다음을 증명하시오.

(1) ${}_tp'^{(j)}_x \geq {}_tp^{(\tau)}_x$

(2) $q'^{(j)}_x \geq q^{(j)}_x$

☞ (1) ${}_tp^{(\tau)}_x = \prod_{j=1}^m {}_tp'^{(j)}_x \leq {}_tp'^{(j)}_x$ ($\because$ 모든 k에 대해서 $0 \leq {}_tp'^{(k)}_x \leq 1$)

(2) $q'^{(j)}_x = \int_0^1 {}_tp'^{(j)}_x \cdot \mu^{(j)}_{x+t}\,dt \geq \int_0^1 {}_tp^{(\tau)}_x \cdot \mu^{(j)}_{x+t}\,dt = q^{(j)}_x$

예제 9-4

$0 < t < 1$에 대하여 $\mu^{(1)}_x(t) = 0.01$, $\mu^{(2)}_x(t) = 0.04$일 때, $q'^{(1)}_x$, $q'^{(2)}_x$, $\mu^{(\tau)}_x(t)$, $q^{(1)}_x$, $q^{(2)}_x$와 $q^{(\tau)}_x$의 값을 구하라.

☞ (1) $q'^{(1)}_x = 1 - \exp\left[-\int_0^1 \mu^{(1)}\,dt\right]$

$= 1 - e^{-0.01} \fallingdotseq 0.00995$

(2) $q'^{(2)}_x = 1 - \exp\left[-\int_0^1 \mu^{(2)}\,dt\right]$

$$= 1 - e^{-0.04} \fallingdotseq 0.03921$$

(3) $\mu_x^{(\tau)}(t) = \mu_x^{(1)}(t) + \mu_x^{(2)}(t) = 0.05$

(4) $q_x^{(1)} = \int_0^1 p_x^{(\tau)} \cdot \mu_x^{(1)}(t)\, dt$

$$= \int_0^1 \exp\left[-\int_0^1 \mu_x^{(\tau)}\, ds\right] \cdot \mu_x^{(1)}\, dt$$

$$= \frac{\mu_x^{(1)}}{\mu_x^{(\tau)}} \cdot \left(1 - e^{-\mu_x^{(\tau)}}\right) \fallingdotseq 0.00975$$

(5) $q_x^{(2)} = \int_0^1 p_x^{(\tau)} \cdot \mu_x^{(2)}(t)\, dt$

$$= \int_0^1 \exp\left[-\int_0^1 \mu_x^{(\tau)}\, ds\right] \cdot \mu_x^{(2)}\, dt$$

$$= \frac{\mu_x^{(2)}}{\mu_x^{(\tau)}} \cdot \left(1 - e^{-\mu_x^{(\tau)}}\right) \fallingdotseq 0.0390$$

(6) $q_x^{(\tau)} = q_x^{(1)} + q_x^{(2)} = 0.0488$

(3) 다중탈퇴율과 절대탈퇴율의 관계

가. 균등분포

다중탈퇴환경에서 각 탈퇴원인 j가 $(x, x+1)$ 구간에서 모두 균등분포인 경우를 UDDMD(uniform distribution of decrement in multiple decrements table)라고 한다. 즉, 소수구간($0 \le t \le 1$)에서 모든 탈퇴원인 j에 대하여, 그리고 결국 전체 τ에 대하여 다음 식이 성립한다.

$${}_tq_x^{(j)} = t \times q_x^{(j)}$$

$${}_tq_x^{(\tau)} = t \times q_x^{(\tau)}$$

이 경우 절대탈퇴율은 다음 식에 따라 다중탈퇴율로 표현된다.

$$q'^{(j)}_x = 1 - \exp\left[-\int_0^1 \mu_x^{(j)}(t)dt\right]$$

$$= 1 - \exp\left[-\int_0^1 \frac{q_x^{(j)}}{1 - t \times q_x^{(\tau)}}\right]$$

$$= 1 - (p_x^{(\tau)})^{\frac{q_x^{(j)}}{q_x^{(\tau)}}}$$

이 식을 ${}_tp'^{(j)}_x = ({}_tp_x^{(\tau)})^{\frac{q_x^{(j)}}{q_x^{(\tau)}}}$ 로 전환하면, 다음과 같이 절대탈퇴율과 다중탈퇴율간의 관계를 나타내는 매우 유용한 식을 구할 수 있게 된다.

$$q_x^{(j)} = q_x^{(\tau)} \frac{\ln p'^{(j)}_x}{\ln p_x^{(\tau)}}$$

그러나, 이 식은 $q_x^{(\tau)} = 1$인 경우, 즉 $p_x^{(\tau)} = 0$인 경우 적용할 수 없는 단점이 있어서, 다중탈퇴율 대신 절대탈퇴율이 소수구간에서 균등분포를 따르는 경우를 살펴보자. 즉, 소수구간($0 \leq t \leq 1$)에서 다음 식을 가정하는 것인데, 이 경우를 UDDSD(uniform distribution of decrement in associated single decrements table)라고 한다.

$${}_tq'^{(j)}_x = t \times q'^{(j)}_x$$

탈퇴력을 통해 다음 식을 얻을 수 있다.

$$\mu_x^{(j)}(t) = \frac{q'^{(j)}_x}{1 - t \times q'^{(j)}_x}$$

$${}_tp'^{(j)}_x \cdot \mu_x^{(j)}(t) = q'^{(j)}_x$$

따라서 이번에는 다중탈퇴율이 다음 식에 따라 절대탈퇴율로 표현됨을 알 수 있다.

$$q_x^{(j)} = \int_0^1 {}_tp_x^{(\tau)} \cdot \mu_x^{(j)}(t)\,dt$$

$$= \int_0^1 \left\{\prod_{i=1}^{m} {}_tp'^{(i)}_x\right\} \cdot \mu_x^{(j)}(t)\,dt$$

$$= \int_0^1 {}_tp'^{(j)}_x \cdot \mu_x^{(j)}(t) \cdot \left\{\prod_{\substack{i=1 \\ i\neq j}}^{m} {}_tp'^{(i)}_x\right\} dt$$

$$= q'^{(j)}_x \int_0^1 \prod_{\substack{i=1 \\ i\neq j}}^{m} \left(1 - t \cdot q'^{(i)}_x\right) dt$$

예제 9-5

다음 2중 탈퇴잔존표에서 각 탈퇴요인이 UDDMD를 따를 때, $q'^{(1)}_{36}$을 구하라.

x	$l_x^{(\tau)}$	$d_x^{(1)}$	$d_x^{(2)}$
35	1000	39	41
36			69
37	828		

☞ ① $d_{35}^{(\tau)} = 39 + 41 = 80$

② $l_{36}^{(\tau)} = l_{35}^{(\tau)} - d_{35}^{(\tau)} = 920$

③ $d_{36}^{(\tau)} = l_{36}^{(\tau)} - l_{37}^{(\tau)} = 92$

④ $d_{36}^{(1)} = d_{36}^{(\tau)} - d_{36}^{(2)} = 23$

⑤ $q_{36}^{(1)} = \dfrac{d_{36}^{(1)}}{l_{36}^{(\tau)}} = \dfrac{23}{920}$

⑥ $q_{36}^{(\tau)} = \dfrac{d_{36}^{(\tau)}}{l_{36}^{(\tau)}} = \dfrac{92}{920} = 0.1$

$\Rightarrow q'^{(1)}_{34} = 1 - p'^{(1)}_{36}$

$$= 1 - \left\{p^{(\tau)}\right\}^{\frac{q^{(1)}}{q^{(\tau)}}}$$

$$= 1 - \left\{1 - q^{(\tau)}\right\}^{\frac{q^{(1)}}{q^{(\tau)}}}$$

$$= 1 - (1 - 0.1)^{\frac{\frac{23}{920}}{0.1}} \fallingdotseq 0.026$$

연습 9.4 16(2)#3(2)

탈퇴원인이 사망(1)과 해약(2)인 이중탈퇴모형에서 다음 가정을 이용하여 $q_x^{(1)}$을 계산하시오.

(가) 사망(1)에 의한 탈퇴력: $\mu_{x+0.5}^{(1)} = \dfrac{2}{399}$

(나) 해약(2)에 의한 탈퇴율: $q_x^{(2)} = 0.01$

(다) 사망과 해약은 절대탈퇴표에서 UDD가정을 따름(UDDSD)

연습 9.5 F19#2

이중탈퇴모형이 다음 조건을 만족할 때, $p_{40}^{(\tau)}$의 값을 구하시오.

(가) 각 탈퇴요인은 다중탈퇴표에서 UDD가정을 따름(UDDMD)

(나) ${}_{0.4}q_{40}^{(1)} = 0.032$, ${}_{0.6}q_{40}^{(2)} = 0.045$

연습 9.6 F14#2

이중탈퇴모형에서 각 탈퇴요인이 절대탈퇴표에서 UDD가정(UDDSD)을 따른다. 다음 값이 주어져 있을 때, $q_x^{(1)}$의 값을 구하시오.

$$q'^{(1)}_x = 0.1, \ q_x^{(2)} = 0.2$$

나. 상수 탈퇴력

탈퇴원인 j의 탈퇴력이 $(x, x+1)$ 구간에서 상수인 경우를 CFDMD (constant force of decrement for multiple decrements)라고 한다.

$$\mu_x^{(j)}(t) = \mu^{(j)} \quad (\text{단, } 0 \le t \le 1)$$

앞서 보았듯이 다중탈퇴의 개별 탈퇴력의 단순합계가 총탈퇴력이 되므로 $\mu_x^{(\tau)}(t) = \mu^{(\tau)}$ 이 되고, 따라서 다음 식이 성립한다.

$$\begin{aligned} {}_tp_x^{(\tau)} &= \exp\left[-\int_0^t \mu_x^{(\tau)}(s)ds\right] \\ &= \left(e^{-\mu^{(\tau)}}\right)^t \\ &= \left(p_x^{(\tau)}\right)^t \end{aligned}$$

또한, 다중탈퇴율은 다음과 같이 절대율을 통해서 구할 수 있다.

$$\begin{aligned} {}_tq_x^{(j)} &= \int_0^t {}_sp_x^{(\tau)}\,\mu_x^{(j)}(s)\,ds \\ &= \frac{\mu^{(j)}}{\mu^{(\tau)}}\,{}_tq_x^{(\tau)} \\ &= \frac{\ln\left({}_up'^{(j)}_x\right)}{\ln\left({}_up_x^{(\tau)}\right)}\,{}_tq_x^{(\tau)} \end{aligned}$$

이 식도 ${}_tp'^{(j)}_x = \left({}_tp_x^{(\tau)}\right)^{\frac{q_x^{(j)}}{q_x^{(\tau)}}}$ 로 전환하면, 다음과 같이 UDDMD에서 구했던 절대탈퇴율과 다중탈퇴율간의 관계식이 그대로 성립한다.

$$q_x^{(j)} = q_x^{(\tau)}\,\frac{\ln p'^{(j)}_x}{\ln p_x^{(\tau)}}$$

예제 9-6

3중탈퇴표에서 각 탈퇴요인이 CFDMD를 따를 때, 다음 조건에서 $q_x^{(3)}$을 구하라.

j	1	2	3
$\mu_x^{(j)}$	0.25	0.50	0.75

☞ $q_x^{(3)} = q_x^{(\tau)} \cdot \dfrac{\mu^{(3)}}{\mu^{(\tau)}}$

$$= \left\{1 - p_x^{(\tau)}\right\} \cdot \frac{\mu^{(3)}}{\mu^{(1)} + \mu^{(2)} + \mu^{(3)}}$$

$$= (1 - e^{-1.5}) \cdot \frac{1}{2} \fallingdotseq 0.388$$

(4) 다중탈퇴모형의 계리현가

가. 다중탈퇴모형의 일시납 순보험료

탈퇴원인 j로 인하여 탈퇴가 발생하는 경우 보험금 1이 지급되는 보험의 계리현가(APV), 즉 일시납순보험료를 구해보자. 먼저 탈퇴원인과 종료시까지 기간이 독립이고 보험금이 연말에 지급되는 이산형보험의 일시납보험료를 $A_x^{(j)}$라고 하면 다음 식이 성립한다.

$$A_x^{(j)} = \sum_{k=1}^{\infty} v^{k+1} \cdot {}_kp_x^{(\tau)} \cdot q_{x+k}^{(j)}$$

그리고, 탈퇴즉시 보험금이 지급되는 연속형보험의 일시납보험료를 $\overline{A}_x^{(j)}$라고 하면 다음 식이 성립한다.

$$\overline{A}_x^{(j)} = \int_0^{\infty} v^t \cdot {}_tp_x^{(\tau)} \cdot \mu_x^{(j)}(t)\,dt$$

따라서 탈퇴요인 j에 의한 가입후 t시점의 보험금이 $b_t^{(j)}$라고 일반화한다면, 모든 탈퇴요인에 의한 보험금을 고려하여 계산한 연속형보험의 일시납순보험료는 다음과 같음을 알 수 있다.

$$\overline{A}_x = \sum_{j=1}^{m} \int_0^{\infty} b_t^{(j)} \cdot v^t \cdot {}_tp_x^{(\tau)} \cdot \mu_x^{(j)}(t)\, dt$$

예제 9-7

피보험자 (x)가 다음 조건을 만족하는 20년만기 연속형 종신보험에 가입하였을 때, 일시납순보험료를 구하시오.

(가) 탈퇴원인이 재해사망(1)과 재해이외 사망(2)인 이중탈퇴모형을 따른다.

(나) $\mu_x^{(1)}(t) = 0.05t,\ \mu_x^{(2)}(t) = 0.1t$

(다) 재해사망시 보험금은 2, 재해이외 사망시 보험금은 1

(라) 이자율(i)는 0

☞ $\mu_x^{(\tau)}(t) = \mu_x^{(1)}(t) + \mu_x^{(2)}(t) = 0.15t$

$$\Rightarrow {}_tp_x^{(\tau)} = \exp\left[-\int_0^t \mu_x^{(\tau)}(s)\, ds\right]$$

$$= e^{-0.075t^2}$$

$$\therefore APV = 2\int_0^{20} v^t \cdot {}_tp_x^{(\tau)} \cdot \mu_x^{(1)}(t)\, dt + \int_0^{20} v^t \cdot {}_tp_x^{(\tau)} \cdot \mu_x^{(2)}(t)\, dt$$

$$= 2\int_0^{20} e^{-0.075t^2} \cdot 0.05t\, dt + \int_0^{20} e^{-0.075t^2} \cdot 0.1t\, dt$$

$$= \int_0^{20} e^{-0.075t^2} \cdot 0.2t\, dt$$

$$= \frac{4}{3}(1 - e^{-30})$$

연습 9.7 09(2)#6

국내 한 생명보험사가 다음과 같은 3중탈퇴모형을 적용하여 종신보험을 개발하였다. 피보험자(x)에 적용될 전기 연속납 순보험료(fully continuous net premium)를 구하시오.

(가) 질병으로 사망하는 경우 사망보험금 1,000만원을 즉시 지급함. 단, 질병사망에 대한 사력은 0.01로 전 연령에 대하여 동일.
(나) 재해로 사망하는 경우 사망보험금 2,000만원을 즉시 지급함. 단, 재해사망에 대한 사력은 0.02로 전 연령에 대하여 동일.
(다) 기타원인(질병 및 재해 이외의 원인)으로 사망하는 경우 사망보험금 3,000만원을 즉시 지급함. 단, 기타 원인으로 인한 사망에 대한 사력은 0.03로 전 연령에 대하여 동일.
(라) 사망 사건은 상기 3가지 원인에 의해서만 발생하며, 두 가지 이상의 원인에 의한 사망사건은 없음.
(마) 적용된 이력은 0.04임.

나. 해지율이 있는 모형의 계리현가

앞에서 다중탈퇴율 $q_x^{(j)}$은 절대탈퇴율 $q'^{(j)}_x$보다 작거나 같은 값임을 살펴본 바 있다. 그런데, 두 탈퇴율이 반드시 같은 경우도 있다.

예를 들어, 2중탈퇴에서 탈퇴요인 중의 하나인 해약(2)이 기간말에만 발생한다면, 단위기간 중의 탈퇴요인은 무조건 사망(1)에 해당하므로 다음 식이 성립한다.

$$q'^{(1)}_{x+k} = q^{(1)}_{x+k}$$

따라서, 피보험자 (x)이 단위기간중 어떤 요인에 대해서도 탈퇴하지 않고 유지하고 있을 확률은 다음과 같다.

$$\begin{aligned} p_x^{(\tau)} &= p'^{(1)}_x \cdot p'^{(2)}_x \\ &= p_x^{(1)} \cdot \left(1 - q'^{(2)}_x\right) \end{aligned}$$

예제 9-8

피보험자 (40)이 사망시 연도말에 보험금 10,000을 지급하는 3년만기 이산형 정기보험에 가입하였다. 다음 조건을 만족하면서 사망(1)과 해약(2)의 이중탈퇴 모형을 따른다고 할 때, 이 보험의 일시납순보험료를 구하시오.

(가) $\mu^{(1)}_{40+t} = 0.02,\ t \geq 0$

(나) 해약은 연도말에 발생한다

(다) $q'^{(2)}_{40+k} = 0.04,\ k = 0, 1, 2, \cdots$

(라) $v = 0.95$

☞ 2중 탈퇴에서 탈퇴요인 중의 하나인 해약(2)이 기간말에만 발생한다면, 단위기간 중의 탈퇴요인은 무조건 사망(1)에 해당하므로 다음 식이 성립한다.

$$q'^{(1)}_{x+k} = q^{(1)}_{x+k}$$

따라서, 피보험자 (40)이 단위기간중 어떤 요인에 대해서도 탈퇴하지 않고 유지하고 있을 확률은 다음과 같다.

$$\begin{aligned} p^{(\tau)}_{40+k} &= p'^{(1)}_{40+k} \cdot p'^{(2)}_{40+k} \\ &= p^{(1)}_{40+k} \cdot \left(1 - q'^{(2)}_{40+k}\right) \\ &= \exp\left(-\int_0^{\infty} \mu^{(1)}_{40+t}\, dt\right) \cdot (1 - 0.04) \\ &= 0.96 \cdot e^{-0.02} \end{aligned}$$

결과적으로 구하고자 하는 일시납순보험료는 다음과 같다.

$$\begin{aligned} NSP &= 10{,}000 \sum_{k=0}^{2} v^{k+1} \cdot {}_kp^{(\tau)}_{40} \cdot q^{(1)}_{40+k} \\ &= 10{,}000\left(v \cdot q^{(1)}_{40} + v^2 \cdot p^{(\tau)}_{40} \cdot q^{(1)}_{40+1} + v^3 \cdot \left(p^{(\tau)}_{40}\right)^2 \cdot q^{(1)}_{40+2}\right) \\ &= 10{,}000(1 - e^{-0.02}) \\ &\quad \times \left(0.95 + 0.95^2 \cdot 0.96e^{-0.02} + 0.95^3 \cdot (0.96e^{-0.02})^2\right) \\ &\fallingdotseq 506.6 \end{aligned}$$

예제 9-9 19(2)#8

피보험자 (40)은 보험기간 3년인 암보험에 가입하였다.

[가입조건]

(가) 보험료는 전기납이며 기시연납임

(나) 보험가입금액은 10만원으로 최초 암진단 시 아래의 암진단비 및 암치료자금을 보장함

급부명칭	지급사유	지급액 (보험가입금액 기준)	비고
암진단비	1년미만 암진단시	10%	기말급
	1년이후 암진단시	100%	
암치료자금	1년미만 암진단시	3년동안 매년 5%	기말급, 3회 확정지급
	1년이후 암진단시	3년동안 매년 20%	

※ 암치료자금은 암진단 해당연도 말부터 지급
※ 사망시 미지급한 암치료자금은 예정이율로 할인하여 지급

(다) 보험기간 중 최초 암진단 시 보험계약은 소멸됨
(라) 암이 진단되지 않고 사망할 경우에는 책임준비금을 지급함

[산출조건]
(가) 위험률(암진단: (1), 사망: (2))

x	40	41	42	43
$q_x^{(1)}$	0.0015	0.0018	0.0022	0.0030
$q_x^{(2)}$	0.0007	0.0008	0.0009	0.0010

(나) 사업비 가정(기시 발생)

연도	계약체결비용		계약관리비용	
	영업보험료	보험가입금액 10만원당	영업보험료	보험가입금액 10만원당
1보험년도	50%	100원	5%	30원
2, 3보험년도	-		5%	30원

(다) 예정이율(i)은 2% 임
(라) 기수표

x	l_x	D_x	N_x	C_x	M_x
40	100,000.00	100,000.00	387,407.00	147.06	802.07
41	99,850.00	97,892.16	287,407.00	172.75	655.01
42	99,670.27	95,799.95	189,514.85	206.63	482.26
43	99,451.00	93,714.89	93,714.89	275.63	275.63

주1) $l_{x+t+1} = l_{x+t} \cdot (1 - q_{x+t}^{(1)})$
주2) $C_{x+t} = l_{x+t} \cdot q_{x+t}^{(1)} \cdot v^{x+t+1}$

(마) 보험료 계산은 수지상등의 원칙을 따름

(1) 평준영업보험료를 구하시오.
(2) 순보험료식 책임준비금을 이용하여 1보험년도의 위험보험료를 구하시오.

☞ 이 보험상품은 암진단(1) 발생시에만 보험금이 지급되고, 일단 암진단이 발생하면 계약이 소멸되는 상품이다. 그리고, 암진단 이전에 피보험자가 사망(2)하면 별도의 보험금이 책정되어 있는 것이 아니고 단순히 책임준비금을 지급하도록 설계되어 있다.

이 경우, 사망시 피보험자는 단순히 피보험자 집단에서 탈퇴하고 자기 몫의 책임준비금을 가지고 나가는 것으로 볼 수 있다. 따라서, 기수표는 암진단(1)만 가지고 구성되어 있고 사망(2)은 보험료 산출에 영향을 미치지 않는 것으로 표현된다. (마치 해지처럼 취급한다.)

(1) 먼저 수지상등의 원칙에 따라 암진단(1)만으로 생성된 기수표를 이용하여 연납순보험료 P를 구하면 다음과 같다.

$$P = \frac{100{,}000\left\{(1+0.2a_{\overline{3|}})\cdot(M_{40}-M_{43})-(0.9+0.15a_{\overline{3|}})\cdot C_{40}\right\}}{N_{40}-N_{43}}$$

$$\fallingdotseq 215.91$$

마찬가지로 수지상등의 원칙을 적용하여 영업보험료를 구하면 다음과 같다.

$$\pi = \frac{(P+30)\cdot(N_{40}-N_{43})+100D_{40}}{0.95(N_{40}-N_{43})-0.5D_{40}}$$

$$\fallingdotseq 359.03$$

(2) 위험보험료는 일반적으로 다음과 같이 순보험료식 보험료적립금의 관계식으로 구해진다.

$$P^r = (Benefit - V)\cdot v\cdot q_x$$

이 보험상품의 1차년도 위험보험료는 가입당시 책임준비금이 0이어서 주어진 기수표에 따라 다음과 같이 쉽게 구할 수 있다.

$$P^r = \frac{(Benefit - {}_0V)\cdot C_{40}}{D_{40}}$$

$$= \frac{\{100,000(0.1+0.05a_{\overline{3}|})-0\}\cdot C_{40}}{D_{40}}$$

$$\fallingdotseq 35.911$$

Q&A **이 문제에서 암치료자금의 의미는 무엇인가요?**

→ $a_{\overline{3}|}$은 확정연금의 lump sum값이다. 즉, 3년에 걸쳐서 나누어 지급되는 현금흐름을 의미하지만, 피보험자가 암진단이 된다면 보험회사는 책임준비금 측면에서 lump sum으로 지급한 보험금일 뿐이다. (물론 회사는 책임준비금 발생사고부채 계정에 잔여 2년치를 보관하고 있지만, 이는 책임준비금 잔여보장부채와는 전혀 다른 주머니이다.)

연습 9.8 22(2)#8(3)수정

보험회사는 피보험자 60세를 대상으로 순수보장성질병보험을 저해지형으로 개발하려고 한다.

[계산기초 및 보장내용]

(가) 보험기간 및 납입기간 : 3년 만기, 2년납

(나) 이자율: 처음 2년 동안은 5%, 이후는 3%임

(다) 보장내용: 뇌졸중 발생 시 100,000을 기말에 지급하고 계약소멸

(라) 뇌졸중 발병률

x	60	61	62
q_x	0.010	0.015	0.020

(마) 보험기간 중 사망은 발생하지 않는다고 가정함

(바) 사업비(기시발생)

	제1보험년도	제2보험년도 이후 매년
계약체결비용	보험가입금액의 5/1000	-
계약관리비용	영업보험료의 3%	

(사) 해지환급금은 해지년도말 지급

- 보험료납입기간 중 해지 시: 해지 당시의 표준형 보험의 50%

- 보험료납입기간 이후 해지 시: 해지 당시의 표준형 보험의 100%

(단, 표준형 보험의 해지환급금 ${}_tW = {}_tV - \dfrac{m-t}{m} \cdot \alpha$, ${}_tV$는 t보험연도 말 순보험료식 책임준비금, m은 보험료 납입기간, t는 경과년수, α는 계약 체결비용)

(아) 해지율

	보험료 납입기간 중		보험료 납입기간 이후
경과기간(t)	1년	2년	3년
해지율($q'^{(2)}_{60+t-1}$)	0.10	0.09	-

(자) 해지는 연말에 발생한다고 가정함

저해지환급형 보험의 연납평준 순보험료를 계산하시오.

연습 9.9

17(2)#6

피보험자 (60)이 다음과 같은 2년 만기 정기보험에 가입하였을 때, 전기 연납평준 순보험료를 구하시오.

(가) 사망연도 말에 보험금 1,000원을 지급함

(나) 해약할 경우 해약환급금으로 해약시점의 책임준비금을 지급함

(다) 다중탈퇴표

x	$q_x^{(1)}$	$q_x^{(2)}$
60	0.02	0.2
61	0.03	-

주1) 탈퇴원인 (1)은 사망, 탈퇴원인 (2)는 해약을 나타냄

주2) 해약은 연도말에 발생함

(라) 예정이율(i)은 연 4%임

Final

핵심정리

□ 다중탈퇴모형의 생존함수

○ 다중탈퇴표에서 각각의 탈퇴율의 단순합계가 총 탈퇴율이고 각 탈퇴력의 단순합계가 총 탈퇴력

$$q_x^{(\tau)} = \sum_{j=1}^{m} q_x^{(j)}$$

$$\mu_x^{(\tau)}(t) = \sum_{j=1}^{m} \mu_x^{(j)}(t)$$

□ 절대탈퇴율

○ t년이 경과하고도 탈퇴하지 않고 생존할 확률은 다음과 같이 절대탈퇴율의 곱으로 표현됨

$$_tp'^{(j)}_x = \exp\left[-\int_0^t \mu_x^{(j)}(s)ds\right]$$

$$_tp_x^{(\tau)} = \prod_{j=1}^{m} {_tp'^{(j)}_x}$$

□ 다중탈퇴율과 절대탈퇴율의 관계(UDDMD, CFDMD)

$$q_x^{(j)} = q_x^{(\tau)} \frac{\ln p'^{(j)}_x}{\ln p_x^{(\tau)}}$$

□ 다중탈퇴모형을 적용한 계리현가

$$\overline{A}_x = \sum_{j=1}^{m} \int_0^\infty b_t^{(j)} \cdot v^t \cdot {_tp_x^{(\tau)}} \cdot \mu_x^{(j)}(t)\,dt$$

Final

연습문제

01 탈퇴원인이 사망(1)과 퇴직(2)인 2중 탈퇴표에서 절대탈퇴율이 다음과 같을 때 사망탈퇴율 $q_{50}^{(1)}$의 근사값은 얼마인가?

$$q'^{(1)}_{x} = \frac{1}{100-x},\ q'^{(2)}_{x} = 0.2$$

① 0.016　　② 0.026
③ 0.036　　④ 0.046

02 3중 탈퇴모형에서 다음과 같은 탈퇴력을 가질 때, $f_J(2)$의 값은?

$$\mu_x^{(1)}(t) = 0.01,\ \mu_x^{(2)}(t) = 0.02,\ \mu_x^{(3)}(t) = 0.03\ (단,\ t \ge 0)$$

① $\frac{1}{2}$　　② $\frac{1}{3}$
③ $\frac{1}{4}$　　④ $\frac{1}{5}$

03 이중탈퇴표에서 다음과 같은 조건을 만족할 때, $q_{31}^{(2)}$의 값은?

> (가) $l_{30}^{(\tau)} = 1000,\ l_{32}^{(\tau)} = 562$
> (나) $q'^{(1)}_{30} = 0.10,\ q'^{(2)}_{30} = 0.20$
> (다) ${}_{1|}q_{30}^{(1)} = 0.05$

① 0.05　　② 0.15
③ 0.25　　④ 0.35

※ (4~6) 피보험자 (50)은 보험금 사망즉시급, 종신납입 연속납, 종신보험에 다음 조건으로 가입하였다.

> (가) 재해로 인한 사망의 경우 사력은 $\mu_x^{(1)} = 0.01$로 일정하고 사망보험금 20,000원을 지급함
> (나) 재해 이외의 원인에 의한 사망의 경우 사망법칙은 $\omega = 100$인 드 무아브르의 법칙을 따르고, 사망보험금은 10,000원을 지급함
> (다) 사망 이외의 탈퇴는 없음
> (라) 이력은 $\delta = 0.04$로 일정함

04 일시납 순보험료를 구하시오.

05 연속납 순보험료의 연액을 구하시오.

✓
06 제10보험연도말 책임준비금을 구하시오.

※ (7~8) A보험회사는 50세 피보험자를 대상으로 다음 조건을 만족하는 종신 보험상품를 출시하였다.

> (가) 뇌졸중 또는 심근경색의 발병 즉시 보험금 7,000만원을 지급
> (나) 뇌졸중으로 인한 탈퇴력은 0.005이고 심근경색으로 인한 탈퇴력은 0.008
> (다) 이력은 $\delta = 0.04$로 일정

07 피보험자 (50)이 t년이 경과하고도 탈퇴하지 않고 생존할 확률 ${}_tp_{50}^{(\tau)}$를은 다음 중 무엇인가?

① $e^{-0.005t}$　　② $e^{-0.008t}$
③ $e^{-0.013t}$　　④ $e^{-0.053t}$

08 이 종신보험의 일시납 순보험료는 얼마인가?

① 1417　　② 1517

③ 1617 ④ 1717

※ (9~10) 탈퇴원인이 사망(1)과 해약(2)인 이중탈퇴모형의 탈퇴력이 다음과 같다.

$$\mu_x^{(1)}(t) = \frac{1}{40-t}, \quad 0 < t < 40$$

$$\mu_x^{(2)}(t) = \frac{2}{80-t}, \quad 0 < t < 80$$

09 피보험자 (x)가 10년이 경과하고도 탈퇴하지 않고 생존할 확률은 얼마인가?

① 57.42% ② 52.42%

③ 47.42% ④ 42.42%

10 피보험자 (x)가 10년 이내에 해약(2)으로 탈퇴할 확률 ${}_{10}q_x^{(2)}$는 얼마인가?

① 10.57% ② 20.57%

③ 30.75% ④ 40.57%

쉬어가는 코너 보험수리학을 만든 사람들

Thorvald Thiele(1838~1910), 덴마크의 보험계리학자[1)]

틸레는 통계학 전반에 중요한 업적들 남겼는데, 누적률(cumulant)이나 우도함수(likelihood function), 칼만필터(Kalman filter)와 같은 중요한 통계학 개념을 처음 도입하고, 또한 브라운운동(Brownian motion)을 수학적으로 처음 기술한 것으로도 알려져 있다.

보험계리적 업적은 생명보험의 가치 변동을 연속 시간의 흐름 속에서 미분방정식으로 표현함으로써 보험의 가치 계산에 중요한 공헌을 했다는 점이다. 이 미분방정식 내용을 보면, 새로 납입되는 보험료와 보험금 지급 후 남은 보험 가치의 이자 증식 부분이 더해지고 지급되는 사망보험금이 차감되는 구조로 생명보험의 가치 변화가 표시된다.

Filip Lundberg(1876~1965), 스웨덴의 보험계리사
Harald Cramér(1893~1985), 스웨덴의 보험계리사

룬트베르크와 크라메르는 손실 발생 리스크와 손실금액의 리스크를 통합하여 전체 손실 리스크의 측정을 크라메르-룬트베르크 모형으로 알려진 수학 모형으로 제시하고 보험회사가 파산할 확률(probability of ruin)을 계산했다. 이 리스크 이론은 보험계리에서 가장 중요한 이론이기도 하지만, 훗날 리스크 가치(VaR; Value at Risk)와 같은 기법에 영향을 줌으로써 금융업 전반의 리스크관리 기법에 응용된다.

1) 출처: 석승훈(2020). 위험한 위험. 서울대학교출판문화원. 142-143쪽 발췌.

10

다중상태

제10장 다중상태

(1) 마르코프 모형과 전이확률

가. 전이행렬

어떤 현상이 나타낼 수 있는 결과가 n가지일 때, 각 결과를 1, 2, ⋯, n으로 표시할 수 있는데, 각 결과를 상태(state) 라고 정의한다. 그리고 해당 현상의 관측시점이 $t=0,\ 1,\ 2,\ \cdots$일 때 시점 t에서의 상태를 확률변수 $X(t)$로 표시한다.

주어진 현재 시점 전의 정보는 미래예측에 영향을 주지 않는다는 가정하자. 즉, 시점 t에서 시점 $t+1$의 상태는 시점 t 이전의 과거 상태들과는 독립이다. 이 경우 미래의 새로운 상태로 옮겨가면서 오직 현재의 상태에만 의존하는 확률과정을 마르코프 모형(Markov model), 혹은 다중상태모형(multi-state model)이라고 한다.

$$\Pr[X(t+1)=j \mid X(1)=i_1, X(2)=i_2, \cdots, X(t-1)=i_{t-1}, X(t)=i]$$
$$=\Pr[X(t+1)=j \mid X(t)=i]$$

즉, 마르코프 모형은 과거에 어느 상태에 있었는지는 완전히 잊어버리는 無기억성(memoryless property)을 가지고 있다.

한편, 어떤 상태에서 다른 상태로 상태가 변하는 확률를 전이확률(transition probability)이라고 하는데, 시점 t로부터 단위시간 경과 후 상태 i에서 상태 j로 변하는 확률을 p_t^{ij}로 표기한다.

전체 상태의 개수가 n개일 때, 가능한 모든 경우의 전이를 고려하여 전이확률을 표로 나타내면 다음과 같다.

i \ j	1	2	$\cdots$	n
1	p_t^{11}	p_t^{12}	$\cdots$	p_t^{1n}
2	p_t^{21}	p_t^{22}	$\cdots$	p_t^{2n}
$\cdots$	$\cdots$	$\cdots$	$\cdots$	$\cdots$
n	p_t^{n1}	p_t^{n2}	$\cdots$	p_t^{nn}

따라서 전이확률을 성분으로 하는 행렬을 구성하면 아래와 같은 $n \times n$의 정사각 행렬이 되는데, 이 행렬 P_t를 전이행렬(transition matrix)이라고 한다.

$$P_t = \begin{bmatrix} p_t^{11} & p_t^{12} & \cdots & p_t^{1n} \\ p_t^{21} & p_t^{22} & \cdots & p_t^{2n} \\ \vdots & \vdots & \ddots & \vdots \\ p_t^{n1} & p_t^{n2} & \cdots & p_t^{nn} \end{bmatrix}$$

여기서 전이행렬 P_t의 (i,j) 성분$=p_t^{ij}$이고, P_t의 각 행은 시점 t에서 단위시간 경과 후 모든 전이의 가능성을 고려하고 있으므로 각 행의 성분 합은 항상 1이 된다.

$$\sum_{j=1}^{n} p_t^{ij} = 1$$

연습 10.1

다중상태가 다음 표와 같을 때, 연생보험의 확률과 같은 값의다중상태 전이확률을 찾아 줄을 그어 연결하라.

상태1	상태2	상태3	상태4
(x), (y)생존	(x)만 생존	(y)만 생존	(x), (y)사망

연생보험 확률			다중상태 전이확률
${}_tp_{xy}$	•	•	p_t^{14}
${}_tq_{xy}$	•	•	$p_t^{11}+p_t^{12}$
${}_tp_{\overline{xy}}$	•	•	$p_t^{11}+p_t^{13}$
${}_tq_{\overline{xy}}$	•	•	p_t^{11}
${}_tp_x$	•	•	$p_t^{12}+p_t^{13}+p_t^{14}$
${}_tp_y$	•	•	$p_t^{11}+p_t^{12}+p_t^{13}$

나. 여러 가지 형태의 다중상태모형

생존모형들을 다중상태모형의 관점에서 살펴보자. 먼저 가장 단순한 형태로, 생존상태(1)와 사망상태(2)의 두 가지만 존재하는 가장 단순한 생존사망모형(Alive-Dead Model)을 고려해보자. 즉, 피보험자 (x)가 보험기간 동안 상태(2)인 사망상태가 되었을 때 보험금을 지급하는 생명보험계약에 가입하였을 때 이 모형을 통해 설명할 수 있다.

생존사망모형(Alive-Dead Model)의 상태와 전이방향

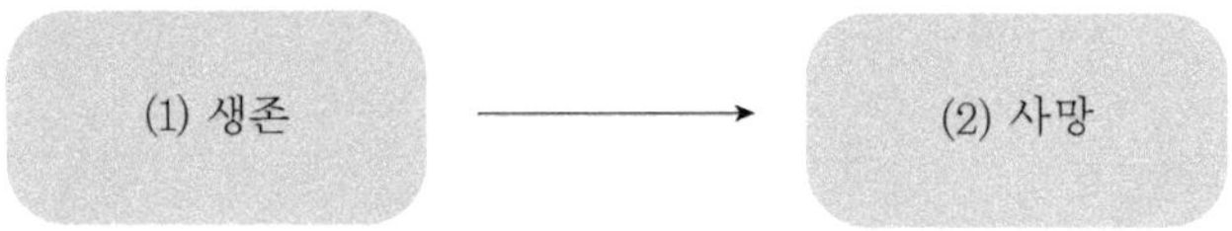

이 그림에서 화살표는 전이방향을 뜻하는 것인데, 이 그림에서는 생존에서 사망으로 전이는 가능하지만, 사망에서 생존으로의 전이는 발생하지 않음을 표시하고 있다.

이 경우 전이행렬의 (1, 1) 성분은 (x)가 1년간 생존할 확률 p_x이고, (1, 2) 성분은 1년 안에 사망할 확률 q_x에 해당한다. 그리고 (2, 1) 성분은 0인데, 사망상태에서 생존상태가 될 가능성은 없기 때문이다. 그리고 마지막 (2, 2) 성분의 값은 사망에서 사망상태로 전이하는 것으로 항상 1이다.

전이행렬에 대하여 성분의 값이 1인 것은 이 상태로 한번 전이되면 그 후

어떤 시점에서도 항상 그 상태로 있다는 것이다. 이 때의 상태를 흡수상태(absorbing state)라고 한다.

따라서 이 모형의 전이행렬 P_1은 다음과 같음을 알 수 있다.

$$P_1 = \begin{bmatrix} p_x & q_x \\ 0 & 1 \end{bmatrix}$$

예제 10-1

피보험자 (x)가 가입직후 1년 안에 사망할 확률이 0.01이라고 한다. 생존상태(0)와 사망상태(1)의 2가지로만 상태가 나뉜다고 할 때, 이 피보험자가 종신보험에 가입하였을 경우 가입 직후 1년간 상태간 전이행렬을 구하시오.

☞ 가입시 생존 → 1년후 생존: $p_1^{00} = 1 - 0.01 = 0.99$

가입시 생존 → 1년후 사망: $p_1^{01} = 0.01$

가입시 사망 → 1년후 생존: $p_1^{10} = 0$ (불가능)

가입시 사망 → 1년후 사망: $p_1^{11} = 1$ (당연)

$$\therefore\ P_1 = \begin{bmatrix} 0.99 & 0.01 \\ 0 & 1 \end{bmatrix}$$

연습 10.2

다음 모형의 전이행렬에 대하여 성분의 값이 반드시 0과 1인 것은 그 값을 □안에 넣어라.

(1) 영구장해모형(1: 건강, 2: 영구장해, 3: 사망)

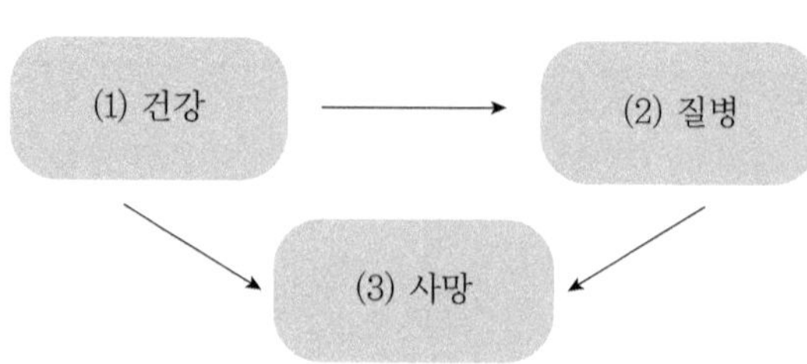

$$P_1 = \begin{bmatrix} \square & \square & \square \\ \square & \square & \square \\ \square & \square & \square \end{bmatrix}$$

(2) 질병모형 (1: 건강, 2: 질병, 3: 사망)

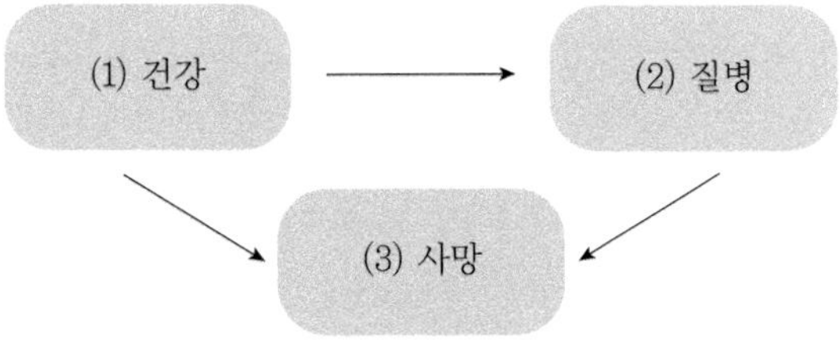

$$P_1 = \begin{bmatrix} \square & \square & \square \\ \square & \square & \square \\ \square & \square & \square \end{bmatrix}$$

(3) 퇴직연금모형 (1: 재직, 2: 장해, 3: 퇴직, 4: 사망)

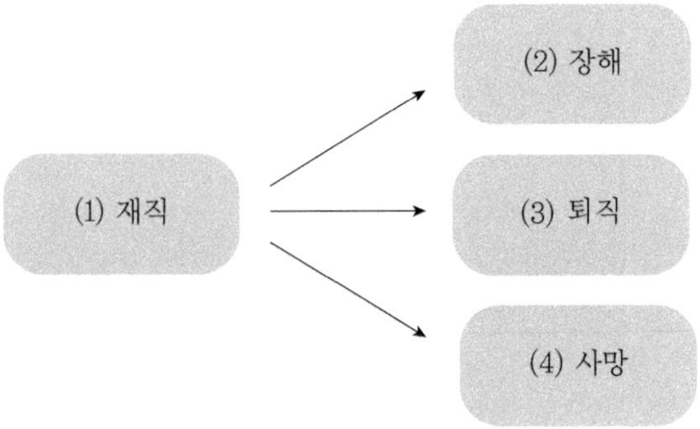

$$P_1 = \begin{bmatrix} \square & \square & \square & \square \\ \square & \square & \square & \square \\ \square & \square & \square & \square \\ \square & \square & \square & \square \end{bmatrix}$$

(4) 연생보험 모형 (1 : (x), (y)생존, 2 : (x)만 생존,
3 : (y)만 생존, 4 : (x), (y)사망)

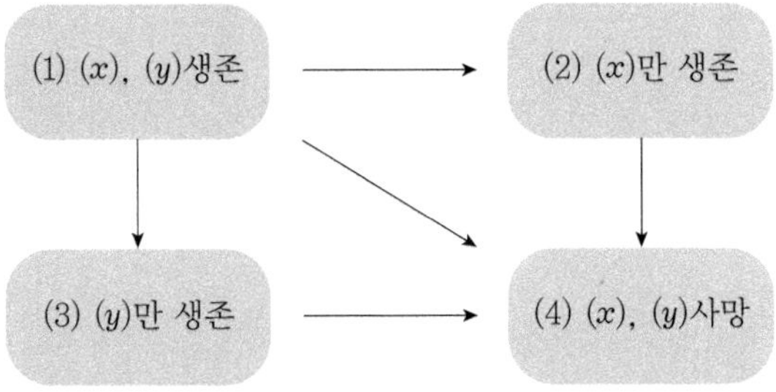

$$P_1 = \begin{bmatrix} \square & \square & \square & \square \\ \square & \square & \square & \square \\ \square & \square & \square & \square \\ \square & \square & \square & \square \end{bmatrix}$$

(5) 자동차보험 모형 (1: 우량, 2: 표준, 3: 불량)

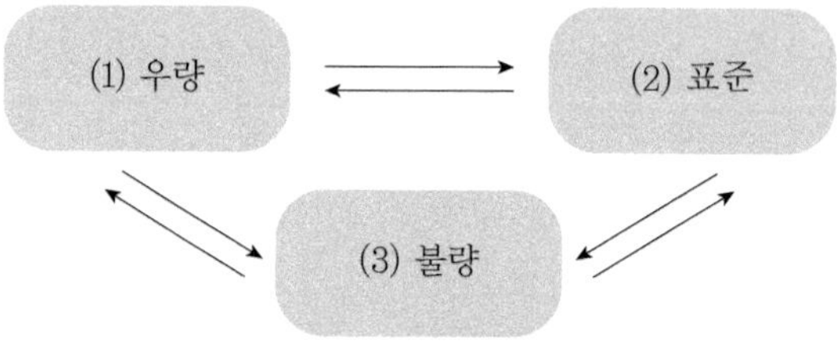

$$P_1 = \begin{bmatrix} \square & \square & \square \\ \square & \square & \square \\ \square & \square & \square \end{bmatrix}$$

(6) CI모형 (1: 건강, 2: CI진단, 3: 일반사망, 4: CI사망)

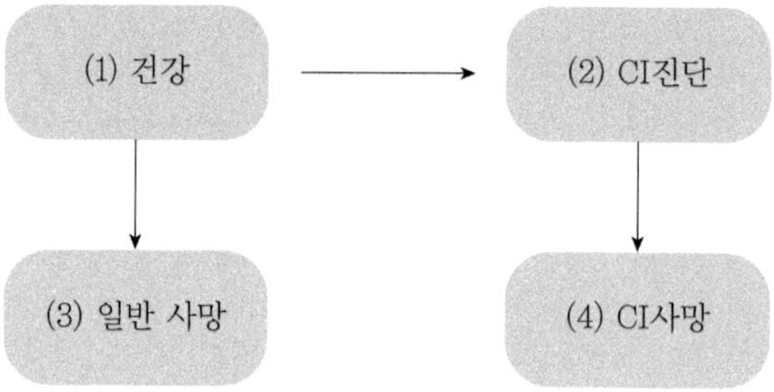

$$P_1 = \begin{bmatrix} \square & \square & \square & \square \\ \square & \square & \square & \square \\ \square & \square & \square & \square \\ \square & \square & \square & \square \end{bmatrix}$$

(7) 장기요양모형 (1: 건강, 2: 경증, 3: 중증, 4: 사망)

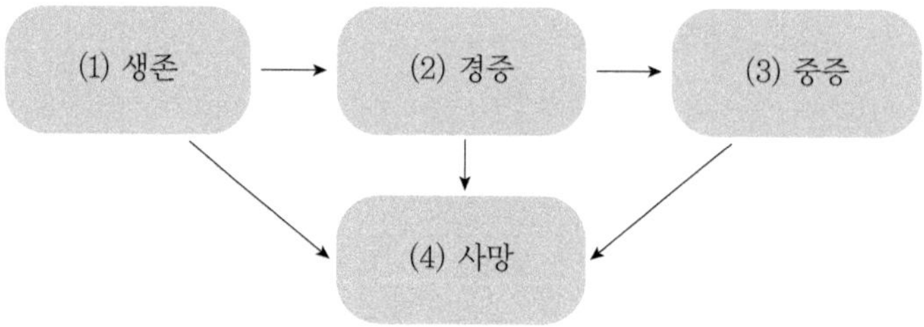

$$P_1 = \begin{bmatrix} \square & \square & \square & \square \\ \square & \square & \square & \square \\ \square & \square & \square & \square \\ \square & \square & \square & \square \end{bmatrix}$$

(2) 이산형 마르코프 연쇄

가. 다단계 전이확률

시점 t에서 상태 i일 때, 단위시간 경과시점인 $t+1$이 아니라 2단계 경과 시점인 $t+2$에 상태 j로 전이하는 경우가 있다면, 이런 전이확률은 2단계 전이확률이라 하고 ${}_2p_t^{ij}$로 표기한다.

한편, 2단계 전이의 경우 시점 $t+1$에서 상태 $k(k=1,2,3,\cdots,n)$를 경유하여 시점 $t+2$에서 상태 j에 도달하는 것이므로, 그 전이확률은 다음과 같이 모든 $p_t^{ik} \cdot p_{t+1}^{kj}$을 더한 값임을 알 수 있다.

$$\begin{aligned} {}_2p_t^{ij} &= \Pr[X(t+2)=j \mid X(t)=i] \\ &= \sum_{k=1}^{n} \Pr[X(t+1)=k \mid X(t)=i] \cdot \Pr[X(t+2)=j \mid X(t+1)=k, X(t)=i] \\ &= \sum_{k=1}^{n} \Pr[X(t+1)=k \mid X(t)=i] \cdot \Pr[X(t+2)=j \mid X(t+1)=k] \\ &= \sum_{k=1}^{n} p_t^{ik} \cdot p_{t+1}^{kj} \end{aligned}$$

이 확률은 $P_t \times P_{t+1}$행렬의 (i,j) 성분이 된다. (한편, 이 식은 채프만-콜모고로프 방정식(CKE: Chapman-Kolmogorov Equation)의 특수한 경우에 해당한다.)

예제 10-2

자동차보험의 피보험자를 보험기간 1년 동안 무사고 그룹과 사고를 낸 그룹으로 분류한다.

현재 무사고 그룹에 있는 피보험자가 1년 후에 무사고 그룹에 있을 확률은 0.8이고, 현재 사고를 낸 그룹에 있는 피보험자가 1년 후에 무사고 그룹에 있을 확률은 0.7이다.
전이확률을 매년 동일하며, 1년 후의 사고발생은 현재의 경험에만 의존하고 그 이전의 경험에는 의존하지 않는다고 가정하자.
현재(0시점) 무사고 그룹에 있는 피보험자가 4년 후에 사고를 낸 그룹에 있을 확률을 구하라.

☞ $P = \begin{pmatrix} 0.8 & 0.2 \\ 0.7 & 0.3 \end{pmatrix}$

$\Rightarrow P^4 = \begin{pmatrix} 0.7778 & 0.2222 \\ 0.7777 & 0.2223 \end{pmatrix}$

$\therefore\ {}_4p^{12} = 0.2222$

연습 10.3

어떤 회사는 근로자가 업무 중 발생한 장해로 인하여 장기간 근무를 할 수 없게 되는 경우 장해가 처음 발생한 해에 소득을 보상해 주고, 사망시 사망보험금을 지급하는 단체보험에 가입하였다. 근로를 할 수 있는 상태를 1, 장해로 인하여 근무를 할 수 없는 상태를 2, 사망을 나타내는 상태를 3이라고 하고, 전이행렬이 다음과 같이 주어질 때 현재 근로를 하고 있는 600명의 근로자 중 앞으로 3년 이내에 소득보상금을 받게 될 사람의 분산값을 구하라.(단, 600명 근로자의 퇴직은 발생하지 않는 것으로 가정)

$$P = \begin{pmatrix} 0.7 & 0.2 & 0.1 \\ 0.1 & 0.55 & 0.35 \\ 0 & 0 & 1 \end{pmatrix}$$

나. 상태벡터를 이용한 계산

특정 시점에서 이산형 마르코프 연쇄는 n개의 가능한 상태 중 한 상태에 속하게 된다. 이때 시점 t에서 상태 k에 있을 확률을 $1 \times n$행렬의 (1, k) 성분으로 하여 벡터로 나타낼 수 있다. 이 벡터를 상태벡터(state vector)라고 하는데, 예를 들어 피보험자 (x)가 특정시점에 총 3가지 상태($n = 3$)가 존재하는 확률과정에서 시점 t일 때 상태(2)에 속해있다면 상태벡터를 π_t라고 할 때, π_t는 다음과 같은 행렬로 표현된다.

$$\pi_t = (0\ \ 1\ \ 0)$$

이 경우 $t+1$ 시점의 상태벡터 π_{t+1}는 t 시점의 전이행렬 P_t를 이용하여 다음과 같이 행렬의 곱으로 정의된다.

$$\begin{aligned} \pi_{t+1} &= \pi_t P_t \\ &= (0\ \ 1\ \ 0)\begin{bmatrix} p_t^{11} & p_t^{12} & p_t^{13} \\ p_t^{21} & p_t^{22} & p_t^{23} \\ p_t^{31} & p_t^{32} & p_t^{33} \end{bmatrix} \\ &= \left(p_t^{21}\ \ p_t^{22}\ \ p_t^{23}\right) \end{aligned}$$

즉, 상태벡터 π_{t+1}는 전이행렬 P_t의 두 번째 행(row)이 시점 t에서 상태(2)에 있다는 조건하에서 시점 $t+1$에서 상태(1), 상태(2) 또는 상태(3)에 있을 확률을 성분으로 표시한 것이다. 따라서 상태벡터를 알면 특정상태로의 전이확률를 구할 수 있다.

한편 상태벡터 대신에 시점 t의 각 상태별 인원 수 또는 인구비율을 나타내는 행벡터 $\underline{l}_t$를 대입하면, 시점 $t+1$의 상태별 인원수 또는 인구비율 $\underline{l}_{t+1}$은 $\underline{l}_{t+1} = \underline{l}_t P_t$라는 유용한 식을 얻게 된다.

예제 10-3 14(2)#8

피보험자가 취할 수 있는 이산형 마르코프 확률과정의 상태는 다음과 같고,

상태(1)	상태(2)	상태(3)
건강	질병	사망

시간 t(=0,1,2,...) 의 상태에서 t+1 시점의 상태로의 전이 행렬은 다음과 같다고 하자.

$$\begin{array}{c|ccc|} & 건강 & 질병 & 사망 \\ 건강 & \frac{1}{2} & \frac{1}{4} & \frac{1}{4} \\ 질병 & \frac{1}{4} & \frac{1}{2} & \frac{1}{4} \\ 사망 & 0 & 0 & 1 \end{array}$$

(1) 현재시점(t=0)에서 건강한 상태(1)의 피보험자가 시점 t=2에서 사망상태(3)일 확률을 계산하라.

(2) 어떤 생명보험회사는 올해 1000명의 피보험자를 피보험자로 하는 사망담보계약을 보유하고 있는데, 조사결과 현재시점(t=0)에 질병상태인 사람이 45명으로 집계되었다. 향후 3년간 사망보험금을 지급하게 될 계약건수를 계산하라.

☞ (1) ${}_2p^{13} = \frac{1}{2}\times\frac{1}{4}+\frac{1}{4}\times\frac{1}{4}+\frac{1}{4}=\frac{7}{16}$

(2)

$$P^2=\begin{pmatrix} \frac{5}{16} & \frac{4}{16} & \frac{7}{16} \\ \frac{4}{16} & \frac{5}{16} & \frac{7}{16} \\ 0 & 0 & 1 \end{pmatrix},\quad P^3=\begin{pmatrix} * & * & \frac{37}{64} \\ * & * & \frac{37}{64} \\ 0 & 0 & 1 \end{pmatrix}$$

$$\therefore\ (955\ \ 45\ \ 0)P^3=\left(*\ \ *\ \ 955\times\frac{37}{64}+45\times\frac{37}{64}+0\right)$$

$$\fallingdotseq (*\ \ *\ \ 578)$$

(3) 시간동질적 마르코프 연쇄와 시간이질적 마르코프 연쇄

상태 i에서 상태 j로 변하는 전이확률이 시점 t에 의존하지 않고 일정한 경우 시간동질(time homogeneous, stationary)이라고 하는데, 이 경우 모든 t에 대해서 동일하므로 기호표시에 t 생략해서 표기한다.

$$p_t^{ij}=\Pr[X(t+1)=j\,|\,X(t)=i]$$

$$=p^{ij}$$

반면에 시간동질과 달리 시점에 따라 전이확률이 변화하는 경우 시간이

질(time non-homogeneous)이라고 한다.

예제 10-4

피보험자의 상태를 매 보험연도 말에 즉시 판정하여 "1"과 "2"로 분류한 시간동질적 마르코프 연쇄의 전이행렬이 다음과 같을 때, "2"상태의 피보험자(x)가 만2년 이내에 "1"상태로 전이될 확률 ${}_2p^{21}$을 구하라.

$$P = \begin{bmatrix} 0.4 & 0.6 \\ 0.8 & 0.2 \end{bmatrix}$$

☞ 현재 상태벡터인 (0 1)를 통해서 확률값을 구해본다.

$$(0\ \ 1)P^2 = (0\ \ 1)\begin{bmatrix} 0.64 & 0.36 \\ 0.48 & 0.52 \end{bmatrix}$$

$$= (0.48\ \ 0.52)$$

$$\therefore\ {}_2p^{21} = 0.48$$

연습 10.4

피보험자의 생존기간이 최종연령이 100인 De Moivre 사망법칙을 따르는 경우, 현재 60세의 피보험자의 생존 상태를 "1", 사망 상태를 "2"로 할 때의 전이행렬과 만2년 이내에 "1"상태에서 "2"상태로 전이될 확률 ${}_2p_{60}^{12}$을 구하라.

(4) 마르코프 모형을 통한 보험료 및 준비금 계산

마르코프 모형에서도 기존의 생존모형에서 처럼 장래 보험급부가 발생할 확률과 이자율을 고려하여 계리현가를 구하여 보험료와 준비금을 계산한다.

예를들어 A보험회사가 다음과 같은 다중상태모형(multiple-state model)을 이용하여 건강한 피보험자가 가입하는 3년만기 3년납 보험상품을 개발한다고 가정하자.

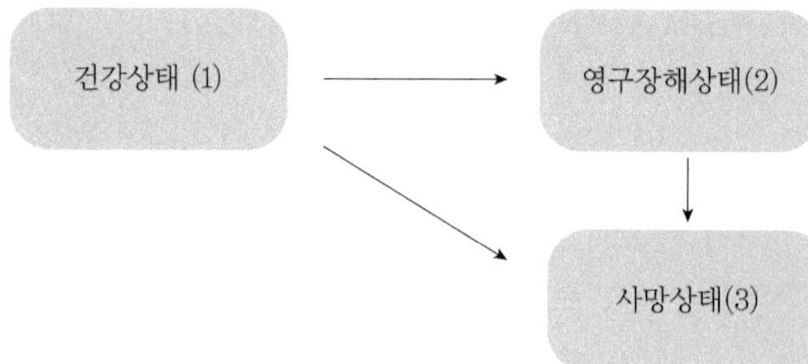

여기서, 화살표는 전이방향을 표시하며, 이전(以前) 상태로의 복원은 없다. 그리고 시간동질적 전이행률은 다음과 같으며 전이는 매 보험연도말에만 이루어진다고 가정한다.

$$P = \begin{pmatrix} 0.8 & 0.15 & 0.05 \\ 0 & 0.7 & 0.3 \\ 0 & 0 & 1 \end{pmatrix}$$

그리고 예정이율은 연 5.0%이고, 피보험자가 매 보험연도말에 영구장해상태(2)에 있으면 10,000원을 지급하고, 사망상태(3)가 되면 30,000원을 지급하고, 보험료는 건강상태 피보험자만 매 보험년도초에 납입한다고 가정하자.

이때, 수지상등의 원칙을 적용하여 피보험자 (x)가 납입할 연납평준순보험료를 구하는 과정은 다음과 같다.

먼저 계산의 편의를 위해서 2단계 및 3단계 전이행렬을 다음과 같이 구해 놓는다.

$$P^2 = \begin{pmatrix} 0.64 & 0.225 & 0.135 \\ 0 & 0.49 & 0.51 \\ 0 & 0 & 1 \end{pmatrix}$$

$$P^3 = \begin{pmatrix} 0.5120 & 0.2535 & 0.2345 \\ 0 & 0.3430 & 0.6570 \\ 0 & 0 & 1 \end{pmatrix}$$

가입시점의 상태벡터를 π_x 라고 하고 제2보험년도초의 상태벡터는 π_{x+1}, 제3보험년도초의 상태벡터를 π_{x+2} 라고 하면, 보험료를 납입하는 매년초의 상태벡터는 각각 다음과 같다.

$$\pi_x = (1\ 0\ 0)$$

$$\pi_{x+1} = \pi_x P = (0.8\ 0.15\ 0.05)$$

$$\pi_{x+2} = \pi_x P^2 = (0.64\ 0.225\ 0.135)$$

연납순보험료를 NAP이라고 할 때, 건강상태(1)에 있는 경우에만 보험료를 납입하게되므로 납입되는 보험료의 계리현가 합계는 다음과 같다.

$$NAP \cdot \left(1 + p^{11} \cdot v + {}_2p^{11} \cdot v^2\right)$$

$$= NAP \cdot \left(1 + \frac{0.8}{1.05} + \frac{0.64}{1.05^2}\right)$$

$$\fallingdotseq 2.3424\,NAP$$

이번에는 지급보험금을 살펴보자. 먼저 가입당시 건강상태(1)에 있던 피보험자가 영구장해상태(2)로 전이할 확률은 시점마다 각각 p^{12}, ${}_2p^{12}$, ${}_3p^{12}$이므로 10,000원의 영구장해보험금의 계리현가 합계는 다음과 같다.

$$10{,}000 \cdot \left(p^{12} \cdot v + {}_2p^{12} \cdot v^2 + {}_3p^{12} \cdot v^3\right)$$

$$= 10{,}000 \cdot \left(\frac{0.15}{1.05} + \frac{0.225}{1.05^2} + \frac{0.2535}{1.05^3}\right)$$

$$\fallingdotseq 5{,}659.22$$

마찬가지로 가입당시 건강상태(1)에 있던 피보험자가 사망상태(2)로 전이할 확률을 구해보자. 단, 사망상태(2)는 흡수상태인 점을 고려하여야 하는데, 예를 들어 제2보험기간에 사망보험금이 지급되기 위해서 ${}_2p^{13}$에는 이미 전단계에서 사망상태에 진입한 경우도 포함하고 있으므로 이를 제외하여 ${}_2p^{13} - p^{13}$로 적용하여야 한다. 따라서 각 시점마다 사망보험금을 지급사유가 발생할 확률은 p^{13}, ${}_2p^{13} - p^{13}$, ${}_3p^{13} - {}_2p$이 되므로 사망보험금 30,000원의 계리현가 합계는 다음과 같다.

$$30{,}000 \cdot \left(p^{13} \cdot v + \left({}_2p^{13} - p^{13}\right) \cdot v^2 + \left({}_3p^{13} - {}_2p^{13}\right) \cdot v^3\right)$$

$$= 30{,}000 \cdot \left(\frac{0.05}{1.05} + \frac{0.135 - 0.05}{1.05^2} + \frac{0.2345 - 0.135}{1.05^3}\right)$$

$$\fallingdotseq 6{,}320.05$$

따라서 수지상등의 원칙에 따라 연납순보험료를 다음과 같이 5,114원으로 산출됨을 알 수 있다.

$$NAP \fallingdotseq \frac{5{,}659.22 + 6{,}320.05}{2.3424} \fallingdotseq 5{,}114.1$$

한편, 준비금의 경우 건강상태(1)에 있을 경우 준비금 ${}_tV^{(1)}$과 영구장해상태(2)에 있을 경우의 준비금 ${}_tV^{(2)}$으로 구별하여 적립하게 된다.

예를 들어 제1보험년도말 준비금을 장래법을 통해 계산해 보자. 먼저 건강상태(1)의 경우 지급보험금의 계리현가에서 향후 수입보험료의 계리현가를 차감하게 되는데, 시간동질이므로 P와 P^2만 이용하게 된다.

$$\begin{aligned} {}_1V^{(1)} &= 10{,}000 \cdot \left(p^{12} \cdot v + {}_2p^{12} \cdot v^2\right) \\ &\quad + 30{,}000 \cdot \left(p^{13} \cdot v + \left({}_2p^{13} - p^{13}\right) \cdot v^2\right) \\ &\quad - NAP \cdot \left(1 + p^{11} \cdot v\right) \\ &\fallingdotseq 3{,}469.39 + 3{,}741.50 - 9{,}010.55 = -1{,}799.67 \end{aligned}$$

그리고 피보험자가 영구장해상태(2)에 있을 경우의 준비금을 구하면 다음과 같다. 이때 유의할 점은 영구장해상태(2)에서는 보험료를 납입하지 않으므로 장래 수입보험료의 계리현가를 차감할 필요가 없다는 것이다.

$$\begin{aligned} {}_1V^{(2)} &= 10{,}000 \cdot \left(p^{22} \cdot v + {}_2p^{22} \cdot v^2\right) \\ &\quad + 30{,}000 \cdot \left(p^{23} \cdot v + \left({}_2p^{23} - p^{23}\right) \cdot v^2\right) \\ &\fallingdotseq 11{,}111.11 + 14{,}285.72 = 25{,}396.83 \end{aligned}$$

예제 10-5 04(2)#2

갑보험회사는 다음과 같은 3-상태모형을 채택한 질병보험을 개발하려고 한다. 적용되는 예정이율은 연 5.0%일 때 수지상등의 원칙에 따른 일시납 순보험료를 구하라.

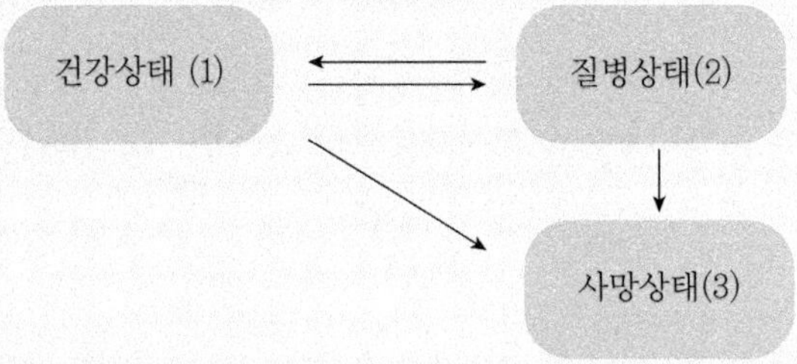

(단, 화살표는 전이방향을 표시)

〈계약관련 기본정보〉

- ㅇ유진단 계약으로 보험가입대상 피보험자는 40세이며 가입당시 건강상태(1)에 있어야 한다.
- ㅇ보험기간은 3년이며, 피보험자가 매 보험년도말에 질병상태(2)에 있으면 보험금 100만원을 지급한다.
- ㅇ전이확률은 임의의 t에 대하여 다음과 같다.

$$p_{40+t}^{12} = 0.2,\quad p_{40+t}^{13} = 0.02,\quad p_{40+t}^{21} = 0.7,\quad p_{40+t}^{23} = 0.1$$

☞ $\pi_{40} = (1\ 0\ 0)$

$$\pi_{41} = \pi_{40} P$$

$$= (1\ 0\ 0)\begin{pmatrix} 0.78 & 0.2 & 0.02 \\ 0.7 & 0.2 & 0.1 \\ 0 & 0 & 1 \end{pmatrix} = (0.78\ 0.2\ 0.02)$$

$$\pi_{42} = \pi_{40} P^2$$

$$= (1\ 0\ 0)\begin{pmatrix} 0.78 & 0.2 & 0.02 \\ 0.7 & 0.2 & 0.1 \\ 0 & 0 & 1 \end{pmatrix}^2 = (0.7484\ 0.196\ 0.0556)$$

$$\pi_{43} = \pi_{40} P^3$$

$$= (1\ 0\ 0)\begin{pmatrix} 0.78 & 0.2 & 0.02 \\ 0.7 & 0.2 & 0.1 \\ 0 & 0 & 1 \end{pmatrix}^3 = (*\ 0.1888\ *)$$

$$\therefore \ NSP = 1{,}000{,}000(p_{40}^{12} \cdot v + {}_2p_{40}^{12} \cdot v^2 + {}_3p_{40}^{12} \cdot v^3)$$

$$= 1{,}000{,}000(\frac{0.2}{1.05} + \frac{0.196}{1.05^2} + \frac{0.1888}{1.05^3}) \fallingdotseq 531{,}416$$

연습 10.5 18(2)#3

피보험자 (x)는 건강한 피보험자만을 가입대상으로 하는 3년만기 질병보험에 가입하였다.

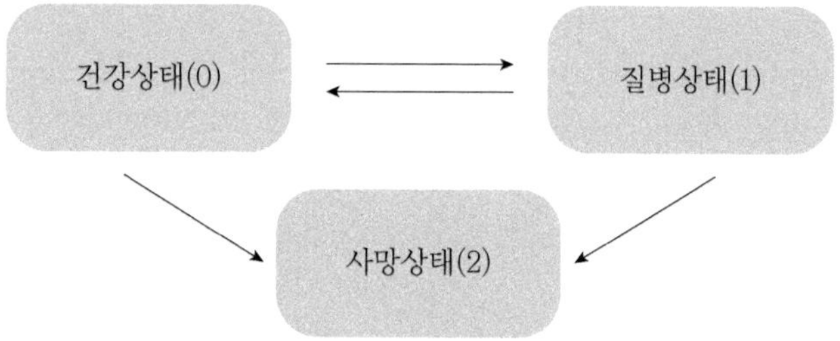

(화살표는 전이방향)

(가) 다중상태모형에서 전이는 매 보험연도말에 이루어짐

(나) 피보험자가 매 보험연도말에 질병상태(1)에 있으면 보험금 1,000원을 지급하고, 최초로 질병상태(1) 전이 시에만 1,000원을 추가 지급함

(다) 예정이율은 5%임

(라) 3년간 전이확률(p_x^{ij}, $i,j = 0,1,2$)

i \ j	0	1	2
0	0.95	0.03	0.02
1	0.40	0.50	0.10
2	0.00	0.00	1.00

가입시점에서 질병보험의 지급보험금 현가의 기댓값을 구하시오.

연습 10.6 11(2)#5

피보험자 홍길동이 가입하려고 하는 건강보험상품의 연납순보험료는 피보험자의 건강상태등급에 따라 3가지로 분류되어 부과된다.
이때, 연납순보험료는 건강상태등급이 1급인 경우에는 500, 2급인 경우에는 1,000, 3급인 경우에는 1,500이다. 피보험자의 건강상태등급은 매 보험년도 초에 직전 1년 동안의 입원일수에 따라 다음과 같이 조정된다.
입원일수가 0일인 경우에는 1등급 상향 조정되고, 입원일수가 1일인 경우에는 1등급 하향 조정되며, 입원일수가 2일 이상인 경우에는 2등급 하향 조정된다.
이때, 더 이상 상향 조정할 수 없는 경우에는 1급이 되고, 더 이상 하향 조정할 수 없는 경우에는 3급이 된다.
피보험자 홍길동의 1년 동안 입원일수가 0일일 확률은 85%, 1일일 확률은 10%, 2일 이상일 확률은 5%이다. 이 확률은 변하지 않는다고 할 때, 다음 물음에 답하시오.

(1) 각 건강상태등급을 마코프체인(Markov chain)의 상태(states)라 할 때, 전이확률행렬(transition probability matrix)을 구하시오.
(2) 보험 가입 시 건강상태등급이 1급인 피보험자 홍길동이 제3보험년도에 납입하여야 할 연납순보험료의 기댓값을 구하시오.

연습 10.7 10(2)#6

AZ보험사는 다음과 같은 다중상태모형(multiple-state model)을 이용하여 장기요양보험(long-term care insurance)을 개발하려고 한다.

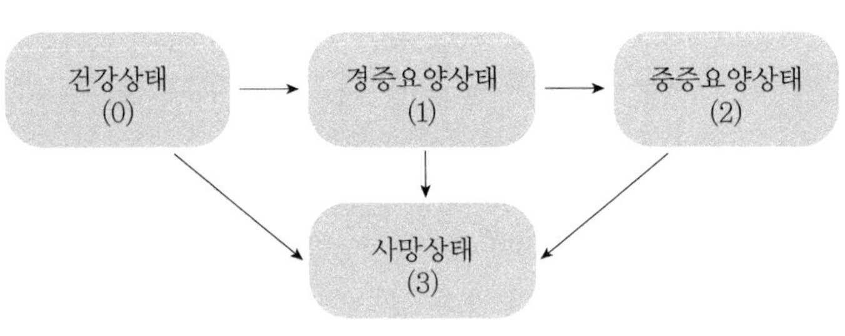

(단, 화살표는 전이방향을 표시하며, 이전(以前)상태로 복원은 없음)

〈상품개발팀에서 고려하는 계약관련 기본정보〉

(가) 유진단계약으로, 건강상태로 판정된 피보험자에 대해서만 계약을 체결한다.

(나) 경증요양상태 혹은 중증요양상태일 때에만 요양급여금을 지급한다. 경증, 중증 요양상태 구별없이, 지급할 수 있는 요양급여금 지급 횟수는 총4회로 한정한다.

(다) 요양상태 여부는 매 보험연도 말에 즉시 판정하며, 판정과 동시에 요양급여금을 지급한다.

(라) 피보험자가 사망하거나 요양급여가 총 4회 지급되면 계약은 종료된다.

(마) 보험료는 계약이 종료될 때까지 매 보험연도 초에 납입되는 전기(全期)연납 보험료이다. 단, 요양상태로 판정되면 이후 보험료 납입은 면제된다.

〈상품개발팀에서 고려하는 요양급여설계관련 정보〉

(가) 경증요양급여금 기준금액은 300만원이다.

(나) 중증요양급여금 기준금액은 500만원이다.

(다) 실제 지급될 경증 또는 중증요양급여금은 모두 상기 기준금액에 대하여, 보험계약의 체결시점부터 복리로 연 5.0%씩 매년 증액된다.

예를 들어, 2010년 1월 1일 계약이 체결되어 당해연도 말에 경증요양상태로 판정받았다면, 요양급여금으로 (300×1.05)만원이 지급된다.

〈상품개발팀에서 사용하는 계리관련 정보〉

(가) 상태전이확률(state-transition probability)의 정의와 관련 추정치는 다음과 같다. ($p_x^{ij} \equiv i$ 상태에 있는 x세 피보험자가 $x+1$세에 j상태에 있을 확률)

$$p_x^{00} = 0.8\ ,\ \ p_x^{01} = 0.1\ ,\ \ p_x^{11} = 0.6\ ,\ \ p_x^{12} = 0.3\ ,\ \ p_x^{22} = 0.5$$

(나) 적용되는 예정이율은 연 5.0%이다.

상기 상품개발 정보들을 활용하여, 다음 각 물음에 답하시오.

(1) 수지상등의 원칙을 적용하여, (x)세 피보험자가 납입할 연납보험료를 구하시오.

(2) 임의의 피보험자가 이미 2회의 요양급여금을 수령하였고, 보험연도 말 현재 요양상태로 판정받았다. 보험자가 3회 요양급여금을 지급한 직후에 향후 요양급여금 지급과 관련하여 책정하여야 할 책임준비금을 산출하시오. (단,

경증요양상태일 경우에 지급될 요양급여금은 A원이고, 중증요양상태일 경우에 지급될 요양급여금은 B원이라고 가정한다. 여기에서, A와 B는 주어진 상수이다.)

(5) 연속형 마르코프 연쇄

현재로부터 단위시간이 지난 후가 아닌 임의의 미래시점에 특정상태에 있게 될 확률이 현재시점에 영향을 받지 않는 경우를 연속형 마르코프 모형이라고 한다.

즉, 시점 t에서 상태 i에 있는 경우 s시간이 경과한 시점 $t+s$에서 상태가 j에 있을 확률이 현재시점(t)에는 영향 받지 않고 경과기간(s)에 따라서만 달라진다. 따라서, 변화가 일어날 때까지 걸리는 시간(전이시간)을 확률변수 T로 하면, T는 다음 성질을 만족하므로 지수분포를 따르게 된다.

$$\Pr[T > t+s \mid T > t] = \Pr[T > s]$$

한편, 어떤 상태 i에서 다른 상태로의 전이시간 T가 평균이 $\frac{1}{q_i}$인 지수분포를 따르면, 전이빈도를 나타내는 확률변수는 단위시간당 평균 q_i의 포아송분포를 따르게 된다.

아주 짧은 기간(h)의 전이확률을 연간단위 확률로 표현한 값을 전이력(force of transition, transition intensity)이라고 하는데, 상태 i에서 상태 j로의 전이력을 q_{ij}로 표기(혹은 μ_{ij})하고 다음과 같이 정의한다.

$$q_{ij} \equiv \lim_{s \to 0} \frac{p_x^{ij}(s)}{s}, \ i \neq j$$

한편, 콜모고로프 전진방정식(KFE; Kolmogorov forward equation)의 행렬성분은 다음과 같다. (구체적인 증명과 활용은 『계리모형론』 등에서 다루어지고 있으니, 심화학습을 원하는 경우에는 『보험수리학』 보다 『계리모형론』을 참조하기 바란다.)

$$\frac{d}{ds}p_x^{ij}(s) = \sum_{k=1,\,k\neq j}^{n}(p_x^{ik}(s)q_{kj} - p_x^{ij}(s)q_{jk})$$

$$= \sum_{k=1,\,k\neq j}^{n_t} p_x^{ik}(s)q_{kj} - p_x^{ij}(s)q_j$$

(단, $\sum_{j\neq i}^{n} q_{ij} = q_i$)

행렬 $P(s)$와 전이력행렬 Q를 다음과 같이 정의하자.

$$P(s) = \begin{bmatrix} p_x^{11}(s) & p_x^{12}(s) & \cdots & p_x^{1n}(s) \\ p_x^{21}(s) & p_x^{22}(s) & \cdots & p_x^{2n}(s) \\ \vdots & \vdots & \ddots & \vdots \\ p_x^{n1}(s) & p_x^{n2}(s) & \cdots & p_x^{nn}(s) \end{bmatrix},\ Q = \begin{bmatrix} -q_1 & q_{12} & \cdots & q_{1n} \\ q_{21} & -q_2 & \cdots & q_{2n} \\ \vdots & \vdots & \ddots & \vdots \\ q_{n1} & q_{n2} & \cdots & -q_n \end{bmatrix}$$

전이행렬 $P(s)$의 각 성분을 s에 대하여 미분하면, 다음 값을 얻을 수 있다.

$$P'(s) = P(s)Q$$

x세에 상태 i에 있는 사람이 $x+s$세까지 계속 상태 i에 있을 확률을 $p_x^{\overline{ii}}(s)$라고 하면 다음과 같다.

$$p_x^{\overline{ii}}(s) = \exp\left(-\int_0^s \sum_{j=1,\,j\neq i}^{n} q_{ij}(t)\,dt\right)$$

연습 10.8 18(2)#5

피보험자 (x), (y)는 다음 조건을 만족하는 종신보험에 가입하였을 때, 이 보험의 연속납평준순보험료의 연액을 구하라.

(가) 최종사망자 발생 즉시 보험금 1,000원이 지급됨

(나) 최초사망자 발생시까지 보험료를 연속으로 납입함

(다) 피보험자 (x), (y)는 서로 독립이고, 사망시점 확률변수 $T^*(x)$, $T^*(y)$의 개별 생존함수가 사력이 각각 $\mu_x^* = 0.05$, $\mu_y^* = 0.03$인 지수분포를 따름

(라) 두 피보험자에게 재난적 사고가 발생하면 항상 동시에 사망하게 되는데, 현재시점부터 이러한 재난적 사고가 발생하기까지의 시간을 나타내는 확률변수 T는 사력이 $\lambda = 0.01$인 지수분포를 따름

(마) $T(x) = \min\{T^{*}(x),\ T\},\ \ T(y) = \min\{T^{*}(y),\ T\}$임

(바) 제시된 연생모형은 전이력이

$$\mu^{01}_{x+t:y+t} = \mu^{*}_{y} = 0.03,\ \ \mu^{02}_{x+t:y+t} = \mu^{*}_{x} = 0.05,$$

$$\mu^{13}_{x+t} = \mu^{*}_{x} + \lambda = 0.06,\ \ \mu^{23}_{y+t} = \mu^{*}_{y} + \lambda = 0.04,$$

$\mu^{03}_{x+t:y+t} = 0.01$인 다중상태모형으로 표현할 수 있음

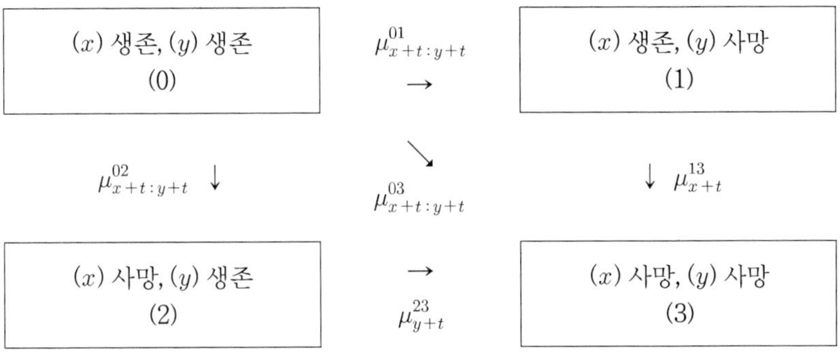

(사) 이력(δ)은 0.06임

연습 10.9

두 생존자 (x), (y)를 대상으로 하는 연생 모형에서 다음과 같이 상태를 정의하자.

상태 0: (x), (y) 모두 생존
상태 1: (x)만 생존
상태 2: (y)만 생존
상태 3: (x), (y) 모두 사망

다음의 전이력 행렬과 이력 0.02를 이용하여, 한 명이 사망할 때까지 연속적으로 보험료를 납입하고, (x), (y)의 최후생존자 상태가 종료되는 시점에서 보험금 1을 즉시 지급하는 종신보험의 연간 납입보험료를 계산하시오.

$$P = \begin{pmatrix} -0.12 & 0.06 & 0.04 & 0.02 \\ 0 & -0.05 & 0 & 0.05 \\ 0 & 0 & -0.07 & 0.07 \\ 0 & 0 & 0 & 0 \end{pmatrix}$$

Final

핵심정리

□ 마르코프(다중상태) 모형

ㅇ미래의 새로운 상태로 옮겨가면서 오직 현재의 상태에만 의존하는 확률과정

$$\Pr[X(t+1)=j \mid X(1)=i_1, X(2)=i_2, \cdots, X(t-1)=i_{t-1}, X(t)=i]$$

$$=\Pr[X(t+1)=j \mid X(t)=i]$$

□ 이산형 마르코프 모형

ㅇ시점 t로부터 단위시간 경과 후 상태 i에서 상태 j로 변하는 전이확률을 p_t^{ij}로 표기

ㅇ전체 상태의 개수가 n개일 때, 가능한 모든 경우의 전이를 고려하여 전이확률을 성분으로 전이행렬 P_t 구성

$$P_t=\begin{bmatrix} p_t^{11} & p_t^{12} & \cdots & p_t^{1n} \\ p_t^{21} & p_t^{22} & \cdots & p_t^{2n} \\ \vdots & \vdots & \ddots & \vdots \\ p_t^{n1} & p_t^{n2} & \cdots & p_t^{nn} \end{bmatrix}$$

□ 연속형 마르코프 모형

ㅇ아주 짧은 기간(h)의 상태 i에서 상태 j로의 전이확률이 전이력 q_{ij}

ㅇ전이행렬 $P(s)$의 각 성분을 s에 대하여 미분하면, $P'(s)=P(s)Q$이고 여기서 Q는 전이력행렬

$$P(s)=\begin{bmatrix} p_x^{11}(s) & p_x^{12}(s) & \cdots & p_x^{1n}(s) \\ p_x^{21}(s) & p_x^{22}(s) & \cdots & p_x^{2n}(s) \\ \vdots & \vdots & \ddots & \vdots \\ p_x^{n1}(s) & p_x^{n2}(s) & \cdots & p_x^{nn}(s) \end{bmatrix}, \quad Q=\begin{bmatrix} -q_1 & q_{12} & \cdots & q_{1n} \\ q_{21} & -q_2 & \cdots & q_{2n} \\ \vdots & \vdots & \ddots & \vdots \\ q_{n1} & q_{n2} & \cdots & -q_n \end{bmatrix}$$

Final

연습문제

※ (1~2) 한국보험(주)가 다음과 같은 다중상태 모형(multiple state model)에 근거하여 3년 만기 질병보험을 개발한다.

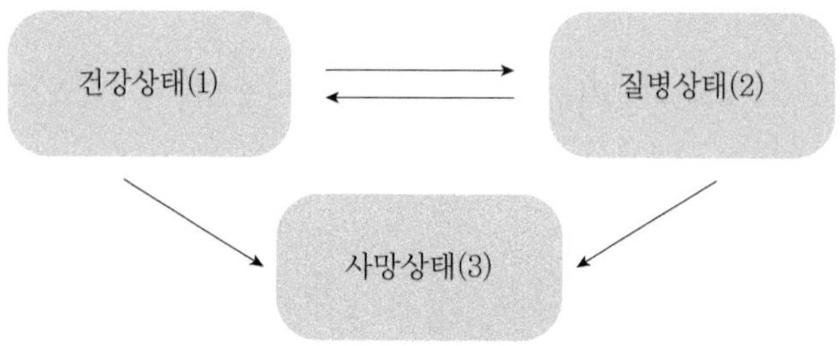

(화살표는 상태전이방향을 나타냄)

상기 질병보험 상품개발을 위한 기본 조건은 다음과 같다.

(가) 유진단 계약으로써 (x)인 피보험자는 가입 당시 건강상태(1)에 있어야 한다. (나) 보험기간은 3년, 매 보험연도 초에 납입될 연납 평준보험료는 π이며 전기납이다.(단, 사업비는 고려하지 않음) (다) 연시에 납입된 보험료 π는 연(年) 이율 5.0%로 부리된다. (라) 사망보험금은 당해 보험연도 말에 2,000을 지급한다. (마) 피보험자가 매 보험년도 말에 질병상태(2)에 있으면 당해 보험년도 말에 1,000을 지급한다. 이 경우 차년도 보험료는 납입 면제된다.

그리고 상태전이(state transition)에 관한 경험 자료를 분석한 결과는 아래와 같다.

(가) ${}_tp_x^{ij} \equiv i$상태에 있는 (x)인 피보험자가 $x+t\,(t=1,2,3)$세에 j상태에 있을 확률(transition probability)을 나타낸다. (나) ${}_tp_x^{11} = 0.9 \times 0.95^t$, 그리고 ${}_tp_x^{12} = 0.1 \times 0.95^t$

다음 물음에 답하라. (13(2)#4)

01 (x)인 피보험자가 상기 질병보험계약을 체결하였을 경우에 k보험연도 말에 기대되는 손익(expected profit or loss)을 EC_k $(k=1,2,3)$라고 할 때 EC_1, EC_2, EC_3 을 각각 π의 함수로 표현하시오.

02 연(年) 예정이율 $i = 5.0\%$ 일 때 수지상등의 원칙에 따른 전기 연납 평준보험료 π를 구하시오.

03 어떤 반려견 보험은 현재 질병이 없는 반려견을 대상으로 약관에서 정한 수술이 필요한 질병 발생 시 수술비용으로 100만원을 즉시 지급해준다고 한다. (단, 해약의 경우에는 납입보험료를 이자없이 돌려주며, 반려견이 사망하는 경우에는 보험금을 지급하지 않음.) 이력이 0.03이고 전이력이 다음과 같을 때 10년 만기 반려견보험상품의 일시납 순보험료를 구하라.

(가) 건강한 상태의 반려견에게 수술이 필요한 질병이 발생할 전이력 0.005
(나) 해약을 하게 될 전이력 0.01
(다) 약관에서 정한 질병 이외의 원인으로 반려견이 사망하게 될 전이력 0.001

※ (4~6) 건강한 피보험자 (60)이 2년 만기 생명보험에 가입하였다. 보험료는 아래 그림과 같은 3개의 상태를 갖는 마르코프 모형을 이용하여 산출하였다.
(21(2)#6)

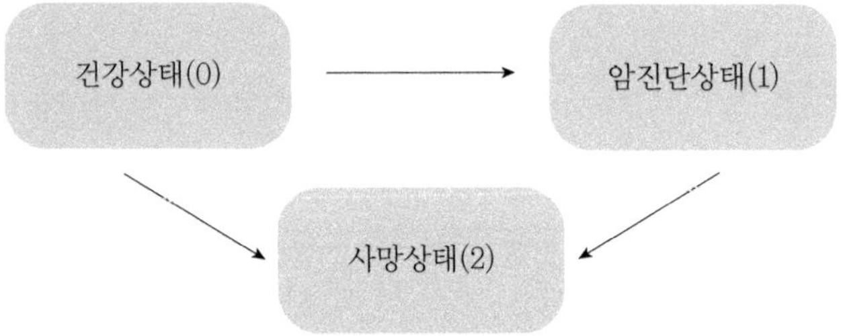

(화살표는 전이방향, 전이는 매년 말에 이루어짐)

[가입조건]

(가) 보험료는 전기연납임

(나) 보험가입금액은 1000, 암진단비 및 사망보험금은 기말급

급부명칭	지급사유	지급액(보험가입 금액 기준)
암진단비	보험기간 중 최초 암진단 시	80%
사망 보험금	보험기간 중 암이 진단된 이후 사망 시	20%
	보험기간 중 암이 진단되지 않고 사망 시	100%

(다) 최초 암진단 시 차회 이후 보험료납입 면제

(라) 만기환급금은 없음

(마) 암진단상태(1)에서 건강상태(0)로의 전이(회복)는 없음

[산출조건]

(가) $v=0.95$

(나) x세의 전이행렬 P_x는 다음과 같음

$$P_{60}=\begin{pmatrix}0.85 & 0.05 & 0.1\\ 0 & 0.8 & 0.2\\ 0 & 0 & 1\end{pmatrix},\quad P_{61}=\begin{pmatrix}0.7 & 0.1 & 0.2\\ 0 & 0.6 & 0.4\\ 0 & 0 & 1\end{pmatrix}$$

04 평준순보험료를 구하시오.

05 제1보험연도말 시점에서 건강상태(0)인 경우 순보험료식책임준비금(${}_1V^{(0)}$)을 구하시오.

06 제1보험연도말 시점에서 암진단상태(1)인 경우 순보험료식책임준비금(${}_1V^{(1)}$)을 구하시오.

※ (7~8) 어떤 자동차보험의 할인할증 제도는 총 3개의 등급을 이용한다고 한다. 등급은 매년 갱신된다고 할 때 기존등급에서 새로운 등급으로 변경되는 비율이 다음과 같다.

		갱신등급		
		1등급	2등급	3등급
기존등급	1등급	0.80	0.15	0.05
	2등급	0.25	0.60	0.15
	3등급	0.10	0.35	0.55

07 어떤 피보험자가 현재 2등급일 때, 앞으로 3번 갱신하는 경우 2번 이상 1등급으로 갱신될 확률을 계산하시오.

08 해당 자동차보험의 현재 가입자 중 1등급이 450명, 2등급이 600명, 3등급이 250명일 때, 앞으로 2년 후 시점에서 각 등급별 예상자 수를 계산하시오. (모두 탈퇴없이 계속 갱신한다고 가정)

※ (9~10) 어떤 항공사의 멤버십 프로그램은 고객에게 3가지 등급 중 하나를 부여하여 관리한다고 한다.

[등급 부여 조건]

(가) 고객에게 3가지 등급(등급 1, 등급 2, 등급 3) 중 하나를 부여

(나) 고객 가입시 등급 1부터 부여

(다) 등급은 1년간 이용 실적에 따라 조정(상승, 유지 또는 하락)

(라) 조정의 결과에 따른 등급별 전이확률

$$P = \begin{pmatrix} 0.7 & 0.3 & 0 \\ 0.2 & 0.6 & 0.2 \\ 0 & 0.3 & 0.7 \end{pmatrix}$$

[마일리지 제공 조건]

(가) 등급이 상승하는 경우: 10,000마일리지 제공

(나) 등급이 1등급으로 유지되는 경우: 5,000마일리지 제공

(다) 등급이 2등급으로 유지되는 경우: 3,000마일리지 제공

(라) 등급이 하락하거나 3등급으로 유지되는 경우: 마일리지 제공없음

09 처음 가입하여 3년간 멤버십을 가지는 경우, 얻을 수 있는 마일리지의 기댓값을 구하라.

10 현재 등급 3에서 앞으로 3년간 멤버십을 가지는 경우 얻을 수 있는 마일리지의 기댓값을 구하라.

쉬어가는 코너 보험수리학을 만든 사람들

Andrey Andreyevich Marcov(1856~1922), 러시아 수학자

마르코프는 1884년 St. Petersburg State University에서 박사학위를 취득한 후 교수가 되고 1896년 러시아 과학아카데미(the Academy of Sciences) 회원으로 선출되었다. 1906년 마르코프 확률과정(Markov stochastic process) 발표했다. 카드 섞기의 결과를 예측하려면 현재의 순서를 알고 있으면 되고, 이전의 카드가 섞인 순서에 관한 정보는 불필요하다. 이처럼 과거와 현재 상태가 주어졌을 때의 미래 상태의 조건부 확률 분포가 과거 상태와는 독립적으로 현재 상태에 의해서만 결정된다는 확률과정론이 마르코프 확률과정이다.

Frank Redington(1906~1984), 영국의 보험계리사[1)]

레딩턴은 영국 푸르덴셜 생명보험회사에서 계리사로 활동(1928~1968)하였는데, 채권 투자와 관련된 위험관리 기법을 개발했다. 투자분야에서 많이 쓰이는 이자율 면역화(immunization)와 자산부채관리(asset liability management) 등의 방법을 1950년대에 제안하여 리스크 헤징(hedging) 연구의 선구자 역할을 했다.

Hans Bühlmann(1930~), 스위스의 보험계리학자

뷜만은 1967년 논문에서 경험자료의 묶음으로부터 얻을 수 있는 손실의 평균에 일정한 가중치를 반영하여 기존의 손실 기댓값을 조정하는 식을 제시했다. 이 가중치는 그 값의 신뢰도(credibility)에 따라 결정된다. 이 식은 뷜만모형이라고 불리는데 신뢰도 연구의 중요한 모형이 된다. 특히 보험시장에서 사용되는 경험요율(experience rating)의 산정에 중요한 공헌으로 여겨진다.

1) 출처: 석승훈(2020). 위험한 위험. 서울대학교출판문화원. 143쪽 발췌.

부록

1. 먼저 알고 가야 할 수학·통계
2. 보험계리사 시험요강
3. 연습문제 정답 및 해설

부록 1. 먼저 알고 가야 할 수학·통계

01 다음 등식 중 옳은 것을 모두 고르시오.

① $\frac{d}{dx}\sqrt[4]{x} = \frac{1}{\sqrt[4]{x^3}}$ ② $\frac{d}{dx}a^x = \ln a \times a^x$

③ $\frac{d}{dx}b^{f(x)} = \ln b \times f'(x) \times b^{f(x)}$ ④ $\int \frac{1}{x}dx = \ln x + C$

⑤ $\frac{d}{dx}lnf(x) = \frac{f'(x)}{f(x)}$

02 연속확률변수 X의 확률밀도함수(p.d.f.)를 $f(x)$라고 하고, 누적분포함수(c.d.f.)를 $F(x)$라고 가정할 때, 다음 등식 중 옳은 것을 모두 고르시오.

① $\Pr(X > x) = 1 - F(x)$

② $\Pr(x_1 < X < x_2) = F(x_2) - F(x_1)$

③ $F'(x) = \frac{dF(x)}{dx} = f(x)$

④ $\int_{-\infty}^{\infty} f(x)dx = 1$

⑤ $F(\infty) = \Pr(X < \infty) = 1$

03 확률변수 S의 정확한 분포는 알 수 없지만 중심극한정리(central limit theorem)에 의해 근사적으로 정규분포를 따른다고 가정한다.
표준정규분포를 이용하여 다음을 만족하는 F의 값을 구하시오.
(단, $Z_{0.95} = 1.645$, $E(S) = 0.4$, $Var(S) = 0.09$ 이다.)

$$\Pr(S \leq F) = 0.95$$

04 S가 정규분포를 따른다고 할 때, 다음을 만족하는 F의 최솟값을 구하시오.
(단, $Z_{0.95} = 1.645$, $E(S) = 0.4$, $Var(S) = 0.09$ 이다.)

$$\Pr(S > F) \leq 0.05$$

05 다음 중에서 틀린 것을 고르시오.

① 확률변수 X가 성공일 때 1, 실패일 때 0이며 각각의 확률이 p, $1-p$인 베르누이분포(Bernouli distribution)를 따를 때, 평균 $E(X)$와 분산 $Var(X)$은 다음과 같다.

$E(X) = 1 \cdot p + 0 \cdot (1-p) = p$

$Var(X) = E(X^2) - \{E(X)\}^2 = p - p^2 = pq$

② 확률변수 X가 시행횟수가 n이고 성공확률이 p인 이항분포(binomial distribution)를 따를 때, 평균 $E(X)$와 분산 $Var(X)$은 다음과 같다.

$X = X_1 + X_2 + \cdots + X_n$

$f(x) = \binom{n}{x} \cdot p^x \cdot q^{n-x}$

$E(X) = np$

$Var(X) = npq$

③ X_1, X_2, $\cdots$, X_n의 결합분포가 다항분포(multinomial distribution)를 따를 때, 평균 $E(X_i)$와 분산 $Var(X_i)$, 공분산 $Cov(X_i, X_j)$은 다음과 같다.

$\Pr[X_1 = x_1, \cdots, X_n = x_n] = \dfrac{N!}{x_1! \cdots x_n!} p_1^{x_1} \cdots p_n^{x_n}$

$E(X_i) = N \cdot p_i$

$Var(X_i) = N \cdot p_i \cdot q_i$

$Cov(X_i, X_j) = -N \cdot p_i \cdot p_j,\ (i \neq j)$

06 다음 벡터와 행렬의 곱 $v \times P$를 계산하시오.

$$v = (0\ 1\ 0)$$

$$P = \begin{bmatrix} 0.7 & 0.2 & 0.1 \\ 0.5 & 0.3 & 0.2 \\ 0 & 0 & 1 \end{bmatrix}$$

07 다음 중 틀린 것을 고르시오.

① $\begin{pmatrix} a & b \\ c & d \end{pmatrix} + \begin{pmatrix} e & f \\ g & h \end{pmatrix} = \begin{pmatrix} a+e & b+f \\ c+g & d+h \end{pmatrix}$

② $\begin{pmatrix} a & b \\ c & d \end{pmatrix} \begin{pmatrix} e & f \\ g & h \end{pmatrix} = \begin{pmatrix} ae+bg & af+bh \\ ce+dg & cf+dh \end{pmatrix}$

③ $\begin{pmatrix} a & b \\ c & d \end{pmatrix} \begin{pmatrix} e \\ g \end{pmatrix} = \begin{pmatrix} ae+bg \\ ce+dg \end{pmatrix}$

④ $(a \ b) \begin{pmatrix} e & f \\ g & h \end{pmatrix} = \begin{pmatrix} ae+bg \\ af+bh \end{pmatrix}$

⑤ $\begin{pmatrix} a_{11} & a_{12} \\ a_{21} & a_{22} \end{pmatrix} \begin{pmatrix} b_{11} & b_{12} & b_{13} \\ b_{21} & b_{22} & b_{23} \end{pmatrix} = \begin{pmatrix} a_{11}b_{11}+a_{12}b_{21} & a_{11}b_{12}+a_{12}b_{22} & a_{11}b_{13}+a_{12}b_{23} \\ a_{21}b_{11}+a_{22}b_{21} & a_{21}b_{12}+a_{22}b_{22} & a_{21}b_{13}+a_{22}b_{23} \end{pmatrix}$

08 확률변수 X의 확률밀도함수가 다음과 같을 때(즉, 모수 $\lambda > 0$을 가진 포아송분포(Poisson distribution)를 따르를 때), 이 확률변수의 기댓값과 분산을 구하시오.

$$f(x) = \Pr[X = x] = \frac{e^{-\lambda}\lambda^x}{x!}, \ x = 0, 1, 2, \cdots$$

09 확률변수 T의 확률밀도함수가 다음과 같을 때(즉, 지수분포(exponential distribution)를 따르를 때), 이 확률변수의 기댓값과 분산을 구하시오.

$$f(t) = \lambda e^{-\lambda t}, \ t > 0$$

10 다음 값을 계산하시오.

$$\int_0^{10} \int_5^{35} (t + s^2)\, dt\, ds$$

11 두 확률변수 X와 Y에 대하여 다음 식에서 빈칸을 채우시오.

$$Var(aX + bY) = a^2\, Var(X) + b^2\, Var(Y) + 2ab\, [E(XY) - \boxed{}\,]$$

$$Var(Y) = E[\, Var(Y \mid X)] + \boxed{}\,]$$

부록 2. 보험계리사 시험요강

(금융감독원 시험공고문(2024.1.5.)에서 발췌)

1. 응시자격

제1차 시험	제2차 시험
- 학력, 성별, 연령, 경력, 국적 등에 관한 일체 제한이 없음	(1) 제43회부터 제47회까지 보험계리사 제1차시험에 합격한 자 (1995년 이전 제1차시험에 합격한 자 포함) (2) 보험업법시행규칙 제47조의 규정에 의한 기관에서 보험계리업무에 5년 이상 종사한 경력이 있는 자

※ 보험계리사 제2차시험 응시를 위한 경력의 산출은 응시원서 접수기간 초일(2024.6.11.) 현재로 합니다. 다만, 제1차시험 경력면제서류 사전 등록 및 제출자의 경우에는 해당 기간 종료일 이전 발급일자를 기준으로 합니다.

2. 응시원서 교부, 접수 기간 및 방법·장소

구 분	제1차 시험	제2차 시험
영어성적 등록기간(인터넷)	2024. 1. 5(금) 09:30~2. 16(금) 18:00	2024. 5. 1(수) 09:30~ 5. 31(금) 18:00
제1차시험 경력면제서류 사전 등록기간(인터넷)	-	2024. 5. 1(수) 09:30~ 5. 31(금) 18:00
응시원서 접수기간	2024. 2. 20(화) 09:30~2. 23(금) 18:00	2024. 6. 11(화) 09:30~ 6. 14(금) 18:00
접수 방법 및 장소	○ 인터넷: 보험개발원 홈페이지(www.kidi.or.kr) ○ 서면(방문 및 우편): 보험개발원(서울시 영등포구 국제금융로6길 38, 9층 약관업무팀)	

□ 영어과목이 있는 종목의 응시자는 2022년 1월 1일 이후 국내 영어시험기관에서 실시된 시험에서 취득한 성적으로 대체합니다.

○ 영어과목 대체를 위한 국내 영어시험의 종류 및 합격에 필요한 점수

영어시험의 종류	토플(TOEFL)		토 익 (TOEIC)	텝 스 (TEPS)	지텔프 (G-TELP)	플렉스 (FLEX)
	PBT	IBT				
일반응시자	530점이상	71점이상	700점이상	340점이상	65점이상 (level2)	625점이상
청각장애인	352점이상	35점이상	350점이상	204점이상	43점이상 (level2)	375점이상

※ 청각장애인은 두 귀의 청력을 각각 80데시벨 이상 잃은 사람(귀에 입을 대고 큰소리로 말을 해도 듣지 못하는 사람(「장애인복지법」 시행규칙 별표1 제4호 가목1)))

3. 시험일자, 장소 및 시험방법

구분	제1차 시험	제2차 시험
시험일자	2024. 4. 14(일)	2024. 7. 27(토): 보험계리사 3과목 2024. 7. 28(일): 보험계리사 2과목
장소공고	2024. 3. 29(금) 예정	2024. 7. 12(금) 예정
시험방법	선택형(객관식 4지선택형 택1)	논문형(약술형 또는 주관식 풀이형)

※ 시험장소(서울특별시 소재) 안내는 보험개발원 인터넷홈페이지(www.kidi.or.kr)에 공고할 예정입니다.

4. 시험과목 및 시험시간

□ 제1차 시험

1 교 시	2 교 시
10:00~11:20(80분)	11:50~13:50(120분)
○ 보험계약법(상법 중 보험편), 보험업법 및 근로자퇴직급여 보장법 ○ 경제학원론	○ 보험수학 ○ 회계원리

□ 제2차 시험

구분	1 교 시	2 교 시	3 교 시
	10:00~12:00(120분)	13:00~15:00(120분)	15:30~17:30(120분)
2024. 7. 27(토)	계리리스크관리	보험수리학	연금수리학
2024. 7. 28(일)	계리모형론	재무관리 및 금융공학	

5. 합격자 결정방법 및 선발예정인원

제1차 시험	제2차 시험	
매과목 40점 이상 전과목 평균 60점 이상 득점한 자를 합격자로 결정	매과목 100점을 만점으로 하여 60점 이상 득점한 자를 합격자로 결정하며, 60점 이상 득점한 과목에 대해서는 60점 이상 득점한 해를 포함하여 5년간 같은 점수를 득점한 것으로 봄 (단, 과목별로 60점 이상 득점한 자가 각 과목별 최소합격예정인원에 미달할 때에는 각 과목별로 100점을 만점으로 하여 40점 이상 득점한 자를 과목별 최소합격예정인원의 범위에서 고득점자 순으로 과목별 합격자로 결정하되, 이 경우 해당 과목을 응시한 연도에만 해당 과목의 합격자로 인정)	[과목별 최소합격예정인원] - 계리리스크관리: 150명 - 보험수리학: 150명 - 연금수리학: 150명 - 계리모형론: 150명 - 재무관리 및 금융공학 : 150명

부록 3. 연습문제 정답 및 해설

가. 본문 연습문제

제1장 이자론

1.1. 단리이므로 두해 모두 100만원 × 2%=2만원

1.2. 10% ☞ $\frac{27}{v}+20v=48 \Rightarrow v=\frac{9}{10}(\because v<1)\ \therefore\ d=1-v=0.1$

1.3. 0.8 ☞ $\left(1+\frac{i^{(4)}}{4}\right)^4 \cdot \left(\frac{1}{1-\frac{d^{(2)}}{2}}\right)^{2\times 2}=16$

$$\Rightarrow \left(1+\frac{k}{4}\right)\cdot\left(\frac{1}{1-\frac{k}{2}}\right)=2$$

$$\Rightarrow k=\frac{4}{5}$$

1.4. 18,590

1.5. 11

1.6. 5.02%

1.7. 2.5%, 10.38%

1.8. $\sqrt[5]{2}$ ☞ t=1에서 이력이 최대이므로

$$a(1)=\exp\int_0^1 \delta_t\,dt$$
$$=\exp\left(\frac{1}{5}\left[\ln(1+t^2)\right]_0^1\right)=\sqrt[5]{2}$$

1.9. 125.23 ☞ $FV=100\times\exp\left[\int_{\frac{1}{4}}^{1}\delta_t\,dt\right]$

$$=100\times\exp\left[\int_{\frac{1}{4}}^{1}\frac{2+4t}{15}dt\right]=100\times e^{\frac{9}{40}}$$

1.10. 0.08

1.11. $n+1$원

1.12. 0.1212

1.13. 1.1

1.14. ③

1.15. 5.099

1.16. 4

1.17. 0.1111

1.18. ④ ☞ ① $d_n = \dfrac{a(n+1)-a(n)}{a(n+1)}$

$$= \frac{e^{\delta(n+1)} - e^{\delta n}}{e^{\delta(n+1)}} = \frac{i}{1+i}$$

② $\dfrac{d}{d\delta}(id) = \dfrac{d}{d\delta}\{(e^{\delta}-1)\cdot(1-e^{-\delta})\}$

$$= e^{\delta} - e^{-\delta} = \frac{1}{v} - v$$

③ 좌변: $\dfrac{d}{(1-v)^2 v} = \dfrac{i}{d^2}$, 우변: $\dfrac{i^3}{(i-d)^2} = \dfrac{i^3}{(id)^2} = \dfrac{i}{d^2}$

④ $1+\dfrac{i^{(m)}}{m} = (1+i)^{\frac{1}{m}} = e^{\frac{\delta}{m}}$

$$\fallingdotseq 1+\frac{\delta}{m} + \frac{1}{2!}\left(\frac{\delta}{m}\right)^2 + \frac{1}{3!}\left(\frac{\delta}{m}\right)^3 + \cdots$$

$$> 1+\sum_{k=1}^{\infty}\frac{1}{k}\left(\frac{\delta}{m}\right)^k$$

1.19. ① ☞ ① $\delta_t = \dfrac{a'(t)}{a(t)} = \dfrac{i}{1+i\cdot t} \neq \dfrac{i}{\dfrac{1}{1+i\cdot t}} = \dfrac{i}{1-dt}$

② $d = \dfrac{a(t)-a(t-1)}{a(t)} = \dfrac{i}{1+i\cdot t}$

$\Rightarrow i-d = d\cdot i\cdot t$

③ $d_n = \dfrac{a(n)-a(n-1)}{a(n)} = \dfrac{i}{1+i\cdot n}$

④ $\dfrac{d}{dt}a(t) = i \Rightarrow \dfrac{d}{dt}a(t)\Big|_{t=10} = i$

1.20. ④

1.21. ④

1.22. ③ ☞ $\dfrac{a_{\overline{2|}}+s_{\overline{3|}}}{a_{\overline{3|}}+s_{\overline{3|}}}=\dfrac{1-v^2+(1+i)^3-1}{1-v^3+(1+i)^3-1}$

$$=\frac{v^3-v^5+1-v^3}{v^3-v^6+1-v^3}$$

$$=\frac{1-v^5}{1-v^6}=\frac{a_{\overline{5|}}}{a_{\overline{6|}}}$$

1.23. 817.45 ☞ $100\left(\ddot{a}_{\overline{5|},5\%}+v_{5\%}^5\cdot\ddot{a}_{\overline{5|},4\%}\right)$

$$=100\left(\frac{1-1.05^{-5}}{\frac{0.05}{1.05}}+1.05^{-5}\cdot\frac{1-1.04^{-5}}{\frac{0.04}{1.04}}\right)\fallingdotseq 817.45$$

1.24. ③ ☞ 준식 $=\{1+(1+i)\}\cdot s_{\overline{n|}}-\ddot{s}_{\overline{n-1|}}$

$$=s_{\overline{n|}}-\ddot{s}_{\overline{n-1|}}+(1+i)\cdot s_{\overline{n|}}$$

$$=1+(1+i)\cdot s_{\overline{n|}}$$

$$=s_{\overline{n+1|}}$$

1.25. 2 ☞ $x=s_{\overline{n|}}$

$$=(1+i)^n\cdot a_{\overline{n|}}$$

$$=(1+i)^n\cdot y$$

$\Rightarrow (1+i)^n=1.4641$

$\therefore\ n=2$

1.26. ④

1.27. ④

1.28. ②

1.29. ③

1.30. 0 ☞ 준식 $=\dfrac{1-v^{n-t}}{1-v^n}+\dfrac{(1+i)^t-1}{(1+i)^n-1}$

$$=\frac{1-v^{n-t}}{1-v^n}+\frac{\{(1+i)^t-1\}\times v^n}{\{(1+i)^n-1\}\times v^n}$$

$$=\frac{1-v^{n-t}}{1-v^n}+\frac{v^{n-t}-1}{1-v^n}$$

$$=0$$

1.31. 5

1.32. $\frac{5}{2}$

1.33. 0.4236

1.34. 0.976 ☞ $a(t) = \exp\int_0^t \delta_s\, ds$

$$= e^{0.1t}$$

$$\therefore\ \ddot{a}_{\overline{1|}}^{(2)} = \frac{1}{2}\left\{1 + a(\frac{1}{2})^{-1}\right\}$$

$$= \frac{1}{2}\{1 + e^{-0.05}\} \fallingdotseq 0.976$$

1.35. ②

1.36. 1.792 ☞ $\bar{a}_{\overline{5|}} = \int_0^5 a^{-1}(t)\, dt$

$$= \int_0^5 \frac{1}{1+t}dt = \ln 6$$

1.37. $\frac{1}{2}$ ☞ $\frac{d}{di}\bar{a}_{\overline{n|}}|_{i=0} = \frac{d}{di}\int_0^n (1+i)^{-t}dt\,|_{i=0}$

$$= \int_0^n \left(\frac{d}{di}(1+i)^{-t}|_{i=0}\right)dt = -\frac{n^2}{2}$$

$$\frac{d}{di}a_{\overline{n|}}|_{i=0} = \frac{d}{di}\{(1+i)^{-1} + \cdots + (1+i)^{-n}\}|_{i=0}$$

$$= -\frac{n(n+1)}{2}$$

$$\therefore\ \frac{d}{di}\left(\bar{a}_{\overline{n|}} - a_{\overline{n|}}\right) = \frac{n}{2}$$

1.38. ①

1.39. ①

1.40. ② ☞ $\sum_{t=0}^{5} v^t a_{\overline{9-t|}} = a_{\overline{9|}} + va_{\overline{8|}} + \cdots + v^5 a_{\overline{4|}}$

$$= v + 2v^2 + 3v^3 + 4v^4 + 5v^5 + 6v^6 + 6v^7 + 6v^8 + 6v^9$$

1.41. ④ ☞ B: $0.07(Ds)_{\overline{10|}\,0.05}$

1.42. ①

1.43. ④

1.44. 30.25% ☞ $A = a_{\overline{n|}} = \dfrac{1-v^n}{i}$

$$B = {}_{n|}a_{\overline{n|}} = v^n \frac{1-v^n}{i}$$

$$C = a_{\overline{\infty|}} - A - B = \frac{v^{20}}{i}$$

$$\Rightarrow \frac{A}{A+B+C} = \frac{\dfrac{1-v^n}{i}}{\dfrac{1}{i}} = 1-v^n = 0.45$$

$$\Rightarrow v^n = 0.55$$

$$\therefore \frac{C}{A+B+C} = \frac{\dfrac{v^{2n}}{i}}{\dfrac{1}{i}} = v^{2n} \fallingdotseq 0.3025$$

1.45. 0.1 ☞ A: $30 \times \ddot{a}_{\overline{\infty|}} = \dfrac{30}{d}$

B: $22 \times a_{\overline{\infty|}} + (Ia)_{\overline{\infty|}} = \dfrac{22}{i} + \dfrac{1}{id}$

$$\Rightarrow \frac{30}{d} = \frac{22}{i} + \frac{1}{id}$$

$$\Rightarrow 30i^2 + 7i - 1 = 0$$

$$\therefore i = 0.1$$

1.46. 120 ☞ $a_{\overline{\infty|}} + (Ia)_{\overline{\infty|}} = \dfrac{1}{i} + \dfrac{1}{id}$

$$= \frac{2}{i} + \frac{1}{i^2} = 120$$

1.47. ①

1.48. 187.5 ☞ $a(10) \cdot \displaystyle\int_0^{10} b_t \cdot a^{-1}(t)\,dt$

$$= \exp\left\{\int_0^{10} \frac{1}{1+t}dt\right\} \cdot \int_5^{10} (t-5)(t+5)\exp\left\{-\int_0^t \frac{1}{1+s}ds\right\}dt$$

$$= 3 \cdot \frac{125}{2}$$

1.49. 9.587% ☞ $2 \times a_{\overline{2y|}} - a_{\overline{y|}} = 2\dfrac{1-v^{2y}}{1-v}v - \dfrac{1-v^y}{1-v}v$

$$= \frac{1}{i}\{2(1-v^{2y}) - (1-v^y)\}$$

$$= \frac{1}{i} \times \frac{10}{9} \quad (\because v^y = \frac{1}{3})$$

$$\Rightarrow 104.305 \times v^{2y} = \frac{1}{i} \times \frac{10}{9}$$

$$\therefore\ i \fallingdotseq 0.09587$$

1.50. ④

1.51. ④

1.52. ③

1.53. 5.015%

1.54. 0.44 ☞ $1 + f_{5,1} = \dfrac{a(5)}{a(4)}$

$$= \frac{\exp(2\ln 6)}{\exp(2\ln 5)} = \frac{36}{25}$$

$$\therefore\ f_{5,1} = \frac{11}{25}$$

1.55. 12.5% ☞ 시간가중수익률: $\dfrac{70}{70} \cdot \dfrac{140-X}{70+X} - 1 = 0.1$

$$\Rightarrow X = 30$$

$\therefore$ 달러가중수익률 : $\dfrac{\text{연간수익}}{\text{평균잔액}} = \dfrac{(140-X)-(70+X)}{70+\frac{1}{3}\cdot X} = 12.5\%$

1.56. 7.38 ☞ 채권가격 $P = 100v^5 + 10a_{\overline{5|}}$

t	기초가격	이자부분	이표	기말가격
1	P	Pi	10	$P(1+i)-10$
2	$P(1+i)-10$	...	10	$P(1+i)^2-10s_{\overline{2|}}$
3	$P(1+i)^2-10s_{\overline{2|}}$	...	10	$P(1+i)^3-10s_{\overline{3|}}$
4	$P(1+i)^3-10s_{\overline{3|}}$	$[P(1+i)^3-10s_{\overline{3|}}]\cdot i$	10	$P(1+i)^4-10s_{\overline{4|}}$
5	$P(1+i)^4-10s_{\overline{4|}}$	...	10	100

$\therefore$ 4번째 이자부분$==[P(1+i)^3-10s_{\overline{3|}}]\cdot i$

$$= [(100v^5 + 10a_{\overline{5|}})(1+i)^3 - 10s_{\overline{3|}}]\cdot i$$

$$\fallingdotseq 7.38$$

1.57. 31.43 ☞ $3 \times \dfrac{5}{1.05} + 4 \times \dfrac{5}{1.08^2} \fallingdotseq 31.432$

1.58. 22 ☞ $\sum_t t \cdot PV_t = 1 \cdot v + 2 \cdot 1.05 \cdot v^2 + 3 \cdot 1.05^2 \cdot v^3 + \cdots$

$$= \frac{1}{1+i}\left\{1 + 2 \cdot \frac{1.05}{1+i} + 3 \cdot \left(\frac{1.05}{1+i}\right)^2 + \cdots\right\}$$

$$= \frac{1}{1+i}\left(\frac{1}{1 - \dfrac{0.05}{1+i}}\right)^2 = 440$$

($\because$ $f(x) = 1 + 2x + 3x + \cdots$ 이고 $-1 < x < 1$

$\Rightarrow f(x) = \left(\frac{1}{1-x}\right)^2$)

$$V = v + 1.05v^2 + 1.05^2 v^3 + \cdots$$

$$= \frac{v}{1 - 1.05v}$$

$$= \frac{1}{1.1}\frac{1}{1 - \dfrac{1.05}{1.1}} = 20$$

$$\therefore\ MD = \frac{\sum_t t \cdot PV_t}{V} = 22$$

1.59. 1.9 ☞ $\dfrac{10v + 110v^2 \times 2}{10v + 110v^2} \fallingdotseq 1.9$

1.60. 15.7% ☞ 20년간 매년 한번씩 K가 균등상환되는 것으로 변환하면

$\Rightarrow Q_1 = K(1 - a_{\overline{20|}} \cdot i) = 30$

$Q_{120} = K(1 - a_{\overline{1|}} \cdot i) = 120$

$$\Rightarrow \frac{Q_{120}}{Q_1} = \frac{1 - a_{\overline{1|}} \cdot i}{1 - a_{\overline{20|}} \cdot i} = \frac{1}{v^{19}} = 4$$

$$\therefore\ 1 + i^* = (1+i)^2$$

$$= v^{-2}$$

$$= 4^{2/19} \fallingdotseq 1.1573$$

1.61. 40 ☞ 매년말 분할상환액 $R = \dfrac{100}{a_{\overline{10|}}}$

$\therefore$ 처음 5년간 상환된 원금의 총합

$$= R(v^{10} + v^9 + v^8 + v^7 + v^6)$$

$$= \frac{100}{a_{\overline{10|}}} v^5 \frac{1 - v^5}{i}$$

$$= \frac{100v^5}{1+v^5} = 40$$

1.62. 102 ☞ $R \times a_{\overline{3|}} = 1000$

$$\Rightarrow R = \frac{1000}{a_{\overline{3|}}} = \frac{1000}{2.723}$$

이자＝원리금－원금

$$= 3R - Ra_{\overline{3|}}$$

$$= 3 \times \frac{1000}{2.723} - 1000 \fallingdotseq 102$$

1.63. 3.92 ☞ 홀수년에 상환할 이자액은 짝수년 잔액에 대한 이자에 해당함.

$$\therefore \quad a_{\overline{20|}} \cdot i + a_{\overline{18|}} \cdot i + \cdots + a_{\overline{2|}} \cdot i$$

$$= \frac{1-v^{20}}{i} \cdot i + \cdots + \frac{1-v^2}{i} \cdot i$$

$$= 10 - (v^2 + \cdots + v^{20})$$

$$= 10 - \frac{1-v^{20}}{1-v^2} \cdot v^2$$

$$= 10 - \frac{1-0.376889}{1.05^2 - 1} \fallingdotseq 3.92$$

1.64. 67

1.65. 398.6

1.66. 2,716

1.67. 155,853원

제2장 생존함수

2.1. 0.506

2.2. 0.111

2.3. ④

2.4. 0.4

2.5. ④

2.6. 0.9035 ☞ ${}_2p_{10} = p_{10}p_{11}$

$$= \frac{l_{11}}{l_{11} + d_{10}} p_{11}$$

$$= \frac{\frac{l_{12}}{p_{11}}}{\frac{l_{12}}{p_{11}} + d_{10}} p_{11} ≒ 0.90348$$

2.7. 0.029916 ☞ $q_{[80]+1} = \frac{l_{[80]+1} - l_{80+2}}{l_{[80]+1}} = \frac{950-900}{950} = \frac{1}{19}$

$$\Rightarrow q_{[81]+1} = \frac{l_{[81]+1} - l_{81+2}}{l_{[81]+1}} = \frac{920-l_{83}}{920} = \frac{1}{19}$$

$$\Rightarrow l_{83} = 920 \cdot \frac{18}{19}$$

$$\therefore {}_{1|}q_{[80]+1} = p_{[80]+1} \cdot q_{[80]+2}$$

$$= (1-q_{[80]+1}) \cdot \frac{l_{82}-l_{83}}{l_{82}}$$

$$= (1-\frac{1}{19}) \cdot \frac{900-920 \cdot \frac{18}{19}}{900} ≒ 0.029916$$

2.8. 0.05

2.9. 0.188

2.10. 50 ☞ $F(x) = \Pr[X \le x]$

$$= 1-s(x)$$

$$= 1-\left(1-\frac{x}{100}\right)^2 = \frac{3}{4}$$

∴ 제3사분위수 $x = 50$

2.11. ③

2.12. ②

2.13. ②

2.14. 0.1477

2.15. ④ ☞ 준식 $= \lim_{h\to0+} \frac{l_{x+k} - l_{x+k+h}}{l_x}$

$$= \frac{l_{x+k}}{l_x} \cdot \lim_{h\to0+} \frac{l_{x+k} - l_{x+k+h}}{l_{x+k}}$$

$$= {}_kp_x \mu_{x+k}$$

2.16. ④

2.17. 0.7

2.18. ③

2.19. $\frac{3}{7}$ ☞ ${}_4p_0 = \exp\left\{-\int_0^4 \mu_x dx\right\}$

$$= \exp[-\ln(3+x)]_0^4 = \frac{3}{7}$$

2.20. ①

2.21. $\frac{1}{3}$

2.22. ③

2.23. ①

2.24. -0.0211

2.25. ②

2.26. ④

2.27. ④

2.28. $\frac{1}{16}$ ☞ ${}_{4|5}q_{40} = {}_4p_{40} \cdot {}_5q_{44}$

$$= \exp\left(-\int_0^4 \mu_{40+t}dt\right) \cdot \left\{1-\exp\left(-\int_0^5 \mu_{44+t}dt\right)\right\}$$

$$= (1-\frac{4}{120-40})\frac{5}{120-44} = \frac{1}{16}$$

2.29. 10 ☞ ${}_tq_{60} = \frac{t}{100-60}$, ($\because$ *de Moivre*)

$$= 1 - \Pr(T_{60} > t) = \frac{1}{4}$$

$$\therefore\ t = 10$$

2.30. 69,000

2.31. $\frac{1}{\omega - x}$

2.32. 28.09 ☞ $0 \le t \le 2$일 때,

$${}_tp_{[x]} = \exp\left\{-\int_0^t \mu_{[x]+s}ds\right\}$$

$$= \exp\left\{-\int_0^t (-0.02(2-s) + \mu_{x+s})ds\right\}$$

$$= \exp\left\{\int_0^t 0.02(2-s)ds\right\} \cdot {}_tp_x$$

$$\Rightarrow p_{[x]} = e^{0.03}p_x,\ {}_2p_{[x]} = e^{0.04}{}_2p_x$$

$$\therefore\ e_{[x]} = p_{[x]} + {}_2p_{[x]}(1+e_{x+2})$$

$$= p_{[x]} + {}_2p_{[x]} \cdot \left(\frac{e_x}{{}_2p_x} - \frac{1}{p_{x+1}} \right)$$

$$= e^{0.03}p_x + e^{0.04}{}_2p_x \cdot \left(\frac{e_x}{{}_2p_x} - \frac{1}{p_{x+1}} \right)$$

$$= e^{0.03}p_x + e^{0.04} \cdot (e_x - p_x)$$

$$\fallingdotseq 28.09233$$

2.33. 1.533 ☞ $e_{80:\overline{3|}} = p_{80} + {}_2p_{80} + {}_3p_{80}$

$$= p_{80} + p_{80} \cdot p_{81} + p_{80} \cdot p_{81} \cdot p_{82}$$

$$= 0.7 + 0.7^2 + 0.7^3 = 1.533$$

2.34. 6.2 ☞ $e_{80} = p_{80}(1+e_{81})$

$$= p_{80}\{1+p_{81}(1+e_{82})\}$$

$$\Rightarrow e_{82} = \frac{e_{80}}{p_{80} \cdot p_{81}} - \frac{1}{p_{81}} - 1$$

$$= \frac{e_{80}}{(1-q_{80}) \cdot (1-q_{81})} - \frac{1}{1-q_{81}} - 1$$

$$\fallingdotseq 5.439$$

$$\therefore\ e_{[80]} = p_{[80]}\{1+p_{[80]+1}(1+e_{82})\}$$

$$= (1-q_{[80]})\{1+(1-q_{[80]+1}) \cdot (1+e_{82})\}$$

$$= (1-0.8 \cdot q_{80})\{1+(1-0.9 \cdot q_{81})(1+e_{82})\} \fallingdotseq 6.2$$

2.35. 1.5

2.36. ☞ 우변 $= p_x + p_x \sum_{k=1}^{\omega-x-1} {}_kp_{x+1}$

$$= p_x + \sum_{k=1}^{\omega-x-1} {}_{k+1}p_x$$

$$= p_x + \sum_{k=2}^{\omega-x} {}_kp_x$$

$$= \sum_{k=1}^{\omega-x} {}_kp_x = e_x$$

2.37. 0.5833

2.38. 133.3 ☞ $\overset{o}{e}_{40} = E[\,T(40)\,] = \dfrac{\omega - 40}{2} = 30$

$\Rightarrow \omega = 100$

$\therefore \ Var(\,T(60)) = \dfrac{(100-60)^2}{12} \fallingdotseq 133.3$

2.39. (가), (다)

2.40. 9 ☞ $\overset{o}{e}_{30} = \dfrac{\omega - 30}{2} = 40$

$\Rightarrow \omega = 110$

$\therefore \ {}_{20|}\overset{o}{e}_{60} = \displaystyle\int_{20}^{\omega-60} {}_tp_{60}dt$

$= \displaystyle\int_{20}^{50} (1 - \frac{t}{50})dt = 9$

2.41. 5 ☞ $\omega = 100$; $\overset{o}{e}_{40} = \dfrac{100-40}{2} = 30$

$\omega = 110$; $\overset{o}{e}_{40} = \dfrac{110-40}{2} = 35$

∴ 증가분=5

2.42. 15.41

2.43. 10

2.44. 4

2.45. 7.585 ☞ $Var(\,T) = \dfrac{1}{\mu^2} = 144$

$\Rightarrow \mu = \dfrac{1}{12}$

$\therefore \ \overset{o}{e}_{x:\overline{12|}} = \displaystyle\int_0^{12} {}_tp_x\, dt$

$= \displaystyle\int_0^{12} e^{-\mu t}dt$

$= \dfrac{1 - e^{-12\mu}}{\mu} \fallingdotseq 7.585$

2.46. ☞ $\overset{o}{e}_0 = \dfrac{1}{\mu} = 1$

2.47. ②

2.48. ①

2.49. 26

2.50. $\frac{2}{39}$

2.51. 1,790

2.52. ④

2.53. 0.030 ☞ 준식 = $= {}_{0.2}p_x \cdot {}_{0.3}q_{x+0.2}$

$$= (1-0.2 \cdot q_x) \cdot \frac{0.3 \cdot q_x}{1-0.2 \cdot q_x}$$

$$= 0.3 \cdot q_x = 0.03$$

2.54. 0.3846 ☞ ${}_{0.2}q_{50.6} = \frac{0.2\,q_{50}}{1-0.6\,q_{50}} = 0.1$

$\therefore\ q_{50} \fallingdotseq 0.3846$

2.55. 0.345

2.56. 1.4 ☞ $\mathring{e}_{x:\overline{1.5|}} = \int_0^1 (1-0.08t)dt + \int_1^{1.5} (1-0.1t)\,dt$

$\fallingdotseq 1.4$

2.57. 0.43

2.58. 0.0774 ☞ ${}_{0.5}q_x^{CFM} - {}_{0.5}q_x^{UDD} = (1-{}_{0.5}p_x^{CFM}) - \frac{1}{2}q_x$

$$= 1 - (e^{-1})^{0.5} - \frac{1}{2}(1-e^{-1})$$

$$\fallingdotseq 0.0774$$

2.59. 5

제3장 생명보험

3.1. 0.55

3.2. ④

3.3. 11%

3.4. 750.88

3.5. ④ ☞ $A_{98} = \frac{C_{98} + C_{99}}{D_{98}}$

$$= \frac{v^{99}(l_{98}-l_{99}) + v^{100}(l_{99}-l_{100})}{v^{98}l_{98}}$$

$$= \frac{v+v^2}{2} = \frac{1}{2}a_{\overline{2|}}$$

3.6. 0.112

3.7. ④

3.8. 2,822.58

3.9. 5,238만원

3.10. 2,592.59원

3.11. ③

3.12. ④

3.13. 0.6483

3.14. ①

3.15. 0.66 ☞ $A_{x:\overline{10|}} = q_x v + p_x q_{x+1} v^2 + \cdots + {}_9p_x q_{x+9} v^{10} + {}_{10}p_x v^{10}$

$$= q_x v + p_x q_{x+1} v^2 + {}_2p_x v^2 A_{x+2:\overline{8|}}$$

$$= (1-p_x)v + p_x(1-p_{x+1})v^2 + p_x p_{x+1} v^2 A_{x+2:\overline{8|}}$$

$$\fallingdotseq 0.66$$

3.16. $A_x = \dfrac{q}{q+i}$

3.17. 0.0489

3.18. ③

3.19. ④

3.20. 0.274 ☞ $Z = \begin{cases} v^{K+1}, & K=0, 1, \cdots, 9 \\ 0, & K=10, 11, \cdots \end{cases}$

$$A^{\ 1}_{40:\overline{20|}} = A_{40} - {}_{20}E_{40} \cdot A_{60}$$
$$= 0.16 - (0.6^2 \times 0.9) \times 0.37 \fallingdotseq 0.0401$$

$$^2A^{\ 1}_{40:\overline{20|}} = {}^2A_{40} - {}_{20}E_{40} \cdot {}^2A_{60}$$
$$= 0.05 - (0.6^2 \times 0.9) \times 0.18 \fallingdotseq 0.0290$$

$$\therefore\ Var(Z) = {}^2A^{\ 1}_{40:\overline{20|}} - \left(A^{\ 1}_{40:\overline{20|}}\right)^2 \fallingdotseq 0.0274$$

3.21. ②

3.22. 0.07

3.23. −0.1386

3.24. (가) 보험금 현가 확률변수 Z는 다음과 같다.

$$Z = \begin{cases} v^T, & T(x) \le 20 \\ 0, & T(x) > 20 \end{cases}$$

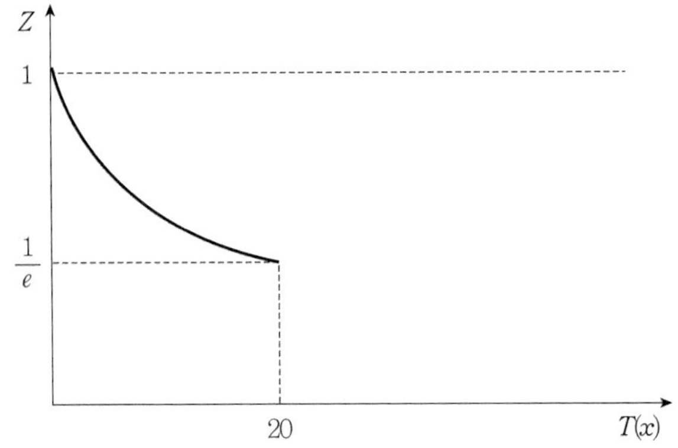

(나) $z < 0$일 때, $F_Z(z) = 0$

$0 \le z < v^{20} = \frac{1}{e}$일 때, $F_Z(z) = \Pr[Z \le z]$

$= \Pr[Z \le 0]$

$= \Pr[T > 20] = {}_{20}p_x = e^{-0.2}$

$z \ge v^{20}$일 때, 누적분포함수는 종신보험과 동일하다.

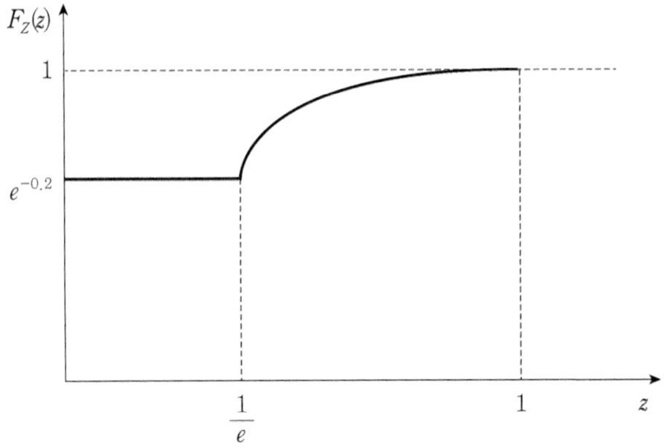

3.25. (가) 보험금 현가 확률변수 Z는 다음과 같다.

$$Z = \begin{cases} 0\ , & T(x) \le n \\ v^T, & T(x) > n \end{cases}$$

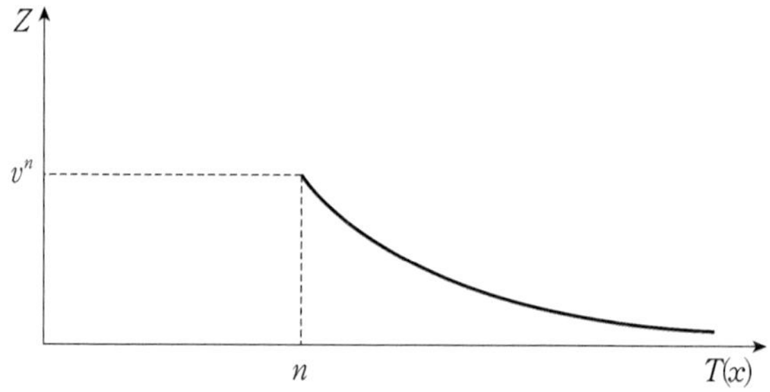

(나) $z < 0$일 때, $F_Z(z) = 0$

$0 \le z < v^n$일 때, $F_Z(z) = \Pr[Z \le z]$

$= \Pr[Z < z] + \Pr[T \le n]$

$= \Pr[Z < z] + {}_nq_x$

$z = v^n$일 때, 누적분포함수는 최대값인 1에 다다르고 $z > v^n$일 때는 누적분포함수가 1을 초과할 수 없으므로 1로 유지된다.

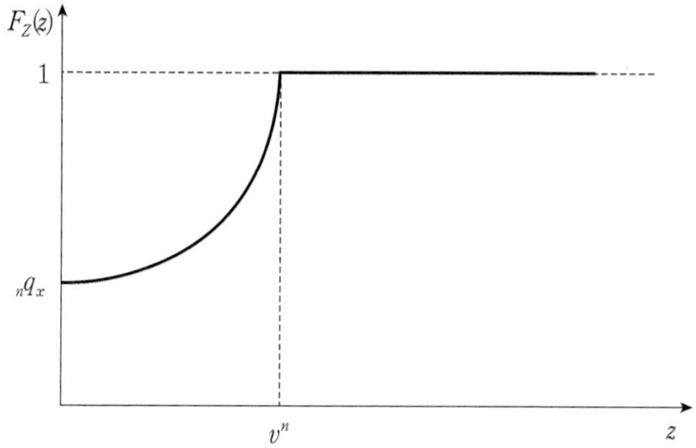

3.26. 616.45 ☞ $S \equiv s_1 + s_2 + \cdots + s_{1200}$

$$\Rightarrow E(S) = 1200\,E(s) = 1200\frac{\mu}{\mu+\delta} = 600$$

$$Var(S) = 1200\,Var(s) = 1200\left\{\frac{\mu}{\mu+2\delta} - \left(\frac{\mu}{\mu+\delta}\right)^2\right\} = 100$$

$$\Rightarrow Z < \frac{F - E(S)}{\sqrt{Var(S)}} = 1.645$$

$$\therefore\ F \fallingdotseq 616.45$$

3.27. 3,131.268

3.28. 0.118 ☞ $A^{\ 1}_{[30]:\overline{3|}} = q_{[30]}v + p_{[30]}q_{[30]+1}v^2 + {}_2p_{[30]}q_{[30]+2}v^2$

$$= \frac{l_{[30]} - l_{[30]+1}}{l_{[30]}}v + \frac{l_{[30]+1} - l_{[30]+2}}{l_{[30]}}v^2 + \frac{l_{[30]+2} - l_{[30]+3}}{l_{[30]}}v^3$$

$\fallingdotseq 0.11826$

3.29. 48 ☞ $A^{\ 1}_{[x]:\overline{3|}} = \dfrac{v \cdot d_{[x]} + v^2 \cdot d_{[x]+1} + v^3 \cdot d_{x+2}}{l_{[x]}}$

$$= \frac{v(l_{[x]} - l_{[x]+1}) + v^2(l_{[x]+1} - l_{x+2}) + v^3(l_{x+2} - l_{x+3})}{l_{[x]}}$$

$\fallingdotseq 48$

3.30. 3.74 ☞ $E(Z) = E(10v^{\lceil T \rceil})$

$= 10 \cdot {}_2q_{[x]}, (\because v = 1)$

$$= 10\frac{l_{[x]} - l_{x+2}}{l_{[x]}} = \frac{30}{77}$$

$E(Z^2) = E\left[(10v^{\lceil T \rceil})^2\right]$

$= 100E\left[v^{2\lceil T \rceil}\right]$

$= 100 \cdot {}_2q_{[x]} = \dfrac{30}{7.7}$

$\therefore\ Var(Z) = E(Z^2) - \{E(Z)\}^2 \fallingdotseq 3.74$

3.31. 0.65 ☞ $Z = e^{-\delta t}$

$\Rightarrow \Pr(Z \le 0.5) = \Pr(e^{-\delta T} \le 0.5)$

$= \Pr(T \ge \dfrac{\ln 2}{\delta})$

$= \Pr(T \ge 13.862)$

$= \dfrac{40 - 13.862}{40} \fallingdotseq 0.65345$

3.32. 8.33

3.33. ☞ 주어진 조건으로 생명표를 다음과 같이 채울 수 있다.

x	l_x	d_x
60	1000	10
61	990	19.8
62	970.2	29.106
63	941.094	

$$\therefore\ 1000\bar{A}^{\ 1}_{60:\overline{2|}} = 1000\frac{i}{\delta}A^{\ 1}_{60:\overline{2|}}$$

$$= 1000\frac{i}{\delta}\left(\frac{1}{1+i}\frac{d_{60}}{l_{60}} + \frac{1}{(1+i)^2}\frac{d_{61}}{l_{60}}\right) \fallingdotseq 28.16$$

3.34. 0.9326

3.35. 0.5583 ☞ $\mathring{e}_x = \frac{1}{\mu} = 45 \Rightarrow \mu = \frac{1}{45}$

$$\bar{A}_x = \frac{\mu}{\mu+\delta} = \frac{1}{4} \Rightarrow \delta = \frac{1}{15}$$

$$\therefore\ \bar{A}_{x:\overline{10|}} = \bar{A}_x - {}_{10}E_x\bar{A}_{x+10} + {}_{10}E_x$$

$$= \frac{\mu}{\mu+\delta} - e^{-10(\mu+\delta)}\frac{\mu}{\mu+\delta} + e^{-10(\mu+\delta)} \fallingdotseq 0.5583$$

3.36. 0.567 ☞ $\bar{A}_{40} = \bar{A}^{\ 1}_{40:\overline{10|}} + {}_{10}E_{40} \cdot \bar{A}_{50}$

$$= \frac{\mu_1}{\mu_1+\delta} \cdot \left(1-e^{-10(\mu_1+\delta)}\right) + e^{-10(\mu_1+\delta)} \cdot \frac{\mu_2}{\mu_2+\delta}$$

$$= \frac{0.02}{0.04}(1-0.67) + 0.67 \cdot \frac{0.03}{0.05} \fallingdotseq 0.567$$

3.37. $\frac{1}{12}$ ☞ $Z = b_t \cdot e^{-\delta t}$

$$= e^{-0.02t}$$

$$\Rightarrow E(Z) = \int_0^\infty \mu_{x+t} \cdot {}_tp_x \cdot b_t \cdot e^{-\delta t}dt$$

$$= 0.02\int_0^\infty e^{-0.04t}\,dt$$

$$= \frac{1}{2}$$

$$E(Z^2) = \int_0^\infty \mu_{x+t} \cdot {}_tp_x \cdot (b_t \cdot e^{-\delta t})^2dt$$

$$= 0.02\int_0^\infty e^{-0.06t}\,dt$$

$$= \frac{1}{3}$$

$$\therefore\ Var(Z) = E(Z^2) - E(Z)^2$$

$$= \frac{1}{12}$$

3.38. $\frac{1}{2}$

3.39. 0.0833 ☞ $E[Z] = \frac{\mu}{\mu + (\delta - 0.02)} = 0.5$

$$E[Z^2] = \frac{\mu}{2\mu + (\delta - 0.02)} = \frac{1}{3}$$

$$\therefore \ Var(Z) = \frac{1}{3} - 0.5^2 = \frac{1}{12}$$

3.40. ☞ (1) $\overline{A}_{40} = \int_0^{60} e^{-\delta t} \frac{1}{\omega - 40} dt$

$$= \frac{1}{3}(1 - e^{-3})$$

$$\overline{A}_{80} = \int_0^{20} e^{-\delta t} \frac{1}{\omega - 80} dt$$

$$= 1 - e^{-1}$$

$${}_{40}E_{40} = v^{40} \cdot {}_{40}p_{40}$$

$$= e^{-40\delta} \frac{\omega - 80}{\omega - 40} = \frac{1}{3} e^{-2}$$

$$\therefore \ NSP = 100\overline{A}_{40} + 50\,{}_{40}E_{40}\overline{A}_{80}$$

$$= \frac{1}{3}(100 + 50e^{-2} - 150e^{-3}) \fallingdotseq 33.083$$

(2) $T(40) \sim Unif(0,60)$,

$$Z = \begin{cases} 100v^{T(40)}, & 0 \le T(40) < 40 \\ 150v^{T(40)}, & 40 \le T(40) < 60 \end{cases}$$

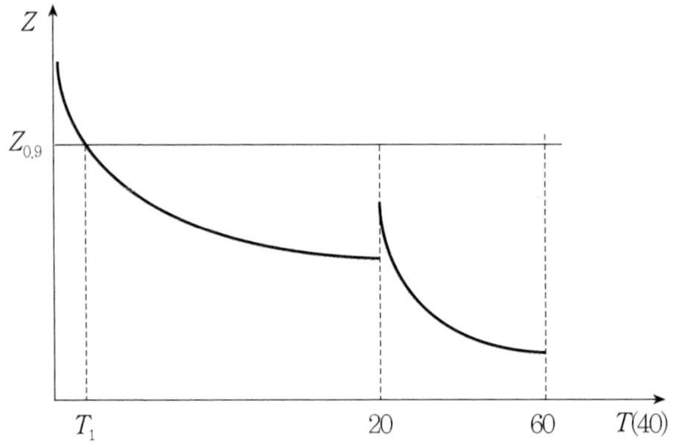

위 그래프에서와 같이 y축의 $z_{0.9}$에 해당하는 x축 정의역의 값을 t_1이라고

하면 다음 식이 성립한다.

$$100e^{-0.05t_1} = z_{0.9}$$

$$\Rightarrow t_1 = -20\ln\left(\frac{z_{0.9}}{100}\right)$$

한편, $\Pr(Z \le z_{0.9}) = 0.9$을 만족하는 $z_{0.9}$는 $P(Z > z_{0.9}) = 0.1$ 도 만족하므로

$$\Rightarrow P(0 \le T(40) < t_1) = {}_{t_1}q_{40}$$

$$= \frac{t_1}{\omega - 40} = 0.1$$

$$\Rightarrow t_1 = 6$$

$$\Rightarrow \ln\left(\frac{z_{0.9}}{100}\right) = -\frac{t_1}{20} = -0.3$$

$$\therefore\ z_{0.9} = 100e^{-0.3} \fallingdotseq 74.1$$

3.41. ☞ $(DA)^1_{x:\overline{n}|}$

3.42. ② ☞ $\frac{d}{di}A^1_{x:\overline{n}|} = \frac{d}{di}\sum_{k=0}^{n-1} v^{k+1} \cdot {}_{k|}q_x$

$$= \sum_{k=0}^{n-1}\left(\frac{d}{di}(1+i)^{-k-1}\right) \cdot {}_{k|}q_x$$

$$= \sum_{k=0}^{n-1}\left(-v \cdot (k+1) \cdot (1+i)^{-k-1}\right) \cdot {}_{k|}q_x$$

$$= -v \cdot \sum_{k=0}^{n-1}(k+1) \cdot v^{k+1} \cdot {}_{k|}q_x$$

$$= -v \cdot (IA)^1_{x:\overline{n}|}$$

3.43. 3

3.44. ④

3.45. ①

3.46. 0.09 ☞ $Z = b_t \cdot v^T$

$$\Rightarrow E[Z] = \int_0^\infty b_t v^t {}_tp_x \mu_{x+t} dt$$

$$= \int_0^\infty e^{0.03t} e^{-0.06t} e^{-0.02t} \cdot 0.02\, dt = 0.4$$

$$E[Z^2] = \int_0^\infty (b_t v^t)^2 {}_tp_x \mu_{x+t} dt$$

$$= \int_0^\infty e^{0.06t} e^{-0.12t} e^{-0.02t} \cdot 0.02 dt = 0.25$$

$$\therefore Var[Z] = E[Z^2] - \{E[Z]\}^2 = 0.09$$

3.47. 5,000 ☞ $Z = \dfrac{b_t}{1+0.02t}$

$$= \frac{100^2 - (2t)^2}{100+2t} \cdot 100$$

$$= 100(100-2t)$$

$$\therefore \bar{A}_{70} = \int_0^{50} \frac{b_t}{1+0.02t} {}_tp_{70} \mu_{70+t} dt$$

$$= \frac{1}{50} \int_0^{50} 100(100-2t) dt = 5000$$

3.48. ①

제4장 생명연금

4.1. ④

4.2. 2.57 ☞ $\ddot{a}_{30:\overline{3|}} = 1 + p_{30}v + p_{30}p_{31}v^2$

$$= 1 + \frac{1-q_{30}}{1+i} + \frac{(1-q_{30})(1-q_{31})}{(1+i)^2} \fallingdotseq 2.567$$

4.3. 0.025

4.4. $\dfrac{2}{5}$

4.5. ④

4.6. 0,7523

4.7. $A^{\;1}_{x:\overline{n|}}$ ☞ $v\ddot{a}_{x:\overline{n|}} - a_{x:\overline{n|}} = (1-d)\ddot{a}_{x:\overline{n|}} - a_{x:\overline{n|}}$

$$= \left(\ddot{a}_{x:\overline{n|}} - a_{x:\overline{n|}}\right) - d\ddot{a}_{x:\overline{n|}}$$

$$= 1 - {}_nE_x - d\ddot{a}_{x:\overline{n|}}$$

$$= A_{x:\overline{n|}} - {}_nE_x = \boxed{A^{\;1}_{x:\overline{n|}}}$$

4.8. 0.74 ☞ $\ddot{a}_{x:\overline{n}|} = 1 + a_{x:\overline{n}|} - {}_nE_x$

$$\Rightarrow 1 = A_{x:\overline{n}|} + d\ddot{a}_{x:\overline{n}|}$$

$$= (A^{1}_{x:\overline{n}|} + {}_nE_x) + d(1 + a_{x:\overline{n}|} - {}_nE_x)$$

$$\therefore\ {}_5E_{40} = \frac{1 - A^{1}_{40:\overline{5}|} - d(1 + a_{40:\overline{5}|})}{1-d} \fallingdotseq 0.7368$$

4.9. 0.25 ☞ $A^{1}_{40:\overline{10}|} = A_{40:\overline{10}|} - {}_{10}E_{40}$

$$= \left(1 - d\ddot{a}_{40:\overline{10}|}\right) - {}_{10}E_{40}$$

$$= \left\{1 - \frac{i}{1+i}\left(1 + a_{40:\overline{9}|}\right)\right\} - {}_{10}E_{40} = 0.25$$

4.10. ③ ☞ 준식 $= v\ddot{a}_{x:\overline{n}|} - (\ddot{a}_{x:\overline{n}|} - 1)$

$$= (v-1)\ddot{a}_{x:\overline{n}|} + 1$$

$$= 1 - d\ddot{a}_{x:\overline{n}|}$$

$$= A_{x:\overline{n}|}$$

4.11. 0.5

4.12. ☞ $(I\ddot{a})_x = E(Y)$

$$= E\left[(I\ddot{a})_{\overline{\lceil T \rceil}|}\right]$$

$$= E\left[\frac{\ddot{a}_{\overline{\lceil T \rceil}|} - \lceil T \rceil \cdot v^{\lceil T \rceil}}{d}\right]$$

$$= \frac{\ddot{a}_x - (IA)_x}{d}$$

$$\therefore\ (IA)_x + d \cdot (I\ddot{a})_x = \ddot{a}_x$$

4.13. ☞ (1) $\frac{1}{10}[(Ia)_{x:\overline{10}|} - (Ia)_{x:\overline{9}|}] = \frac{1}{10}\left(10v^{10} \cdot {}_{10}p_x\right)$

$$= {}_{10}E_x$$

(2) $\frac{1 - A_{x:\overline{n+1}|}}{d} - {}_nE_x - 1 = \ddot{a}_{x:\overline{n+1}|} - v^n \cdot {}_np_x - 1$

$$= \left\{\ddot{a}_{x:\overline{n}|} + v^n \cdot {}_np_x\right\} - v^n \cdot {}_np_x - 1$$

$$= a_{x:\overline{n-1}|}$$

4.14. ③

4.15. ③

4.16. 526.956

☞ $NSP = 50\left(\ddot{a}^{(m)}_{50:\overline{10|}} + {}_5E_{50} \cdot \ddot{a}^{(m)}_{55:\overline{5|}}\right)$

$$= 50\left(\ddot{a}^{(m)}_{50} + {}_5E_{50} \cdot \ddot{a}^{(m)}_{55} - 2\,{}_{10}E_{50} \cdot \ddot{a}^{(m)}_{60}\right)$$

$$= 50\left\{\frac{1-A^{(m)}_{50}}{d^{(m)}} + v^5 \cdot {}_5p_{50} \cdot \frac{1-A^{(m)}_{55}}{d^{(m)}} - 2\left(v^5\right)^2 \cdot {}_5p_{50} \cdot {}_5p_{55} \cdot \frac{1-A^{(m)}_{60}}{d^{(m)}}\right\}$$

$$\fallingdotseq 526.956$$

4.17. 15.68 ☞ $\bar{a}_{50} = \bar{a}_{50:\overline{20|}} + {}_{20}E_{50} \cdot \bar{a}_{70}$

$$= \bar{a}_{50:\overline{20|}} + {}_{20}p_{50} \cdot e^{-20\delta} \cdot \frac{1}{\mu_x + \delta} \fallingdotseq 15.679$$

4.18. 12.74

4.19. (가), (나), (다), (라)

4.20. 9.87 ☞ $A_x = A_{x:\overline{10|}} + {}_{10}E_x \cdot A_{x+10}$

$$\Rightarrow A_{x+10} = \frac{A_x - A^{\ 1}_{x:\overline{10|}}}{{}_{10}E_x}$$

$$\Rightarrow \ddot{a}_{x+10} = \frac{1-A_{x+10}}{d}$$

$$= \frac{1+i}{i}\left(1 - \frac{A_x - A^{\ 1}_{x:\overline{10|}}}{{}_{10}E_x}\right)$$

$$\therefore\ {}_{10|}\ddot{a}_x = {}_{10}E_x \cdot \ddot{a}_{x+10}$$

$$= \frac{1+i}{i}\left\{{}_{10}E_x - \left(A_x - A^{\ 1}_{x:\overline{10|}}\right)\right\}$$

$$= \frac{1+i}{i}\left\{\left(A_{x:\overline{10|}} - A^{\ 1}_{x:\overline{10|}}\right) - \left(A_x - A^{\ 1}_{x:\overline{10|}}\right)\right\}$$

$$= \frac{1+i}{i}\left(A_{x:\overline{10|}} - A_x\right) \fallingdotseq 9.87$$

4.21. ${}_{n|}\ddot{a}_x$ ☞ 준식 $= \dfrac{1}{d}(A_x - {}_nE_xA_{x+n} + {}_nE_x - A_x)$

$$= {}_nE_x \frac{1-A_{x+n}}{d}$$

$$= {}_nE_x \ddot{a}_{x+n}$$

$$= {}_{n|}\ddot{a}_x$$

4.22. ④

4.23. ②

4.24. 0.079

4.25. 4.39 ☞ $A_{93} = \sum_{k=0}^{6} v^{k+1} {}_kp_{93}\, q_{93+k}$

$$= \sum_{k=0}^{6} v^{k+1} \frac{1}{7}$$

$$= \frac{1}{7}\frac{1-v^7}{i} \fallingdotseq 0.67076$$

$$\therefore \ \pi = \ddot{a}_{\overline{3|}} + {}_{3|}\ddot{a}_{90}$$

$$= \ddot{a}_{\overline{3|}} + {}_3E_{90}\ddot{a}_{93}$$

$$= (1+v+v^2) + v^3\, {}_3p_{90}\frac{1-A_{93}}{d}$$

$$= (1+v+v^2) + v^3\frac{\omega-93}{\omega-90}\,\frac{1-A_{93}}{1-v} \fallingdotseq 4.3901$$

4.26. 25.926과 0.75 ☞ ${}_tp_{40} = \exp\left\{-\int_0^t \mu_{40+s}ds\right\} = \left(\dfrac{60-t}{60}\right)^2$

$$\Rightarrow NSP = \bar{a}_{\overline{20|}} + {}_{20|}\bar{a}_{40}$$

$$= 20 + \int_{20}^{60} {}_tp_{40}dt$$

$$= 20 + \int_{20}^{60}\left(\frac{60-t}{60}\right)^2 dt \fallingdotseq 25.926$$

한편, 함수 S는 다음과 같이 정의되며, 그래프는 아래와 같다.

$$S = \begin{cases} \bar{a}_{\overline{20|}} = 20, & 0 \le T < 20 \\ \bar{a}_{\overline{T|}} = T, & 20 \le T \le 60 \end{cases}$$

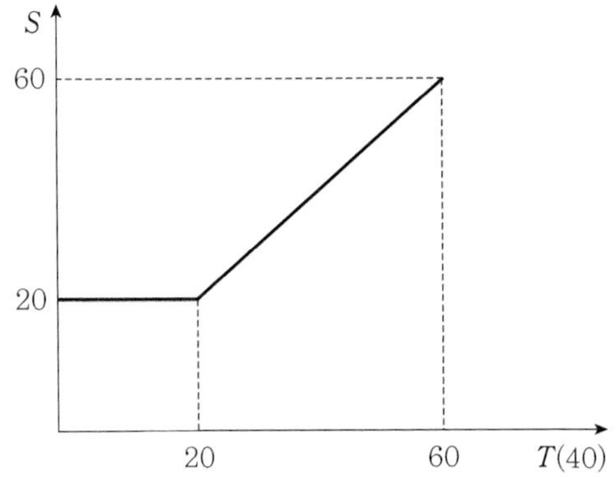

$$\Pr(S<30)=\Pr(\bar{a}_{\overline{T}|}<30)$$

$$=\Pr(T(40)<30)$$

$$={}_{30}q_{40}=1-{}_{30}p_{40}=1-\frac{1}{4}=0.75$$

4.27. 1.49

4.28. ③

4.29. 63.25

4.30. 1.014원

4.31. $\ddot{a}_{\overline{x:\overline{n}|}}$ ☞ 피보험자 (x)에게 보험료납입과 동시에 매년 1원의 연금이 지급되기 시작하는 n년 보증기간부 기시급 종신연금으로 보증기간 n년 동안은 생존여부와 상관없이 확정적으로 연금이 지급된다.

4.32. 7.72 ☞ $a_{x:\overline{n}|}=\ddot{a}_{x:\overline{n+1}|}-1$

$$\Rightarrow Y=\ddot{a}_{\overline{\lceil T\wedge n+1\rceil}|}-1$$

$$=\frac{1-v^{\lceil T\wedge n+1\rceil}}{d}-1$$

∴ 여기서 보험기간 $n+1$년의 정기 사망보험의 현재가치 $v^{\lceil T\wedge n+1\rceil}$를 Z라고 하면,

$$Var(Y)=\frac{1}{d^2}Var(Z)$$

$$=\left(\frac{1+i}{i}\right)^2\cdot\left({}^2A_{x:\overline{n+1}|}-A^2_{x:\overline{n+1}|}\right)\fallingdotseq 7.717$$

4.33. ☞ (1) $Z=\begin{cases}30v^T, 0\le T<20\\30v^{20}, T\ge 20\end{cases}$

$$Y = \begin{cases} \bar{a}_{\overline{T|}} = \dfrac{1-v^T}{\delta} = 20 - 20v^T & ,0 \le T < 20 \\ \bar{a}_{\overline{20|}} = 20 - 20v^{20} & ,T \ge 20 \end{cases}$$

$$\Rightarrow S = Z + Y = \begin{cases} 20 + 10v^T, 0 \le T < 20 \\ 20 + 10v^{20}, T \ge 20 \end{cases}$$

$$\therefore\ E(S) = 20 + 10\bar{A}_{50:\overline{20|}} \fallingdotseq 24.7358$$

$$\because\ \bar{A}_{50:\overline{20|}} = \int_0^{20} v^t\,{}_tp_x\,\mu_{x+t}\,dt + v^{20}\,{}_{20}p_{50}$$

$$= \int_0^{20} \frac{1}{50} e^{-0.05t} dt + \frac{30}{50} e^{-1} \fallingdotseq 0.47358$$

(2) $\Pr(S > 25) = \Pr(20 + v^T > 25)$

$$= \Pr\left(T < \frac{\ln 0.5}{\ln v} = \frac{\ln 2}{\delta} \fallingdotseq 13.86\right)$$

$$\fallingdotseq {}_{13.86}q_{50}$$

$$= \frac{13.86}{100-50} = 0.2772$$

4.34. 1.1664 ☞ $Y = \begin{cases} 2 & ,T < 1 \\ 2 + 3v & ,T \ge 1 \end{cases}$

$$\Rightarrow E(Y) = 2q_x + (2+3v)p_x$$

$$= 2 + 3vp_x = 4.16$$

$$E(Y^2) = 2^2 q_x + (2+3v)^2 p_x = 18.472$$

$$\therefore\ Var(Y) = E(Y^2) - \{E(Y)\}^2$$

$$\fallingdotseq 1.1664$$

4.35. 8.6

4.36. 0.8

4.37. 0.8334

4.38. 0.4444

제5장 보험료

5.1. 25.41 ☞ $\pi_{4\%} = S\dfrac{q_{30}v_{4\%} + p_{30}q_{31}v_{4\%}^2}{p_{30} + {}_2p_{30}v_{4\%}}$

$$\Rightarrow S = \pi_{4\%} \frac{p_{30} + {}_2p_{30} v_{4\%}}{q_{30} v_{4\%} + p_{30} q_{31} v_{4\%}^2}$$

$$\therefore \pi_{5\%} = S \frac{q_{30} v_{5\%} + p_{30} q_{31} v_{5\%}^2}{p_{30} + {}_2p_{30} v_{5\%}}$$

$$= \pi_{4\%} \frac{p_{30} + {}_2p_{30} v_{4\%}}{q_{30} v_{4\%} + p_{30} q_{31} v_{4\%}^2} \frac{q_{30} v_{5\%} + p_{30} q_{31} v_{5\%}^2}{p_{30} + {}_2p_{30} v_{5\%}}$$

$$= \pi_{4\%} \frac{p_{30} + \dfrac{p_{30} p_{31}}{1.04}}{\dfrac{1-p_{30}}{1.04} + \dfrac{p_{30}(1-p_{31})}{1.04^2}} \frac{\dfrac{1-p_{30}}{1.05} + \dfrac{p_{30}(1-p_{31})}{1.05^2}}{p_{30} + \dfrac{p_{30} p_{31}}{1.05}}$$

$$\fallingdotseq 25.41$$

5.2. ③

5.3. $\dfrac{1}{52}$

5.4. 0.0343 ☞ $P({}_{5|}\ddot{a}_x) = \dfrac{{}_5E_x \, \ddot{a}_{x+5}}{\ddot{a}_{x:\overline{5|}}}$

$$= P_{x:\overline{5|}}^{\ \ \ 1} \frac{1 - A_{x+5}}{d}$$

$$\Rightarrow A_{x+5} = 1 - \frac{d P({}_{5|}\ddot{a}_x)}{P_{x:\overline{5|}}^{\ \ \ 1}}$$

$$\therefore {}_5P_x = P_{x:\overline{5|}}^1 + P_{x:\overline{5|}}^{\ \ \ 1} A_{x+5}$$

$$= \left(P_{x:\overline{5|}} - P_{x:\overline{5|}}^{\ \ \ 1}\right) + P_{x:\overline{5|}}^{\ \ \ 1}\left(1 - \frac{d P({}_{5|}\ddot{a}_x)}{P_{x:\overline{5|}}^{\ \ \ 1}}\right) \fallingdotseq 0.0343$$

5.5. ${}_nP_x$

5.6. 0.035 ☞ $A_x = A_{x:\overline{n|}}^1 + {}_nE_x \, A_{x+n}$

$\Rightarrow$ 양변을 $\ddot{a}_{x:\overline{n|}}$으로 나누면,

$${}_nP_x = P_{x:\overline{n|}}^1 + (P_{x:\overline{n|}} - P_{x:\overline{n|}}^{\ \ \ 1}) A_{x+n}$$

$$\therefore P_{x:\overline{n|}}^1 = \frac{{}_nP_x - P_{x:\overline{n|}} \cdot A_{x+n}}{1 - A_{x+n}}$$

$$= 0.035$$

5.7. 7.58

5.8. 589.655

5.9. 0.04

5.10. ①

5.11. 0.0076

5.12. 4

5.13. 11.08

5.14. 0.0383 ☞ $0.086\ddot{a}_{x:\overline{30|}} = 2A_{x:\overline{15|}}^{\ 1} + A_{x:\overline{15|}}^{\ \ \ 1} + \left(A_{x:\overline{30|}}^{\ 1} - A_{x:\overline{15|}}^{\ 1}\right) + A_{x:\overline{30|}}^{\ \ \ 1}$

$$= A_{x:\overline{15|}} + A_{x:\overline{30|}}$$

$$\Rightarrow 0.086 = \frac{A_{x:\overline{15|}}}{\ddot{a}_{x:\overline{30|}}} + \frac{A_{x:\overline{30|}}}{\ddot{a}_{x:\overline{30|}}}$$

$$= A_{x:\overline{15|}} \cdot (P_{x:\overline{30|}} + d) + P_{x:\overline{30|}}$$

$$= \frac{P_{x:\overline{15|}}}{P_{x:\overline{15|}} + d} \cdot (P_{x:\overline{30|}} + d) + P_{x:\overline{30|}}$$

$$\therefore\ P_{x:\overline{30|}} = \frac{0.086 - \dfrac{dP_{x:\overline{15|}}}{P_{x:\overline{15|}} + d}}{1 + \dfrac{P_{x:\overline{15|}}}{P_{x:\overline{15|}} + d}} = 0.0383$$

5.15. ③

5.16. 517.529

5.17. 63.6855

5.18. 116.3

5.19. 1,417

5.20. 3.0 ☞ $\ddot{a}_{30:\overline{20|}} = \ddot{a}_{30:\overline{10|}} + {}_{10}E_{30} \cdot \ddot{a}_{40:\overline{10|}}$

$$\Rightarrow {}_{10}E_{30} = \frac{\ddot{a}_{30:\overline{20|}} - \ddot{a}_{30:\overline{10|}}}{\ddot{a}_{40:\overline{10|}}} \fallingdotseq 0.7293$$

$$\Rightarrow A_{30:\overline{20|}}^{1} = A_{30:\overline{10|}}^{1} + {}_{10}E_{30} \cdot A_{40:\overline{10|}}^{1}$$

$$= \frac{40.444}{1000}$$

한편, (가)와 (나)에 의해서 다음식이 성립한다.

$$1000\left(2A_{30:\overline{20|}}^{1} - A_{30:\overline{10|}}^{1}\right) = \pi\left(2\ddot{a}_{30:\overline{20|}} - \ddot{a}_{30:\overline{10|}}\right)$$

$$\therefore\ \pi = \frac{1000\left(2A_{30:\overline{20|}}^{1} - A_{30:\overline{10|}}^{1}\right)}{2\ddot{a}_{30:\overline{20|}} - \ddot{a}_{30:\overline{10|}}} \fallingdotseq 3.0$$

5.21. ③

5.22. 300

5.23. 1,660

5.24. 138.57 ☞ $P \cdot \ddot{a}_{x:\overline{3}|} = 1000A^{\,1}_{x:\overline{3}|} + 3P \cdot A_{x:\overline{3}|}^{\;\;\;\,1}$

$$\therefore\ P = \frac{1000A^{\,1}_{x:\overline{3}|}}{\ddot{a}_{x:\overline{3}|} - 3\,A_{x:\overline{3}|}^{\;\;\;\,1}}$$

$$= \frac{1000\left(q_x v + {}_{1\,|}\,q_x v^2 + {}_{2\,|}\,q_x v^3\right)}{\left(1 + p_x v + {}_2p_x v^2\right) - 3 \cdot {}_3p_x v^3}$$

$$= \frac{1000\left(\dfrac{q_x}{1+i} + \dfrac{{}_{1\,|}\,q_x}{(1+i)^2} + \dfrac{{}_{2\,|}\,q_x}{(1+i)^3}\right)}{\left(1 + \dfrac{1-q_x}{1+i} + \dfrac{(1-q_x) - {}_{1\,|}\,q_x}{(1+i)^2}\right) - 3\,\dfrac{(1-q_x) - {}_{1\,|}\,q_x - {}_{2\,|}\,q_x}{(1+i)^3}}$$

$$\fallingdotseq 138.57$$

5.25. 123.32 ☞ $\pi \cdot \ddot{a}_{x:\overline{2}|} = 1000A^{\,1}_{x:\overline{2}|} + 2\pi \cdot A_{x:\overline{2}|}^{\;\;\;\,1}$

$$\therefore\ \pi = \frac{1000A^{\,1}_{x:\overline{2}|}}{\ddot{a}_{x:\overline{2}|} - 2A_{x:\overline{2}|}^{\;\;\;\,1}}$$

$$= \frac{1000\left(q_x v + {}_{1\,|}\,q_x v^2\right)}{\left\{1 + (1-q_x)v\right\} - 2\,(1 - q_x - {}_{1\,|}\,q_x)v^2} \fallingdotseq 123.323$$

5.26. 0.2415 ☞ $\pi\ddot{a}_{20:\overline{5}|} = A_{20:\overline{5}|} + \pi(IA)_{20:\overline{5}|}$

$$\Rightarrow \pi = \frac{A^{\,1}_{20:\overline{5}|} + A_{20:\overline{5}|}^{\;\;\;\;\;1}}{\ddot{a}_{20:\overline{5}|} - (IA)^{\,1}_{20:\overline{5}|}}$$

$$\fallingdotseq 0.2415$$

5.27. 458.8 ☞ $\pi\ddot{a}_{x:\overline{3}|} = \pi v\, q_x + 2\pi v^2\ {}_{1|}\,q_x + 10000\, v^3\ {}_{2|}\,q_x$

$$\Rightarrow \pi = \frac{10000\, v^3\, p_x\, p_{x+1}\,(1 - p_{x+2})}{1 + v\, p_x + v^2 p_x\, p_{x+1} - v(1-p_x) - 2\,v^2 p_x\,(1 - p_{x+1})}$$

$$\fallingdotseq 458.8$$

5.28. 100.85 ☞ $\pi = \ddot{a}_{50:\overline{15}|}$

$$= 1000\,A^{\,1}_{50:\overline{15}|} + 15\,\pi \cdot {}_{15}E_{50}$$

$$\Rightarrow \pi = \frac{1000\,A^{\,1}_{50:\overline{15}|}}{\ddot{a}_{50:\overline{15}|} - 15\,{}_{15}E_{50}}$$

$$= \frac{1000(A_{50:\overline{15|}} - A_{50:\overline{15|}}^{\;\;1})}{\dfrac{1-A_{50:\overline{15|}}}{d} - 15\,A_{50:\overline{15|}}^{\;\;1}} \fallingdotseq 100.85$$

5.29. ③

5.30. 0.063

5.31. 458.83

5.32. 95.935

5.33. ③

5.34. $\frac{1}{12}$ ☞ $\bar{a}_x = \int_0^\infty v^t\,{}_tp_x\,dt$

$$= \int_0^\infty e^{-0.05t} \cdot \frac{1}{2}(e^{-0.05t-0.15t})\,dt$$

$$= \frac{15}{2}$$

$$\Rightarrow \bar{P}(\bar{A}_x) = \frac{\bar{A}_x}{\bar{a}_x}$$

$$= \frac{1-\delta\bar{a}_x}{\bar{a}_x}$$

$$= \frac{1}{12}$$

5.35. 11.3

5.36. 1,330

5.37. 4

5.38. 10,310

5.39. ☞ (1) $\pi\,\bar{a}_{40:\overline{20|}} = {}_{20|}\bar{a}_{40}$

$$= \bar{a}_{40} - \bar{a}_{40:\overline{20|}}$$

$$\therefore\ \pi = \frac{\bar{a}_{40} - \bar{a}_{40:\overline{20|}}}{\bar{a}_{40:\overline{20|}}}$$

$$= \frac{\bar{A}_{40:\overline{20|}} - \bar{A}_{40}}{1-\bar{A}_{40:\overline{20|}}}$$

$$= \frac{\left(\int_0^{20} e^{-\delta t}\frac{1}{\omega-40}dt + e^{-20\delta}\cdot\frac{\omega-60}{\omega-60}\right) - \int_0^{\omega-40} e^{-\delta t}\frac{1}{\omega-40}dt}{\int_0^{20} e^{-\delta t}\frac{1}{\omega-40}dt + e^{-20\delta}\cdot\frac{\omega-60}{\omega-60}}$$

$\fallingdotseq 0.2559$

(2)

$$L = \begin{cases} -\pi\,\bar{a}_{\overline{T(40)|}} = \pi\dfrac{e^{-\delta T(40)}-1}{\delta}, & \text{if } T(40) < 20 \\ \bar{a}_{\overline{T(40)|}} - \bar{a}_{\overline{20|}} - \pi\,\bar{a}_{\overline{20|}} = \dfrac{1-e^{-\delta T(40)}}{\delta} - (1+\pi)\,\bar{a}_{\overline{20|}}, & \text{if } T(40) \geq 20 \end{cases}$$

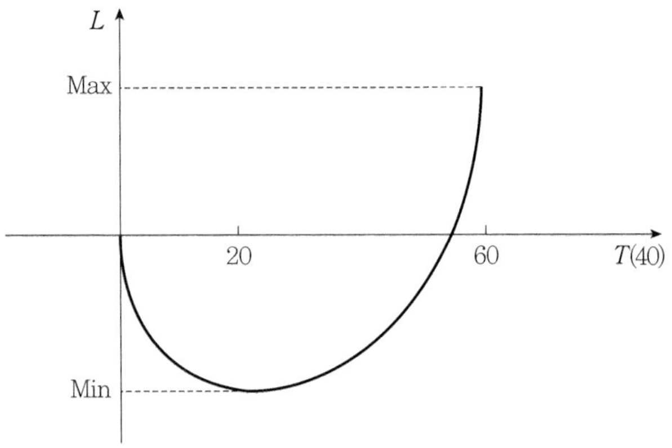

$L_{\min} = L[\,T(40) = 20]$

$= \pi\dfrac{e^{-20\delta}-1}{\delta} \fallingdotseq -3.235088$

$L_{Max} = L[\,T(40) = 60]$

$= \dfrac{1-e^{-60\delta}}{\delta} - (1+\pi)\dfrac{1-e^{-20\delta}}{\delta} \fallingdotseq 3.12691$

(3) $L = 0$

$\Rightarrow \dfrac{1-e^{-\delta T(40)}}{\delta} - (1+\pi)\dfrac{1-e^{-20\delta}}{\delta} = 0$

$\Rightarrow T(40) = -\dfrac{1}{\delta}ln\{1-(1+\pi)(1-e^{-20\delta})\}$

$\fallingdotseq 31.5835$

$\therefore\ \Pr(L > 0) = \Pr(\,T(40) > 31.5835)$

$= \dfrac{60-31.5835}{60} \fallingdotseq 0.4736$

5.40. 264.2 ☞ $1000\,\bar{P}(\bar{A}_x) = 1000\,\dfrac{\bar{A}_x}{\bar{a}_x}$

$$= 1000\,\mu$$

$$L = 1000 \cdot v^T - 1000 \cdot \mu \cdot \bar{a}_{\overline{T|}}$$

$$= 1000\left[\left(1+\frac{\mu}{\delta}\right)v^T - \frac{\mu}{\delta}\right]$$

$$\Rightarrow \bar{A}'_x = \frac{1}{\omega - x}\int e^{-\delta t}\,dt$$

$$= \frac{1}{50}\,\frac{1-e^{-50\delta}}{\delta}$$

$$\therefore\ E(L) = 1000\left[\left(1+\frac{\mu}{\delta}\right)\bar{A}'_x - \frac{\mu}{\delta}\right]$$

$$\fallingdotseq 264.2$$

5.41. 60

5.42. 0.30

5.43. ☞ (1) $\pi = \dfrac{100A_{x:\overset{1}{\overline{10|}}}}{\bar{a}_{x:\overline{10|}}}$

$$= \frac{100e^{-10(\mu+\delta)}}{\frac{1}{\mu+\delta}\left(1-e^{-10(\mu+\delta)}\right)} \fallingdotseq 7.2974$$

(2) $L = 100v^n \cdot I(T>n) - \pi \cdot \bar{a}_{\overline{T\wedge n|}}$

$$= 100v^n \cdot I(T>n) + \frac{\pi}{\delta}\cdot v^{T\wedge n} - \frac{\pi}{\delta}$$

$$A_{x:\overset{1}{\overline{10|}}} = e^{-10\delta}e^{-10\mu}$$
$$= \left(e^{-0.3}\right)^2 \fallingdotseq 0.54878$$

$${}^2A_{x:\overset{1}{\overline{10|}}} = \left(e^{-2\delta}\right)^{10}e^{-10\mu}$$
$$= \left(e^{-0.3}\right)^3 \fallingdotseq 0.40654$$

$$\bar{A}_{x:\overline{10|}} = \int_0^{10} e^{-\delta t}e^{-\mu t}\mu\,dt + e^{-10\delta}e^{-10\mu}$$

$$= \frac{\mu}{\mu+\delta}\left[1-e^{-10(\mu+\delta)}\right] + e^{-10(\mu+\delta)}$$

$$= \frac{1}{2}\left[1+\left(e^{-0.3}\right)^2\right] \fallingdotseq 0.77439$$

$$ {}^2\overline{A}_{x:\overline{10|}} = \int_0^{10} e^{-2\delta t} e^{-\mu t} \mu \, dt + e^{-20\delta} e^{-10\mu} $$

$$ = \frac{\mu}{\mu+2\delta}\left[1-e^{-10(\mu+2\delta)}\right] + e^{-10(\mu+2\delta)} $$

$$ = \frac{1}{3} + \frac{2}{3}(e^{-0.3})^3 \fallingdotseq 0.60436 $$

$$ \therefore \; Var(L) = 100^2 Var[v^n \cdot I(T>n)] + \left(\frac{\pi}{\delta}\right)^2 \cdot Var[v^{T\wedge n}] $$

$$ + 200\frac{\pi}{\delta} Cov[v^n \cdot I(T>n), v^{T\wedge n}] $$

$$ = 10000\left[{}^2A_{x:\overset{1}{\overline{n|}}} - \left(A_{x:\overset{1}{\overline{n|}}}\right)^2\right] + \left(\frac{\pi}{\delta}\right)^2 \cdot \left[{}^2\overline{A}_{x:\overline{n|}} - \left(\overline{A}_{x:\overline{n|}}\right)^2\right] $$

$$ + 200\frac{\pi}{\delta}\left({}^2A_{x:\overset{1}{\overline{n|}}} - A_{x:\overset{1}{\overline{n|}}} \cdot \overline{A}_{x:\overline{n|}}\right) \fallingdotseq 434.1286 $$

(3) $F_L(u) = \Pr(L \le u)$

$$ = \Pr(L \le u \text{ and } T>n) + \Pr(L \le u \text{ and } T \le n) $$

$$ = \Pr(100v^{10} - \pi \cdot \bar{a}_{\overline{10|}} \le u \text{ and } T>10) $$

$$ + \Pr(-\pi \cdot \bar{a}_{\overline{T|}} \le u \text{ and } T \le 10) $$

$$ = \Pr(11.03 \le u \text{ and } T>10) $$

$$ + \Pr\left(-\frac{1}{0.03} ln(1+0.004u) \le T \le 10\right) $$

$$ = \Pr(11.03 \le u \text{ and } T>10) + F_T(10) - F_T\left(-\frac{1}{0.03} ln(1+0.004u)\right) $$

$$ = \Pr(11.03 \le u \text{ and } T>10) + 0.2592 + 0.004(u \wedge 0) $$

$$ = \begin{cases} 0 & , u < -63.045 \\ 0.2592+0.004u & , -63.045 \le u < 0 \\ 0.2592 & , 0 < u < 11.03 \\ 1 & , 11.03 \le u \end{cases} $$

5.44. 0.524

5.45. ②

5.46. ①

5.47. ①

5.48. 46.2

5.49. 0.082

제6장 준비금

6.1. ③

6.2. 0.25

6.3. ④

6.4. 380

6.5. ④

6.6. $\frac{1}{6}$

6.7. 1444 ☞ $P^{1}_{x:\overline{3}|} = \dfrac{vq_x + v^2(1-q_x)q_{x+1} + v^3(1-q_x)(1-q_{x+1})q_{x+2}}{1+v(1-q_x)+v^2(1-q_x)(1-q_{x+1})} \fallingdotseq 0.1367$

$${}_2L = \begin{cases} v - P^{1}_{x:\overline{3}|}, 0 \le T(x+2) < 1 \\ -P^{1}_{x:\overline{3}|}\quad , T(x+2) \ge 1 \end{cases}$$

$$\Rightarrow E[{}_2L] = \left(v - P^{1}_{x:\overline{3}|}\right)q_{x+2} + \left(-P^{1}_{x:\overline{3}|}\right)(1-q_{x+2}) \fallingdotseq 0.053277$$

$$E[{}_2L^2] = \left(v - P^{1}_{x:\overline{3}|}\right)^2 q_{x+2} + \left(-P^{1}_{x:\overline{3}|}\right)^2(1-q_{x+2}) \fallingdotseq 0.147238$$

$$\therefore\ Var(100\,{}_2L) = 10000\left(E[{}_2L^2] - E[{}_2L]^2\right) \fallingdotseq 1444$$

6.8. 947.44 ☞ $\pi = \dfrac{1000q_xv + 1500p_xq_{x+1}v^2 + 2000p_xp_{x+1}v^2}{1+p_xv} \fallingdotseq 905.0606$

$$\therefore\ {}_1\widetilde{V} = 1500q_{x+1}\cdot v + 2000\cdot p_{x+1}\cdot v - \pi$$

$$= 1500q_{x+1}\cdot v + 2000\cdot(1-q_{x+1})\cdot v - \pi$$

$$\fallingdotseq 947.439$$

6.9. ☞ ${}_5V = 1000A_{70:\overline{5}|} - 120\ddot{a}_{70:\overline{5}|}$

$$= 1000(1-d\ddot{a}_{70:\overline{5}|}) - 120\ddot{a}_{70:\overline{5}|}$$

$$= 1000 - \{1000(1-v)+120\}\cdot\left\{1+\ddot{a}_{71:\overline{4}|}\cdot(1-q_{70})v\right\}$$

$$\fallingdotseq 287.36$$

6.10. ☞ (1) $1000A_{30} = \pi\ddot{a}_{30:\overline{10}|} + 1000P_{30}(\ddot{a}_{30:\overline{30}|} - \ddot{a}_{30:\overline{10}|})$

$$\Rightarrow \pi = \frac{1000A_{30} - 1000\dfrac{A_{30}}{\ddot{a}_{30}}(\ddot{a}_{30:\overline{30}|} - \ddot{a}_{30:\overline{10}|})}{\ddot{a}_{30:\overline{10}|}} \fallingdotseq 7.27996$$

(2) K를 증액된 사망보험금이라고 하면,

$$\Rightarrow K \cdot A_{40} = {}_{10}\tilde{V} + \pi \ddot{a}_{40:\overline{20|}}$$

$$= (1000A_{40} - 1000P_{30}\ddot{a}_{40:\overline{20|}}) + \pi\ddot{a}_{40:\overline{20|}}$$

$$\therefore\ K = \frac{(1000A_{40} - 1000\frac{A_{30}}{\ddot{a}_{30}}\ddot{a}_{40:\overline{20|}}) + \pi\ddot{a}_{40:\overline{20|}}}{A_{40}} \fallingdotseq 1159.39334$$

6.11. 236

6.12. 3,020.015

6.13. 0.0337

6.14. 117.9/ 2,854.95

6.15. 0.75

6.16. $\frac{17}{42}$

6.17. 0.2

6.18. 0.6

6.19. $\frac{1}{6}$ ☞ ${}_{3}V_{x} = 1 - \frac{\ddot{a}_{x+k}}{\ddot{a}_{x}} = \frac{1}{6}$

6.20. 233 ☞ $1000{}_{10}V^{20}_{40:\overline{30|}} = 1000\left(A_{50:\overline{20|}} - {}_{20}P_{40:\overline{30|}}\ddot{a}_{50:\overline{10|}}\right)$

$$= 1000\left\{\left(1 - d\ddot{a}_{50:\overline{20|}}\right) - \frac{1 - d\ddot{a}_{40:\overline{30|}}}{\ddot{a}_{40:\overline{20|}}}\ddot{a}_{50:\overline{10|}}\right\}$$

$$\fallingdotseq 232.77$$

6.21. 0.5

6.22. ② ☞ $\left(1 - \frac{\ddot{a}_{32}}{\ddot{a}_{31}}\right) + \left(1 - \frac{\ddot{a}_{33}}{\ddot{a}_{32}}\right) - \left(1 - \frac{\ddot{a}_{32}}{\ddot{a}_{31}}\right) \cdot \left(1 - \frac{\ddot{a}_{33}}{\ddot{a}_{32}}\right)$

$$= 1 - \frac{\ddot{a}_{33}}{\ddot{a}_{31}}$$

$$= {}_{2}V_{31}$$

6.23. 0.95

6.24. 0.25

6.25. 0.5

6.26. 0.42 ☞ 연시준비금$= vq_{59} + vp_{59}A_{60}$

$$= v\left\{q_{59} + p_{59}\left(\frac{1}{40}a_{\overline{40|}}\right)\right\}$$

$$= \frac{1}{1.05}\left(\frac{1}{41} + \frac{1}{41} \times 17.16\right) \fallingdotseq 0.42$$

6.27. 0.341 ☞ $P_{x:\overline{n|}} - P_x = (1 - {}_nV_x) \cdot P_{x:\overline{n|}}^{\ \ 1}$

$$\therefore\ P_{x:\overline{5|}} \fallingdotseq 0.341$$

6.28. 0.02

6.29. $\dfrac{3}{11}$

6.30. ☞ $\left(P_{x:\overline{m+n|}} - P^1_{x:\overline{m|}}\right)\ddot{a}_{x:\overline{m|}} = {}_mV_{x:\overline{m+n|}} \cdot {}_mE_x$

$$\Rightarrow P_{x:\overline{m+n|}} - P^1_{x:\overline{m|}} = P_{x:\overline{m|}}^{\ \ 1} \cdot {}_mV_{x:\overline{m+n|}}$$

$$\therefore\ P^1_{x:\overline{m|}} + P_{x:\overline{m|}}^{\ \ 1} \cdot {}_mV_{x:\overline{m+n|}} = \boxed{P_{x:\overline{m+n|}}}$$

6.31. (1) $P^1_{x:\overline{t|}}$ (2) $P_{x:\overline{m|}}^{\ \ 1}$

6.32. (가), (나) ☞ (가) ${}_nP_x = \dfrac{A_x}{\ddot{a}_{x:\overline{n|}}}$

$$= \frac{A^1_{x:\overline{n|}} + A_{x:\overline{n|}}^{\ \ 1} \cdot A_{x+n}}{\ddot{a}_{x:\overline{n|}}}$$

$$= P^1_{x:\overline{n|}} + A_{x+n} \cdot P_{x:\overline{n|}}^{\ \ 1}$$

(나) $P_x - P^1_{x:\overline{n|}} = \left({}_nV_x - {}_nV^1_{x:\overline{n|}}\right) \cdot P_{x:\overline{n|}}^{\ \ 1}$

$$= {}_nV_x \cdot P_{x:\overline{n|}}^{\ \ 1}$$

$\because\ {}_nV^1_{x:\overline{n|}} = 0$

(다) ${}_nP_x = A_x \cdot P_{x:\overline{n|}} + (1 - A_x) \cdot P_x$

∵ 예제 5-2(18(2)#2) 참조

6.33. (1) $P_{x:\overline{k|}}^{\ \ 1}$ (2) ${}_kV_{x:\overline{m|}}^{\ \ 1}$

6.34. $\bar{A}_{x+n}$

6.35. ☞ (1) ${}_t\bar{V}\left(\bar{A}_{x:\overline{n|}}\right) = \bar{A}_{x+t:\overline{n-t|}} - \bar{P}\left(\bar{A}_{x:\overline{n|}}\right) \cdot \bar{a}_{x+t:\overline{n-t|}}$

$$= \frac{\bar{A}_{x+t:\overline{n-t|}}}{\bar{a}_{x+t:\overline{n-t|}}} \cdot \bar{a}_{x+t:\overline{n-t|}} - \bar{P}\left(\bar{A}_{x:\overline{n|}}\right) \cdot \bar{a}_{x+t:\overline{n-t|}}$$

$$= \left\{\bar{P}\left(\bar{A}_{x+t:\overline{n-t|}}\right) - \bar{P}\left(\bar{A}_{x:\overline{n|}}\right)\right\} \times \boxed{\bar{a}_{x+t:\overline{n-t|}}}$$

(2) ${}_tV_{x:\overline{n|}} = P_{x:\overline{n|}} \cdot \dfrac{\ddot{a}_{x:\overline{t|}}}{{}_tE_x} - \dfrac{A^1_{x:\overline{t|}}}{{}_tE_x}$

$$= \frac{P_{x:\overline{n}|}}{P_{x:\overline{t}|}^{\ \ 1}} - \frac{P^1_{x:\overline{t}|}}{P_{x:\overline{t}|}^{\ \ 1}}$$

$$= \frac{P_{x:\overline{n}|} - P^1_{x:\overline{t}|}}{P_{x:\overline{t}|}^{\ \ 1}} = \frac{P_{x:\overline{n}|} - \boxed{P^1_{x:\overline{t}|}}}{P_{x:\overline{t}|} - \boxed{P^1_{x:\overline{t}|}}}$$

6.36. 0.527 ☞ $\bar{A}_{60} = \frac{i}{\delta} \cdot A_{60} \quad (\because U.D.D.)$

$$= \frac{i}{\delta} \cdot (1 - d \cdot \ddot{a}_{60}) \fallingdotseq 0.36112$$

$$\bar{A}_{80} = \frac{i}{\delta} \cdot (1 - d \cdot \ddot{a}_{80}) \fallingdotseq 0.69784$$

$$\therefore \ {}_{20}\bar{V}(\bar{A}_{60}) = \bar{A}_{80} - \frac{\bar{A}_{60}}{\bar{a}_{60}} \cdot \bar{a}_{80} \fallingdotseq 0.527$$

6.37. 418.63 ☞ $\bar{A}_{80} = \frac{1-e^{-20\delta}}{20\delta} \fallingdotseq 0.632082$

$$\bar{A}_{50} = \frac{1-e^{-50\delta}}{50\delta} \fallingdotseq 0.367145$$

$$\therefore \ {}_{30}V = 1{,}000\bar{A}_{80} - \frac{1{,}000\bar{A}_{50}}{\bar{a}_{50}} \cdot \bar{a}_{80}$$

$$= 1{,}000\bar{A}_{80} - \frac{1{,}000\bar{A}_{50}}{\frac{1-\bar{A}_{50}}{\delta}} \cdot \frac{1-\bar{A}_{80}}{\delta} \fallingdotseq 418.63$$

6.38. 0.10009

6.39. 55.2 ☞ ${}_5\tilde{V} = 1000A_{x+5} - \pi\ddot{a}_{x+5}$

$$= 1000A_{x+5} - \pi\frac{1-A_{x+5}}{d}$$

$$\Rightarrow d = \frac{\pi(1-A_{x+5})}{1000A_{x+5} - {}_5\tilde{V}} \fallingdotseq 0.04773$$

제4보험년도와 제5보험년도 사이의 준비금 재귀식을 이용하면,

$$({}_4\tilde{V}+\pi)(1+i) = 1000q_{x+4} + {}_5\tilde{V} \cdot p_{x+4}$$

$$\therefore \ {}_4\tilde{V} = 1000q_{x+4} \cdot v + {}_5\tilde{V} \cdot p_{x+4} \cdot v - \pi$$

$$= 1000q_{x+4} \cdot (1-d) + {}_5\tilde{V} \cdot (1-q_{x+4}) \cdot (1-d) - \pi$$

$$\fallingdotseq 55.18$$

6.40. 12.9 ☞ $\pi = 1000q_x v + {}_1V \cdot p_x v \fallingdotseq 27.369$

$$\text{한편, } \pi = 1000\frac{A_x}{\ddot{a}_x} = 1000\frac{1-d \cdot \ddot{a}_x}{\ddot{a}_x}$$

$$\therefore\ \ddot{a}_x = \frac{1000}{\pi + 1000d} \fallingdotseq 12.9$$

6.41. 727.12

6.42. 0.07

6.43. 0.027

6.44. 0.9

6.45. 0.0149

6.46. 324.70

6.47. 0.0815

6.48. 0.9551

6.49. 0.028

6.50. 220

6.51. 0.019

6.52. 0.49

6.53. 28,540 ☞ $({}_0V + P) \cdot (1+i) - 25{,}000\,q_x = {}_1V$

$$({}_1V + P) \cdot (1+i) - 50{,}000\,q_{x+1} = {}_2V = 50{,}000$$

$$\Rightarrow 1.05\{(1.05P - 25{,}000\,q_x) + P\} - 50{,}000\,q_{x+1} = 50{,}000$$

$$\therefore\ P \fallingdotseq 28{,}542.39$$

6.54. 8,600

6.55. 4.09 ☞ $({}_{24}V + \pi)(1+i) = 1 \cdot q_{68} + 1 \cdot p_{68} = 1$

$$({}_{11}V + \pi)(1+i) = 14 \cdot q_{55} + {}_{12}V \cdot p_{55}$$

$$\therefore\ {}_{12}V = \frac{({}_{11}V + \pi)(1+i) - 14 \cdot q_{55}}{p_{55}}$$

$$= \frac{({}_{11}V + v - {}_{24}V)(1+i) - 14 \cdot q_{55}}{p_{55}} \fallingdotseq 4.0894$$

제7장 준비금과 손익

7.1. ③

7.2. ③

7.3. 47.5

7.4. 720

7.5. 880

7.6. 750

7.7. 800

7.8. 500

7.9. 1,020 ☞ $\pi \cdot \ddot{a}_{35:\overline{10|}} = 50{,}000A_{35} + 100a_{35} + 100A_{35}$

$$\Rightarrow \pi = \frac{50{,}000A_{35} + 100\left(\ddot{a}_{35} - 1\right) + 100A_{35}}{\ddot{a}_{35} - {}_{10}E_{35} \cdot \ddot{a}_{45}} \fallingdotseq 1020.83$$

7.10. 44.7

7.11. (1) 일반형 정기보험 영업보험료: P^G

0.01336 ☞ $P^G \cdot \ddot{a}_{40:\overline{2|}} = A^{\;1}_{40:\overline{3|}} + 10\%P^G \cdot \ddot{a}_{40:\overline{2|}}$

$$\therefore\ P^G = \frac{A^{\;1}_{40:\overline{3|}}}{(1-10\%) \cdot \ddot{a}_{40:\overline{2|}}}$$

$$= \frac{vq_{40} + v^2(1-q_{40})q_{41} + v^3(1-q_{40})(1-q_{41})q_{42}}{0.9(1+v(1-q_{40}))} \fallingdotseq 0.01336$$

(2) 일반형 정기보험의 1년 경과시점의 순보험료식 책임준비금: ${}_1V$

0.00076 ☞ ${}_2P^{\;1}_{40:\overline{3|}} = \frac{A^{\;1}_{40:\overline{3|}}}{\ddot{a}_{40:\overline{2|}}}$

$$= \frac{vq_{40} + v^2(1-q_{40})q_{41} + v^3(1-q_{40})(1-q_{41})q_{42}}{1+vp_{40}}$$

$$\fallingdotseq 0.001335$$

$$\therefore\ {}_1V = A^{\;1}_{41:\overline{2|}} - {}_2P^{\;1}_{40:\overline{3|}} \cdot \ddot{a}_{41:\overline{1|}}$$

$$= \left\{vq_{41} + v^2(1-q_{41})q_{42}\right\} - {}_2P^{\;1}_{40:\overline{3|}} \cdot 1 \fallingdotseq 0.00076$$

(3) 저해지환급형 정기보험 영업보험료: π^G

0.020268 ☞ 해지시 현금유출액의 현가: CO

$$CO = 4\%p_{40}v \cdot 50\%\,{}_1V + 4\%\,{}_2p_{40}v^2 \cdot 50\%\,{}_2V$$

$$= 4\%(1-q_{40})v \cdot 50\%\,{}_1V + 4\%(1-q_{40})(1-q_{41})v^2 \cdot 50\%(vq_{42})$$

$$\fallingdotseq 0.00004212$$

$$\Rightarrow \pi^G \cdot \ddot{a}_{40:\overline{2|}} = A^{\;1}_{40:\overline{3|}} + CO + 10\%\pi^G \cdot \ddot{a}_{40:\overline{2|}}$$

$$\therefore\ \pi^G = \frac{A^{\ 1}_{40:\overline{3}|} + CO}{(1-10\%)\cdot \ddot{a}_{40:\overline{2}|}}$$

$$= \frac{vq_{40} + v^2(1-q_{40})q_{41} + v^3(1-q_{40})(1-q_{41})q_{42} + CO}{0.9(1+v(1-q_{40}))}$$

$$\fallingdotseq 0.020268$$

(4) 저해지환급형 정기보험의 1년 경과시점의 순보험료식 책임준비금: ${}_1V^*$

0.00144 ☞ $${}_2P^{*1}_{40:\overline{3}|} = \frac{A^{\ 1}_{40:\overline{3}|} + CO}{\ddot{a}_{40:\overline{2}|}}$$

$$= \frac{vq_{40} + v^2(1-q_{40})q_{41} + v^3(1-q_{40})(1-q_{41})q_{42} + CO}{1+vp_{40}}$$

$$\fallingdotseq 0.0013566$$

$$\therefore\ {}_1V^* = A^{\ 1}_{41:\overline{2}|} + 4\%vp_{41}\cdot 50\%\,{}_2V - {}_2P^{*1}_{40:\overline{3}|}\cdot \ddot{a}_{41:\overline{1}|}$$

$$= \left\{vq_{41} + v^2(1-q_{41})q_{42}\right\} + 0.02\,v(1-q_{41})vq_{42} - {}_2P^{*1}_{40:\overline{3}|}\cdot 1$$

$$\fallingdotseq 0.001442776$$

7.12. 59,950

7.13. 12,780

7.14. ②

7.15. ☞ (1)

$$P\cdot \ddot{a}_{35:\overline{2}|} = 100{,}000[vq_{35} + v^2p_{35}q_{36} + v^3{}_2p_{35}q_{37}] + 30{,}000[vq^*_{35} + v^2q^*_{36} + v^3q^*_{37}]$$

$$\Rightarrow P = \frac{100{,}000[vq_{35} + v^2p_{35}q_{36} + v^3{}_2p_{35}q_{37}] + 30{,}000[vq^*_{35} + v^2q^*_{36} + v^3q^*_{37}]}{1+vp_{35}}$$

$$\fallingdotseq 2453.708$$

따라서 이 순보험료 P와 계약체결비용 $\alpha(=\frac{1{,}000}{100{,}000})$과 계약관리비용 $\beta_1(=\frac{200}{100{,}000})$, $\beta_2(3\%)$를 적용하여 수지상등의 원칙으로 영업보험료를 구하면 다음과 같다.

$$P^G\ddot{a}_{30:\overline{2}|} = P\ddot{a}_{30:\overline{2}|} + \alpha + \beta_1\ddot{a}_{30:\overline{2}|} + \beta_2 P^G\ddot{a}_{30:\overline{2}|}$$

$$\therefore\ P^G = \frac{1}{(1-\beta_2)}\left[P + \frac{\alpha}{\ddot{a}_{30:\overline{2}|}} + \beta_1\right] \fallingdotseq 3267.05$$

(2) $_1\widetilde{V} = 100{,}000(vq_{36} + v^2 p_{36} q_{37}) + 30{,}000(vq^*_{36} + v^2 q^*_{37}) - P$

$\fallingdotseq 1440.342$

$_tW = \widetilde{V} - \dfrac{m-t}{m} \times 100{,}000\,\alpha$

$\fallingdotseq 940.342$

(3) $NSP = S\{100000(vq_{36} + v^2 p_{36} q_{37}) + 30000(vq^*_{36} + v^2 q^*_{37})\}$

$= {}_1W$

$\therefore\ S = \dfrac{_1W}{100000(vq_{36} + v^2 p_{36} q_{37}) + 30000(vq^*_{36} + v^2 q^*_{37})}$

$\fallingdotseq 24148.2$

7.16. 270

7.17. (1) 0.2463, (2) 0.3817

7.18. (1) 1.83, 7.81 ☞ $P_1^F = 1{,}000\dfrac{M_x - M_{x+1}}{D_x} \fallingdotseq 1.83,\ P_2^F = 1{,}000\dfrac{M_{x+1}}{N_{x+1}} \fallingdotseq 7.81$

(2) 28.51 ☞ $_5V^F = 1{,}000A_{35} - P_2^F \cdot \ddot{a}_{35}$

$= \dfrac{1{,}000M_{35} - P_2^F \cdot N_{35}}{D_{35}} \fallingdotseq 28.51$

7.19. 2,224

7.20. 2,200

7.21. 50.9

7.22. 0.6608 ☞ $_tp_x = \dfrac{_{x+t}p_0}{_xp_0}$

$= \dfrac{100-x-t}{100-x}$

$_{k|}q_x = {}_kp_x \cdot q_{x+k}$

$= \dfrac{1}{100-x}$

$A_{81} = \sum_{k=0}^{18} {}_{k|}q_{81} \cdot v^{k+1}$

$= \sum_{k=0}^{18} \dfrac{1}{19} \cdot v^{k+1} \fallingdotseq 0.6679$

$$\Rightarrow {}_{0.5}V_{80} = {}_{0.5}q_{80.5} \cdot v^{0.5} + {}_{0.5}p_{80.5} \cdot v^{0.5} \cdot {}_{1}V_{80}$$
$$= {}_{0.5}q_{80.5} \cdot v^{0.5} + {}_{0.5}p_{80.5} \cdot v^{0.5} \cdot A_{81}$$
$$= \frac{0.5}{19.5} \times 0.9759 + \frac{19}{19.5} \times 0.9759 \times 0.6679$$
$$\fallingdotseq 0.6608$$

7.23. ☞ $${}_{19}V_{x:\overline{40|}} = 1 - \frac{\ddot{a}_{x+19:\overline{21|}}}{\ddot{a}_{x:\overline{40|}}}$$

$$\Rightarrow \ddot{a}_{x+19:\overline{21|}} = \left(1 - {}_{19}V_{x:\overline{40|}}\right)\ddot{a}_{x:\overline{40|}}$$

한편, $\ddot{a}_{x+19:\overline{21|}} = 1 + vp_{x+19} \cdot \ddot{a}_{x+20:\overline{20|}}$ 이므로

$$v\ddot{a}_{x+20:\overline{20|}} = \frac{\ddot{a}_{x+19:\overline{21|}} - 1}{1 - q_{x+19}}$$
$$= \frac{\left(1 - {}_{19}V_{x:\overline{40|}}\right)\ddot{a}_{x:\overline{40|}} - 1}{1 - q_{x+19}}$$

$$\therefore\ {}_{20}P^{r} = v\,q_{x+19}\left(1 - {}_{20}V_{x:\overline{40|}}\right)$$
$$= v\,q_{x+19}\,\frac{\ddot{a}_{x+20:\overline{20|}}}{\ddot{a}_{x:\overline{40|}}}$$
$$= q_{x+19}\,\frac{\dfrac{(1 - {}_{19}V_{x:\overline{40|}})\ddot{a}_{x:\overline{40|}} - 1}{1 - q_{x+19}}}{\ddot{a}_{x:\overline{40|}}} \fallingdotseq 0.001019176$$

7.24. ☞ (1) 예상현금흐름을 통해 최초인식시점에서 최선추정(BEL)을 구한다.

구 분	최초인식시점현가	예상현금흐름		
		1차년도	2차년도	3차년도
보험료의 현가	1,000.00			
장해보험금의 현가	676.38	200	250	300
해지환급금의 현가	185.94	100	100	0

$\Rightarrow BEL(0) =$ 장해보험금의 현가 + 해지환급금의 현가 - 보험료의 현가

$$= (200v + 250v^2 + 300v^3) + 100(v + v^2) - 1000$$
$$\fallingdotseq -137.67$$

한편 장해충격수준(10%)을 반영한 예상현금흐름은 다음과 같다.

구 분	최초인식시점현가	예상현금흐름		
		1차년도	2차년도	3차년도
보험료의 현가	1,000.00			
장해보험금의 현가	744.02	220	275	330
해지환급금의 현가	185.94	100	100	0

$\Rightarrow BEL(0)^{장해shock} = (1+10\%)(200v+250v^2+300v^3)+100(v+v^2)$

$-1000 \fallingdotseq -70.04$

$\Rightarrow$ 장해 $RA(0) = BEL(0)^{장해shock} - BEL(0) = 67.64$

해지충격수준(5%)을 반영한 예상현금흐름은 다음과 같다.

구 분	최초인식시점현가	예상현금흐름		
		1차년도	2차년도	3차년도
보험료의 현가	1,000.00			
장해보험금의 현가	676.38	200	250	300
해지환급금의 현가	195.24	105	105	0

$\Rightarrow BEL(0)^{해지shock} = (200v+250v^2+300v^3)+100(1+5\%)(v+v^2)$

$-1000 \fallingdotseq -128.38$

$\Rightarrow$ 해지 $RA(0) = BEL(0)^{해지shock} - BEL(0) = 9.30$

$\therefore\ RA(0) = \sqrt{(장해RA(0))^2+(해지RA(0))^2} \fallingdotseq 68.27$

$CSM(0) = \max[-(BEL(0)+RA(0)),0]$

$= 69.4$

(2) 먼저, BEL의 이자비용과 잔액은 다음과 같이 산출된다.

이자비용 $= (BEL(0)+보험료)\cdot i$

$= 43.12$

$BEL(1) = BEL(0)+보험료+이자비용-보험금예상-환급금예상$

$= 605.44$

둘째, RA의 현금흐름은 $RA(1)$을 다음과 같이 산출하여 구한다.

예상현금흐름을 통해 제1보험년도말 최선추정(BEL)을 구한다.

구 분	제1보험년도말 현가	예상현금흐름	
		2차년도	3차년도
보험료의 현가	0		
장해보험금의 현가	510.20	250	300
해지환급금의 현가	95.24	100	0

$\Rightarrow BEL(1) = (250v + 300v^2) + 100v - 0$

$\fallingdotseq 605.44$

한편 장해충격수준(10%)을 반영한 예상현금흐름은 다음과 같다.

구 분	제1보험년도말 현가	예상현금흐름	
		2차년도	3차년도
보험료의 현가	0		
장해보험금의 현가	561.22	275	330
해지환급금의 현가	95.24	100	0

$\Rightarrow BEL(1)^{\text{장해}shock} = (1 + 10\%)(250v + 300v^2) + 100v - 0$

$\fallingdotseq 656.46$

$\Rightarrow$ 장해 $RA(1) = BEL(1)^{\text{장해}shock} - BEL(1) = 51.02$

해지충격수준(5%)을 반영한 예상현금흐름은 다음과 같다.

구 분	제1보험년도말 현가	예상현금흐름	
		2차년도	3차년도
보험료의 현가	0		
장해보험금의 현가	510.20	250	300
해지환급금의 현가	100.00	105	0

$\Rightarrow BEL(1)^{\text{해지}shock} = (250v + 300v^2) + 100(1 + 5\%)v - 0$

$\fallingdotseq 610.2$

$\Rightarrow$ 해지 $RA(1) = BEL(1)^{\text{해지}shock} - BEL(1) = 4.76$

$\Rightarrow RA(1) = \sqrt{(\text{장해}RA(1))^2 + (\text{해지}RA(1))^2} \fallingdotseq 51.24$

$\Rightarrow$ 제1보험년도말 RA 상각액 $= RA(0) - RA(1)$

$= 17.03$

셋째, CSM의 현금흐름은 다음과 같이 계산된다.

이자비용 $= CSM(0) \cdot i$

$= 3.47$

$$CSM\text{상각비율} = \frac{\text{당해년도보험금}}{\text{당해년도보험금} + \text{내년도이후지급될보험금의총현가}}$$

$$= \frac{200}{200 + (250v + 300v^2)}$$

$$\fallingdotseq 0.28$$

$\Rightarrow$ 현재서비스변화(상각액) = $(CSM(0)+$ 이자비용$)\cdot$ 상각비율현재서

$= 20.52$

$\Rightarrow CSM(1) = CSM(0) +$ 이자비용 $-$ 현재서비스변화(상각액)

$= 52.35$

$\therefore$ 1차보험년도말 보험계약부채 $= BEL(1) + RA(1) + CSM(1)$

$= 709.03$

구 분	*BEL*	*RA*	*CSM*	보험계약부채
최초인식시점	-137.67	68.27	69.40	-
보험료	1000.00			1,000.00
이자비용	43.12			46.59
장해보험금예상	-200.00			-200.00
해지환급금예상	-100.00			-100.00
상각액반영		-17.03	-20.52	-37.55
1보험년도말 잔액	605.44	51.24	52.35	709.03

7.25. (1) 최초인식시점 보험부채

$BEL(0) = \{150v + 200v^2 + 200v^3\} + \{50 + 10v + 10v^2\} - 900$

$\fallingdotseq -334.375$

$RA(0) = 20\% \cdot \{150v + 200v^2 + 200v^3\} \fallingdotseq 99.406$

$\Rightarrow CSM(0) = \max\{-(BEL(0) + RA(0)), 0\}$

$= \max\{-33.4.375 + 99.406\} = 234.9688$

(2) 제1보험연도말 잔여보장부채

$BEL(1) = \{200v + 200v^2\} + \{10v + 10v^2\}$

$\fallingdotseq 391.406$

$RA(1) = 20\% \cdot \{200v + 200v^2\} \fallingdotseq 74.376$

$\Rightarrow$ 위험조정 변동분은 보험계약마진에서 조정하도록 규정되어 있으므로, 1차년말 시점의 위험조정 변동액(1차년도 기준 측정액$-$최초 인식시 측정액(1차년도 차감후))을 다음 식으로 구한다.

$\triangle RA = RA(1) - \frac{2}{3}RA(0) = 8.105$

$CSM(1) = \frac{2}{3}\{CSM(0) \cdot (1+i) - \triangle RA\}$

$\fallingdotseq 159.075$

$\therefore$ 제1보험연도말 잔여보장부채 $= BEL(1) + RA(1) + CSM(1)$

$= 624.857$

(3) 제2보험연도말 잔여보장부채

$BEL(2) = 140v + 10 \fallingdotseq 143.333$

$\Rightarrow$ 최선추정 변동분: $\triangle BEL = (200v+10)-(140v+10) \fallingdotseq 57.143$

$RA(2) = 20\% \cdot 140v \fallingdotseq 26.667$

$\Rightarrow$ 위험조정 변동분: $\triangle RA(2) = RA(2) - \frac{1}{2}RA(1) = -10.521$

$$\Rightarrow CSM(2) = \frac{1}{2}\{CSM(1) + \triangle BEL - \triangle RA\}$$

$$\fallingdotseq 117.347$$

$\therefore$ 제2보험연도말 잔여보장부채 $= BEL(2) + RA(2) + CSM(2)$

$$= 287.347$$

7.26. (1) 최초인식시점 보험부채

$$BEL(0) = \{(30+20)v + (35+25)v^2 + (40+30)v^3\}$$

$$+\{(40+30)+(15+10)v+(10+5)v^2\}$$

$$+\{(30+25)v+(20+10)v^2\} - (200+150)$$

$$\fallingdotseq -32.006$$

$RA(0) = 10\% \cdot \{(30+20)v + (35+25)v^2 + (40+30)v^3\} \fallingdotseq 14.7633$

$$\Rightarrow CSM(0) = \max\{-(BEL(0)+RA(0)), 0\}$$

$$= \max\{-32.006 + 14.763\} = 17.243$$

(2) 제1보험연도말

$$BEL(1) = \{(40+25)v + (45+25)v^2\} + \{(10+10)+(10+7)v\} + (20+10)v$$

$$\fallingdotseq 176.446$$

제8장 연생보험

8.1. 0.1097 ☞ ${}_{0.75}q_{xy} = 1 - {}_{0.75}p_{xy}$

$$= 1 - {}_{0.75}p_x \cdot {}_{0.75}p_y$$

$$= 1 - (1-0.75q_x)(1-0.75q_y) \fallingdotseq 0.1097$$

8.2. 20.066 ☞ $\int_0^t f_{T(y)}(t)dt = (1-e^{-0.06t}) = 0.7$

$\therefore\ t = 20.066$

8.3. (1) 결합생존함수

☞ $S_{T(x),T(y)} = \int_t^5 \int_s^5 \frac{1}{125}(10-u-v)dudv$

$= \frac{1}{125}\int_t^5 \left(10(5-s) - \frac{1}{2}(5^2-s^2) - (5-s)v\right)dv$

$= \frac{1}{125}\left\{10(5-s)v - \frac{1}{2}(5^2-s^2)v - \frac{1}{2}(5-s)v^2 \mid_t^5\right\}$

$= \frac{1}{125}(5-s)(5-t)\left(10 - \frac{1}{2}(5+s) - \frac{1}{2}(5+t)\right)$

$= \frac{1}{125}(5-s)(5-t)\left(5 - \frac{1}{2}s - \frac{1}{2}t\right)$, $0<s<5,\ 0<t<5$

(2) 상관계수

$f_{T(x)} = \int_0^5 \frac{1}{125}(10-s-t)dt$

$= \frac{1}{125}\left(50 - \frac{1}{2}25 - 5s\right) = \frac{1}{50}(15-2s)$,$0<s<5$

$f_{T(y)} = \int_0^5 \frac{1}{125}(10-s-t)ds = \frac{1}{50}(15-2t)$,$0<t<5$

$\Rightarrow E[T(x)] = E[T(y)] = \int_0^5 s \cdot \frac{1}{50}(15-2s)ds = \frac{25}{12}$

$E[T(x)^2] = E[T(y)^2] = \int_0^5 s^2 \cdot \frac{1}{50}(15-2s)ds = \frac{25}{4}$

$Var[T(x)] = Var[T(y)] = E[T(x)^2] - E[T(x)]^2 = \frac{275}{144}$

($\because$ 각 생존확률변수의 밀도함수가 동일하므로, 평균과 분산도 동일)

$\Rightarrow E[T(x)T(y)] = \int_0^5 \int_0^5 st\frac{1}{125}(10-s-t)dsdt = \int_0^5 \frac{2}{3}t - \frac{1}{10}t^2 dt = \frac{25}{6}$

$Cov[T(x),T(y)] = \frac{25}{6} - \left(\frac{25}{12}\right)^2 = -\frac{25}{144}$

$\therefore\ \rho_{T(x),T(y)} = \frac{Cov[T(x),T(y)]}{\sqrt{Var[T(x)]}\ \sqrt{Var[T(y)]}} = \frac{-(25/144)}{275/144} = -\frac{1}{11}$

8.4. ☞ (1) $e_{\overline{95:95}} = e_{95}^m + e_{95}^f - e_{95:95}$

$$= \sum_{k=1}^{5} {}_kp_{95}^m + \sum_{k=1}^{5} {}_kp_{95}^f - \sum_{k=1}^{5} {}_kp_{95:95}$$

$$= \frac{l_{96}^m + l_{97}^m + \cdots + l_{100}^m}{l_{95}^m} + \frac{l_{96}^f + l_{97}^f + \cdots + l_{100}^f}{l_{95}^f}$$

$$-\left(\frac{l_{96}^m}{l_{95}^m} \cdot \frac{l_{96}^f}{l_{95}^f} + \frac{l_{97}^m}{l_{95}^m} \cdot \frac{l_{97}^f}{l_{95}^f} + \cdots + \frac{l_{100}^m}{l_{95}^m} \cdot \frac{l_{100}^f}{l_{95}^f}\right)$$

$$= 2.2$$

(2) $Var(K_{95:95}) = E\left[(K_{95:95})^2\right] - \{E(K_{95:95})\}^2$

$$= p_{95:95} + 3 \cdot {}_2p_{95:95} + \cdots - (e_{95:95})^2$$

$$\fallingdotseq 0.5475$$

$$= \frac{50}{100} \cdot \frac{80}{100} + 3 \cdot \frac{25}{100} \cdot \frac{60}{100} - 0.55^2 = 0.5475$$

(3) $\ddot{a}_{\overline{95:95:\overline{2|}}} = 1 + v + v^2 {}_2p_{\overline{95:95}} + v^3 {}_3p_{\overline{95:95}} + v^4 {}_4p_{\overline{95:95}}$

$$= 1 + v + v^2\left({}_2p_{95}^m + {}_2p_{95}^f - {}_2p_{95:95}\right) + v^3\left({}_3p_{95}^f\right) + v^4\left({}_4p_{95}^f\right)$$

$$\fallingdotseq 3.0876$$

8.5. (1) 2 ☞ $f_{T(x),T(y)}(a,b) = \dfrac{\partial^2}{\partial a \partial b} F_{T(x),T(y)}(a,b)$

$$= 0.006(b-a)^2\ ,\ 0 < a \le 10,\ 0 < b \le 10$$

$$\Rightarrow {}_tp_{xy} = \int_t^{\omega}\int_t^{\omega} f_{T(x),T(y)}(a,b)\,da\,db$$

$$= \int_t^{10}\int_t^{10} 0.0006(b-a)^2\,da\,db$$

$$= 0.0001(t-10)^4$$

$(\because\ F_{T(x),T(y)}(a,b) = 1\ ,\ a > 10,\ b > 10 \Rightarrow \omega = 10)$

$$\therefore\ E[T(xy)] = \int_0^{10} {}_tp_{xy}\,dt$$

$$= \int_0^{10} 0.0001(t-10)^4\,dt = 2$$

(2) $\dfrac{2}{3}$ ☞ $f_{T(x)}(a) = \displaystyle\int_0^{10} 0.0006(b-a)^2\,db = 0.0002\left[(10-a)^3 + a^3\right]$

$$f_{T(y)}(b) = \int_0^{10} 0.0006(b-a)^2 da = 0.0002\left[(10-b)^3 + b^3\right]$$

$$\Rightarrow E[T(x)] = E[T(y)] = \int_0^{10} a \cdot 0.0002\{(10-a)^3 + a^3\} da = 5$$

$$E[T(x)T(y)] = \int_0^{10}\int_0^{10} ab \cdot 0.0006(b-a)^2 dadb$$

$$= \int_0^{10} (1.5b - 0.4b^2 + 0.03b^3) db = \frac{50}{3}$$

$$\therefore Cov(T(xy), T(\overline{xy})) = E\left[T(xy)T(\overline{xy})\right] - E[T(xy)] \cdot E\left[T(\overline{xy})\right]$$

$$= E[T(x)T(y)]$$
$$- E[T(xy)] \cdot E[T(x) + T(y) - T(xy)]$$

$$= \frac{50}{3} - 2 \times (5+5-2) = \frac{2}{3}$$

8.6. (1) 100 ☞ $e_x^o = \int_0^\infty {}_tp_x\,dt = \frac{1}{\mu} = 20,\ e_y^o = 20$

$$e_{xy}^o = \int_0^\infty {}_tp_{xy}dt$$

$$= \int_0^\infty {}_tp_x\,{}_tp_y dt = \frac{1}{2\mu} = 10$$

$$\therefore\ Cov\left[T(xy),\, T(\overline{xy})\right] = \left(e_x^o - e_{xy}^o\right) \cdot \left(e_y^o - e_{xy}^o\right) = 100$$

(2) 400 ☞ $Var[T(xy)] = E\left[T(xy)^2\right] - E[T(xy)]^2$

$$= \int_0^\infty t^2\,{}_tp_{xy}\mu_{xy+t}dt - \left(\int_0^\infty t\,{}_tp_{xy}\mu_{xy+t}dt\right)^2$$

$$= \int_0^\infty 2t\,{}_tp_{xy}dt - \left(\int_0^\infty {}_tp_{xy}dt\right)^2 = 100$$

$$Var\left[T(\overline{xy})\right] = E\left[T(\overline{xy})^2\right] - E\left[T(\overline{xy})\right]^2$$

$$= \int_0^\infty t^2\,{}_tp_{\overline{xy}}\mu_{\overline{xy}+t}dt - \left(\int_0^\infty t\,{}_tp_{\overline{xy}}\mu_{\overline{xy}+t}dt\right)^2$$

$$= \int_0^\infty t^2\left({}_tp_x\mu_{x+t} + {}_tp_y\mu_{y+t} - {}_tp_{xy}\mu_{xy+t}\right)dt$$

$$- \left(\int_0^\infty t\left({}_tp_x\mu_{x+t} + {}_tp_y\mu_{y+t} - {}_tp_{xy}\mu_{xy+t}\right)dt\right)^2 = 500$$

$$\therefore \quad Var(\mid T(x) - T(y) \mid)$$

$$= Var[T(\overline{xy}) - T(xy)]$$

$$= Var[T(\overline{xy})] + Var[T(xy)] - 2Cov[T(\overline{xy}), T(xy)] = 400$$

8.7. $\ddot{a}_{xy}$ ☞ $A_{\overline{xy}} = A_x + A_y - A_{xy}$

$$= A_x + A_y - (1 - d \cdot \ddot{a}_{xy})$$

$\therefore$ $\boxed{}$ $= \ddot{a}_{xy}$

8.8. (1) $\mu = \dfrac{1}{40}$

$$\therefore \bar{a}_{\overline{xy}} - \bar{a}_{xy} = (\bar{a}_x + \bar{a}_y - \bar{a}_{xy}) - \bar{a}_{xy}$$

$$= \frac{1}{\mu+\delta} + \frac{1}{\mu+\delta} - 2\frac{1}{\mu+\delta} = \frac{20}{3}$$

(2) $Var(v^{T(xy)}) = {}^2\bar{A}_{xy} - (\bar{A}_{xy})^2$

$$= \left(\frac{\mu_x+\mu_y}{\mu_x+\mu_y+2\delta}\right) - \left(\frac{\mu_x+\mu_y}{\mu_x+\mu_y+\delta}\right)^2 \fallingdotseq 0.083$$

$$Var(v^{T(\overline{xy})}) = {}^2\bar{A}_{\overline{xy}} - (\bar{A}_{\overline{xy}})^2$$

$$= ({}^2\bar{A}_x + {}^2\bar{A}_y - {}^2\bar{A}_{xy}) - (\bar{A}_x + \bar{A}_y - \bar{A}_{xy})^2$$

$$= \left(\frac{\mu_x}{\mu_x+2\delta} + \frac{\mu_y}{\mu_y+2\delta} - \frac{\mu_x+\mu_y}{\mu_x+\mu_y+2\delta}\right)$$

$$- \left(\frac{\mu_x}{\mu_x+\delta} + \frac{\mu_y}{\mu_y+\delta} - \frac{\mu_x+\mu_y}{\mu_x+\mu_y+\delta}\right)^2 \fallingdotseq 0.039$$

$$Cov(v^{T(\overline{xy})}, v^{T(xy)}) = E(v^{T(\overline{xy})+T(xy)}) - E(v^{T(\overline{xy})})E(v^{T(xy)})$$

$$= E(v^{T(x)+T(y)}) - \{E(v^{T(x)}) + E(v^{T(y)}) - E(v^{T(xy)})\}E(v^{T(xy)})$$

$$= \bar{A}_x \bar{A}_y - (\bar{A}_x + \bar{A}_y - \bar{A}_{xy})\bar{A}_{xy}$$

$$= \left(\frac{\mu_x}{\mu_x+\delta}\right)\left(\frac{\mu_y}{\mu_y+\delta}\right)$$

$$- \left(\frac{\mu_x}{\mu_x+\delta} + \frac{\mu_y}{\mu_y+\delta} - \frac{\mu_x+\mu_y}{\mu_x+\mu_y+\delta}\right)\left(\frac{\mu_x+\mu_y}{\mu_x+\mu_y+\delta}\right)$$

$$\fallingdotseq 0.028$$

$$\therefore\ Var\left[\bar{a}_{\overline{T(\overline{xy})}|} - \bar{a}_{\overline{T(xy)}|}\right] = Var\left[\frac{1-v^{T(\overline{xy})}}{\delta} - \frac{1-v^{T(xy)}}{\delta}\right]$$

$$= \frac{1}{\delta^2}\left[Var(v^{T(\overline{xy})}) + Var(v^{T(xy)}) - 2Cov(v^{T(\overline{xy})}, v^{T(xy)})\right]$$

$$= \frac{80}{3}$$

8.9. (1) $\bar{A}_{\overline{xy}} = \bar{A}_x + \bar{A}_y - \bar{A}_{xy}$

$$= \int_0^\infty e^{-\delta t}\,{}_tp_x\,\mu_{x+t}dt + \int_0^\infty e^{-\delta t}\,{}_tp_y\mu_{y+t}dt - \int_0^\infty e^{-\delta t}\,{}_tp_x\,{}_tp_y(\mu_{x+t}+\mu_{y+t})dt$$

$$= \int_0^\infty 0.03e^{-0.055t}dt + \int_0^\infty 0.05e^{-0.075t}dt - \int_0^\infty 0.08e^{-0.105t}dt$$

$$\fallingdotseq 0.45021645$$

$\therefore\ NSP = 100{,}000{,}000\,\bar{A}_{\overline{xy}} = 45{,}021{,}645$

(2) $\pi \cdot \bar{a}_{\overline{xy}} = 100{,}000{,}000 \cdot \bar{A}_{\overline{xy}}$

$$\therefore\ \pi = 100{,}000{,}000\frac{\bar{A}_{\overline{xy}}}{\bar{a}_{\overline{xy}}}$$

$$= 100{,}000{,}000\frac{\delta\bar{A}_{\overline{xy}}}{1-\bar{A}_{\overline{xy}}} \fallingdotseq 2{,}047{,}244$$

(3) $Q \cdot \bar{a}_{xy} = 100{,}000{,}000\bar{A}_{\overline{xy}}$

$$\therefore\ Q = 100{,}000{,}000\frac{\bar{A}_{\overline{xy}}}{\bar{a}_{xy}}$$

$$= 100{,}000{,}000\frac{\delta\bar{A}_{\overline{xy}}}{1-\bar{A}_{\overline{xy}}} \fallingdotseq 4{,}727{,}272$$

8.10. 0.0133 ☞ ${}_3q^{\,2}_{xyz} = \int_0^3 ({}_tp_x \cdot {}_tq_z + {}_tp_z \cdot {}_tq_x)\,{}_tp_y \cdot \mu_{y+t}\,dt$

$$= \int_0^3\left(\frac{100-x-t}{100-x}\,\frac{t}{120-z} + \frac{120-z-t}{120-z}\,\frac{t}{100-x}\right)\frac{1}{110-y}dt$$

$$= \int_0^3\left(\frac{9-t}{9}\,\frac{t}{75} + \frac{75-t}{75}\,\frac{t}{9}\right)\frac{1}{40}dt \fallingdotseq 0.0133$$

8.11. (1) 0.249999989 ☞ $_{10}q_{xy}^{1} = \Pr[\,T(x) \le n, T(x) \le T(y)\,]$

$$= \int_0^{10}\int_s^{\infty} f_{T(x),\,T(y)}(s,t)dtds$$

$$= \int_0^{10}\int_s^{\infty} s \cdot e^{-(s+t)}dtds$$

$$= \int_0^{10} s \cdot e^{-s}\int_s^{\infty} e^{-t}dtds$$

$$= \int_0^{10} s \cdot e^{-2s}ds \fallingdotseq 0.2499999989$$

(2) 0.749999988 ☞ $_{10}q_{x\overset{1}{y}} = \Pr[\,T(y) \le 10, T(y) \le T(x)\,]$

$$= \int_0^{10}\int_t^{\infty} f_{T(x),\,T(y)}(s,t)dsdt$$

$$= \int_0^{10}\int_t^{\infty} s \cdot e^{-(s+t)}dsdt$$

$$= \int_0^{10} e^{-t}\int_t^{\infty} s \cdot e^{-s}dsdt$$

$$= \int_0^{10}(t \cdot e^{-2t} + e^{-2t})dt \fallingdotseq 0.749999988$$

(3) 0.749500612 ☞ $_{10}q_{xy}^{2} = \Pr[\,T(x) \le 10, T(y) \le T(x)\,]$

$$= \int_0^{10}\int_0^{s} f_{T(x),\,T(y)}(s,t)dtds$$

$$= \int_0^{10}\int_0^{s} s \cdot e^{-(s+t)}dtds$$

$$= \int_0^{10} s \cdot e^{-s}\int_0^{s} e^{-t}dtds$$

$$= \int_0^{10} s \cdot e^{-s} \cdot (1 - e^{-s})ds \fallingdotseq 0.749500612$$

(4) 0.249954612 ☞ $_{10}q_{x\overset{2}{y}} = \Pr[\,T(y) \le 10, T(x) \le T(y)\,]$

$$= \int_0^{10}\int_0^{t} f_{T(x),\,T(y)}(s,t)dsdt$$

$$= \int_0^{10}\int_0^{t} s \cdot e^{-(s+t)}dsdt$$

$$= \int_0^{10} e^{-t}\int_0^{t} s \cdot e^{-s}dsdt$$

$$= \int_0^{10} (e^{-t} - e^{-2t} - t \cdot e^{-2t}) dt \fallingdotseq 0.249954612$$

8.12. ☞ $\Pr[T^V > T^N] = \int_0^\infty {}_tp_x^V \cdot {}_tp_x^N \cdot \mu_x \, dt$

$$= \int_0^\infty e^{-\theta\mu_x t} \cdot e^{-\mu_x t} \cdot \mu_x \, dt$$

$$= \int_0^\infty e^{-(1+\theta)\mu_x t} dt$$

$$= \frac{1}{1+\theta}$$

8.13. $\theta = \dfrac{S \cdot \dfrac{\ddot{a}_x - \ddot{a}_{x+k}}{\ddot{a}_x}}{\ddot{a}_{\overline{n}|} + (\ddot{a}_{y+k} - \ddot{a}_{y+k:\overline{n}|}) - (\ddot{a}_{x+k:y+k} - \ddot{a}_{x+k:y+k:\overline{n}|})}$

8.14. $\ddot{a}_{xy:\overline{n}|}$

8.15. ☞ (1) $\pi \ddot{a}_{50:\overline{10}|} = {}_{10|}\ddot{a}_{50} + (\ddot{a}_{45} - \ddot{a}_{50:45})$

$$\therefore \pi = \frac{{}_{10|}\ddot{a}_{50} + (\ddot{a}_{45} - \ddot{a}_{50:45})}{\ddot{a}_{50:\overline{10}|}}$$

$$= \frac{{}_{10}E_{50}\ddot{a}_{60} + (\ddot{a}_{45} - \ddot{a}_{50:45})}{\ddot{a}_{50} - {}_{10}E_{50}\ddot{a}_{60}} \fallingdotseq 0.951$$

(2) 제5보험연도 말 시점에서 (50)은 생존하고, (45)는 사망한 경우 순보험료식 책임준비금: ${}_5V$

$${}_5V = {}_{5|}\ddot{a}_{55} - \pi \ddot{a}_{55:\overline{5}|}$$

$$= {}_5E_{55}\ddot{a}_{60} - \pi(\ddot{a}_{55} - {}_5E_{55}\ddot{a}_{60}) \fallingdotseq 3.635$$

제15보험연도 말 시점에서 (50)과 (45)가 모두 생존한 경우 순보험료식 책임준비금: ${}_{15}V$

$${}_{15}V = \ddot{a}_{65} + (\ddot{a}_{60} - \ddot{a}_{65:60}) \fallingdotseq 14.8$$

제9장 다중탈퇴

9.1. 15 감소 ☞ $l_{41}^{(\tau)} = l_{40}^{(\tau)}\, p_{40}^{(\tau)}$

$$= l_{40}^{(\tau)}\left\{1-\left(q_{40}^{(1)}+q_{40}^{(2)}+q_{40}^{(3)}\right)\right\} = 13500$$

$$\Rightarrow d_{41}^{(3)} = l_{41}^{(\tau)} \cdot q_{41}^{(3)} = 1350$$

$$l_{41}^{*(\tau)} = l_{40}^{(\tau)}\, p_{40}^{*(\tau)}$$

$$= l_{40}^{(\tau)}\left\{1-\left(q_{40}^{*(1)}+q_{40}^{(2)}+q_{40}^{(3)}\right)\right\} = 13350$$

$$\Rightarrow d_{41}^{*(3)} = l_{41}^{*(\tau)} \cdot q_{41}^{(3)} = 1335$$

$$\therefore\ d_{41}^{*(3)} - d_{41}^{(3)} = -15$$

9.2. 0.075 ☞ ${}_{\infty}q_x^{(2)} = \int_0^{\infty} {}_tp_x^{(\tau)}\,\mu_{x+t}^{(2)}\,dt$

$$= \int_0^{\infty} \exp\left\{-\left(\mu_x^{(1)}+\mu_x^{(2)}\right)\right\}_t p_x^{(\tau)}\,\mu_x^{(2)}\,dt = \frac{\mu_x^{(2)}}{\mu_x^{(1)}+\mu_x^{(2)}} = 0.625$$

$$E[\,T(x)\,] = \int_0^{\infty} {}_tp_x^{(\tau)}\,dt = \frac{1}{\mu_x^{(1)}+\mu_x^{(2)}} = 5$$

$$\therefore\ \mu_x^{(1)} = 0.075,\ \mu_x^{(2)} = 0.125$$

9.3. (1) 782.3 ☞ ${}_2D_1^{(\tau)} \sim B\left(l_0^{(\tau)},\ {}_1p_0^{(\tau)}\,{}_2q_1^{(\tau)}\right)$

$${}_1p_0^{(\tau)}\,{}_2q_1^{(\tau)} = \left(1-{}_1q_0^{(\tau)}\right)\left(q_1^{(\tau)}+p_1^{(\tau)}q_2^{(\tau)}\right) = 0.07832$$

$$\therefore\ E\left[{}_2D_1^{(\tau)}\right] = l_0^{(\tau)}{}_1p_0^{(\tau)}{}_2q_1^{(\tau)} = 1000\times 0.07832 = 783.2$$

(2) 174.8 ☞ $D_1^{(1)} \sim B\left(l_0^{(\tau)},\ {}_1p_0^{(\tau)}\,q_1^{(1)}\right)$

$$\therefore\ Var\left[D_1^{(1)}\right] = l_0^{(\tau)}\,{}_1p_0^{(\tau)}\,q_1^{(1)}\left(1-{}_1p_0^{(\tau)}\,q_1^{(1)}\right) = 174.8316$$

(3) 324.0 ☞ ${}_2D_1^{(1)} \sim B\left(l_0^{(\tau)},\ {}_1p_0^{(\tau)}\,{}_2q_1^{(1)}\right),\ {}_2D_1^{(2)} \sim B\left(l_0^{(\tau)},\ {}_1p_0^{(\tau)}\,{}_2q_1^{(2)}\right)$

$$\Rightarrow {}_1p_0^{(\tau)}\,{}_2q_1^{(1)} = \left(1-{}_1q_0^{(\tau)}\right)\left(q_1^{(1)}+p_1^{(\tau)}q_2^{(1)}\right) = 0.043165$$

$${}_1p_0^{(\tau)}\,{}_2q_1^{(2)} = \left(1-{}_1q_0^{(\tau)}\right)\left(q_1^{(2)}+p_1^{(\tau)}q_2^{(2)}\right) = 0.035155$$

$$Cov\left[{}_2D_1^{(1)},{}_2D_1^{(2)}\right] = -l_0^{(\tau)} \cdot \left({}_1p_0^{(\tau)}\,{}_2q_1^{(1)}\right) \cdot \left({}_1p_0^{(\tau)}\,{}_2q_1^{(2)}\right) = -15.1746558$$

$$Var\left[{}_2D_1^{(2)}\right] = -l_0^{(\tau)}\,{}_1p_0^{(\tau)}\,{}_2q_1^{(2)}\left(1-{}_1p_0^{(\tau)}\,{}_2q_1^{(2)}\right) = 339.191215$$

$$\therefore\ Cov\left[{}_2D_1^{(\tau)},{}_2D_1^{(2)}\right] = Cov\left[{}_2D_1^{(1)}+{}_2D_1^{(2)},{}_2D_1^{(2)}\right]$$

$$= Cov\left[{}_2D_1^{(1)},{}_2D_1^{(2)}\right] + Var\left[{}_2D_1^{(2)}\right]$$

$$= 324.0166041$$

9.4. 0.004975 ☞ $\mu_{x+0.5}^{(1)} = \dfrac{q'^{(1)}_x}{1-0.5\,q'^{(1)}_x}$

$$\Rightarrow q'^{(1)}_x = \frac{\mu_{x+0.5}^{(1)}}{1+0.5\mu_{x+0.5}^{(1)}} = 0.005$$

$$q_x^{(2)} = q'^{(2)}_x \int_0^1 \left(1-t \cdot q'^{(1)}_x\right) dt$$

$$= q'^{(2)}_x\left(1-0.5\,q'^{(1)}_x\right)$$

$$\Rightarrow q'^{(2)}_x = \frac{q_x^{(2)}}{1-0.5\,q'^{(1)}_x} \fallingdotseq 0.010025$$

$$\therefore\ q_x^{(1)} = q'^{(1)}_x \int_0^1 \left(1-t \cdot q'^{(2)}_x\right) dt$$

$$= q'^{(1)}_x\left(1-0.5\,q'^{(2)}_x\right) \fallingdotseq 0.004975$$

9.5. 0.845 ☞ ${}_{0.4}q_{40}^{(1)} = 0.4 \times q_{40}^{(1)} = 0.032 \Rightarrow q_{40}^{(1)} = 0.08$

$${}_{0.6}q_{40}^{(2)} = 0.6 \times q_{40}^{(2)} = 0.045 \Rightarrow q_{40}^{(2)} = 0.075$$

$$\therefore\ p_{40}^{(\tau)} = 1-\left(q_{40}^{(1)}+q_{40}^{(2)}\right) = 0.845$$

9.6. 0.08947 ☞ $q_x^{(2)} = q'^{(2)}_x \displaystyle\int_0^1 \left(1-{}_tq'^{(1)}_x\right) dt$

$$= q'^{(2)}_x \int_0^1 (1-0.1t)\, dt = 0.95\, q'^{(2)}_x = 0.2$$

$$\Rightarrow q'^{(2)}_x = 0.2105$$

$$\therefore\ q_x^{(1)} = q'^{(1)}_x \int_0^1 \left(1-{}_tq'^{(2)}_x\right) dt$$

$$= 0.1 \int_0^1 (1-0.2105t)\, dt = 0.08947$$

9.7. 140만원

☞ 질병: $Z_1 = 1000v^T$

$$\Rightarrow E[Z_1] = \int_0^\infty 1000\, v^t\, {}_tp_x^{(\tau)}\, \mu_{x+t}^{(1)}\, dt = \frac{1000\,\mu^{(1)}}{\left(\mu^{(1)}+\mu^{(2)}+\mu^{(3)}\right)+\delta} = 100$$

재해: $Z_2 = 2000v^T$

$$\Rightarrow E[Z_2] = \int_0^\infty 2000\, v^t\, {}_tp_x^{(\tau)}\, \mu_{x+t}^{(2)}\, dt = \frac{2000\,\mu^{(2)}}{\left(\mu^{(1)}+\mu^{(2)}+\mu^{(3)}\right)+\delta} = 400$$

기타: $Z_3 = 3000v^T$

$$\Rightarrow E[Z_3] = \int_0^\infty 3000\, v^t\, {}_tp_x^{(\tau)}\, \mu_{x+t}^{(3)}\, dt = \frac{3000\,\mu^{(3)}}{(\mu^{(1)}+\mu^{(2)}+\mu^{(3)})+\delta} = 900$$

$$\therefore\ \pi = \frac{E[Z_1]+E[Z_2]+E[Z_3]}{\bar{a}_x^{(\tau)}} = \frac{100+400+900}{\dfrac{1}{(\mu^{(1)}+\mu^{(2)}+\mu^{(3)}+\delta)}} = 140$$

9.8. ☞ 7장 예제 7-3(22(2)#8(1, 2))에서 구한 P, ${}_1V$ 와 ${}_2V$를 이용하면, 2중탈퇴에서 탈퇴요인 중의 하나인 해지(2)가 기간말에만 발생하여 다음식이 성립하므로 다중탈퇴율을 구할 수 있다.

$$q'^{(1)}_x = q_x^{(1)}$$

$$\Rightarrow p_x^{(\tau)} = p'^{(1)}_x\, p'^{(2)}_x$$

$$= p_x^{(1)}\,(1-q'^{(2)}_x)$$

$$\therefore\ q_x^{(2)} = q_x^{(\tau)} - q_x^{(1)}$$

〈다중탈퇴율〉

	$q_x^{(1)}$	$q_x^{(2)}$	$q_x^{(\tau)}$
60	0.010	0.099	0.109
61	0.015	0.08865	0.10365
62	0.020	0.049	0.069

한편, 해지환급금은 다음과 같다.

$${}_1W = {}_1V - \frac{1}{2}\cdot 5 \fallingdotseq 932.6164$$

$${}_2W = {}_2V - \frac{0}{2}\cdot 5 \fallingdotseq = 1941.7476$$

따라서, 수지상등의 원칙에 의해서

$$P(1+v_1p_{60}^{(\tau)}) = 100{,}000(v_1q_{60}^{(1)} + v_1^2\, p_{60}^{(\tau)}q_{61}^{(1)} + v_1^2 v_2\, {}_2p_{60}^{(\tau)}q_{62}^{(1)})$$

$$+\frac{{}_1W}{2}v_1q_{60}^{(2)} + \frac{{}_2W}{2}v_1^2\, p_{60}^{(\tau)}q_{61}^{(2)} + {}_3Wv_1^2v_2\, {}_2p_{60}^{(\tau)}q_{62}^{(2)}$$

$$\therefore\ P \fallingdotseq 1993.293$$

9.9. 23.8956

☞ $\pi\cdot\left(1+v\cdot p_{60}^{(\tau)}\right) = 1000\left(v\cdot q_{60}^{(1)} + v^2\cdot p_{60}^{(\tau)}\cdot q_{61}^{(1)}\right) + \left(1000v\cdot q_{61}^{(1)} - \pi\right)v\cdot q_{60}^{(2)}$

$\Rightarrow \pi\cdot\left(1+v\cdot p_{60}^{(\tau)} + v\cdot q_{60}^{(2)}\right) = 1{,}000\left(v\cdot q_{60}^{(1)} + v^2\cdot p_{60}^{(\tau)}\cdot q_{61}^{(1)} + v^2\cdot q_{61}^{(1)}\cdot q_{60}^{(2)}\right)$

2중탈퇴에서 탈퇴요인 중의 하나인 해약(2)이 기간말에만 발생한다면, 단위기간 중의 탈퇴요인은 무조건 사망(1)에 해당하므로 $q'^{(1)}_{x+k} = q_{x+k}^{(1)}$ 식이 성립한다. 그리고, 사망(1)의 절대탈퇴율이 다중탈퇴율인 사실을 이용하여 위 식의 좌변과 우변을 각각 정리하면 다음과 같다.

$$\text{좌변} = \pi \cdot \left(1+v \cdot \left(1-q_{60}^{(1)} - q_{60}^{(2)}\right)+v \cdot q_{60}^{(2)}\right)$$

$$= \pi \cdot \left(1+v \cdot \left(1-q_{60}^{(1)}\right)\right)$$

$$= \pi \cdot \left(1+v \cdot \left(1-q'^{(1)}_{60}\right)\right)$$

$$= \pi \cdot \left(1+v \cdot p_{60}^{(1)}\right)$$

$$\text{우변} = 1{,}000\left(v \cdot q_{60}^{(1)} + v^2 \cdot p_{60}^{(\tau)} \cdot q_{61}^{(1)} + v^2 \cdot q_{61}^{(1)} \cdot q_{60}^{(2)}\right)$$

$$= 1{,}000\left(v \cdot q_{60}^{(1)} + v^2 \cdot (p_{60}^{(\tau)} + q_{60}^{(2)}) \cdot q_{61}^{(1)}\right)$$

$$= 1{,}000\left(v \cdot q_{60}^{(1)} + v^2 \cdot (1-q_{60}^{(1)}) \cdot q_{61}^{(1)}\right)$$

$$= 1{,}000\left(v \cdot q_{60}^{(1)} + v^2 \cdot (1-q'^{(1)}_{60}) \cdot q_{61}^{(1)}\right)$$

$$= 1{,}000\left(v \cdot q_{60}^{(1)} + v^2 \cdot p_{60}^{(1)} \cdot q_{61}^{(1)}\right)$$

$$\therefore\ \pi = \frac{1{,}000\left(v \cdot q_{60}^{(1)} + v^2 \cdot p_{60}^{(1)} \cdot q_{61}^{(1)}\right)}{1 + v \cdot p_{60}^{(1)}} \fallingdotseq 23.8956$$

(즉, 해지가 단위기간말에 발생한다고 가정하게 되면 지급보험금을 결정하는 사망률과 수입보험료를 결정하는 생존율이 모두 절대율이 되어버리고, 이 절대율로 수지상등의 원칙에 따라 보험료가 책정되는 셈이다. 그리고 해지자들은 단위기간 중에는 아무런 행동도 하지 않다가 단위기간말이 되면 자기 몫으로 되어 있는 책임준비금을 가지고 피보험자 집단에서 빠져 나간다. 따라서 다시 시작되는 단위기간 초에 수지상등의 원칙은 훼손되지 않는다.)

제10장 다중상태

10.1. 4,5,6,1,2,3

10.2. (1) $\begin{pmatrix} * & * & * \\ 0 & * & * \\ 0 & 0 & 1 \end{pmatrix}$ (2) $\begin{pmatrix} * & * & * \\ * & * & * \\ 0 & 0 & 1 \end{pmatrix}$ (3) $\begin{pmatrix} * & * & * & * \\ 0 & 1 & 0 & 0 \\ 0 & 0 & 1 & 0 \\ 0 & 0 & 0 & 1 \end{pmatrix}$ (4) $\begin{pmatrix} * & * & * & * \\ 0 & * & 0 & * \\ 0 & 0 & * & * \\ 0 & 0 & 0 & 1 \end{pmatrix}$

(5) $\begin{pmatrix} * & * & * \\ * & * & * \\ * & * & * \end{pmatrix}$ (6) $\begin{pmatrix} * & * & * & 0 \\ 0 & * & 0 & * \\ 0 & 0 & 1 & 0 \\ 0 & 0 & 0 & 1 \end{pmatrix}$ (7) $\begin{pmatrix} * & * & 0 & * \\ 0 & * & * & * \\ 0 & 0 & * & * \\ 0 & 0 & 0 & 1 \end{pmatrix}$

10.3. 147.6936 ☞ $P^2 = \begin{pmatrix} 0.51 & 0.25 & 0.24 \\ 0.125 & 0.3225 & 0.5525 \\ 0 & 0 & 1 \end{pmatrix}$, $P^3 = \begin{pmatrix} 0.382 & 0.2395 & 0.3785 \\ 0.1198 & 0.2024 & 0.678 \\ 0 & 0 & 1 \end{pmatrix}$

$\Rightarrow$ 3년간 내내 건강할 확률: $0.7^3 = 0.343$

3년이내에 건강하다가 사망할 확률: $0.1+0.7\cdot0.1+0.7\cdot0.7\cdot0.1=0.219$

⇒ 3년간 내내 건강할 확률과 3년이내에 건강하다가 사망한 확률의 합의 여확률이 이항분포의 모수 p에 해당 p=1−(0.343+0.219)=0.438

$N \sim B(600,\ 0.438)$

$\therefore\ Var(N)=600\cdot0.438\cdot0.562=147.6936$

10.4. 0.05 ☞ $P_{60}=\begin{bmatrix}\frac{39}{40} & \frac{1}{40}\\ 0 & 1\end{bmatrix},\quad P_{61}=\begin{bmatrix}\frac{38}{39} & \frac{1}{39}\\ 0 & 1\end{bmatrix}$

$$\Rightarrow\ {}_2P_{60}=P_{60}P_{61}=\begin{bmatrix}\frac{38}{40} & \frac{2}{40}\\ 0 & 1\end{bmatrix}$$

$$\therefore\ {}_2p^{12}=\frac{2}{40}=0.05$$

10.5. 188.3382

☞ 질병상태 유지: $APV(1)=1{,}000\{p^{01}\cdot v+{}_2p^{01}\cdot v^2+{}_3p^{01}\cdot v^3\}$

$$=1{,}000\{0.03v+0.0435v^2+0.0492v^3\}$$

$$≒110.5280$$

최초 전이:

$$APV(2)=1{,}000\{p^{01}\cdot v+({}_2p^{01}-p^{01}\cdot p^{11})\cdot v^2+({}_3p^{01}-{}_2p^{01}\cdot p^{11})\cdot v^3\}$$

$$=1{,}000\{0.03v+(0.0435-0.95\cdot0.5)v^2+(0.0492-0.0435\cdot0.5)v^3\}$$

$$≒77.8102$$

$\therefore\ APV=APV(1)+APV(2)=188.3382$

10.6. (1) $P=\begin{pmatrix}0.85 & 0.1 & 0.05\\ 0.85 & 0 & 0.15\\ 0 & 0.85 & 0.15\end{pmatrix}$

(2) $P^2=\begin{pmatrix}0.8075 & 0.1275 & 0.065\\ 0.7225 & 0.2125 & 0.065\\ 0.7225 & 0.1275 & 0.150\end{pmatrix}$

$$\therefore\ \pi=500\,{}_2p^{11}+1000\,{}_2p^{12}+1500\,{}_2p^{13}$$

$$=500\cdot0.8075+1000\cdot0.1275+1500\cdot0.065=628.75$$

10.7. (1) $P=\begin{bmatrix}0.8 & 0.1 & 0 & 0.1\\ 0 & 0.6 & 0.3 & 0.1\\ 0 & 0 & 0.5 & 0.5\\ 0 & 0 & 0 & 1\end{bmatrix}$

⇒ 수입현가: $\pi(1+p^{00}v+{}_2p^{00}v^2+\cdots)=\pi\dfrac{1}{1-0.8v}=4.2\pi$

지출현가(경증):

$$300\left\{(1+i)v p_x^{01} + (1+i)^2 v^2 p_x^{01} p_{x+1}^{11} + (p_x^{01})^2 p_{x+2}^{11} + (p_x^{01})^3 p_{x+3}^{11}\right\}$$

$$= 300\left\{0.1 + 0.1 \cdot 0.6 + 0.1 \cdot 0.6^2 + 0.1 \cdot 0.6^3\right\} \fallingdotseq 62.28$$

지출현가(중증): $500[\{0+0.1 \cdot 0.3 + 0.1 \cdot 0.3 \cdot 0.5 + 0.1 \cdot 0.3 \cdot 0.5^2\}$

$+ \{0+0+0.1 \cdot 0.6 \cdot 0.3 + 0.1 \cdot 0.6 \cdot 0.3 \cdot 0.5\}$

$+ \{0+0+0+0.1 \cdot 0.6 \cdot 0.6 \cdot 0.3\}] \fallingdotseq 45.15$

$$\therefore\ \pi = \frac{65.28+45.15}{4.2} \fallingdotseq 131.4643$$

(2) 경증상태: ${}_tV = 0.6Av + 0.3Bv$, 중증상태: ${}_tV = 0.5Bv$

10.8. 45 ☞ $\bar{A}_{\overline{xy}} = \bar{A}_x + \bar{A}_y - \bar{A}_{xy}$

$$= \frac{\mu_x^* + \lambda}{\mu_x^* + \lambda + \delta} + \frac{\mu_y^* + \lambda}{\mu_y^* + \lambda + \delta} - \frac{\mu_x^* + \mu_y^* + \lambda}{\mu_x^* + \mu_y^* + \lambda + \delta} = 0.3$$

$$\bar{a}_{xy} = \frac{1}{\mu_x^* + \mu_y^* + \lambda + \delta} = \frac{1}{0.15}$$

$$\therefore\ \pi = \frac{1000\,\bar{A}_{\overline{xy}}}{\bar{a}_{xy}} = 45$$

10.9. 0.09397 ☞ $\bar{a}_{xy} = \int_0^\infty v_t \cdot {}_tp_{xy}^{11} dt = \int_0^\infty e^{-0.02t} e^{-0.12t} dt = \frac{1}{0.14} \fallingdotseq 7.142857$

$$\bar{A}_{\overline{xy}} = \int_0^\infty e^{-0.02t}\left(0.02e^{-0.12t} + \frac{0.05 \cdot 6}{7} e^{-0.05t}\left(1-e^{-0.07t}\right) + \frac{4 \cdot 0.07}{5} e^{-0.07t}\left(1-e^{-0.05t}\right)\right)dt$$

$$\fallingdotseq 0.671201$$

$$\therefore\ \pi = \frac{\bar{A}_{\overline{xy}}}{\bar{a}_{xy}} \fallingdotseq 0.09397$$

나. Final 연습문제

제1장 이자론

01. ④

02. ③

03. ④

04. ③

05. ② ☞ $a_{\overline{2n}|} = \dfrac{1-v^{2n}}{i}$

$= \dfrac{1-v^n}{i}(1+v^n)$

$= a_{\overline{n}|}(1+\dfrac{a_{\overline{n}|}}{s_{\overline{n}|}}) \qquad (\because a_{\overline{n}|} = v^n \times s_{\overline{n}|})$

$= 5.971 \times (1+\dfrac{5.971}{10.260}) \fallingdotseq 9.45$

06. ①

07. ③ ☞ $100 = C \cdot a_{\overline{3}|10\%}$

$\Rightarrow C = 100\dfrac{10\%}{1-\dfrac{1}{1.1^3}} \fallingdotseq 40.209$

08. ②

09. ④ ☞ $2000 = 500\exp\left\{\displaystyle\int_0^t \frac{\frac{s^2}{100}}{3+\frac{s^3}{150}}ds\right\}$

$\Rightarrow 4 = \exp\left\{0.5\ln\left(1+\dfrac{t^3}{150}\right)\right\}$

$\therefore\ t = 18.8988$

10. ④ ☞ $1000 \cdot 1.03^{2n} = 2 \cdot 1000 \cdot 1.0025^{12n}$

$\Rightarrow 2n\ln 1.03 + \ln 1000 = 12n\ln 1.0025 + \ln 2000$

$\Rightarrow n = \dfrac{0.69315}{0.029155} \fallingdotseq 23.775$

∴ 23.775년=285.3개월이고, 전화기간이 6개월이므로 288개월이 경과해야 함

제2장 생존함수

01. ③ ☞ $\overset{o}{e}_{30:\overline{20|}} = \int_0^{10} {}_tp_{30}\,dt + {}_{10}p_{30} \cdot \int_0^{10} {}_tp_{40}\,dt$

$$= \int_0^{10}\left(1-\frac{t}{220}\right)dt + \frac{210}{220} \cdot \int_0^{10}\left(1-\frac{80t+t^2}{8400}\right)d$$

$$≒ 18.83$$

02. ④

03. ④

04. ③ ☞ $\overset{o}{e}_{x:\overline{3|}} = \int_0^3 {}_tp_x\,dx$

$$= \int_0^1 {}_tp_x\,dx + \int_1^2 {}_tp_x\,dx + \int_2^3 {}_tp_x\,dx$$

$$= \int_0^1 (1-tq_x)dx + p_x\int_0^1 (1-tq_{x+1})dx + {}_2p_x\int_0^1 (1-tq_{x+2})dx$$

$$= 1 + p_x + {}_2p_x - \frac{1}{2}\left(q_x + {}_{1|}q_x + {}_{2|}q_x\right)$$

$$= 1 + \{1-F(0)\} + \{1-F(0)\} - \frac{1}{2}F(2) \ ≒ 2.15$$

05. ① ☞ ${}_{20}p_{40} = \exp\left\{-\int_0^{20} \mu_{40+t}\,dt\right\}$

$$= \exp\left\{-\int_0^5 0.01\,dt - \int_5^{20} 0.02dt\right\} ≒ 0.7046$$

06. ④

07. ① ☞ 준식 $= \lim_{h\to 0+} \frac{{}_hq_x - {}_0q_x}{h-0}$

$$= \frac{d}{dh}\,{}_hq_x \mid_{h=0}$$

$$= {}_0p_x\,\mu_{x+0} = \mu_x$$

08. ①

09. ③ ☞ $l_{97} = d_{97} = 72$

$$\Rightarrow l_{97} = l_{96}p_{96} = 0.2\,l_{96}$$

$$= 0.2\,l_{95}(1-q_{95}) = 0.12\,l_{95}$$

$$\Rightarrow l_{95} = 600,\ l_{96} = 360$$

$$\Rightarrow l_{95.5} = \frac{l_{95}+l_{96}}{2} = 480$$

$\therefore\ {}_{3|2}q_{90} = \dfrac{l_{93} - l_{95.5}}{l_{90}} = 0.345$

10. ③ ☞ ${}_{0.5}p_{64} = p_{64}^{0.5} = \left(\dfrac{4016}{5737}\right)^{0.5} = 0.83667$

$\Rightarrow {}_{3}p_{[61]} = \dfrac{5737}{8654} = 0.66293,\ {}_{3}p_{[61]+1} = \dfrac{5737}{9600} = 0.59760$

$\therefore$ 차이: $\left({}_{3}p_{[61]} - {}_{3}p_{[61]+1}\right){}_{0.5}p_{64} = 0.05466$

제3장 생명보험

01. ④ ☞ $E[Z] = v^2 \cdot {}_2p_x$

$Var(Z) = E[Z^2] - \{E[Z]\}^2$

$= v^4 \cdot {}_2p_x - \left(v^2 \cdot {}_2p_x\right)^2$

$= v^4 \cdot {}_2p_x\left(1 - {}_2p_x\right)$

$\Rightarrow v^2 \cdot {}_2p_x = 9v^4 \cdot {}_2p_x\left(1 - {}_2p_x\right)$

$\Rightarrow {}_2p_x = 1 - \dfrac{(1+i)^2}{9} = \dfrac{55}{64}$

$\therefore\ i = \dfrac{1}{8} = 0.125$

02. ① ☞ $Z_1 = \begin{cases} v^{\lceil T \rceil} &, T \le n \\ 0 &, T > n \end{cases}$

$Z_2 = \begin{cases} v^{\lceil T \rceil} &, T \le n \\ v^n &, T > n \end{cases}$

$\Rightarrow Z_1 Z_2 = \begin{cases} v^{2\lceil T \rceil} &, T \le n \\ 0 &, T > n \end{cases}$

$\therefore\ E(Z_1 Z_2) = {}^2A^{1}_{x:\overline{n|}}$

03. ③

04. ④

05. ④ ☞ $A_{30} = A^{1}_{30:\overline{20|}} + A_{30:\overset{1}{\overline{20|}}} \cdot A_{50}$

$A_{50} = \dfrac{A_{30} - A^{1}_{30:\overline{20|}}}{A_{30:\overset{1}{\overline{20|}}}} = 0.5$

06. ① ☞ $0.015 = A_{x+1} - A_x$

$= A_{x+1} - (v \cdot q_x + v \cdot p_x \cdot A_{x+1})$

$$\Rightarrow A_{x+1} = \frac{0.015 + v \cdot q_x}{1 - v \cdot p_x} \fallingdotseq 0.599$$

$$A_x = A_{x+1} - 0.015 \fallingdotseq 0.584$$

$$\therefore A_x + A_{x+1} \fallingdotseq 1.183$$

07. ③ ☞ $A^{1}_{x:\overline{10|}} + \left\{v^2 \cdot {}_2p_x + v^4 \cdot {}_4p_x + \cdots + v^{10} \cdot {}_{10}p_x\right\}$

$$= \left\{vq + v^2pq + \cdots + v^{10}p^{10}q\right\} + \left\{v^2p^2 + v^4p^4 + \cdots + v^{10}p^{10}\right\}$$

$$= vq\frac{1 - v^{10}p^{10}}{1 - vp} + v^2p^2\frac{1 - v^{10}p^{10}}{1 - v^2p^2}$$

$$\fallingdotseq 2.0919$$

08. ②

09. ④

10. ④ ☞ $q_{[50]} = 0.7 \cdot 0.045 = 0.0315$

$$q_{[50]+1} = 0.8 \cdot 0.05 = 0.04$$

$$\therefore A^{\ 1}_{[50]:\overline{3|}} = \frac{0.0315}{1.04} + \frac{(1 - 0.0315) \cdot 0.04}{1.04} + \frac{(1 - 0.0315) \cdot (1 - 0.04) \cdot 0.055}{1.04^2} = 0.1116$$

제4장 생명연금

01. ①

02. ③

03. ②

04. ③

05. ① ☞ $A_{90} = v\,q_{90} + v^2\ {}_{1|}q_{90} + v^3\ {}_{2|}q_{90} = 0.852$

$${}^2A_{90} = v^2q_{90} + v^4\ {}_{1|}q_{90} + v^6\ {}_{2|}q_{90} = 0.731$$

$$\Rightarrow \ddot{a}_{90} = \frac{1 - A_{90}}{d} \fallingdotseq 1.985$$

$$Var(Y) = \frac{1}{d^2}\left\{{}^2A_{90} - (A_{90})^2\right\} \fallingdotseq 0.477$$

06. ①

07. ③

08. ①

09. ④ ☞ $\ddot{a}_x = \dfrac{1-A_x}{d} = 11.55,\ \dfrac{{}^2A_x - A_x^2}{d^2} = 7.7175$

$\therefore$ 95% 백분위: $100 \cdot 11.55 + 1.645\sqrt{100 \cdot 7.7175} \fallingdotseq 1200.7$

10. ③ ☞ $21.854 = \ddot{a}_{x:\overline{n|}} = 1 + vp_x\,\ddot{a}_{x+1:\overline{n-1|}}$

$22.167 = \ddot{a}_{[x]:\overline{n|}} = 1 + v(1+k)p_x\,\ddot{a}_{x+1:\overline{n-1|}}$

$\Rightarrow 1+k = \dfrac{\ddot{a}_{[x]:\overline{n|}} - 1}{\ddot{a}_{x:\overline{n|}} - 1} = \dfrac{21.167}{20.854}$

$\therefore\ k = 0.015$

제5장 보험료

01. ④

02. ② ☞ $\pi \cdot (1+1.01v \cdot p_x) = 100{,}000(v \cdot q_x + 1.01v^2 \cdot {}_{1|}q_x)$

$$\Rightarrow \pi = \frac{100{,}000 \times \left(\dfrac{0.01}{1.05} + 1.01 \times \dfrac{0.99 \times 0.02}{1.05^2}\right)}{1+1.01 \times \dfrac{0.99}{1.05}} \fallingdotseq 1{,}417$$

03. ①

04. ①

05. ①

06. ②

07. ①

08. ①

09. ④ ☞ $A_{60} = 1 - d\ddot{a}_{60} = 0.285714,\ \ddot{a}_{50:\overline{10|}} = \ddot{a}_{50} - {}_{10}E_{50}\,\ddot{a}_{60} = 8$

$P\ddot{a}_{50:\overline{10|}} = 100\,{}_{10}E_{50}A_{60} + P(IA)^{1}_{50:\overline{10|}}$

$\therefore\ P = \dfrac{100\,{}_{10}E_{50}A_{60}}{\ddot{a}_{50:\overline{10|}} - (IA)^{1}_{50:\overline{10|}}} = 2.1838$

10. ④ ☞ $\Pr\left[{}_0L = 1000 \cdot v^{K+1} - \pi \cdot \ddot{a}_{\overline{K+1|}} > 0\right]$

$= \Pr[K \le 1]$

$= {}_2q_x$

$= 1 - e^{-\mu \cdot 2} \fallingdotseq 0.11308$

제6장 준비금

01. ④
02. ①
03. ①
04. ③
05. ④
06. ②
07. ③
08. ①
09. ① ☞ $\ddot{a}_x = 1 + v \cdot p_x \cdot \ddot{a}_{x+1}$를 이용하면,

$$\Rightarrow {}_1V_x = 1 - \frac{\ddot{a}_{x+1}}{\ddot{a}_x}$$

$$= 1 - \frac{\dfrac{\ddot{a}_x - 1}{v \cdot p_x}}{\ddot{a}_x} = 0.012$$

$\therefore\ \ddot{a}_x \fallingdotseq 17.1$

10. ④ ☞ ${}^2A_{x+11} - A_{x+11}^2 = 0.30783 - 0.52536^2 = 0.031827$

재귀식을 통해서

$A_{x+10} = v(q_{x+10} + p_{x+10}A_{x+11}) = 0.50969$

${}^2A_{x+10} = v^2(q_{x+10} + p_{x+10}\,{}^2A_{x+11}) = 0.29219$

$\Rightarrow {}^2A_{x+10} - A_{x+10}^2 = 0.29219 - 0.50969^2 = 0.032408$

$$\therefore\ \frac{Var({}_{10}L)}{Var({}_{11}L)} = 1.01825$$

제7장 준비금과 손익

01. ③
02. ③
03. ①
04. ③

05. 16438 ☞ $A^{\ 1}_{30:\overline{3|}} = \dfrac{C_{30}+C_{31}+C_{32}}{D_{30}} \fallingdotseq 0.000528$

$$A^{*\ 1}_{30:\overline{3|}} = \frac{C^*_{30}+C^*_{31}+C^*_{32}}{D_{30}} \fallingdotseq 0.000865$$

$$\ddot{a}_{30:\overline{3|}} = \frac{D_{30}+D_{31}+D_{32}}{D_{30}} \fallingdotseq 2.94106$$

$$\Rightarrow P^G \cdot \ddot{a}_{30:\overline{3|}} = 10{,}000{,}000 \cdot A^{\ 1}_{30:\overline{3|}} + 30{,}000{,}000 \cdot A^{*\ 1}_{30:\overline{3|}} + 60\% P^G + 15\% P^G \cdot \ddot{a}_{30:\overline{3|}}$$

$$\therefore\ P^G = 10{,}000{,}000 \frac{A^{\ 1}_{30:\overline{3|}} + 3 \cdot A^{*\ 1}_{30:\overline{3|}}}{0.85 \cdot \ddot{a}_{30:\overline{3|}} - 0.6} \fallingdotseq 16438$$

06. 133과 168 ☞ $P = 10{,}000{,}000 \dfrac{A^{\ 1}_{30:\overline{3|}} + 3 \cdot A^{*\ 1}_{30:\overline{3|}}}{\ddot{a}_{30:\overline{3|}}} \fallingdotseq 10618$

$$\therefore {}_1V = 10{,}000{,}000 \cdot A^{\ 1}_{31:\overline{2|}} + 30{,}000{,}000 \cdot A^{*\ 1}_{31:\overline{2|}} - P \cdot \ddot{a}_{31:\overline{2|}}$$

$$= 10{,}000{,}000\left(\frac{C_{31}+C_{32}}{D_{31}} + 3\frac{C^*_{31}+C^*_{32}}{D_{31}}\right) - P\frac{D_{31}+D_{32}}{D_{31}} \fallingdotseq 133$$

$${}_2V = 10{,}000{,}000 \cdot A^{\ 1}_{32:\overline{1|}} + 30{,}000{,}000 \cdot A^{*\ 1}_{32:\overline{1|}} - P \cdot \ddot{a}_{32:\overline{1|}}$$

$$= 10{,}000{,}000\left(\frac{C_{32}}{D_{32}} + 3\frac{C^*_{32}}{D_{32}}\right) - P \fallingdotseq 168$$

07. 0.0652 ☞ $Pf(1) = \{{}_0V + P^G(1 - 110\%(0.6+0.15))\}(1+i)$

$$- 80\% \cdot 10{,}000{,}000(q_{30} + 3q^*_{30}) - {}_1V$$

$$\fallingdotseq -5672.5175$$

$$Pf(2) = \{{}_1V + P^G(1 - 110\%(0.6+0.15))\}(1+i)$$

$$- 80\% \cdot 10{,}000{,}000(q_{31} + 3q^*_{31}) - {}_2V$$

$$\fallingdotseq 5743.6665$$

⇒ 이익이 발생하였으므로 20% 법인세 차감

세후 이익: $Pf^T(2) = 80\% Pf(2) = 5743.6665 \cdot 0.8 = 4594.9332$

$$Pf(3) = \{{}_2V + P^G(1 - 110\%(0.6+0.15))\}(1+i)$$

$$- 80\% \cdot 10{,}000{,}000(q_{32} + 3q^*_{32}) - {}_3V$$

$$\fallingdotseq 5788.4165$$

$\Rightarrow$ 이익이 발생하였으므로 20% 법인세 차감

세후 이익: $Pf^T(3) = 80\% Pf(3) = 5788.4165 \cdot 0.8 = 4630.7332$

$$\therefore\ PM = \frac{Pf(0)v_{10\%} + Pf^T(1)v_{10\%}^2 + Pf^T(2)v_{10\%}^3}{P^G \cdot \ddot{a}_{\overline{3|}}} \fallingdotseq 0.0652$$

08. ② ☞ $P^G \cdot \ddot{a}_{35}$

$$= 100{,}000 \cdot (1 - d \cdot \ddot{a}_{35}) + (0.5P^G + 200) + (0.1P^G + 50) \cdot (\ddot{a}_{35} - 1)$$

$$\therefore\ \ddot{a}_{35} = \frac{100{,}150 + 0.4P^G}{0.9P^G - 50 + 100{,}000d} \fallingdotseq 20.4803$$

09. 2,410

10. 908 ☞ ${}_0L = 100v^{\lceil T(x) \rceil} + 0.05\pi + 0.05\pi\ddot{a}_{\overline{\lceil T(x) \rceil|}} - \pi\ddot{a}_{\overline{\lceil T(x) \rceil|}}$

$$= 0.05\pi - \frac{0.95\pi}{d} + \left(100 + \frac{0.95\pi}{d}\right)v^{\lceil T(x) \rceil}$$

$$\therefore\ Var({}_0L) = \left(100 + \frac{0.95\pi}{d}\right)^2 \left({}^2A_x - A_x^2\right)$$

$$= \left\{100 + \frac{0.95\pi}{i}(1+i)\right\}^2 \left\{{}^2A_x - \left(1 - \frac{i}{1+i}\ddot{a}_x\right)^2\right\}$$

$$\fallingdotseq 908.13$$

제8장 연생보험

01. ②

02. ① ☞ $Cov[T(xy), T(\overline{xy})] = \left(\overset{o}{e}_x - \overset{o}{e}_{xy}\right) \cdot \left(\overset{o}{e}_y - \overset{o}{e}_{xy}\right)$

$$= \left(\frac{1}{\mu} - \frac{1}{2\mu}\right) \cdot \left(\frac{1}{\mu} - \frac{1}{2\mu}\right)$$

$$= \left(\frac{1}{2\mu}\right)^2 = 100$$

03. ①

04. ② ☞ $\bar{a}_{x|y} \equiv \bar{a}_y - \bar{a}_{xy}$

05. ③ ☞ ${}_{10}q_{30} = 0.1 \Rightarrow {}_{10}p_{30} = 0.9$

${}_{20}p_{30} = 0.6 \Rightarrow {}_{20}q_{30} = 0.4$

${}_{20}q_{30} = {}_{10}q_{30} + {}_{10}p_{30} \cdot {}_{10}q_{40} \Rightarrow {}_{10}q_{40} = \dfrac{1}{3} \Rightarrow {}_{10}p_{40} = \dfrac{2}{3}$

$\therefore\ p = {}_{10|10}q_{xy} + {}_{10}q_x \cdot {}_{10|10}q_y + {}_{10}q_y \cdot {}_{10|10}q_x$

$= {}_{10}p_{xy} \cdot {}_{10}q_{x+10:y+10} + {}_{10}q_x \cdot {}_{10}p_y \cdot {}_{10}q_{y+10} + {}_{10}q_y \cdot {}_{10}p_x \cdot {}_{10}q_{x+10}$

$= {}_{10}p_{30} \cdot {}_{10}p_{30} \cdot (1 - {}_{10}p_{40} \cdot {}_{10}p_{40}) + 2 \cdot {}_{10}q_{30} \cdot {}_{10}p_{30} \cdot {}_{10}q_{40}$

$= 0.51$

06. ② ☞ $E(Z) = A_{xy} + A_{\overline{xy}}$

$= A_x + A_y$

$= 1 - d\ddot{a}_x + 1 - d\ddot{a}_y$

$= 1 - \dfrac{i}{1+i}(1+a_x) + 1 - \dfrac{i}{1+i}(1+a_y) \fallingdotseq 1.0769$

07. ④ ☞ $Y = 0.4\,\bar{a}_{\overline{T(xy)|}} + 0.6\,\bar{a}_{\overline{T(\overline{xy})|}}$

$= \dfrac{1 - 0.6v^{T(x)} - 0.6v^{T(y)} + 0.2v^{T(xy)}}{\delta}$

$\Rightarrow E(Y) = \dfrac{1 - 0.6\bar{A}_x - 0.6\bar{A}_y + 0.2\bar{A}_{xy}}{\delta}$

$= \dfrac{1 - 0.6\dfrac{\mu_x}{\mu_x+\delta} - 0.6\dfrac{\mu_y}{\mu_y+\delta} + 0.2\dfrac{\mu_x+\mu_y}{\mu_x+\mu_y+\delta}}{\delta}$

$\fallingdotseq 16.571$

$E(Y^2) = E\left[\left(0.4\,\bar{a}_{\overline{T(xy)|}} + 0.6\,\bar{a}_{\overline{T(\overline{xy})|}}\right)^2\right]$

$= \dfrac{0.4^2(1 - 2\bar{A}_{xy} + {}^2\bar{A}_{xy}) + 0.6^2(1 - 2\bar{A}_{\overline{xy}} + {}^2\bar{A}_{\overline{xy}}) + 0.48(1 - \bar{A}_{xy} - \bar{A}_{\overline{xy}} + \bar{A}_x\bar{A}_y)}{\delta^2}$

$\fallingdotseq 319.707$

$\therefore\ Var(Y) = E(Y^2) - (E(Y))^2 \fallingdotseq 45.095$

08. ②

09. ② ☞ x: 흡연자, y: 비흡연자

$\therefore\ \Pr[T(y) < T(x)] = {}_{\infty}q^2_{xy}$

$= \displaystyle\int_0^\infty {}_tp_y\mu_{y+t} \cdot {}_tq_x\,dt$

$= 1 - \displaystyle\int_0^\infty {}_tp_y\mu_{y+t} \cdot {}_tp_x\,dt$

$$= 1 - \int_0^\infty {}_tp_y \mu_{y+t} \cdot ({}_tp_y)^{0.5} dt = \frac{1}{3}$$

10. ③ ☞ (x), (y)중에서 첫째 사망자에게 사망 즉시 100을 지급하는 보험: $100\bar{A}_{xy}$

(x), (y)중에서 둘째 사망자에게 사망 즉시 200을 지급하는 보험: $100\bar{A}_{\overline{xy}}$

(x), (y)중에서 첫번째 사망 즉시 생존자에게 연금연액 30을 연속 지급하는 종신연금: $30(\bar{a}_{\overline{xy}} - \bar{a}_{xy})$

$$\therefore\ NSP = 100\bar{A}_{xy} + 200\bar{A}_{\overline{xy}} + 30(\bar{a}_{\overline{xy}} - \bar{a}_{xy})$$

$$= 100(1-\delta\bar{a}_{xy}) + 200(1-\delta(\bar{a}_x + \bar{a}_y - \bar{a}_{xy})) + 30(\bar{a}_x + \bar{a}_y - 2\bar{a}_{xy})$$

$$= 768$$

제9장 다중탈퇴

01. ① ☞ $q'^{(1)}_{50} = \int_0^1 {}_tp^{(\tau)}_{50}\, \mu^{(1)}_{50+t}\, dt$

$$= \int_0^1 \left(1 - {}_tq'^{(1)}_{50}\right)\left(1 - {}_tq'^{(2)}_{50}\right) \frac{1}{100-(50+t)}\, dt$$

$$= 0.016$$

02. ② ☞ $f_J(2) = {}_\infty q^{(2)}_x = \int_0^\infty {}_tp^{(\tau)}_x \cdot \mu^{(2)}_x(t)\, dt$

$$= \int_0^\infty 0.02e^{-(0.01+0.02+0.03)t} dt = \frac{1}{3}$$

03. ② ☞ ${}_2p^{(\tau)}_{30} = p^{(\tau)}_{30}\, p^{(\tau)}_{31}$

$$= (1 - q'^{(1)}_{30})(1 - q'^{(2)}_{30})p^{(\tau)}_{31} = 0.72p^{(\tau)}_{31} = \frac{562}{1000}$$

$$\Rightarrow q^{(\tau)}_{31} = 0.2194$$

$${}_{1|}q^{(1)}_{30} = p^{(\tau)}_{30}\, q^{(1)}_{31}$$

$$= (1 - q'^{(1)}_{30})(1 - q'^{(2)}_{30})q^{(1)}_{31} = 0.72q^{(1)}_{31} = 0.05$$

$$\Rightarrow q^{(1)}_{31} = 0.0694$$

$$\therefore\ q^{(2)}_{31} = q^{(\tau)}_{31} - q^{(1)}_{31} \fallingdotseq 0.15$$

04. 6,203 ☞ $NSP = 20{,}000\int_0^{50} v^t \cdot {}_tp_{50}^{(\tau)} \cdot \mu_{50+t}^{(1)}dt + 10{,}000\int_0^{50} v^t \cdot {}_tp_{50}^{(\tau)} \cdot \mu_{50+t}^{(2)}dt$

$$= 20{,}000\int_0^{50} e^{-0.04t} \cdot e^{-0.01t} \cdot \frac{50-t}{50}dt$$

$$+ 10{,}000\int_0^{50} e^{-0.04t} \cdot e^{-0.01t} \cdot 0.02dt \fallingdotseq 6202.96$$

05. 490 ☞ $\overline{A}_{50} = \int_0^{50} v^t \cdot {}_tp_{50}^{(\tau)} \cdot \mu_{50+t}^{(1)}dt + \int_0^{50} v^t \cdot {}_tp_{50}^{(\tau)} \cdot \mu_{50+t}^{(2)}dt \fallingdotseq 0.4937$

$$\bar{a}_{50} = \frac{1-\overline{A}_{50}}{\delta} \fallingdotseq 12.6568$$

$$\therefore \pi = \frac{NSP}{\bar{a}_{50}} \fallingdotseq 490.09228$$

06. 1,030.08 ☞ $\overline{A}_{60} = \int_0^{40} v^t \cdot {}_tp_{60}^{(\tau)} \cdot \mu_{60+t}^{(1)}dt + \int_0^{40} v^t \cdot {}_tp_{60}^{(\tau)} \cdot \mu_{60+t}^{(2)}dt \fallingdotseq 0.54588$

$$\bar{a}_{60} = \frac{1-\overline{A}_{60}}{\delta} \fallingdotseq 11.353$$

$$\therefore {}_{10}V = 20{,}000\int_0^{40} v^t \cdot {}_tp_{60}^{(\tau)} \cdot \mu_{60+t}^{(1)}dt + 10{,}000\int_0^{40} v^t \cdot p_{60}^{(\tau)} \cdot \mu_{60+t}^{(2)}dt - \pi\,\bar{a}_{60}$$

$$= 20000\left\{0.01\int_0^{40} e^{-0.05t}\frac{40-t}{40}\right\} + 10000\left\{0.025\int_0^{40} e^{-0.05t}dt\right\} - \pi\,\bar{a}_{60}$$

$$\fallingdotseq 1030.08$$

07. ③ ☞ ${}_tp_{50}^{(\tau)} = \exp\left[-\int_0^t \mu_{50}^{(\tau)}(s)\,ds\right]$

$$= \exp\left[-\int_0^t (\mu^{(1)} + \mu^{(2)})\,dt\right] = e^{-0.013t}$$

08. ④ ☞ $NSP = 7000\int_0^\infty {}_tp_{50}^{(\tau)}\,\mu_{50+t}^{(\tau)}\,e^{-\delta t}dt$

$$= 7000\int_0^\infty \exp\{-(\mu^{(1)} + \mu^{(2)})t\}(\mu^{(1)} + \mu^{(2)})\,e^{-\delta t}dt$$

$$= 1716.981132$$

09. ① ☞ ${}_{10}p_x^{(\tau)} = \exp\left[-\int_0^{10} \mu_x^{(\tau)}(t)\,dt\right]$

$$= \exp\left[-\int_0^{10}\left(\frac{1}{40-t} + \frac{2}{80-t}\right)dt\right] = 0.5742$$

10. ② ☞ $_{10}q_x^{(2)} = \int_0^{10} {}_tp_x^{(\tau)}\mu_x^{(2)}(t)\,dt$

$$= \int_0^{10} \frac{40-t}{40}\left(\frac{80-t}{80}\right)^2 \frac{2}{80-t}dt \fallingdotseq 0.205729$$

제10장 다중상태

01. ☞ $_tp^{11} = 0.9 \cdot 0.95^t,\ {}_tp^{12} = 0.1 \cdot 0.95^t,\ {}_tp^{13} = 1-0.95^t$

$\therefore\ EC_1 = 1.05\pi - 1000 \cdot {}_1p^{12} - 2000 \cdot {}_1p^{13}$

$= 1.05\pi - 195$

$EC_2 = 0.15\pi \cdot {}_1p^{11} - 1000 \cdot {}_2p^{12} - 2000 \cdot ({}_2p^{13} - {}_1p^{13})$

$= 0.89775\pi - 185.25$

$EC_3 = 1.05\pi \cdot {}_2p^{11} - 1000 \cdot {}_3p^{12} - 2000({}_3p^{13} - {}_2p^{13})$

$= 0.8529\pi - 175.9875$

02. 198.26 ☞ 보험료산출시 가정이 기대손익 산출시 가정과 같은 상태에서 수지상등의 원칙을 따른다면 전체 기간동안 기대손익의 합계는 0

$\Rightarrow EC_1 + EC_2 + EC_3 = 0$

$\therefore\ \pi = 198.26$

03. 43,570 ☞ $_tp^{11} = \exp\left\{-\int_0^t (0.005+0.001+0.01)dt\right\} = e^{-0.016t}$

$\Rightarrow P = 1000000\int_0^{10} e^{-0.03t}e^{-0.016t}0.005dt + P\int_0^{10} e^{-0.03t}e^{-0.016t}0.01dt$

$\therefore\ P = 43570.27$

04. 194.41 ☞ $P_{60}P_{61} = \begin{pmatrix} 0.595 & 0.115 & 0.29 \\ 0 & 0.48 & 0.52 \\ 0 & 0 & 1 \end{pmatrix}$

$\Rightarrow$ 암진단비 계리현가:

$APV(1) = 800\left\{v\,p_{60}^{01} + v^2({}_2p_{60}^{01} - p_{60}^{01} \cdot p_{61}^{11})\right\}$

$= 800\left\{0.95 \cdot 0.05 + 0.95^2 \cdot (0.115 - 0.05 \cdot 0.06)\right\} \fallingdotseq 99.37$

사망보험금 계리현가:

$$APV(2) = 200v^2(p_{60}^{01} \cdot p_{61}^{1}) + 1000\{v\,p_{60}^{02} + v^2(p_{60}^{00} \cdot p_{61}^{02})\}$$

$$= 200 \cdot 0.95^2 \cdot 0.05 \cdot 0.4 + 1000\{0.95 \cdot 0.1 + 0.95^2 \cdot 0.85 \cdot 0.2\}$$

$$\fallingdotseq 252.035$$

$$\therefore\ P = \frac{APV(1)+APV(2)}{1+v \cdot p_{60}^{00}} = \frac{99.37+252.035}{1+0.95 \cdot 0.85} \fallingdotseq 194.4149$$

05. 71.59 ☞ 암진단비 계리현가: $APV(1) = 800v \cdot p_{61}^{01}$

$$= 800 \cdot 0.95 \cdot 0.1 = 76$$

사망보험금 계리현가: $APV(2) = 1000v \cdot p_{61}^{02}$

$$= 1000 \cdot 0.95 \cdot 0.2 = 190$$

$$\therefore\ {}_1V^{(0)} = APV(1) + APV(2) - P$$

$$= 71.59$$

06. 76 ☞ 암진단비 계리현가: $APV(1) = 0$

사망보험금 계리현가: $APV(2) = 200v \cdot p_{61}^{12}$

$$= 200 \cdot 0.95 \cdot 0.4 = 76$$

$$\therefore\ {}_1V^{(1)} = APV(1) + APV(2) - P \cdot 0 = 76$$

07. 34.26% ☞ $P = \begin{bmatrix} 0.8 & 0.15 & 0.05 \\ 0.25 & 0.6 & 0.15 \\ 0.1 & 0.35 & 0.55 \end{bmatrix}$

⇒ 2 → 1 → 1 → 1: 0.25×0.8×0.8)

2 → 1 → 1 → 2: 0.25×0.8×0.8×0.15

2 → 1 → 1 → 3: 0.25×0.8×0.05

2 → 1 → 2 → 1: 0.25×0.15×0.25

2 → 1 → 3 → 1: 0.25×0.05×0.1

2 → 2 → 1 → 1: 0.6×0.25×0.8

2 → 3 → 1 → 1: 0.15×0.1×0.8

∴ 해당 경우의 확률 합계=0.3426

08. 581,75, 476.75, 241.5

☞ $[450\ 600\ 250]\,P^2 = [450\ 600\ 250] \begin{bmatrix} 0.8 & 0.15 & 0.05 \\ 0.25 & 0.6 & 0.15 \\ 0.1 & 0.35 & 0.55 \end{bmatrix} \begin{bmatrix} 0.8 & 0.15 & 0.05 \\ 0.25 & 0.6 & 0.15 \\ 0.1 & 0.35 & 0.55 \end{bmatrix}$

$$= [581.75\ \ 476.75\ \ 241.5]$$

09. 7,090 ☞ $P = \begin{bmatrix} 0.7 & 0.3 & 0 \\ 0.2 & 0.6 & 0.2 \\ 0 & 0.3 & 0.7 \end{bmatrix}$

⇒ 3000 지급: 1 → 2 → 2: 0.3×0.6

5000 지급: 1 → 1 → 2: 0.7×0.3

10000 지급: 1 → 1 → 1: 0.7×0.7

1 → 2 → 1: 0.3×0.2

$\therefore\ E = 3000 \cdot 0.18 + 5000 \cdot 0.21 + 10000 \cdot 0.55 = 7090$

10. 6,240 ☞ 10000 지급: 3 → 3 → 2: 0.7×0.3

3 → 2 → 3: 0.3×0.2

13000 지급: 3 → 2 → 2: 0.3×0.6

20000 지급: 3 → 2 → 1: 0.3×0.2

$\therefore\ E = 10000 \cdot 0.27 + 13000 \cdot 0.18 + 20000 \cdot 0.06 = 6240$

참고문헌

김석영 · 김세영 · 이선주(2018). 보험상품 변천과 개발 방향: 생명보험 상품 중심. 보험연구원 연구보고서(2018-5).
김호균 · 김혜경 · 한승엽(2023). IFRS17 보험회계의 이론과 실무. 교문사.
김호균(2022). 만화로 즐기는 IFRS17 보험회계. 형설eLife.
김호균(2021~2022). 보험계리史. 한국보험계리사회 뉴스레터 100-111호.
김호균 · 성주호(2020). 알기쉬운 보험 · 연금수리학. 법문사.
서재영(2020). 생명보험수리. 자유아카데미.
석승훈(2020). 위험한 위험. 서울대학교출판문화원.
성주호(2018). 최신 연금수리학. 법문사.
오창수 · 김경희(2017). 최신보험수리학(제3보정판). 박영사.
이항석 · 권혁성(2021). 보험수리학(제3판). 법문사.
이수용 · 정영주(2019). 연금수리학. 보험연수원.
한국회계기준원 조사연구실(2021). 기업회계기준서 제1117호 '보험계약'
보험개발원 보험전문인시험 자료실(2022). 보험계리사 시험 기출문제. (https://www.insis.or.kr:8443/library/past-list.jsp)

Abraham Weishaus(2018). Long-Term Actuarial Mathematics. Actuarial Study Materials.
Abraham Weishaus(2016). Construction and Evaluation of Actuarial Models. Actuarial Study Materials.
Bernstein, Peter L.(1998). Against God. John Wiley and Sons: New York.
Brealey, Myers, Allcn(2014). Principles of Corporate Finance. Mc Graw Hill.
David B. Atkinson(2000). Life Insurance Products and Finance Charting a Clear Course. SoA.
David Blake(2006). Pension Economics. John Wiley & Sons Inc.

Ferguson, Niall(2009). The Ascent of Money. The Penquin Group: New York.

Josephine Cumbo(2018, April 17), Older Britons pay the price for underestimating lifespans, Financial Times.

Kenneth Arrow(1963), Uncertainty and the welfare economics of medical care. American Economic Review.

Max Roser(2018), Twice as long-life expectancy around the world.

Milevsky MA (2005) Real longevity insurance with a deductible: introduction to advanced-life delayed annuities (ALDA). North American Actuarial Journal 9, (109~122쪽)

Von Alfred Manes(1938). Insurance: facts and problems; selected lectures on business administration and economics. Harper.

찾아보기

[저자 약력]

서울대학교 수학과 학사
한양대학교 경영학 석사
경희대학교 경영학 박사

보험계리사(FIAK)
(前) 삼성생명 계리파트 전임
(前) 성균관대학교 수학과(보험계리학 전공) 교수
(現) 금융감독원 책임전문감독관

핵심 보험수리학 [제2판]

2022년 2월 25일 초판 발행
2024년 3월 10일 제2판 1쇄발행

저 자 김 호 균
발행인 배 효 선
발행처 도서출판 法 文 社
주 소 10881 경기도 파주시 회동길 37-29
등 록 1957년 12월 12일/제2-76호(윤)
전 화 (031)955-6500~6 FAX (031)955-6525
E-mail (영업) bms@bobmunsa.co.kr
(편집) edit66@bobmunsa.co.kr
홈페이지 http://www.bobmunsa.co.kr
조 판 (주) 성 지 이 디 피

정가 32,000원
ISBN 978-89-18-91483-1